职业教育建设工程类"十三五"规划教材　　关学增·总主编

建筑工程施工技术
JIANZHU GONGCHENG SHIGONG JISHU

主　编　王诗玉
副主编　杨建州
编　委　王宁波　刘富强
　　　　陈立云　王　靖

河南大学出版社
HENAN UNIVERSITY PRESS
·郑州·

图书在版编目(CIP)数据

建筑工程施工技术/王诗玉主编. —郑州:河南大学出版社,2018.7(2019.8 重印)
ISBN 978-7-5649-3427-9

Ⅰ.①建… Ⅱ.①王… Ⅲ.①建筑施工—技术 Ⅳ.①TU74

中国版本图书馆 CIP 数据核字(2018)第 169574 号

责任编辑 董庆超
责任校对 阮林要
封面设计 吉宏飞

出版	河南大学出版社		
	地址:郑州市郑东新区商务外环中华大厦2401号	邮编:450046	
	电话:0371-86059701(营销部)	网址:www.hupress.com	
排版	郑州和尔文化传播有限公司		
印刷	北京虎彩文化传播有限公司		
版次	2018年9月第1版	印次	2019年8月第2次印刷
开本	787mm×1092mm 1/16	印张	19.25
字数	433千字	定价	48.00元

(本书如有印装质量问题,请与河南大学出版社营销部联系调换)

前　言

"建筑工程施工技术"是一门综合性很强的课程，涉及的知识面广、实践性强，而且由于建筑工程施工技术发展迅速，所以其时效性较强。"建筑工程施工技术"这门课程主要是以建筑工程施工中不同工种的施工为研究对象，根据其特点和规模，结合施工地点的水文地质条件、气候条件、机械设备和材料供应等客观条件，运用先进技术，研究建筑工程不同工种的施工工艺原理和施工方法、施工质量验收标准与安全技术措施等。通过对这些内容的研究，最终选择经济、合理的施工方案，保证建筑工程能够按时按质地完成，做到技术和经济的统一。

本书坚持以"素质为本、能力为主、需要为准、够用为度"的原则编写，以工程建设"工作过程"为主线，以施工工艺和技术要求为核心，融入了相关专业工程施工质量验收规范，并以边学边实践为指导思想，应用所学知识解决实际工程中的施工技术问题。全书主要内容包括土方工程、地基处理与桩基础工程施工、砌筑工程、混凝土结构工程、预应力混凝土工程、结构安装工程、建筑防水工程、装饰工程。

本书由郑州城市职业学院王诗玉讲师任主编；河南天池抽水蓄能有限公司杨建州高级工程师任副主编；河南天池抽水蓄能有限公司王宁波、刘富强工程师，黄河水利水电开发总公司陈立云工程师，郑州城市职业学院王靖讲师参与编写工作。具体分工如下：杨建州编写项目1和5，王诗玉编写项目6和7，陈立云编写项目3，王宁波编写项目4，刘富强编写项目2，王靖编写项目8。

本书既可作为高职高专院校土建类相关专业的教材，也可供建设单位的经济管理工作者、建筑安装施工企业的工程造价管理人员学习参考。

本书引用的有关专业的文献和资料，未在书中一一注明出处，在此对有关文献的作者表示感谢。由于编者水平有限，难免存在不足之处，诚恳地希望读者批评指正。

编者

目　录

项目一　土方工程 1
　1.1 概述 1
　1.2 土方工程量计算 8
　1.3 施工准备与辅助工作 23
　1.4 土方机械化施工 49
　1.5 土方填筑与压实 59
　1.6 基坑(槽)施工 62
　1.7 冬季施工和雨季施工措施 64
　1.8 土方工程质量标准与安全技术 67

项目二　地基处理与基础工程施工 72
　2.1 地基与基础工程 72
　2.2 浅埋式钢筋混凝土基础施工 84
　2.3 桩基础工程施工 89

项目三　砌筑工程 113
　3.1 脚手架及垂直运输设施 113
　3.2 砌筑工程施工工艺 123

项目四　混凝土结构工程 136
　4.1 模板工程 136
　4.2 钢筋工程 148
　4.3 混凝土工程 160

项目五　预应力混凝土工程 183
　5.1 了解先张法施工 184
　5.2 了解后张法施工 192

项目六 结构安装工程 ········· 208
6.1 认识起重机械与设备 ········· 208
6.2 了解单层工业厂房结构安装 ········· 214
6.3 了解钢结构安装工程 ········· 227

项目七 建筑防水工程 ········· 236
7.1 熟悉建筑屋面防水工程施工 ········· 237
7.2 熟悉地下建筑防水工程施工 ········· 249
7.3 了解厨房、卫生间防水工程施工 ········· 259

项目八 装饰装修工程施工 ········· 270
8.1 抹灰工程和饰面工程 ········· 270
8.2 楼地面工程和涂饰工程 ········· 282
8.3 门窗工程和吊顶工程 ········· 288

参考文献 ········· 299

项目一　土方工程

【情境导入】

某工程为 8 层框架结构，建筑面积 52000m²，基础为钢筋混凝土灌注桩，施工总承包单位为市建工集团某建筑工程公司，土方工程由某专业机施公司组织施工，并于 2013 年 2 月 15 日进场。在做开工准备时发现地下有废弃的长 17m、宽 3.2m、深 7.5m 的防空洞。项目经理张某在对土方工程施工没有进行详细勘察和制定安全专项施工方案的情况下，就擅自组织进行土方开挖和防空洞拆除作业。3 月 8 日，项目经理派人进行防空洞底部砖基础清理时，基坑边坡发生塌方，塌方量约为 90m³，造成 6 名作业工人被埋，其中 4 人死亡。

【案例导航】

上述案例中，由于深基坑开挖过程中没有采取基坑支护等安全措施，项目经理在没有进行详细勘察和制定安全专项施工方案的情况下违章指挥、擅自施工，作业人员安全意识不强，在危险的作业环境中冒险蛮干，导致了该起事故的发生。

该工程基坑深达 7.5m，属深基坑工程施工。正常的施工组织应预先研究土壁支护方案、降水措施以及土方开挖、防空洞拆除作业程序和坑边堆载的要求，编制安全专项施工方案，向作业人员进行详细的安全技术交底，在施工过程中设专人指挥并进行监护，发现问题及时解决。

1.1　概述

知识目标：

了解土的分类和性质。

技能目标：

通过本单元的学习，能够清楚土的基本性质，具有现场鉴别各种土的能力。

1.1.1 土方工程的施工内容和特点

1. 土方工程的施工内容

常见的土方工程有平整场地、挖基槽、挖基坑、挖土方、回填土等。

(1) 平整场地

平整场地是指工程破土开工前对施工现场厚度 0.30m 以内地面的挖填和找平。

(2) 挖基坑

挖基槽是指挖土宽度在 3m 以内且长度大于宽度 3 倍时设计室外地坪以下的挖土。

(3) 挖基坑

挖基坑是指挖土底面积在 27m^2 以内且长度小于或等于宽度 3 倍时设计室外地坪以下的挖土。

(4) 挖土方

凡不满足上述平整场地、基槽、基坑条件的土方开挖,均为挖土方。

(5) 回填土

回填土分夯填和松填。基础回填土和室内回填土通常都采用夯填。

2. 土方工程的施工特点

(1) 工程量大,劳动强度高

大型建筑场地的平整,施工面积可达数百万平方米,大型基坑的开挖,施工深度能超过 20m。土方工程施工工期长,任务重,劳动强度高。在组织施工时,为了减轻繁重的体力劳动、提高生产效率、加快施工进度、降低工程成本,应尽可能采用机械化施工。

(2) 施工条件复杂

土方工程施工多为露天作业,受气候、水文、地质条件影响很大,施工中不确定因素较多。因此,在施工前必须进行充分的调查研究,做好各项施工准备工作,制定合理的施工方案,以确保施工顺利进行,保证工程质量。

(3) 受场地影响

任何建筑物基础都有一定的埋置深度,基坑(槽)的开挖、土方的留置和存放都受到施工场地的影响,特别是城市内施工,场地狭窄,往往由于施工方案不妥,导致周围建筑设施出现安全稳定问题。因此,施工前必须充分熟悉施工场地的情况,了解周围建筑的结构形式和地质技术资料,科学地进行规划,制定切实可行的施工方案,以确保周围建筑物的安全。

1.1.2 土的工程分类

在土方工程施工中,根据土体开挖的难易程度将土分为松软土、普通土、坚土、砂砾坚土、软石、次坚石、坚石、特坚石8类。前4类属于一般土,后4类属于岩石。在选择施工挖土机械和套用建筑安装工程定额时要依据土的工程类别进行选择。其分类和鉴别方法见表1-1。

表1-1 土的工程分类与现场鉴别方法

土的分类	土的名称	可松性系数 K_s	可松性系数 K'_s	开挖方法及工具
一类土（松软土）	砂土;粉土;冲积砂土层	1.08~1.07	1.01~1.03	用锹、锄头挖掘,少许用脚蹬
	疏松的种植土;泥炭(淤泥)	1.20~1.30	1.03~1.04	
二类土（普通土）	粉质黏土;潮湿的黄土,夹有碎石、卵石的砂;粉土混卵(碎)石;种植土;填土	1.14~1.28	1.02~1.05	用锹、条锄挖掘,少许用镐翻松
三类土（坚土）	软及中等密实的黏土;重粉质黏土、粉质黏土;砾石土;干黄土、含有碎石卵石的黄土;压实的填土	1.24~1.30	1.04~1.07	主要用镐,少许用锹、锄头挖掘,部分用撬棍
四类土（砂砾坚土）	坚硬密实的黏性土或黄土,含碎石、卵石的中等密实的黏性土或黄土;粗卵石;天然级配砂石	1.26~1.32	1.06~1.09	整个先用镐、撬棍,后用锹挖掘,部分用楔子及大锤
	软泥灰岩及蛋白岩	1.33~1.37	1.11~1.15	
五类土（软石）	硬质黏土;中等密实的页岩、泥灰岩、白垩土;胶结不紧的砾岩;软的石灰岩及贝壳石灰岩	1.30~1.45	1.10~1.20	用镐或撬棍、大锤挖掘,部分用爆破方法
六类土（次坚石）	泥岩;砂岩;砾岩;坚实的页岩;密实的石灰岩,风化花岗岩、片麻岩及正长岩	1.30~1.45	1.10~1.20	用爆破方法挖掘,部分用风镐
七类土（坚石）	大理岩;辉绿岩;玢岩;粗、中粒花岗岩;坚实的白云岩、砂岩、砾岩、片麻岩、石灰岩;微风化的安山岩、玄武岩	1.30~1.45	1.10~1.20	用爆破方法开挖
八类土（特坚石）	安山岩;玄武岩,花岗片麻岩,坚实的细粒花岗岩、闪长岩、石英岩、辉长岩、辉绿岩、玢岩、角闪岩	1.45~1.50	1.20~1.30	用爆破方法开挖

土的开挖难易程度直接影响土方工程施工方案的执行、劳动量消耗的多少和工程费用的高低。土体越硬,劳动消耗量越大,工程成本越高。只有正确区分和鉴别土的种类,才能合理地选择施工方法和准确套用定额计算土方工程的费用。

土的种类繁多,其分类方法也很多。根据土的颗粒级配或塑性指数可将土分为碎石类土(漂石和块石、卵石和碎石、圆砾和角砾)、砂土(砾砂、粗砂、中砂、细砂、粉砂、粉土)和黏性土(黏土、粉质黏土)等;根据土的沉积年代,黏性土可分为老黏性土、一般黏性土、新近沉积黏性土等;根据土的工程特性,又可分出特殊性土,如软土、人工填土、黄土、膨胀土、红黏土等。不同的土,其物理力学性质不同,只有充分掌握各类土的特性,才能正确选择土方工程的施工方法。

1.1.3 土的性质

1. 土的组成

土一般由土颗粒(固相)、水(液相)和空气(气相)三部分组成,这三部分之间的比例关系随着周围条件的变化而变化。三者间的比例不同,反映出土的物理状态不同,如干燥、稍湿或很湿,密实、稍密或松散。这些指标是最基本的物理性质指标,对评价土的工程性质、进行土的工程分类具有重要意义。

土的三相物质是混合分布的,为阐述方便,一般用土的三相图表示(如图1-1所示)。三相图中把土的固体颗粒、水、空气各自划分开来。

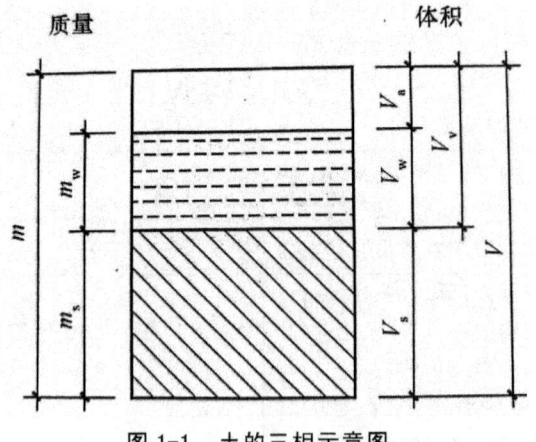

图1-1 土的三相示意图

图中符号的意义:m 为土的总质量($m=m_s+m_w$)(kg);m_s 为土中固体颗粒的质量(kg);m_w 为土中水的质量(kg);V 为土的总体积($V=V_s+V_w+V_a$)(m³);V_a 为土中空气体积(m³);V_W 为土中固体颗粒体积(m³);V_v 为土中水所占的体积(m³);V_s 为土中孔隙体积(m³)。

2. 土的物理性质

土的工程性质不仅直接影响着土方工程施工，也是确定土方施工方案的基本资料。土的工程性质有土的含水量、质量密度、可松性、压缩性、渗透性等。

(1) 土的含水量

土的含水量是指土中水的质量与土的固体颗粒质量的百分比，其计算公式为：

$$w = \frac{m_1 - m_2}{m_2} \times 100\% = \frac{m_w}{m_s} \times 100\% \tag{1-1}$$

式中：m_1 为含水状态土的质量(kg)；m_2 为烘干后土的质量(kg)；m_w 为土中水的质量(kg)；m_s 为固体颗粒的质量，是指土经过 105℃ 烘干的质量(kg)。

含水量表示土体的干湿程度。含水量在5%以下的土称为干土，含水量为3%～5%的土称为潮湿土，含水量大于30%的土称为湿土。土的含水量随气候条件、雨雪和地下水的影响而变化，对土方边坡的稳定性及填方的密实程度有直接影响。

(2) 土的质量密度

土的质量密度分为天然密度和干密度，它表示土体的密实程度。

① 土的天然密度。土的天然密度是指土在天然状态下单位体积的质量，它与土的密实程度和含水量有关。土的天然密度的计算公式为：

$$\rho = \frac{m}{V} \tag{1-2}$$

式中：ρ 为土的天然密度(kg/m³)；m 为土的总质量(kg)；V 为土的体积(m³)。

土的天然密度随着土颗粒的组成、孔隙的多少和含水量的变化而变化，一般黏性土的天然密度为 1600～2200kg/m³，密度越大，土体越硬，挖掘越困难。

② 土的干密度。土的干密度是指土的固体颗粒质量与土的总体积的比值，其计算公式为：

$$\rho_d = \frac{m_s}{V} \tag{1-3}$$

式中：ρ_d 为土的干密度(kg/m³)；m_s 为土的固体颗粒质量(kg)；V 为土的总体积(m³)。

在一定程度上，土的干密度反映了土颗粒排列的紧密程度。土的干密度越大，表示土体越密实。在土方填筑时，常以土的干密度来控制土的夯实标准。

土的干密度越大，表示土越密实。工程上常把土的干密度作为评定土体密实程度的标准，以控制填土工程的压实质量。

③ 土的干密度与土的天然密度之间的关系可表示为：

$$\rho_d = \frac{\rho}{1-\omega} \tag{1-4}$$

式中：ω 为土的天然含水量。

(3) 土的孔隙比和孔隙率

孔隙比和孔隙率反映了土的密实程度,孔隙比和孔隙率越小,土越密实。孔隙比 e 是土中孔隙体积 V_V 与固体颗粒体积 V_S 的比值,可表示为:

$$e = K_s = \frac{V_V}{V_S} \tag{1-5}$$

式中:V_V 为土中孔隙体积(m^3);V_S 为土中固体颗粒体积(m^3)。

孔隙率 n 是土中孔隙体积与总体积 V 的比值,用百分率表示,可表示为:

$$n = \frac{V_V}{V_S} \times 100\% \tag{1-6}$$

提示:对于同一类土,孔隙率 n 越大,孔隙体积就越大,从而使土的压缩性和透水性都增大,土的强度降低。故工程上也常用孔隙率来判断土的密实程度和工程性质。

(4) 土的可松性

土具有可松性,即自然状态下的土经开挖后,其体积因松散而增大,以后虽经回填压实,仍不能恢复其原来的体积。土的可松性系数可表示为:

$$K_s = \frac{V_{松散}}{V_{原状}} \tag{1-7}$$

$$K'_s = \frac{V_{压实}}{V_{松散}} \tag{1-8}$$

式中:K'_s 为土的最后可松性系数;$V_{原状}$ 为土在天然状态下的体积(m^3);$V_{松散}$ 为土挖出后在松散状态下的体积(m^3);$V_{压实}$ 为土经回填压(夯)实后的体积(m^3)。

土的可松性对确定场地设计标高、土方量的平衡调配、计算运土机具的数量和弃土坑的容积,以及计算填方所需的挖方体积等均有很大影响。各类土的可松性系数见表 1-2。

表 1-2 各种土的可松性系数参考数值

土的类别	体积增加百分率(%)		可松性系数	
	最初	最终	K_s	K'_s
一类 (种植土除外)	8~17	1~2.5	1.08~1.17	1.01~1.03
一类 (种植土、泥炭)	20~30	3~4	1.20~1.30	1.03~1.04
二类	14~28	1.5~5	1.14~1.25	1.02~1.05

续表

土的类别	体积增加百分率(%)		可松性系数	
	最初	最终	K_s	K_s'
三类	24~34	4~7	1.24~1.30	1.04~1.07
四类 (泥灰岩、蛋白石除外)	26~32	6~0	1.26~1.32	1.06~1.09
四类 (泥灰岩、蛋白石)	33~37	11~15	1.33~1.37	1.11~1.15
五至七类	30~45	10~20	1.30~1.45	1.10~1.20
八类	45~50	20~30	1.45~1.50	1.20~1.30

(5) 土的压缩性

土的压缩性是指土在压力作用下体积变小的性质。取土回填或移挖作填,松土经运输、填压以后,均会压缩。一般土的压缩率参考值见表1-3。

表1-3 土的压缩率参考值

土的类别	土的名称	土的压缩率(/%)	每立方米松散土压实后的体积(/m³)	土的类别	土的名称	土的压缩率(%)	每立方米松散土压实后的体积(m³)
一至二类土	种植土 一般土 砂土	20 10 5	0.80 0.90 0.95	三类土	天然湿度黄土 一般土 干燥坚实黄土	12~17 5 5~7	0.85 0.95 0.94

(6) 土的渗透性

土的渗透性是指土体被水透过的性质,通常用渗透系数 K 表示。渗透系数 K 表示单位时间内水穿透土层的能力,以 md^{-1} 表示。根据渗透系数不同,土可分为透水性土(如砂土)和不透水性土(如黏土)。土的渗透性影响施工降水与排水的速度。土的渗透系数参考值见表1-4。

表 1-4　土的渗透系数参考值

土的名称	渗透系数 $K(\mathrm{md}^{-1})$	土的名称	渗透系数 $K(\mathrm{md}^{-1})$
黏　土	<0.005	含黏土的中砂	3～15
粉质黏土	0.005～0.1	粗砂	20～50
粉　土	0.1～0.5	均质粗砂	60～75
黄　土	0.25～0.5	圆砾石	50～100
粉　砂	0.5～1	卵石	100～500
细　砂	1～5	漂石(无砂质充填)	500～1000
中　砂	5～20	稍有裂缝的岩石	20～60
均质中砂	35～50	裂缝多的岩石	>60

1.2　土方工程量计算

知识目标：
(1)熟悉基坑、基础土方量计算；
(2)熟悉场地平整土方工程量计算；
(3)熟悉土方调配的基本内容。

技能目标：
能够清楚土方工程量计算方法、场地设计标高确定的方法。

在土方工程施工前，通常要计算土方工程量，根据土方工程量的大小，拟定土方工程施工方案，组织土方工程施工。土方工程外形往往很复杂、不规则，准确计算土方工程量的难度很大。因此，一般情况下，可将其划分成一定的几何形状，采用具有一定精度又与实际情况近似的方法进行计算。

1.2.1 边坡坡度

土方边坡用边坡坡度和边坡系数表示。

边坡坡度以土方挖土深度 h 与边坡底宽 b 之比来表示(图 1-2),即:

$$土方边坡坡度 = \frac{h}{b} = 1:m \qquad (1-9)$$

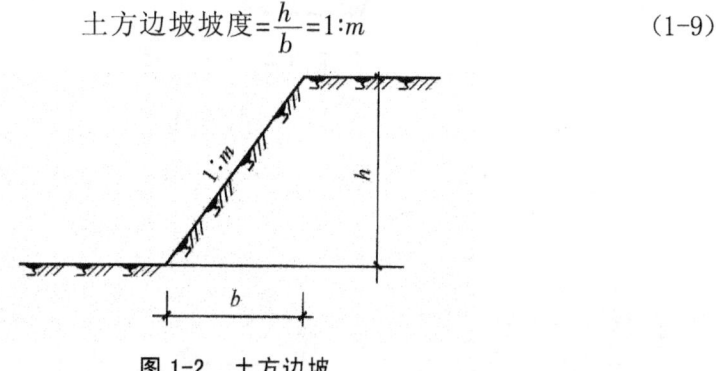

图 1-2　土方边坡

边坡系数以土方边坡底宽 b 与挖土深度 h 之比来表示,用 m 表示,即:

$$m = \frac{b}{h} \qquad (1-10)$$

式中:h 为土方边坡高度(m);b 为土方边坡底宽(m)。

边坡可以做成直线形边坡、折线形边坡及阶梯形边坡,如图 1-3 所示。

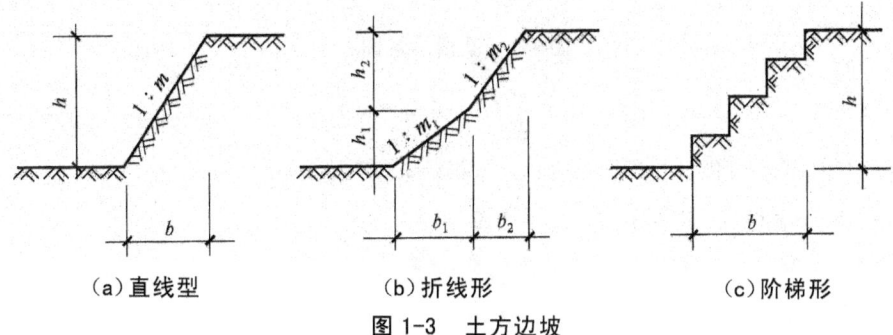

(a)直线型　　　　(b)折线形　　　　(c)阶梯形

图 1-3　土方边坡

若边坡高庄较高,根据各层土体所受的压力,土方边坡可做成折线形或阶梯形,以减少挖填土方量。土方边坡的大小主要与土质、开挖深度、开挖方法、边坡留置时间的长短、边坡附近的各种荷载状况及排水情况有关。

1.2.2 基坑与基槽土方量计算

1.基坑土方量

基坑是指长宽比小于或等于 3 的矩形土体。基坑土方量可按立体几何中棱柱(由两个平行的平面做底的一种多面体)体积公式计算,如图 1-4 所示。

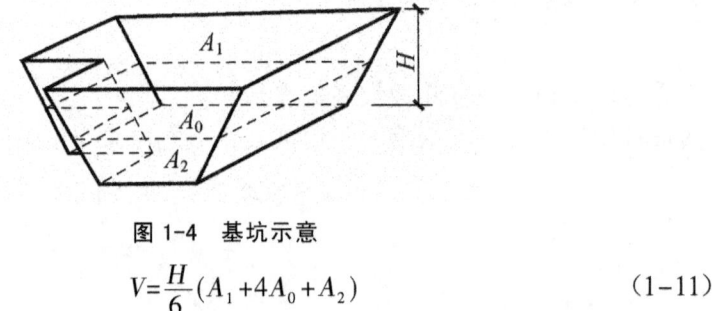

图 1-4 基坑示意

$$V=\frac{H}{6}(A_1+4A_0+A_2) \qquad (1-11)$$

式中:H 为基坑深度(m);A_1、A_2 为基坑上、下底的面积(m^2);A_0 为基坑中截面的面积(m^2)。

2.基槽土方量

基槽土方量可沿长度方向分段后,按照上述同样的方法计算,如图 1-5 所示,

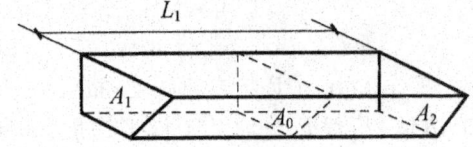

图 1-5 基槽示意图

$$V_1=\frac{L_1}{6}(A_1+4A_0+A_2) \qquad (1-12)$$

式中:V_1 为第一段的土方量(m^3);L_1 为第一段的长度(m)。

将各段土方量相加,即可得总土方量为:

$$V_1+V_2+\ldots+V_n \qquad (1-13)$$

式中:$V_1,V_2,\ldots,V_n$——各段土方量(m^3)。

1.2.3 场地平整土方量计算

场地平整就是将天然地面平整成符合施工要求的设计平面。场地设计标高是进行场地平整和土方量计算的依据,合理选择场地设计标高,对减少土方量、提高施工速度具有重要意义。场地设计标高是全局规划问题,应由设计单位及有关部门协商解决。当场地设计标高无设计文件特定要求时,可按场区内"挖填土方量平衡法"经计算确定,可达到土方量少、费用低、造价合理的目的。

场地平整土方量的计算方法有方格网法和断面法两种。断面法是将计算场地划分成若干横截面后逐段计算,最后将逐段计算结果汇总。断面法计算精度较低,可用于地形起伏变化较大、断面不规则的场地。若场地地形较平坦,一般采用方格网法。

1.方格网法

大面积场地平整的土方量,通常采用方格网法计算。即根据方格网各方格角点的自然地面标高和实际采用的设计标高,算出相应的角点填挖高度(施工高度),然后计算每一方格的土方量,并算出场地边坡的土方量。这样便可求得整个场地的填、挖土方总量。其步骤如下。

(1)场地设计标高的确定

确定场地设计标高时应考虑的因素有:a.满足建筑规划、生产工艺及运输的要求;b.尽量用地形,减少挖、填方数量;c.场地内的挖、填土方量力求平衡,使土方运输费用最少;d.有一定的排水坡度,满足排水要求。

如设计文件对场地设计标高无明确规定和特殊要求,可参照下述步骤和方法确定。

① 初步计算场地设计标高

初步计算场地设计标高的原则是场地内挖、填方平衡,即场地内挖方总量等于填方总量。

② 场地设计标高计算

如图 1-6 所示,将场地地形图划分为边长 $a=10\sim40$m 的若干个方格,尽量使方格网与测量的纵、横坐标网对应。每个方格的角点标高,在地形平坦时,可根据地形图上相邻两条等高线的高程,用插入法求得;当地形起伏较大(用插入法有较大误差)或无地形图时,则可在现场用木桩打好方格网,然后用测量的方法求得。

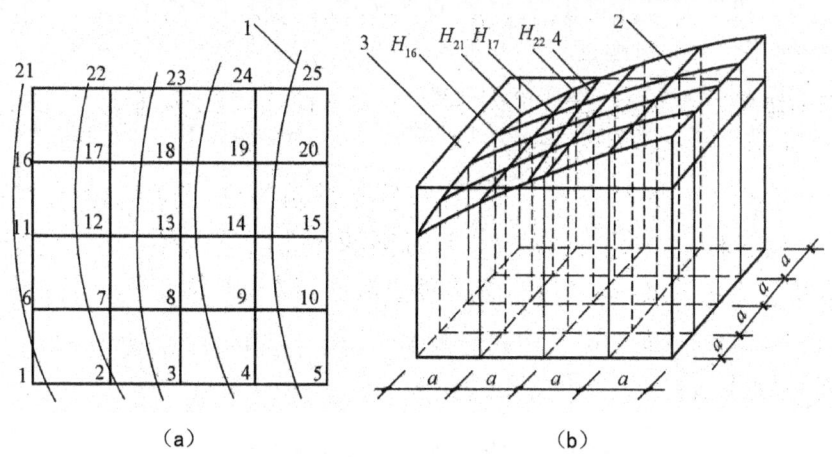

1—等高线;2—自然地面;3—设计标高平面;4—自然地面与设计标高平面的交线(零线)

图 1-6 场地设计标高计算简图

按照挖填平衡原则，场地设计标高 H_0 可按下式计算：

$$H_0 Na^2 = \sum (a^2 \frac{H_{11}+H_{12}+H_{21}+H_{22}}{4}) \tag{1-14}$$

$$H_0 = \sum (\frac{H_{11}+H_{12}+H_{21}+H_{22}}{4}) \tag{1-15}$$

式中：N 为方格数；H_{11}、H_{12}、H_{21}、H_{22} 为任意方格的四个角点的标高(m)。

由图 1-6 可见，H_{11} 是一个方格的角点标高，H_{12}、H_{21} 是相邻两个方格公共角点标高，H_{22} 是相邻的四个方格的公共角点标高。如果将所有方格的四个角点标高相加，则类似 H_{11} 这样的角点标高加一次，类似 H_{12} 的角点标高加两次，类似 H_{22} 的角点标高要加四次。因此，上式可改写为：

$$H_0 = (\frac{\sum H_1 + 2\sum H_2 + 3\sum 3H_3 + 4\sum H_4}{4N}) \tag{1-16}$$

式中：H_1 为一个方格独有的角点标高；H_2 为两个方格共有的角点标高；H_3 为三个方格共有的角点标高；H_4 为四个方格共有的角点标高。

③ 场地设计标高的调整

按式 1-14 或式 1-15 计算的设计标高 H_0 是理论值，因此，实际上还需考虑以下因素进行调整。

第一，由于土具有可松性，按 H_0 进行施工，填土将有剩余，必要时可相应地提高设计标高。

第二，由于受到设计标高以上的填方工程用土量，或设计标高以下的挖方工程挖土量的影响，设计标高应降低或提高。

第三，由于边坡挖填方量不等，或经过经济比较后将部分挖方就近弃于场外、部分填方就近从场外取土而引起挖填土方量的变化，需相应地增减设计标高。

④ 考虑泄水坡度对角点设计标高的影响

按上述计算及调整后的场地设计标高进行场地平整时，整个场地将处于同一水平面上，但实际上由于排水的要求，场地表面均应有一定的泄水坡度。因此，应根据场地泄水坡度的要求(单向泄水或双向泄水)，计算出场地内各方格角点实际施工时所采用的设计标高。

第一，单向泄水时，场地各点设计标高的求法。场地采用单向泄水时，以计算出的设计标高 H_0 作为场地中心线(与排水方向垂直的中心线)的标高(见图 1-7)。场地内任意一点的设计标高为：

$$H_n = H_0 \pm li \tag{1-17}$$

式中：H_n 为场地内任一点的设计标高(m)；l 为该点至场地中心线的距离(m)；i 为场地泄水坡度(不小于 2‰)。

当该点比 H_0 高时,式 1-12 取"+"号,反之取"-"号。

例如,图 1-7 中 H_{52} 点的设计标高为:

$$H_{52}=H_0-li=H_0-1.5ai$$

第二,双向泄水时,场地各点设计标高的求法。场地采用双向泄水时,以 H_0 作为场地中心点的标高(见图 1-8),场地内任意一点的设计标高为:

$$H_n=H_0\pm l_x i_x \pm l_y i_y \qquad (1\text{-}18)$$

式中:l_x、l_y 为该点距场地中心线 xx、yy 的距离;i_x、i_y 为 xx、yy 方向的泄水坡度。

例如,图 1-8 中场地内 H_{42} 点的设计标高为:

$$H_{42}=H_0-1.5ai_x-0.5ai_y$$

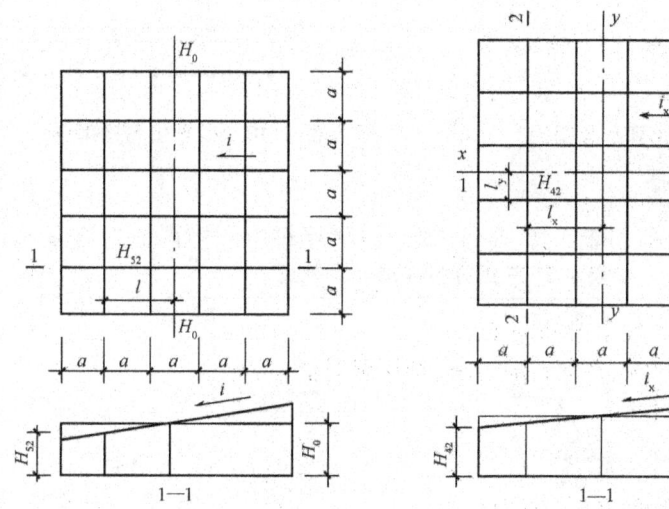

图 1-7 单向泄水坡度的场地　　图 1-8 双向泄水坡度场地

(2)计算各方格角点的施工高度

将设计标高和自然地面标高分别标注在方格点的左下角和右下角。各方格角点的施工高度的计算公式为

$$h_n=H_n-H \qquad (1\text{-}19)$$

式中:h_n 为角点施工高度,即填挖高度,以"+"为填,"-"为挖;H_n 为角点的设计标高,若无泄水坡度,即为场地的设计标高;H 为角点的自然地面标高。

(3)计算零点位置

当一个方格网内同时有填方或挖方时,要先算出方格网边的零点位置,并标注于方格网上,再连接零点就得到零线(填方区与挖方区的分界线),如图 1-10 所示。零点位置的计算公式为:

$$x_1=\frac{h_1}{h_1+h_2}a;\ x_2=\frac{h_2}{h_1+h_2}a \qquad (1\text{-}20)$$

式中：x_1、x_2 为角点至零点的距离(m)；h_1、h_2 为相邻两角点的施工高度(m)，均用绝对值；a 为方格网的边长(m)。

在实际工作中，为省略计算，常采用图解法直接求出零点。如图 1-9 所示，用尺在各角点上标出相应比例，连线与方格相交的点即为零点位置。此法甚为方便，同时可避免计算或查表出错。

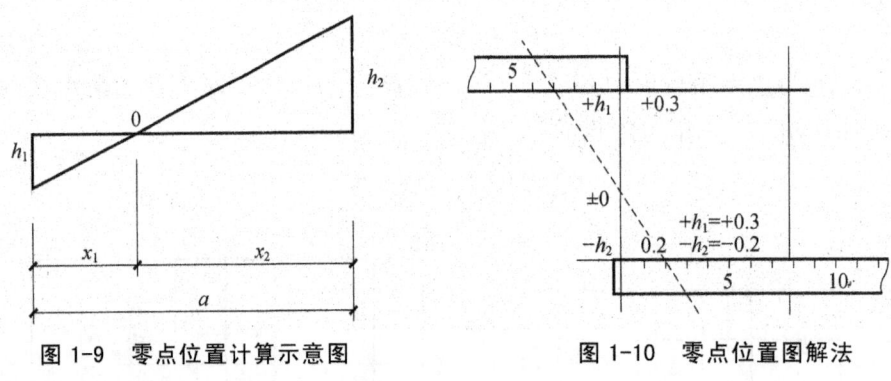

图 1-9　零点位置计算示意图　　　　图 1-10　零点位置图解法

（4）计算方格土方量

按照方格网图形底面积和表 1-5 所列的公式，计算每个方格内的挖方量与填方量。

表 1-5　常用方格网点计算公式

项目	图示	计算公式
一点填方或挖方（三角形）		$V = \dfrac{1}{2} bc \dfrac{\sum h}{3} = \dfrac{6ch_3}{6}$ 当 $b=a=c$ 时，$V = \dfrac{a^2 h_3}{6}$
二点填方或挖方（梯形）		$V_+ = \dfrac{d+e}{2} a \dfrac{\sum h}{4} = \dfrac{a}{8}(d+e)(h_2+h_4)$ $V_- = \dfrac{d+e}{2} a \dfrac{\sum h}{4} = \dfrac{a}{8}(d+e)(h_2+h_4)$
三点填方或挖方（五角形）		$V = \left(a^2 - \dfrac{bc}{2}\right) \dfrac{\sum h}{5} = \left(a^2 - \dfrac{bc}{2}\right) \dfrac{h_1+h_2}{5}$
四点填方或挖方（正角形）		$V = \dfrac{a^2}{4} \sum h = \dfrac{a^2}{4}(h_1+h_2+h_3+h_4)$

① a 为方格网的边长(m);b、c 为零点到一角的边长(m);h_1、h_2、h_3、h_4 为方格同四角点的施工高程(m),用绝对值代入;$\sum h$ 为填方或挖方施工高程的总和(m),用绝对值代入;V 为挖方或填方(m³)。

② 本表计算公式是按各计算图形底面积乘以平均施工高度得出的。

(5)边坡土方量计算

边坡土方量可以划分为两种近似几何体计算,一种为三角棱锥体,另一种为三角棱柱体。其计算公式如下。

① 三角棱锥体边坡体积。如图 1-11 中①所示,三角棱锥体边坡体积的计算公式为:

$$V_1 = \frac{1}{3} A_1 l_1 \qquad (1-21)$$

式中:V_1 为三角棱锥体边坡①的体积(m³);l_1 为三角棱锥体边坡①的长度(m);A_1 为三角棱锥体边坡①的端面积(m³)。

② 三角棱柱体边坡体积。如图 1-11 中④所示,三角棱柱体边坡体积的计算公式为:

$$V_4 = \frac{A_1 + A_2}{2} l_4 \qquad (1-22)$$

当两端横断面面积相差很大时,边坡体积的计算公式为:

$$V_4 = \frac{l_4}{6}(A_1 + 4A_0 + A_2) \qquad (1-23)$$

式中:l_4 为三角棱柱体边坡④的长度(m);A_1、A_2、A_0 为三角棱柱体边坡④两端及中部横断面面积(m²)。

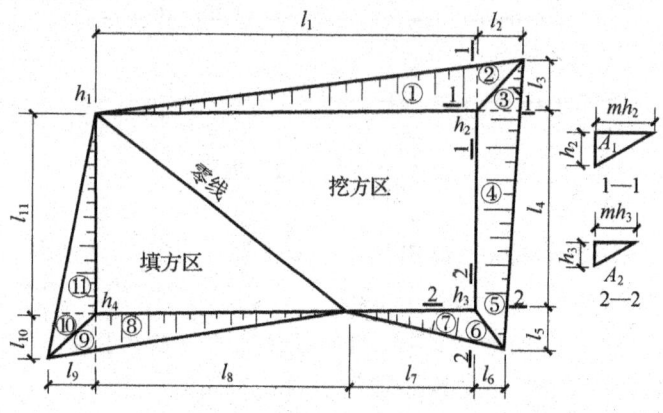

图 1-11 场地边坡平面图

(6)计算土方总量

将挖方区(或填方区)所有方格计算的土方量和边坡土方量汇总,即得该场地挖方或填方的总土方量。

2.断面法

沿场地取若干个相互平行的断面(可利用地形图或实际测量定出),将所取的每个断面(包括边坡断面)划分为若干个三角形和梯形(如图 1-12 所示),则面积为:

$$V_1=\frac{h_1 d_1}{2}, V_2=\frac{(h_1+h_2)d_2}{2}, \ldots$$

某一断面面积为:

$$A_i=A_1+A_2+\ldots+A_n$$

若 $d_1=d_2=\ldots=d_n=d$,则:

$$A_i=d(h_1+h_2+\ldots+h_{n-1})$$

设各断面面积分别为 $A_1, A_2, \ldots, A_m$,相邻两断面间的距离依次为 $L_1, L_2, \ldots, L_{m-1}$,则所求的土方体积为:

$$V=\frac{A_1+A_2}{2}L_1+\frac{A_2+A_3}{2}L_2+\ldots+\frac{A_{m-1}+A_m}{2}L_{m-1} \qquad (1-24)$$

用断面法计算土方量时,边坡土方量已包括在内。

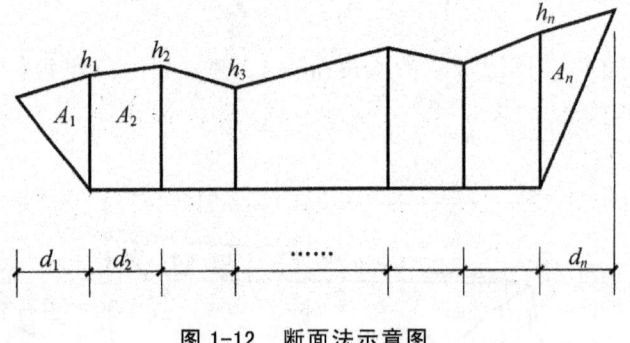

图 1-12 断面法示意图

应用案例:

某公司施工的某建筑场地地形图和方格网如图 1-13 所示,图中 $a=20\mathrm{m}$。土质为粉质黏土。场地设计泄水坡度:$i_x=3‰, i_y=2‰$。在建筑设计、生产工艺和最高洪水位等方面均无特殊要求。试确定场地设计标高(不考虑土的可松性影响,如有余土,用以加宽边坡),并计算填、挖土方量(不考虑边坡土方量)。

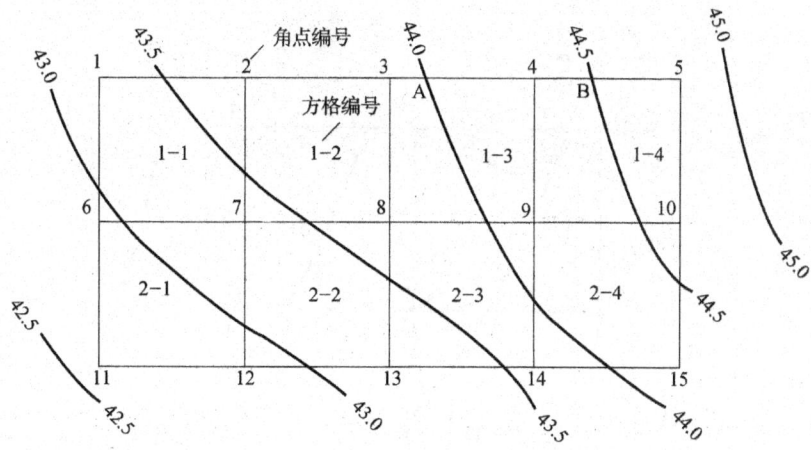

图1-13 某建筑场地地形图和方格网布置

案例解析：

① 计算各方格角点的地面标高

各方格角点的地面标高，可根据地形图上所标等高线，假定两等高线之间的地面坡度按直线变化，用插入法求得。如求角点4的地面标高（H_4），由图1-14得：

$h_x:0.5=x:l, h_x=\dfrac{0.5}{l}x$，则得：

$H_4=0.44+h_x=0.44+\dfrac{0.5}{l}x$

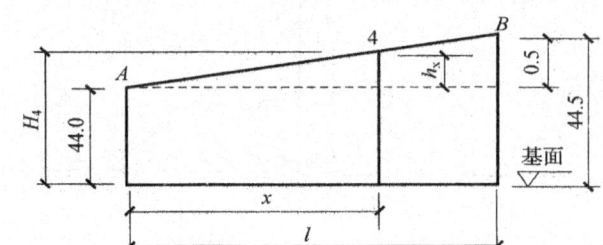

图1-14 插入法计算简图

为了避免烦琐的计算，通常采用插入法的图解法（如图1-15所示）。在一张透明纸上面画出6根等距离的平行线。把该透明纸放到标有方格网的地形图上，将6根平行线的最外边两根分别对准A点和B点，这时6根等距离的平行线将A、B两点之间的0.5m高差分成5等份，于是便可直接读得角点4的地面标高$H_4=44.34$m。其余各角点标高均可用图解法求出。本例各方格角点的标高可参照图1-16所示的地面标高各值。

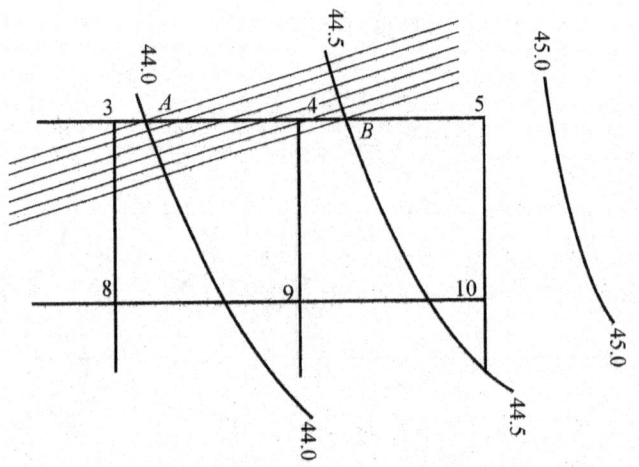

图 1-15 插入法的图解法

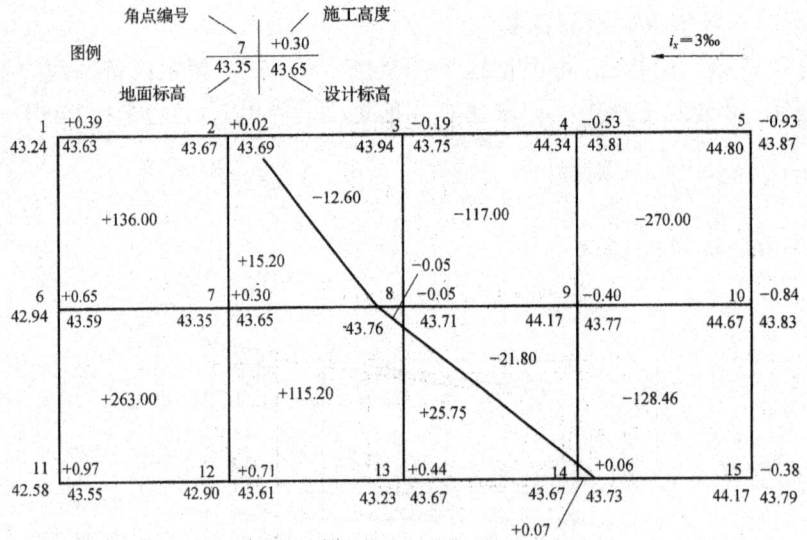

图 1-16 方格网法计算土方工程量图

② 计算场地设计标高

$\sum H_1 = 43.24+44.80+44.17+42.58 = 174.79$（m）

$2\sum H_2 = 2\times(43.67+43.94+44.34+44.67+43.67+43.23+42.90+42.94) = 698.72$（m）

$3\sum H_3 = 0$

$4\sum H_4 = 4\times(43.35+43.76+44.17) = 525.12$（m）

由式 1-16 得：

$$H_0 = \frac{\sum H_1 + 2\sum H_2 + 3\sum H_3 + 4\sum H_4}{4N} = \frac{174.79 + 698.72 + 0 + 525.12}{4 \times 8} \approx 43.71 \text{(m)}$$

③ 计算方格角点的设计标高

以场地中心角点 8 为 H_0（如图 1-16 所示），由已知泄水坡度 i_x 和 i_y，各方格角点设计标高按式 1-16 计算。

$H_1 = H_0 - 40 \times 3‰ + 20 \times 2‰ = 43.71 - 0.12 + 0.04 = 43.63\text{(m)}$

$H_2 = H_1 + 20 \times 3‰ = 43.63 + 0.06 = 43.69\text{(m)}$

$H_6 = H_0 - 40 \times 3‰ = 43.71 - 0.12 = 43.59\text{(m)}$

其余各角点设标高算法同上，其值见图 1-15 中各设计标高值。

④ 计算角点的施工高度

用式 1-17 计算，各角点的施工高度为：

$h_1 = 43.63 - 43.24 = +0.39\text{(m)}$

$h_2 = 43.69 - 43.67 = +0.22\text{(m)}$

$h_3 = 43.75 - 43.94 = -0.19\text{(m)}$

其余各角点施工高度详见图 1-15 中各施工高度值。

⑤ 确定零线

首先求零点，有关方格边线上零点的位置由式 1-20 确定。2～3 角点连线零点距角点 2 的距离为

$x_{2-3} = \dfrac{0.02 \times 20}{0.02 + 0.19} \approx 1.9\text{(m)}$，

则 $x_{2-3} = 20 - 1.9 = 18.1\text{(m)}$

同理求得

$x_{7-8} = 17.1\text{m}, x_{8-7} = 2.9\text{m}$；

$x_{13-8} = 18.0\text{m}, x_{8-13} = 2.0\text{m}$；

$x_{14-9} = 2.6\text{m}, x_{9-14} = 17.4\text{m}$；

$x_{14-15} = 2.7\text{m}, x_{15-14} = 17.3\text{m}$。

相邻零点的连线即为零线，如图 1-16 所示。

⑥ 计算土方量

根据方格网挖填图形，按表 1-5 所列公式计算土方工程量。

方格 1-1、1-3、1-4、2-1 四角点全为挖（填）方，按正方形计算，其土方量为：

$V_{1-1} = \dfrac{a^2}{4}(h_1 + h_2 + h_3 + h_4) = 100 \times (0.39 + 0.02 + 0.30 + 0.65) = +136\text{(m}^3)$

同样计算得：$V_{2-1} = (+)263\text{m}^3$，$V_{1-3} = (-)117\text{m}^3$，$V_{1-4} = (-)270\text{m}^3$，

方格 1-2、2-3 各有两个角点为挖方，另有两角点为填方，按梯形公式计算，其土方

量为:

$$V_{1-2}^{填} = \frac{a}{8}(b+c)(h_1+h_3) = \frac{20}{8}(1.9+11.7)(0.02+0.3) = (+)10.88 \, (\text{m}^3)$$

$$V_{1-2}^{挖} = \frac{a}{8}(d+e)(h_2+h_4) = \frac{20}{8}(18.1+2.9)(0.19+0.05) = (-)12.6 \, (\text{m}^3)$$

同理得 $V_{2-3}^{填} = (+)25.75 \text{m}^3$,$V_{2-3}^{挖} = (-)21.8 \text{m}^3$

方格网 2-2、2-4 为一个角点填方(或挖方)和三个角点挖方(或填方),分别按三角形和五角形公式计算,其土方量为:

$$V_{2-2}^{填} = (a^2 - \frac{bc}{2})\frac{h_1+h_2+h_4}{5} = (20^2 - 2.9 \times 2)\frac{0.3+0.71+0.44}{5} \approx (+)114.3 \, (\text{m}^3)$$

$$V_{2-2}^{挖} = \frac{bch_4}{6} = \frac{2.9 \times 2 \times 0.05}{6} \approx (-)0.05 \, (\text{m}^3)$$

同理得 $V_{2-4}^{填} = (+)0.07 \, (\text{m}^3)$,$V_{2-2}^{挖} = (-)128.46 \, (\text{m}^3)$

将计算出的土方量填入相应的方格中(如图 1-16 所示),从而得到场地各方格土方量总计:填方量为 555.15m³,挖方量为 549.91m³。

1.2.3 土方调配

1. 土方调配原则

土方调配是土方工程施工组织设计(土方规划)中的重要内容,在场地土方工程量计算完成后,即可着手土方的调配工作。土方调配,就是对挖土、堆弃和填土三者之间的关系进行综合协调处理。

(1)挖填方平衡和运输量最小

挖填方平衡和运输量最小,这样可以降低土方工程的成本。然而,仅限于场地范围的平衡,一般很难满足运输量最小的要求,因此还需根据场地及其周围地形条件综合考虑,必要时可在填方区周围就近借土,或在挖方区周围就近弃土,而不是只局限于场地以内的挖填方平衡,这样才能做到经济合理。

(2)近期施工与后期利用相结合

当工程分期分批施工时,先期工程的土方余额应结合后期工程的需要而考虑其利用数量堆放位置,以便就近调配。堆放位置的选择应为后期工程创造良好的工作面和施工条件,力求避免重复挖运。如先期工程有土方欠额,可从后期工程地点挖取。

(3)尽可能与大型建筑物的施工相结合

大型建筑物位于填土区时,应将开挖的部分土予以保留,待基础施工后再进行填土,待地下建(构)筑物施工之后再行填土,为此在填方保留区附近应有相应的挖方保留区,或将附近挖方工程的余土按需要合理堆放,以便就近调配。

(4) 选择适当的调配方向和运输路线

选择适当的调配方向和运输路线,使土方机械和运输车辆的功效得到充分发挥。

总之,在进行土方调配时,必须综合考虑现场的具体情况、有关技术资料、工期要求、土方施工方法与运输方法等,并经计算比较,选择经济合理的调配方案。

2. 划分土方调配区

划分土方调配区应注意以下几点:

① 调配区的划分应该与房屋和构筑物的平面位置相协调,并考虑它们的开工顺序、工程的分期施工顺序。

② 调配区的大小应该满足土方施工用主导机械(铲运机、挖土机等)的技术要求,例如调配区的范围应该大于或等于机械的铲土长度,调配区的面积最好和施工段的大小相适应。

③ 调配区的范围应该和土方的工程量计算用的方格网协调,通常由若干个方格组成一个调配区。

④ 当土方运距较大或场区范围内土方不平衡时,可考虑就近借土或就近弃土,这时一个借土区或一个弃土区都可作为一个独立的调配区。

3. 计算土方的平均运距

调配区的大小及位置确定后,便可计算各挖填调配区之间的平均运距。当用铲运机或推土机平土时,挖方调配区和填方调配区土方重心之间的距离,通常就是该挖填调配区之间的平均运距。

确定平均运距需先求出各个调配区土方的重心,并把重心标在相应的调配区图上,然后用比例尺量出每对调配区之间的平均运距即可。当挖填方调配区之间的距离较远,采用汽车、自行式铲运机或其他运土工具沿工地道路或规定线路运输时,其运距可按实际计算。

4. 进行土方调配

(1) 做初始方案

用"最小元素法"求出初始调配方案。所谓"最小元素法"就是对运距最小(C_{ij}对应)的 X_{ij},优先并最大限度地供应土方量,如此依次分配,使 C_{ij} 最小的那些方格内的 X_{ij} 值尽可能取大值,直至土方量分配完。需注意的是,这只是优先考虑"最近调配"所求得的总运输量是较小的,但这并不能保证总运输量最小,因此,需判别它是否为最优方案。

(2) 判别最优方案

只有所有检验数 $\lambda_j \geq 0$，初始方案才为最优解。"表上作业法"中求检验数 λ_j 的方法有"闭回路法"与"位势法"。"位势法"较"闭回路法"简便，因此这里只介绍用"位势法"求检验数。

检验时，首先将初始方案中有调配数方格的平均运距列出来，然后根据这些数字的方格，按下式求出两组位势数 u_i $(i=1,2,\cdots,m)$ 和 v_j $(j=1,2,\cdots,n)$。

$$C_{ij} = u_i + v_j \tag{1-25}$$

式中：C_{ij} 为本例中为平均运距（m）；u_i、v_j 为位势数。

位势数求出后，便可根据下式计算各空格的检验数。

$$v_{ij} = C_{ij} - u_i - v_j \tag{1-26}$$

如果求得的检验数均为正数，则说明该方案是最优方案；否则，该方案就不是最优方案。

进行方案调整按以下要求：

① 先在所有负检验数中挑选一个(可选最小)。

② 找出这个数的闭合回路。做法如下：从这个数出发，沿水平或垂直方向前进，遇到适当的有数字的方格做 90°转弯(也可不转)，然后继续前进，直至回到出发点。

③ 从回路中某一格出发，沿闭合回路(方向任意)一直前进，在各奇数项转角点的数字中挑选出一个最小的，最后将它调到原方格中。

④ 将被挑出的方格中的数字视为 0，同时将闭合回路其他奇数项转角上的数字都减去同样数字，使挖填方区土方量仍然保持平衡。

5. 绘制土方调配图

根据表上作业求得的最优调配方案，在场地地形图上绘出土方调配图，图上应标出土方调配方向、土方数量及平均运距，如图 1-17 所示。

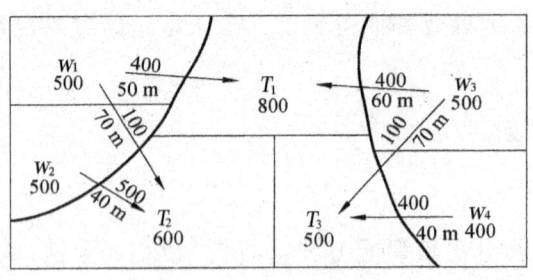

图 1-17 土方调配图

1.3 施工准备与辅助工作

知识目标:
(1)了解基坑开挖、深基坑开挖和地基验槽的程序和方法;
(2)了解土方边坡基本规定、处理方法和边坡危岩加固方法;
(3)了解降低水位常采用的方法;
(4)了解流沙产生的原因和防治方法;
(5)了解井点降水的类型及其设备的选用。

技能目标:
(1)通过本单元的学习,能够清楚基槽、基坑的各种支护方法及其使用条件;
(2)能够组织基坑(槽)开挖施工;
(3)通过本单元的学习,能够清楚降低水位常采用的方法;
(4)能够正确选用井点降水设备;
(5)能组织人工降低地下水位施工。

1.3.1 土方开挖

1. 土方开挖准备工作

土方工程施工前通常需完成下列准备工作:场地清理,排除地面水,修筑临时设施,燃料和其他材料的准备,供电与供水管线的敷设,临时停机鹏和修理间等的搭设;土方工程的测量放线和编制施工组织设计等。

(1)场地清理

场地清理包括清理地面及地下各种障碍。在施工前应拆除旧建筑;拆迁或改建通信、电力设备,上、下水道以及地下建(构)筑物;迁移树木并去除耕植土及河塘淤泥等。此项工作由业主委托有资质的拆卸公司或建筑施工公司完成,发生的费用由业主承担。

(2)排除地面水

场地内低洼地区的积水必须排除,雨水也要排除,使场地保持干燥,以利于土方施工。地面水的排除一般采用排水沟、截水沟、挡水土坝等措施。

排水沟应尽量利用自然地形来设置,使水直接排至场外,或流向低洼处再用水泵抽走。主排水沟最好设置在施工区域的边缘或道路的两旁,其横断面和纵向坡度应根据最大流量确定。一般排水沟的横断面不小于0.5m×0.5m,纵向坡度一般不小于0.2%。

场地平整过程中,要注意排水沟保持畅通,必要时应设置涵洞。山区的场地平整施工,应在较高一面的山坡上开挖截水沟。在低洼地区施工时,除开挖排水沟外,必要时应修筑挡水土坝,以阻挡雨水的流入。

(3)修筑临时设施

修筑好临时道路及供水、供电等临时设施,做好材料、机具及土方机械的进场工作。

(4)定位放线

① 基槽放线。根据房屋主轴线控制点,首先将外墙轴线的交线用木桩测设在地面上,并在桩顶钉上铁钉作为标志。房屋外墙轴线测定以后,以外墙轴线为依据,再按照建筑施工平面图中轴线间的尺寸,将内部开间所有轴线都一一测出;其次根据边坡系数及工作面大小计算开挖宽度;最后在中心轴线两侧用石灰在地面上撒出基槽开挖边线。同时在房屋四周设置龙门板,以便于基础施工时复核轴线位置。

② 柱基放线。在基坑开挖前,从设计图上查对基础的纵横轴线编号和基础施工详图,根据柱子的纵横轴线,用经纬仪在矩形控制网上测定基础中心线的端点,同时在每个柱基中心线上测定基础定位桩。每个基础的中心线上设置4个定位木桩,其桩位离基础开挖线的距离为0.5~1.0m。若基础之间的距离不大,可每隔一个或多个基础打一定位桩。两个定位桩的间距以不超过20m为宜,以便拉线恢复中间柱基的中线。桩顶上钉一钉子,标明中心线的位置。然后按边坡系数和基础施工图上柱基的尺寸及工作面确定的挖土边线的尺寸,放出基坑上口挖土灰线,标出挖土范围。

大基坑开挖,应根据房屋的控制点,按基础施工图上的尺寸和边坡系数及工作面确定挖土边线的尺寸,放出基坑四周的挖土边线。

2.基坑(槽)开挖

土方开挖应遵循"开槽支撑,先撑后挖,分层开挖,严禁超挖"的原则。基坑(槽)开挖有人工开挖和机械开挖,对于大型基坑应优先考虑选用机械化施工,以加快施工进度。开挖基坑(槽),应按规定的尺寸合理确定开挖顺序和分层开挖深度,连续地进行施工,尽快完成。因土方开挖施工要求标高、断面准确,土体应有足够的强度和稳定性,所以在开挖过程中要随时注意检查。

基坑开挖程序一般是:测量放线→分层开挖→排降水→修坡→整平→留足预留土层。相邻基坑开挖时,应遵循先深后浅或同时进行的施工程序。挖土应自上而下水平分段分层进行,每层0.3m左右,边挖边检查坑底的宽度及坡度,不够时要及时修整。每3m左右修一次坡,至设计标高,再统一进行一次修坡清底,检查坑底宽度和标高,要求坑底凹凸不超过2cm。

3.深基坑土方开挖

深基坑土方开挖一般遵循"分层开挖,先撑后挖"的原则。开挖方法主要有分层挖土、分段挖土、盆式挖土、中心岛式挖土等几种。施工中应根据基坑面积大小、开挖深度、支护结构形式、环境条件等因素选用开挖方法。

(1) 分层挖土

分层挖土是将基坑按深度分为多层进行逐层开挖(如图 1-18 所示)。分层厚度，软土地基应控制在 2m 以内，硬质土可控制在 5m 以内。开挖顺序可从基坑的某边向另一边平行开挖，或从基坑两端对称开挖，或从基坑中间向两边平行对称开挖，也可交替分层开挖，具体开挖顺序应根据工作面和土质情况决定。

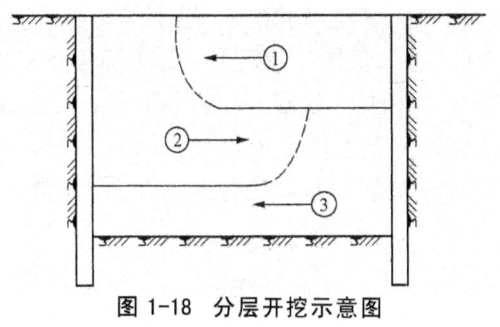

图 1-18 分层开挖示意图

运土可采取设坡道或不设坡道两种方式。设坡道的坡度视土质、挖土深度和运输设备情况而定，一般为 1:10～1:8；坡道两侧要采取挡土或加固措施。不设坡道一般设钢平台或栈桥作为运输土方通道。

(2) 分段挖土

分段挖土是将基坑分成几段或几块分别开挖。分段与分块的大小、位置和开挖顺序应根据开挖场地、工作面条件、地下室平面与深浅和施工工期而定。分块开挖，即开挖一块，浇筑一块混凝土垫层或基础，必要时可在已封底的坑底与围护结构之间加设斜撑，以增强支护的稳定性。

(3) 盆式挖土

盆式挖土是先分层开挖基坑中间部分的土方，基坑周边一定范围内的土暂不开挖(如图 1-19 所示)。开挖时，可视土质情况按 1:1～1:1.25 放坡，使之形成对四周围护结构的被动土反压力区，以增强围护结构的稳定性。待中间部分的混凝土垫层、基础或地下室结构施工完成之后，再用水平支撑或斜撑对四周围护结构进行支撑，并突击开挖周边支护结构内部分被动土区的土，每挖一层支一层水平横顶撑(如图 1-20 所示)，直至坑底，最后浇筑该部分结构混凝土。这种开挖方法对支护挡墙受力有利，时间效应小，但大量土方不能直接外运，需集中提升后装车外运。

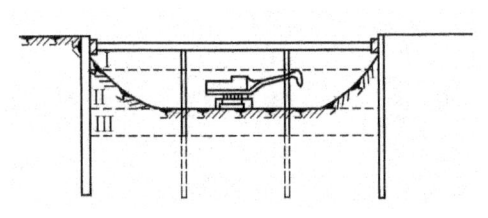

图 1-19 盆式挖土示意图

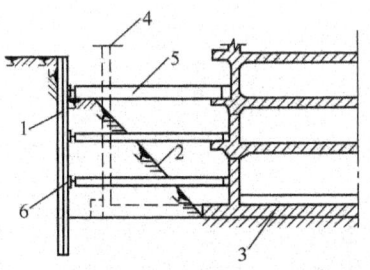

1—钢板桩或灌注桩；2—后挖土方；
3—先施工地下结构；4—后施工地下结构；
5—钢水平支撑；6—钢横撑

图 1-20 盆式开挖内支撑示意图

(4) 中心岛式挖土

中心岛式挖土是先开挖基坑周边土方,在中间留土墩作为支点搭设栈桥,挖土机可利用栈桥下到基坑挖土,运土的汽车也可利用栈桥进入基坑运土,可有效加快挖土和运土的速度(如图1-21所示)。土墩留土高度、边坡的坡度、挖土分层与高差应经仔细研究确定。挖土也分层开挖,一般先全面挖去一层,然后中间部分留置土墩,周围部分分层开挖。挖土多用反铲挖土机;如基坑深度很大,则采用向上逐级传递方式进行土方装车外运。整个土方开挖顺序应遵循"开槽支撑,先撑后挖,分层开挖,严禁超挖"的原则。

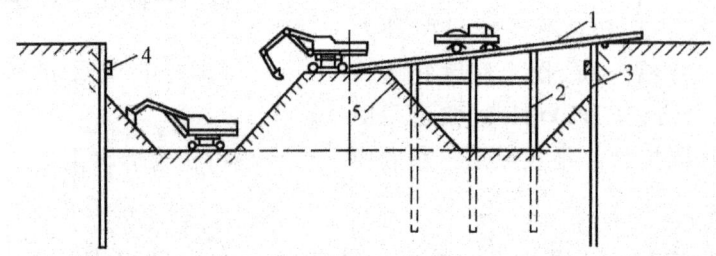

1—栈桥;2—支架或利用工程桩;3—围护墙;4—腰梁 5—土墩
图1-21 中心岛(墩)式挖土示意图

深基坑开挖过程中,随着土的挖除,下层土因逐渐卸载而有可能回弹,尤其在基坑挖至设计标高后,如搁置时间过久回弹更为显著。如弹性隆起在基坑开挖和基础工程初期发展很快,将加大建筑物的后期沉降。

对深基坑开挖后的土体回弹,应有适当的估计如在勘察阶段,土样的压缩试验中应补充卸荷弹性试验等;还可以采取结构措施,在基底设置桩基等,或事先对结构下部土质进行深层地基加固。

施工中减少基坑弹性隆起的一个有效方法是把土体中有效应力的改变降低到最低限度,具体方法有加速建造主体结构,或逐步利用基础的重量来代替被挖去土体的重量。

4.地基验槽

地基验槽方法有以下几种。

(1)表面检查验槽法

① 根据槽壁土层分布情况及走向,初步判明全部基底是否已挖至设计所要求的土层。

② 检查槽底是否已挖至原(老)土,是否需继续下挖或进行处理。

③ 检查整个槽底土的颜色是否均匀一致,土的坚硬程度是否一样,有无局部过松软或过坚硬的部位,有无局部含水量异常现象,走上去有没有颤动的感觉等。如有异常部位,要会同设计单位等有关单位进行处理。

(2) 钎探检查验槽法

基坑挖好后,用锤把钢钎打入槽底的基土内,根据每打入一定深度的锤击次数,来判断地基土质情况。

① 钢钎的规格和重量。钢钎用直径 22～25mm 的钢筋制成,钢钎 600 尖锥状,长度 1.8～2.0m。配合重量 3.6～4.5kg 铁锤。打锤时,举高至钎顶 50～70cm,将钢钎垂直打入土中,并记录每打入土层 30cm 的锤击数。

② 钎孔布置和钎探深度。钎孔布置和钎探深度应根据地基土质的复杂情况和基槽宽度、形状而定,也可参考表 1-6。

表 1-6 钎孔布置表

槽宽(cm)	排列方式及图示	间距(m)	钎探深度(m)
<80	中心一排 	1～2	1.2
80~200	中心一排(两排) 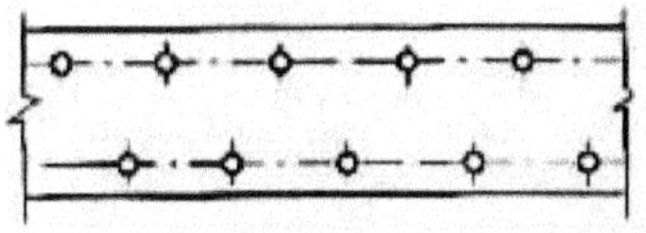	1～2	1.5
>200	梅花形 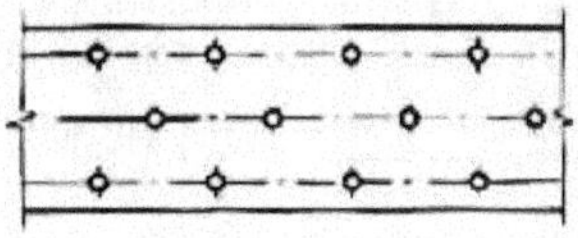	1～2	2.0
柱基	梅花形 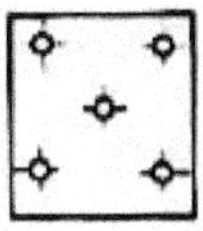	1～2	≥1.5,并不浅于短边宽带

③ 钎探记录和结果分析。先绘制基槽平面图,在图上根据要求确定钎探点的平面位置,并依次编号制成钎探平面图。钎探时按钎探平面图标定的钎探点顺序进行,最后整理成钎探记录表。

④ 全部钎探完后,逐层分析研究钎探记录,然后逐点进行比较,将锤击数显著过多或过少的针孔在钎探平面图上做上记号。最后再在该部位进行重点检查,如有异常情况,要认真进行处理。

(3)洛阳铲钎探验槽法

在黄土地区,基坑挖好后或大面积基坑挖土前,根据建筑物所在地区的具体情况或设计要求,对基坑底以下的土质、古墓、洞穴用专用洛阳铲进行钎探检查。

① 探孔布置。探孔布置见表1-7。

表1-7 探孔布置

基槽宽(cm)	排列方式图示	间距 L(m)	钎探深度(m)
小于200	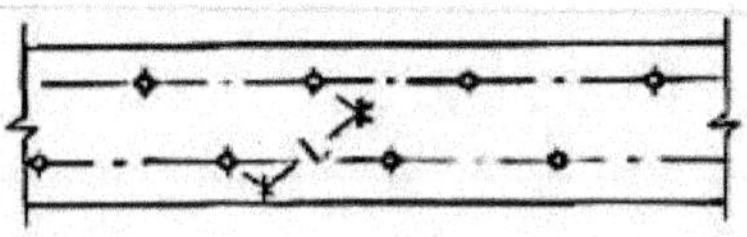	1.4~2.0	3.0
大于200	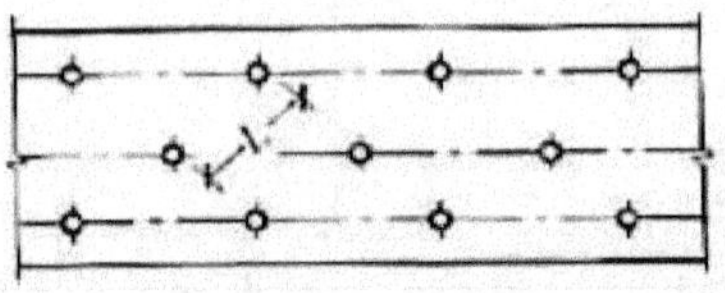	1.5~2.0	3.0
基柱	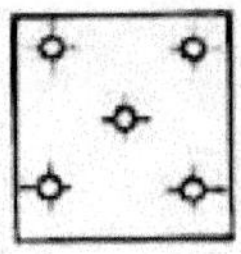	1.5~2.0	3.0(荷重较大时为4.0~5.0)
加孔	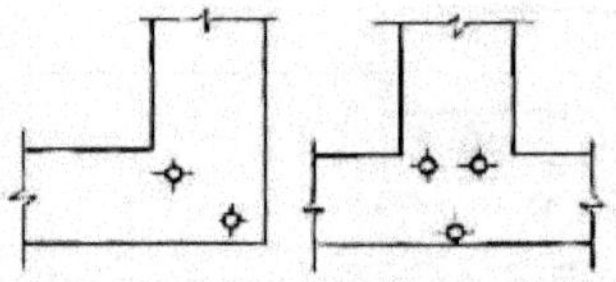	<2.0(基础过宽,中间再加孔)	3.0

② 探查记录和成果分析。先绘制基础平面图,在图上根据要求确定探孔的平面位置,并依次编号,再按编号顺序进行探孔。探查过程中,一般每3~5铲看一下土,查看土质变化和含有物的情况。

遇有土质变化或含有杂物的情况,应测量深度并用文字记录清楚。遇有墓穴、地道、地窖、废井等时,应在此部位缩小探孔距离(一般为1m左右),沿其周围仔细探查清楚其大小、深浅、平面形状,并在探孔平面图中标注出来。全部探查完后,绘制探孔平面图和各探孔不同深度的土质情况表,为地基处理提供完整的资料。探完以后,尽快用素土或灰土将探孔回填。

(4)轻型动力触探法验槽

第一,遇到下列情况之一时,应在基坑底部进行轻型动力触探。

① 持力层明显不均匀;
② 浅部有软弱下卧层;

③ 有浅埋的坑穴、古墓、古井等，直接观察难以发现；
④ 勘察报告或设计文件规定应进行轻型动力触探。

第二，采用轻型动力触探进行基础检验时，检验深度及间距按表1-8执行。

表1-8 轻型动力触探检验深度及间距表

排列方式	基槽宽度(m)	检验深度(m)	检验间距(m)
中心一排	<0.8	1.2	1.0~1.5，视地层复杂情况定
两排错开	0.8~2.0	1.2	
梅花形	>2.0	2.1	

1.3.2 土方边坡支护

1. 土方边坡基本规定

① 当地质条件良好、土质均匀且地下水位低于基坑(槽)或管沟底面标高时，挖方边坡可做成直立壁不加支撑，但深度不宜超过表1-9规定的数值。

表1-9 土方挖方边坡可做成直立壁不加支撑的最大允许深度

土质情况	最大允许挖方深度(m)
密实、中密的砂土和碎石类土(充填物为砂土)	≤1
硬塑、可塑的粉土和粉质黏土	≤1.25
硬塑、可塑的黏土和碎石类土(充填物为黏性土)	≤1.5
坚硬的黏土	≤2

当挖方深度超过表中规定的数值时，应考虑放坡或做成直立壁加支撑。

② 当地质条件良好、土质均匀且地下水位低于基坑(槽)或管沟底面标高时，挖方深度在5m以内不加支撑的边坡的最陡坡度应符合表1-10的规定。

表1-10 深度在5m以内基坑(槽)、管沟边坡的最陡坡度(不加支撑)

土的类别	边坡高度(高:宽)		
	坡顶无荷载	坡顶有静载	坡顶有动载
中密的砂土	1:1.00	1:1.25	1:0.50
中密的碎石类土(充填物为砂土)	1:0.75	1:1.00	1:1.25
软土(经井点降水后)	1:1.00	—	—
硬塑的粉土	1:0.67	1:0.75	1:1.00

续表

土的类别	边坡高度(高:宽)		
	坡顶无荷载	坡顶有静载	坡顶有动载
中密的碎石类土(充填物为黏性土)	1:0.50	1:0.67	1:0.75
硬塑的粉质黏土、黏土	1:0.33	1:0.50	1:0.67
老黄土	1:0.1	1:0.25	1:0.33

静载指堆土或材料等,动载指机械挖土或汽车运输作业等。静载或动载距挖方边缘的距离应保证边坡和直立壁的稳定,堆土或材料应距挖方边缘 0.8m 以上,高度不超过 1.5m。当有成熟施工经验时,可不受上述限制。

③ 对使用时间较长的临时性挖方边坡坡度,在山坡整体稳定的情况下,地质条件良好、土质较均匀,高度在 10m 以内的边坡坡度应符合表 1-11 的规定。

表 1-11 使用时间较长、高度在 10m 以内的临时性挖方边坡坡度值

土的类别		边坡坡度(高:宽)
砂土(不包括细砂、粉砂)		1:(1.25~1.5)
一般黏性土	坚硬	1:(0.75~1)
	硬塑	1:(1~1.15)
碎石类土	充填坚硬、硬塑黏性土	1:(0.5~1)
	充填砂土	1:(1~1.5)

a. 使用时间较长的临时性挖方是指使用时间超过一年的临时道路、临时工程的挖方。

b. 挖方经过不同类别的土(岩)层或深度超过 10m 时,其边坡可做成折线形或台阶形。

c. 当有成熟施工经验时,可不受表 1-11 的限制。

④ 在山坡整体稳定的情况下,边坡的开挖应符合以下规定:边坡的坡度允许值应根据当地经验,参照同类土(岩)体的稳定坡度值确定。当地质条件良好、土(岩)质比较均匀时,可按表 1-12 和表 1-13 确定。

表 1-12 土质边坡坡度允许值

土的类别	密实度或状态	坡度允许值(高:宽)	
		坡度在 5m 以内	坡高 5~10m
碎石土	密实	1:(0.35~0.50)	1:(0.50~0.75)
	中密	1:(0.50~0.75)	1:(0.75~1.00)
	稍密	1:(0.75~1.00)	1:(1.00~1.25)
黏性土	坚硬	1:(0.75~1.00)	1:(1.00~1.25)
	硬塑	1:(1.00~1.25)	1:(1.25~1.50)

a.在表 1-12 中碎石土的填充物为坚硬或硬塑状态的黏性土。
b.对于砂土或充填物为砂土的碎石土,其边坡坡度允许值均按自然休止角确定。
c.表 1-12 引自《建筑地基基础工程施工质量验收规范》(GB50202-2002)。

表 1-13 岩石边坡坡度允许值

岩石类土	风化程度	坡度允许值(高:宽)		
		坡高在 8m 以内	坡高 8~15m	坡高 15~30m
硬质岩石	微风化	1:(0.10~0.20)	1:(0.20~0.35)	1:(0.35~0.50)
	中等风化	1:(0.20~0.35)	1:(0.35~0.50)	1:(0.50~0.75)
	强风化	1:(0.35~0.50)	1:(0.50~0.75)	1:(0.75~1.00)
软质岩石	微风化	1:(0.35~0.50)	1:(0.50~0.75)	1:(0.75~1.00)
	中等风化	1:(0.50~0.75)	1:(0.75~1.00)	1:(1.00~1.50)
	强风化	1:(0.75~1.00)	1:(1.00~1.25)	

遇到下列情况之一时,边坡的坡度允许值应另行设计:
a.边坡的高度大于表 1-20 和表 1-21 的规定。
b.地下水比较丰富或具有软弱结构面的倾斜地层。
c.岩层层面的倾斜方向与边坡开挖面的倾斜方向一致,且两者走向的夹角小于 45°。
d.对于土质边坡或易于软化的岩质边坡,在开挖时应采取相应的排水和坡脚、坡面保护措施,并不得在影响边坡稳定的范围内积水。
e.开挖土方时,宜从上到下依次进行,挖、填土宜求平衡,尽量分散处理弃土。如必须在坡顶或山腰大量弃土,应进行坡体稳定性验算。

2.边坡处理

(1)刷坡处理

对于土坡一般应开出不小于 1:(0.75~1.00)的坡度,将不稳定的土层挖掉;当有两种土层时,则应设台阶形边坡,同时在坡顶、坡脚设置截水沟和排水沟,以防地表雨水冲刷坡面。

对一般难以风化的岩石,如花岗石、石灰岩、砂岩等,可按 1:(0.2～0.3)开坡,但应避免出现倒坡。

对易风化的泥岩、页岩,一般宜开出 1:(0.3～0.75)的坡度,并在表面做护面处理。

(2) 易风化岩石边坡护面处理

① 抹石灰炉渣面层。砂浆配合比为:白灰:炉渣=1:(2～3)(质量比),并掺相当于石灰重量 6%～7%的纸筋、草筋或麻刀拌和。炉渣粒径≤5mm,石灰用淋透的石灰膏。拌好的砂浆用人工压抹在边坡表面,厚 20～30mm,一次抹成并压实、抹光、拍打紧密,最后在表面刷卤水并用卵石磨光。对怕水侵蚀的边坡,在表面干燥后刷(刮)热沥青胶一道罩面。

② 抹水泥粉煤灰砂浆面层。砂浆配合比为:水泥:粉煤灰:砂=1:1:2(质量比),并掺入适量石灰膏,用喷射法施工,分两次喷涂,每次厚 10～15mm,总厚 20～30mm。

③ 砌卵石护墙。墙体用直径 150mm 以上的大卵石及 M5 水泥石灰炉渣砂浆砌筑,砂浆配合比为:水泥:石灰:炉渣=1:(0.3～0.7):(4～6.5)(质量比),护墙厚 40～60cm。

④ 在护墙高度方向每隔 3～4m 设一道混凝土圈梁,配筋为 $6\varphi16$ 或 $6\varphi12$,用锚筋与岩石连接。墙面每 2m×2m 设一 $\varphi50$ 泄水孔;水流较大的则在护墙上做一道垂直方向的水沟,集中把水排出。每隔 10m 留一条竖向伸缩缝,中间填塞浸渍沥青的木板。

采取上部抹石灰炉渣面层与下部砌卵石(块石)墙相结合的方法。

3. 边坡加固

土方开挖边坡危岩的加固方法见表 1-14。

表 1-14 边坡危岩的加固方法

项 目	加固示意图	加固方法说明
用纵向钢筋拉条或水平腰带捆锁加固		用纵向钢筋拉条将危岩拴牢在上部完整的岩石上,并用混凝土锚固桩固定,或用水平钢筋腰带将孤石、探头大块石拴紧在两侧坚固的岩石上。拉条腰带一般采用 1～4 根 25 号钢筋,两端锚入岩石中,深度不小于 1.5m。小的孤石用其中一种,对较大的孤石可纵横向都拴。施工采取先埋锚筋,砂浆硬化后,再与锚筋电焊连接的方法

续表

项 目	加固示意图	加固方法说明
砌矮支撑墙加固		对高度不大的探头悬岩和大块石,采用砌块石矮支承墙的方法,并可借以将背面易风化的岩石封闭,同时在底部砌护脚以防止被雨水掏空
设支墩、悬臂梁或钢支撑架支顶加固		对整体性较好、高度不大的特大悬岩,可采取砌块石支墩支顶;对离地面较高的悬头悬岩,可采取钢筋混凝土悬臂梁,或钢支撑架和拉筋相结合的方法顶固,利用下部岩石做支座使上部岩石保持稳定
用扒钉拉结条或铆钉加固		对附在边坡或大块石上的有裂缝的石头,尽量打掉。如打掉影响上部或周围岩石稳固,可采用 $\Phi 28$、深 $1.5m$ 的扒钉或拉结条将它固定在附近坚固岩石上。较厚的"巴壳"用铆钉钉牢,在背面岩石上脱空部分,用 C10 混凝土填补密实
用锚杆加固倾斜危岩		对倾斜度较大且与坡向相近的裂隙较宽的危岩,当除去很困难且工程量较大时,可采用钢锚杆或预应力锚杆进行加固,使其与背部较完整的岩层连成整体,以阻止危岩滑坍,稳定边坡
较宽危岩裂隙,用填塞法做封闭处理		对陡壁岩体上大小不等的裂隙(纵的和横的,宽为 $10\sim500m$),应将缝隙内的树根、草根、浮土清理干净,树根清不掉的用火烧,然后用 M10 水泥砂浆填实。大裂隙应用细石混凝土加以封实;过大的缝隙应砌块石或填以块石混凝土,以防止因雨水沿裂隙侵蚀而造成上部岩体发生崩塌

1.3.3 基坑(槽)支撑

开挖基坑(槽)时,如地质条件及周围环境许可,采用放坡开挖是较经济的。但在建筑稠密地区施工,或有地下水渗入基坑(槽)时,往往不可能按要求的坡度放坡开挖,就需要进行基坑(槽)支撑,以保证施工的顺利和安全,并减少对相邻建筑、管线等的不利影响。表 1-15 所列为一般沟槽的支撑方法,主要采用横撑式支撑;表 1-16 所列为一般浅基坑的支撑方法,主要采用结合上端放坡并加以拉锚等的单支点板桩或悬臂式板桩支撑,或采用重力支护结构(如水泥搅拌桩等);表 1-17 所列为一般深基坑的支撑方法,主要采用多支点板桩。

表 1-15 一般沟槽的支撑方法

支撑方式	简 图	支撑方式及适用条件
间断式水平支撑		两侧挡土板水平放置,用工具式或木横撑借木楔顶紧,挖一层土,支顶一层 适用于能保持立壁的干土或天然湿度的黏土,地下水很少,深度在 2m 以内
继续式水平支撑		挡土板水平放置,中间留出间隔,并在两侧同时对称设立竖枋木,再用工具式或木横撑上下顶紧 适用于能保持直立壁干土或天然湿度的黏土类土,地下水很少,深度在 3m 以内
连续式水平支撑		挡土板水平连续放置,不留间隙,然后两侧同时对称设立竖枋木,上下各顶一根撑木,端头加木楔顶紧。 适用于较松散的下土或天然湿度的黏土类土,地下水很少,深度为 3～5m

续表

支撑方式	简图	支撑方式及适用条件
连续或间断式垂直支撑	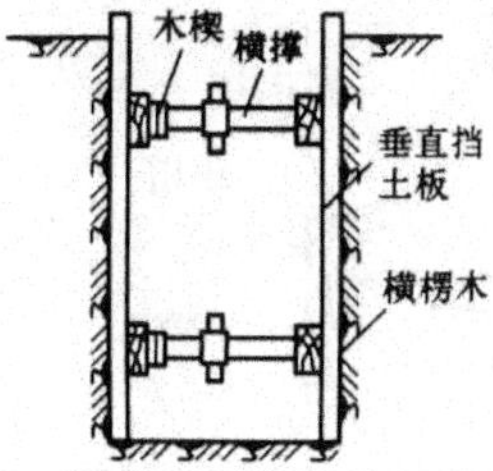	挡土板垂直放置,连续或留有适当间隙,每侧上下各水平顶一根枋木,然后再用横撑顶紧 适用于土质较松散或湿度很高的土,地下水较少,深度不限
水平垂直混合支撑	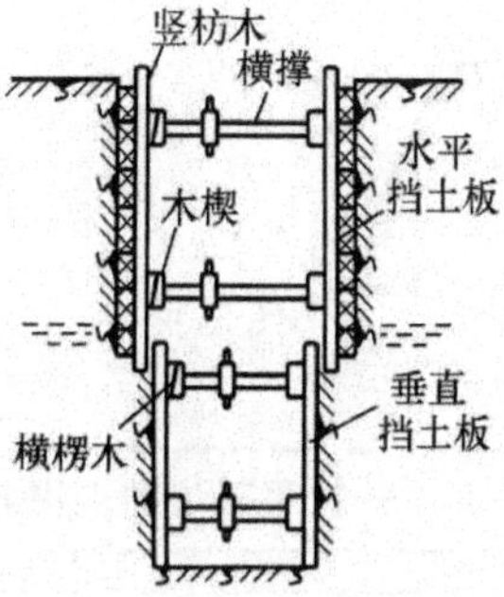	沟槽上部设连续或间断水平支撑,下部设连续或间断垂直支撑 适用于沟槽深度较大、下部有含水土层的情况

表 1-16 一般浅基坑的支撑方法

支撑方式	示意图	支撑方式及适用条件
斜柱支撑	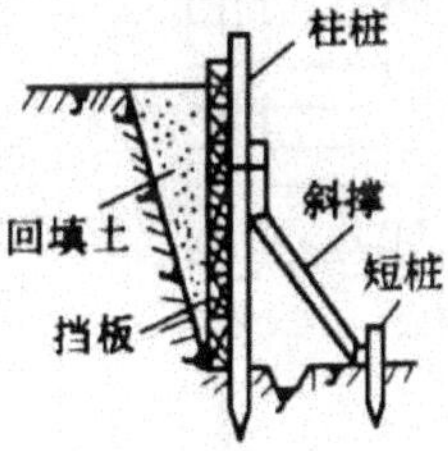	水平挡土板钉在柱桩内侧,柱桩外侧用斜撑支顶,斜撑底端支在木桩上,在挡土板内侧回填土。 适用于开挖面积较大、深度不大的基坑或使用机械挖土
锚拉支撑	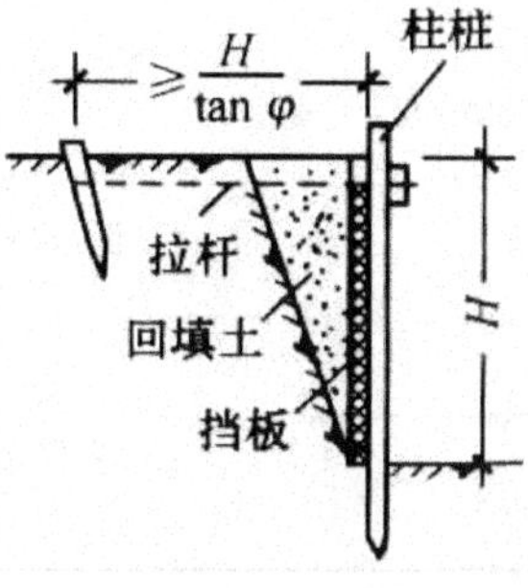	水平挡土板支在柱桩的内侧,柱桩一端打入土中,另一端用拉杆与锚桩拉紧,在挡土板内侧回填土 适用于开挖面积较大、深度不大的基坑或使用机械挖土而不能安设横撑的情况

续表

支撑方式	示意图	支撑方法及适用条件
短桩横隔支撑	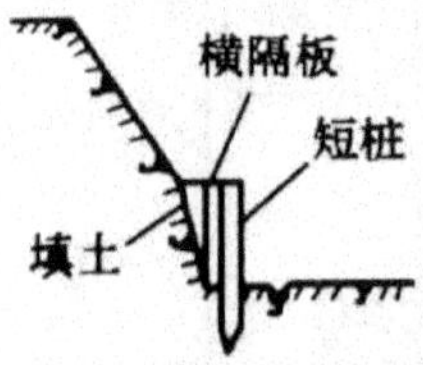	打入小短木桩，部分打入土中，部分露在地面，钉上水平挡土板，在背面填土 适用于开挖宽度大的基坑或当部分地段下部放坡不够时
临时挡土墙支撑	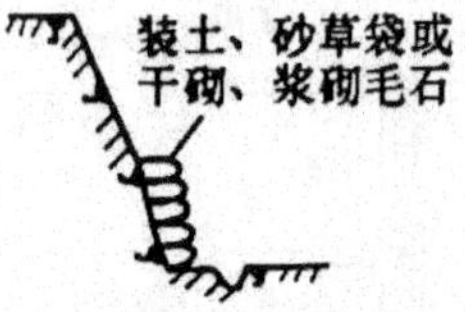	沿坡脚用砖、石叠砌或用草袋装土砂堆砌，使坡脚保持稳定 适用于开挖宽度大的基坑或当部分地段下部放坡不够时

表 1-17　一般深基坑的支撑方法

支撑方式	示意图	支撑方式及适用条件
型钢桩、横挡板支撑	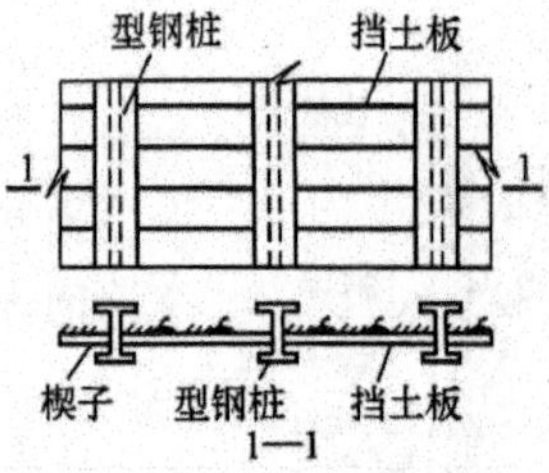	一般浅基坑的主撑方法，主要采用结合上端放坡并加以拉锚等的单支点板桩或悬臂式板桩支撑，或采用重力支护结构如水泥搅拌桩等。沿挡土位置预先打入钢轨、工字钢或 H 型钢桩，间距 1~1.5m，然后边挖边将 3~6cm 厚的挡土板塞进钢桩之间挡土，并在横向挡土板与型钢桩之间打入楔子，使横板与土体紧密接触 适用于地下水较低、深度不是很大的一般黏性土或砂土层
钢板桩支撑	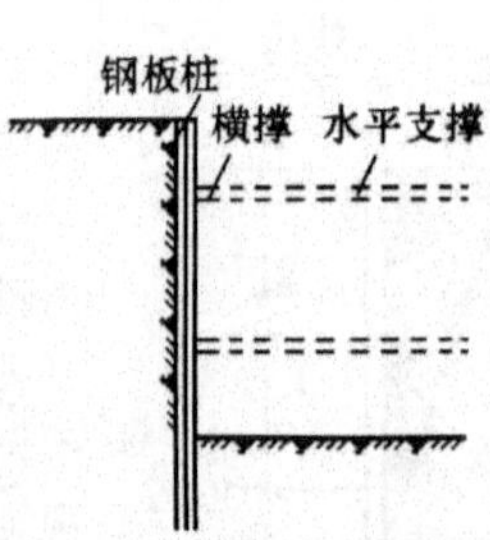	在开挖基坑的周围打钢板桩或钢筋混凝土板桩，板桩入土深度及悬臂长度应经计算确定，如基坑宽度很大，可加水平支撑。 适用于地下水埋深一般、深度和宽度不是很大的黏性砂土层

续表

支撑方式	示意图	支撑方式及适用条件
钢板桩与钢构架结合支撑		在开挖的基坑周围打钢板桩,在柱位置上打入暂设的钢柱,在基坑中挖土,每下挖3~4m装上一层构架直撑体系,挖土在钢构架网格中进行;也可不预先打入钢柱,随挖随接长支柱 适用于在饱和软弱土层中开挖较大、较深的基坑,钢桩刚度不够时
挡土灌注桩支撑		在开挖基坑的周围,用钻机钻孔,现场灌注钢筋混凝土桩,达到强度后,在基坑中间用机械或人工挖土,下挖1m左右装上横撑,在桩背面装上拉杆与已设锚桩拉紧,然后继续挖土至要求深度。在桩间土方挖成外拱形,使之起土拱作用。如基坑深度小于6m,或临近有建筑物,也可不设锚拉杆,采取加密桩距或加大桩径处理 适用于开挖较大、较深(>6m)的基坑,临近有建筑物,不允许有支护,背面地基有下沉、位移时
挡土灌注桩与土层锚杆结合支撑		施工方法基本同挡土灌注桩支撑,但在桩顶不设锚桩锚杆,而是挖至一定深度,每隔一定距离向桩背面斜下方用锚杆钻机打孔,安放钢筋锚杆,用水泥压力灌浆,达到强度后,安上横撑,拉紧固定,在桩中间进行挖土,直至设计深度。如设2或3层锚杆,可挖一层土装设一次锚杆 适用于大型、较深的基坑,施工期较长,临近有高层建筑,不允许有支护,临近地基不允许有任何下沉位移时

续表

支撑方式	示意图	支撑方式及适用条件
地下连续墙支护		在开挖的基坑周围,先建造混凝土或钢筋混凝土地下连续墙,达到强度后,在墙中间用机械或人工挖土,直至要求深度。当跨度、深度很大时,可在内部加设水平支撑及支柱。用逆作法施工,每下挖一层,把下一层梁、板、柱浇筑完成,以此作为地下连续墙的水平框架支撑。如此循环作业,直到地下室的底层全部挖完土,浇筑完成 适用于开挖较大、较深(>10m)、有地下水、周围有建筑物或公路的基坑,作为地下结构外墙的一部分;或用于高层建筑的逆作法施工,作为地下室结构的部分外墙
地下连续墙与土层锚杆结合支护		在开挖基坑的周围先建造地下连续墙支护,在墙中部用机械配合人工开挖土方至锚杆部位,用锚杆钻孔机在要求位置钻孔,放入锚杆,进行灌班,待达到强度后,装上锚杆横梁或锚头垫座,然后继续下挖置要求深度。如设2或3层锚杆,每挖一层装一层,采用快凝砂浆灌浆 适于开挖较大、较深(>10m)、有地下水的大型基坑,周围有高层建筑,不允许支护有变形,采用机械挖方,要求有较大空间,不允许内部设直撑时采用
土层锚杆支护		沿开挖基坑边坡每2~4m设置一层水平土层锚杆,直到挖土至要求深度。 适于较硬土层或破碎岩石中开挖较大、较深的基坑,临近有建筑物必须保证边坡稳定时采用

续表

支撑方式	示意图	支撑方式及适用条件
板桩(灌注桩)中央横顶支撑		在基坑周围打板桩或设挡土灌注桩,在内侧放坡挖中间部分土方到坑底,先施工中间部分结构至地面,然后再利用此结构作支撑向板桩(灌注桩)支水平横顶撑,挖除放坡部分土方;每挖一层支一层水平横顶撑,直至设计深度,最后再建该部分结构 适于开挖较大、较深的基坑,支护桩刚度不够,又不允许设置过多支撑时采用
板桩(灌注桩)中央斜顶支撑		在基坑周围打板桩或设挡土灌注桩,在内侧放坡挖中间部分土方到坑底,先施工中间部分基础,再从基础向桩上方支斜顶撑,然后再把放坡的土方挖除;每挖一层支一层斜撑,直至坑底,最后建该部分结构 适于开挖较大、较深的基坑,支护桩刚度不够,坑内不允许设置过多支撑时采用
分层板桩支撑		在开挖厂房群基础周围先打支护板桩,然后在内侧挖土方至群基础底标高,再在中部主体深基础四周打二级支护板桩,挖主体深基础土方,施工主体结构至地面,最后施工外围群基础 适于开挖较大、较深的基坑,当中部主体与周围群基础标高不相等而又无重型板桩时采用

1.3.4 土方工程施工排水与降低地下水位

在开挖基坑(槽)、管沟或其他土方时,若地下水位较高,挖土底面低于地下水位,开挖至地下水位以下时,土的含水层被切断,地下水将不断流入坑内。这时不仅施工条件恶化,而且容易发生边坡失稳、地基承载力下降等不利现象。因此,为了保证工程质量和施工安全,在土方开挖前或开挖过程中必须采取措施,做好降低地下水位的工作,使地基土在开挖及基础施工过程中保持干燥状态。

在土方工程施工中,降低地下水位常采用的方法有明排水和人工降低地下水位。不论采用哪种方法,降低地下水位工作都要持续到基础施工完毕并回填土后才能停止。

1. 明排水

在基坑或沟槽开挖时,采用截、疏、抽的方法来进行排水。开挖时,沿坑底周围或中央开挖排水沟,再在沟底设集水井,使基坑内的水经排水沟流向集水井,然后用水泵抽走(如图1-22所示)。

基坑四周的排水沟及集水井应设立在基础范围以外、地下水流的上游。明沟排水的纵坡宜控制在1‰~2‰。集水井应根据地下水量、基坑平面形状及水泵能力,每隔20~40m设置一个。

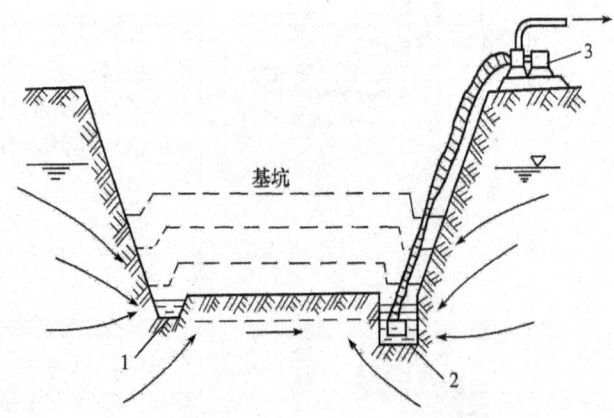

1—排水沟;2—集水井;3—水泵
图1-22 集水井降水

集水井的直径或宽度,一般为0.7~0.8m。其深度随着挖土的加深而加深,要始终低于挖土面0.8~1.0m。井壁可用竹、木等材料进行简易加固。

当基坑挖至设计标高后,井底应低于坑底1~2m,并铺设0.3m碎石滤水层,以免在抽水时将泥砂抽出,并防止井底的土被搅动。

明排水法由于设备简单和排水方便,采用较为普通。但当开挖深度大、地下水位较高而土质又不好时,用明排水法降水,挖至地下水水位以下时,有时坑底下面的土会形成流动状态,随地下水涌入基坑,这种现象称为流砂现象。发生流砂时,土完全丧失承载能力,使施工条件恶化,难以达到开挖设计深度,严重时会造成边坡塌方及附近建筑物下沉、倾斜、倒塌等。总之,流砂现象对土方施工和附近建筑物有很大危害。

(1)流砂产生的原因

如图 1-23 所示,由于高水位的左端(水头为 h_1)与低水位的右端(水头为 h_2)之间存在压力差,水经过长度为 l,断面积为 F 的土体由左端向右端渗流(图 1-23a)。

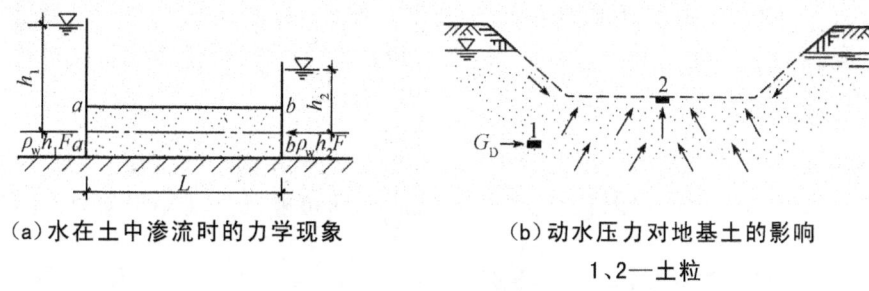

(a)水在土中渗流时的力学现象　　(b)动水压力对地基土的影响

1、2—土粒

图 1-23　动水压力原理图

水在土中渗流时,作用在土体上的力有:

$\rho_W \cdot h_1 \cdot F$——作用在土体左端 a-a 截面处的总水压力,其方向与水流方向一致(ρ_W 为水的密度);

$\rho_W \cdot h_2 \cdot F$——作用在土体右端 b-b 截面处的总水压力,其方向与水流方向相反;

$T \cdot l \cdot F$——水渗流时受到土颗粒的总阻力(T 为单位土体阻力)。

由静力平衡条件(设向右的力为正):

$$\rho_W \cdot h_1 \cdot F - \rho_W \cdot h_2 \cdot F + T \cdot l \cdot F = 0$$

得:
$$T = -\frac{h_1 - h_2}{l} \cdot P_W \quad (-表示方向向左) \tag{1-27}$$

式中 $\frac{h_1 - h_2}{l}$ 为水头差与渗透路程长度 l 之比,称为水力坡度,以 I 表示。上式可写成:

$$T = -I \cdot \rho_W \tag{1-28}$$

由于单位土体阻力与水在土中渗流时对单位土体的压力 G_D 大小相等、方向相反,所以:

$$G_D = -T = I \cdot \rho_W \tag{1-29}$$

G_D 称为动水压力,其单位为 N/cm^2。由上式可知,动水压力 G_D 的大小与水力坡度成正比,即水位差 $h_1 - h_2$ 越大,则 G_D 越大;而渗透路程 l 越长,则 G_D 越小。动水压力的作用方向与水流方向相同。当水流在水位差的作用下对土颗粒产生向上的压力时,动水压力不但使土粒受到了水的浮力,而且还使土粒受到向上推动的压力。如果动水压力等于或大于土的饱和密度 ρ',即 $G_D = \rho'$,则土粒处于悬浮状态,土的抗剪强度等于零,土粒能随着渗流的水一起流动,这种现象就叫流砂现象。

(2) 易产生流砂的土

实践经验表明,具备下列性质的土,在一定动水压力作用下,就有可能发生流砂现象。

① 土的颗粒组成中,黏粒含量小于 10%,粉粒(颗粒为 0.005~0.05mm)含量大于 75%;② 颗粒级配中,土的不均匀系数小于 5;③ 土的天然孔隙比大于 0.75;④ 土的天然含水量大于 30%。因此,流砂现象经常发生在细砂、粉砂及粉土中。经验还表明,在可能发生流砂的土质处,基坑挖深超过地下水位线 0.5m 左右,就会发生流砂现象。

(3) 管涌现象

当基坑坑底位于不透水土层内,而不透水土层下面为承压蓄水层,坑底不透水层的覆盖厚度的重量小于承压水的顶托力时,基坑底部即可能发生涌冒现象(图 1-24)。

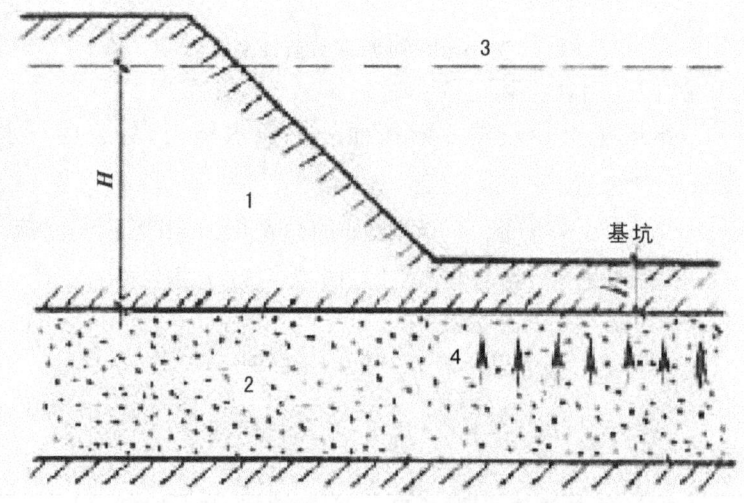

1—不透水层;2—透水层;3—压力水位线;4—承压水的顶托力
图 1-24 管涌冒砂

即 $H \cdot \rho_w > h \cdot \rho$ (1-26)时,管涌冒砂现象随即发生,施工时应引起注意。

式中: H 为压力水头; h 为坑底不透水层厚度; ρ_w 为水的密度; ρ 为土的密度。

(4) 流砂的防治方法

颗粒细、均匀、松散、饱和的非黏性土容易发生流砂现象,但是否出现流砂现象的重要条件是动水压力的大小和方向。在一定的条件下土转化为流砂,而在另一些条件下(如改变动水压力的大小和方向),又可将流砂转变为稳定土。因此,在基坑开挖中,防治流砂的原则是"治流砂必治水",主要途径有消除、减少或平衡动水压力。其具体措施有:

① 抢挖法:即组织分段抢挖,使挖土速度超过冒砂速度,挖到标高后立即铺竹筏或芦席,并抛大石块以平衡动水压力,压住流砂,此法可解决轻微流砂现象。

② 打板桩法:将板桩打入坑底下面一定深度,增加地下水从坑外流入坑内的渗流

长度,以减小水力坡度,从而减小动水压力,防止流砂产生。

③ 水下挖土法:不排水施工,使坑内水压力与地下水压力平衡,消除动水压力,从而防止流砂产生。此法在沉井挖土下沉过程中常用。

④ 人工降低地下水位:采用轻型井点等方法降水,使地下水的渗流向下,水不致渗流入坑内,又增大了土料间的压力,从而可有效地防止流砂形成。因此,此法应用广且较可靠。

⑤ 地下连续墙法:此法是在基坑周围先浇筑一道混凝土或钢筋混凝土的连续墙,以支承土壁、截水并防止流砂产生。

此外,在含有大量地下水土层或沼泽地区施工时,还可以采取土壤冻结法等方法。对位于流砂地区的基础工程,应尽可能用桩基或沉井施工,以节约防治流砂所增加的费用。

2. 人工降低地下水位

人工降低地下水位,就是在基坑开挖前,预先在基坑四周埋设一定数量的滤水管(井),利用抽水设备从中抽水,使地下水位降低到坑底以下,直至施工结束为止。这样,可使所挖的土始终保持干燥状态,改善施工条件,同时还使动水压力方向向下,从根本上防止流砂发生,并增加土中有效应力,提高土的强度或密实度。因此,人工降低地下水位不仅是一种施工措施,也是一种地基加固方法。采用人工降低地下水位,可适当改陡边坡以减少挖土数量,但在降水过程中,基坑附近的地基土壤会有一定的沉降,施工时应加以注意。

人工降低地下水位的方法有轻型井点、喷射井点、电渗井点、管井井点及深井泵等。各种方法的选用,视土的渗透系数、降低水位的深度、工程特点、设备及经济技术比较等具体条件参照表1-18选用。其中以轻型井点采用较广,下面作重点介绍。

1-18 各类井点的适用范围

项次	井点类别	土层渗透系数(cm/s)	降低水位深度(m)
1	单层轻型井点	$10^{-2} \sim 10^{-5}$	3~6
2	多层轻型井点	$10^{-2} \sim 10^{-5}$	6~12(由井点层数而定)
3	喷射井点	$10^{-3} \sim 10^{-6}$	8~20
4	电渗井点	$<10^{-6}$	宜配合其他形式降水使用
5	深井井点	$\geq 10^{-5}$	>10

(1) 轻型井点降低地下水位

① 轻型井点设备:轻型井点设备由管路系统和抽水设备组成(如图1-25所示)。

管路系统包括:滤管、井点管、弯联管及总管等。

滤管(如图 1-26 所示)为进水设备,通常采用长 1.0~1.2m、直径 38mm 或 51mm 的无缝钢管,管壁钻有直径为 12~19mm 的呈星棋状排列的滤孔,滤孔面积为滤管表面积的 20%~25%。骨架管外面包以两层孔径不同的铜丝布或塑料布滤网。为使流水畅通,在骨架管与滤网之间用塑料管或梯形钢丝隔开,塑料管沿骨架管绕成螺旋形。

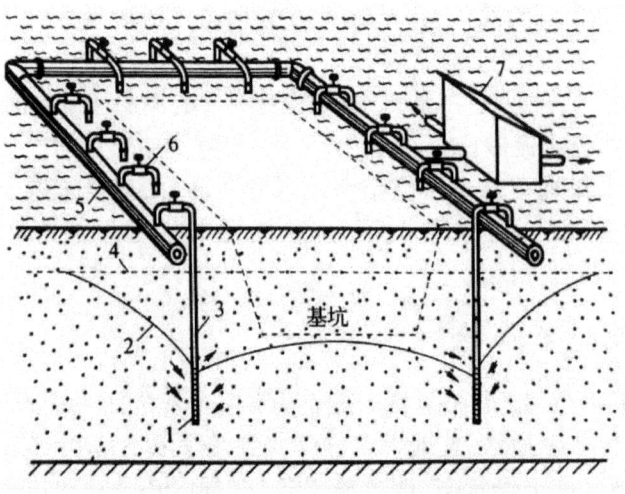

1—井点管;2—滤管;3—总管;4—弯联管;5—水泵房;
6—原有地下水位线;7—降低后地下水位线

图 1-25 轻型井点降低地下水位图

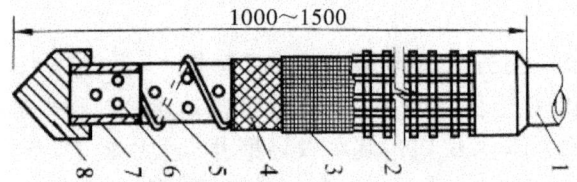

1—井点管;2—粗钢丝保护网;3—细滤网;4—粗滤网;5—缠绕的塑料管;
6—管壁上的小孔滤管;6—管壁上的小孔滤管;7—钢管;8—铸铁头

图 1-26 滤管构造示意图

滤网外面再绕一层 8 号粗钢丝保护网,滤管下端为一锥形铸铁头,滤管上端与井点管连接。

井点管为直径 38mm 或 51mm、长 5~7m 的钢管,可整根或分节组成。井点管的上端用弯联管与总管相连。

集水总管用直径 100~127mm 的无缝钢管,每段长 4m,其上装有与井点管连接的短接头,间距 0.8m 或 1.2m。

抽水设备由真空泵、离心泵和水气分离器(又叫集水箱)等组成。

② 轻型井点的布置:轻型井点的布置应根据基坑的大小与深度、土质、地下水位的高低与流向和降水深度的要求等来确定。

第一，平面布置。当基坑或沟槽宽度小于 6m，且水位降低深度不超过 5m 时，可采用单排线状井点，布置在地下水流的上游一侧，其两端延伸长度一般以不小于基坑（槽）宽度为宜（如图 1-27 所示）。如果基坑宽度大于 6m，或土质不良、土的渗透系数较大，宜采用双排井点。

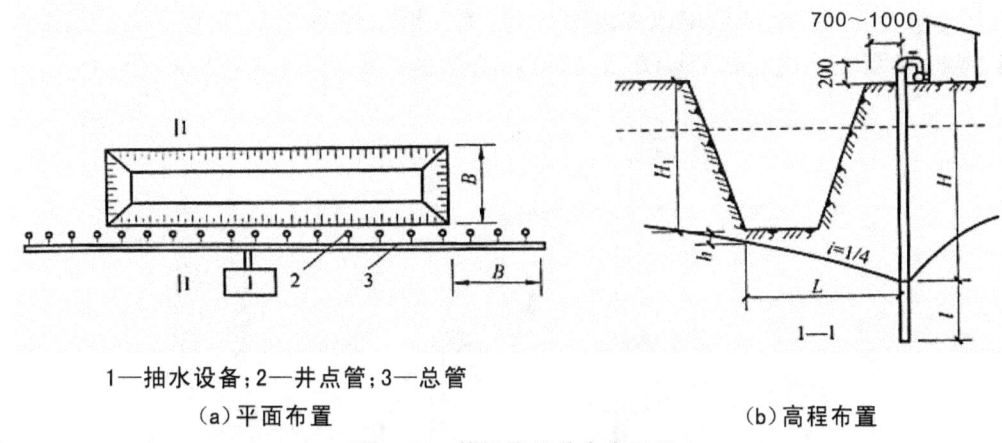

1—抽水设备；2—井点管；3—总管

（a）平面布置　　　　　（b）高程布置

图 1-27　单排线状井点布置图

基坑面积较大时，宜采用环状井点（如图 1-28a 所示）。为便于挖土机械和运输车辆出入基坑，可不封闭，布置为 U 形环状井点。井点管距离基坑壁一般不宜小于 0.7～1.0m，以防局部发生漏气。井点管间距应根据土质、降水深度、工程性质等决定，一般采用 0.8～1.6m。

一套抽水设备能带动的总管长度一般为 100～120m。采用多套抽水设备时，井点系统要分段，各段长度要大致相等。

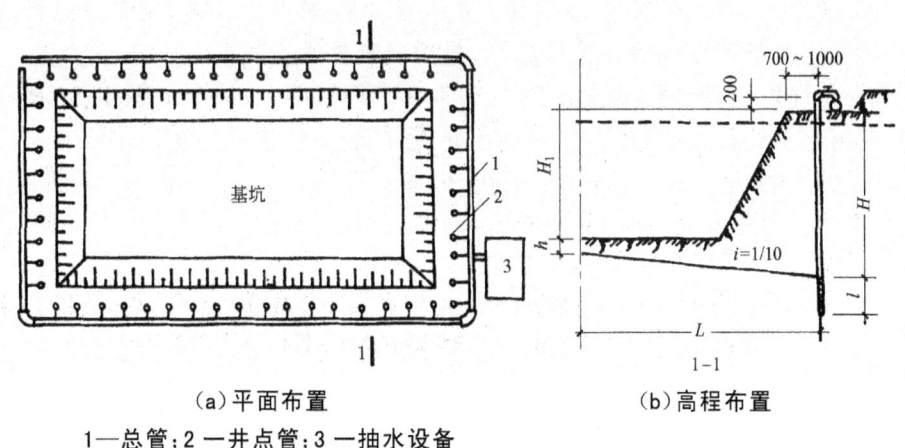

（a）平面布置　　　　　（b）高程布置

1—总管；2—井点管；3—抽水设备

图 1-28　环状井点布置图

第二，高程布置。在考虑到抽水设备的水头损失以后，井点降水深度一般不超过 6m（如图 1-28b 所示）。井点管的埋设深度 H（不包括滤管）的计算公式为

$$H = H_1 + h + iL \tag{1-30}$$

式中：H_1 为井点管埋设面至基坑底的距离(m)；h 为基坑中心处坑底面(单排井点时,为远离井点一侧坑底边缘)至降低后地下水位的距离,一般为 0.5～1.0m；i 为地下水降落坡度,环状井点为 1/10,单排线状井点为 1/4；L 为井点管至基坑中心的水平距离(在单排井点中为井点中,管至基坑另一侧的水平距离(m))。

当一级井点系统达不到降水深度要求时,可采用二级井点,即先挖去第一级井点所疏干的土,然后在基坑底部装设第二级井点,使降水深度增加(如图 1-29 所示)。

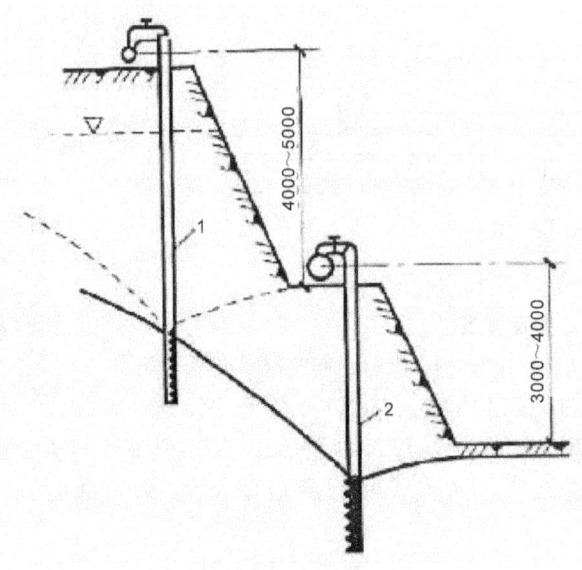

1——一级井点降水；2——二级井点降水

图 1-29　两级轻型井点降水示意图

③ 轻型井点降水法的施工：轻型井点的安装是根据降水方案,先布设总管,再埋设井点管,然后用弯联管连接井点管与总管,最后安装抽水设备。

井点管的埋设一般用水冲法施工,分为冲孔和埋管两个过程(如图 1-30 所示)。冲孔时,先利用起重设备将冲管吊起,并插在井点位置上,然后开动高压水泵将土冲松,冲管则边冲边沉。冲孔要垂直,直径一般为 300mm,以保证井管四壁有一定厚度的砂滤层。冲孔深度要比滤管底深 0.5m 左右,以防冲管拔出时部分土颗粒沉于底部而触及滤管。

井孔冲成后,随即拔出冲管,插入井点管。井点管与井壁间应立即用粗砂灌实,灌至距地面 1～1.5m 深处,以防孔壁塌土,并保证水流畅通。井点管上口须用黏土填塞密实,防止漏气。

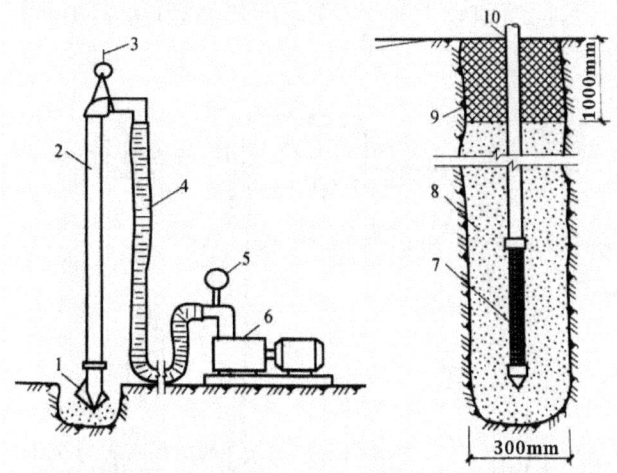

1—冲嘴；2—冲管；3—起重机吊钩；4—胶管；5—压力表；6—高压水泵；
7—滤管；8—粗砂；9—黏土封口；10—井点管

图 1-30　井点管的埋设

④ 轻型井点的使用：轻型井点运行后，应保证连续不断抽水。如果井点淤塞，一般可以通过听管内水流声响、手摸管壁感到有震动、手触摸管壁有冬暖夏凉的感觉等简便方法检查，发现问题，及时排除隐患，确保施工正常进行。

轻型井点法适用于土壤的渗透系数为 0.1~5.0m/d 的土层降水，一级轻型井点水位降低深度为 3~6m，二级井点水位降低深度可达 6~9m。

(2) 喷射井点降低地下水位

当基坑开挖较深或降水深度超过 6m 时，必须使用多级轻型井点，这样会增大基坑的挖土量、延长工期并增加设备数量，不够经济。当降水深度超过 6m，土层为渗透系数为 0.1~2.0m/d 的弱透水层时，采用喷射井点降水比较合适，其降水深度可达 20m。

① 喷射井点的主要设备及工作原理：喷射井点根据其工作时所用喷射材料的不同，分为喷水井点和喷气井点两种。其设备主要为喷射井管、高压水泵(或空气压缩机)和管路系统组成(图 1-31a)。喷射井管 1 由内管 8 和外管 9 组成，在内管下端有升水装置——喷射扬水器与滤管 2 相连(图 1-31b)。在高压水泵 5 作用下，具有一定压力水头(0.7~0.8MPa)的高压水经进水总管 3 进入井管的外管与内管之间的环形空间，并经扬水器的侧孔流向喷嘴 10。由于喷嘴截面的突然缩小，流速急剧增加，压力水由喷嘴以很高的流速喷入混合室 11(该室与滤管相通)，将喷嘴口周围的空气吸入，被急速水流带走，因而该室压力下降而造成一定真空度。此时地下水被吸入喷嘴上面的混合室，与高压水汇合，流经扩散管 12 时，由于截面扩大，流速降低而转化为低压，沿内管上升经排水总管排于集水池 6 内。此池内的水，一部分用水泵 7 排走，另一部分供高压水泵压入井管用。如此循环不已，将地下水逐步降低。高压水泵宜采用流量为 50~80m³/h 的多级高压水泵，每套设备能带动 20~30 根井管。

② 喷射井点的平面布置：当基坑宽度小于 10m 时，井点可作单排布置；当大于 10m

时,可作双排布置;当基坑面积较大时,宜采用环形布置(图 1-31c)。井点间距一般采用 2~3m。

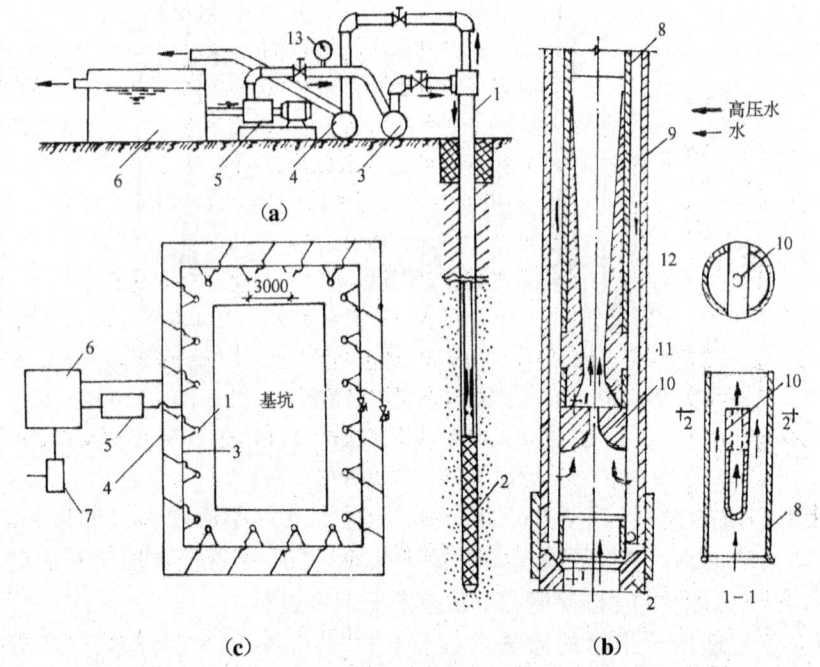

(a)喷射井点设备简图　(b)喷射扬水器详图　(c)喷射井点平面布置
1—喷射井管;2—滤管;3—进水总管;4—排水总管;5—高压水泵;6—集水池;
7—水泵;8—内管;9—外管;10—喷嘴;11—混合室;12—扩散管;13—压力表
图 1-31　喷射井点设备及平面布置简图

③ 喷射井点施工的安装及使用　喷射井点施工顺序:安装水泵设备及泵的进出水管路;敷设进水总管和回水总管;沉设井点管(包括灌填砂滤料),接通进水总管后及时进行单根试抽、检验;全部井点管沉设完毕后,接通回水总管,全面试抽,检查整个降水系统的运转状况及降水效果。

进水、回水总管同每根井点管的连接管均需安装阀门,以便调节使用和防止不抽水时发生回水倒灌。井点管路接头应安装严密。

喷射井点一般是将内外管和滤管组装在一起后沉设到井孔内的。井点管组装时,必须保证喷嘴与混合室中心线一致,组装后,每根井点管应在地面做泵水试验和真空度测定。地面测定的真空度不宜小于 93.3kPa。

沉设井点管前,应先挖井点坑和排泥沟。井点坑直径应大于冲孔直径,以便于冲孔时孔内的土块从孔口随泥浆排出。冲孔直径为 400~600mm。冲孔深度应比滤管底深 1m 以上。冲孔完毕后,应立即沉设井点管、灌填砂滤料,最后再用黏土封口,深度为 1~1.5m。

喷射井点抽水时,如发现井点管周围有翻砂冒水现象,应立即关闭此井点,及时检查处理。工作水应保持清洁,井点全面试抽两天后,应更换清水,以后视水质浑浊程度定期更换活水。工作水压力要调节适当,能满足降水要求即可,以减轻喷嘴的磨耗程度。

1.4 土方机械化施工

知识目标
(1)熟悉推土机的推土方法;
(2)熟悉铲运机的开行路线和作业方法;
(3)熟悉单斗挖土机的分类及施工方法。
技能目标
(1)通过本单元的学习,能清楚常用土方机械的性能及适用范围,并能正确合理地选用;
(2)能组织推土机、铲运机、单斗挖土机进行土方机械化施工。

土方工程工程量大,工期长。为节约劳动力,降低劳动强度,加快施工速度,土方工程的开挖、运输、填筑、压实等施工过程应尽量采用机械施工。

土方工程施工机械的种类很多,有推土机、铲运机、单斗挖土机、多斗挖土机和装载机等。而在房屋建筑工程施工中,尤以推土机、铲运机和单斗挖土机应用最广。施工时,应根据工程规模、地形条件、水文性质和工期要求等正确选择土方施工机械。

1.4.1 推土机

推土机是在履带式拖拉机的前方安装推土铲刀(推土板)制成的。按铲刀的操纵机构不同,推土机分为索式和液压式两种。图1-32所示为推土机的外形。

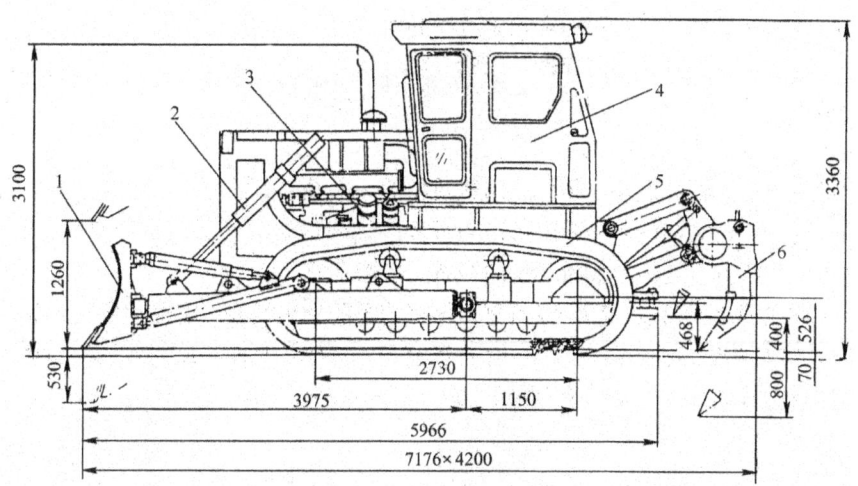

图1-32 推土机的外形

推土机能单独完成挖土、运土和卸土工作,具有操纵灵活、运转方便、所需工作面较小、行驶速度较快等特点。推土机主要适用于一至三类土的浅挖短运,如场地清理或平整、开挖深度不大的基坑以及回填、推筑高度不大的路基等。此外,推土机还可以牵引其他无动力的土方机械,如拖式铲运机、松土器、羊足碾等。

推土机推运土方的运距一般不超过100m,运距过长,土从铲刀两侧流失过多,影响其工作效率。经济运距一般为30～60m,铲刀创土长度一般为6～10m。

为了提高推土机的工作效率,常用表1-19所示的几种作业方法。

表1-19 推土机的几种作业方法

作业名称	推土方法	适用范围
下坡推土法	在斜坡上,推土机顺下坡方向切土与堆运,借机械向下的重力作用切土,增大切土深度和运土数量,可提高生产率30%～40%。但坡度不宜超过15°,避免后退时爬坡困难。无自然坡度时,也可分段堆土,形成下坡送土条件。下坡推土有时与其他推土法结合使用	适于半挖半填地区推土丘,回填沟、渠时使用
槽形挖土法	推土机多次重复在一条作业线上切土和推土,使地面逐渐形成一条浅槽,再反复在沟槽中进行推土,以减少土从铲刀两侧漏散,可增加10%～30%的推土量。槽的深度以1m左右为宜,槽与槽之间的土坑宽约50cm。当推出多条槽后,再从后面将土推入槽内,然后运出	适于运距较远、土层较厚时使用
并列推土法	用2或3台推土机并列作业,以减少土体漏失。铲刀相距15～30cm。一般采用两机并列推土,可增加推土量15%~30%,三机并列可增加推土量30%~40%。平均运距不宜超过50~75m,亦不宜小于20m	适于大面积场地平整及运送土时采用

续表

作业名称	推土方法	适用范围
分堆集中，一次推送法	在硬质土中，切土深度不大，将土先积聚在一个或数个中间点，然后再整批推送到卸土区，使铲刀前保持满载。堆积距离不宜大于30m，推土高度以小于2m为宜。本法可使铲刀的推送数量增大，有效地缩短运输时间，能提高生产效率15%左右	适于运送距离较远而土质又比较坚硬，或长距离分段送土时采用
斜角推土法	将铲刀斜装在支架上或水平位置，并与前进方向成一倾斜角度（松土为60°，坚实土为45°）进行推土。本法可减少机械来回行驶，提高效率，但推土阻力较大，需较大功率的推土机	适于管沟推土回填、垂直方向无倒车余地或在坡脚及山坡下推土时采用
支字斜角推土法	推土机与回填的管沟或洼地边缘成"之"字形或一定角度推土。本法可减少平均负荷距离和改善推集土的条件，并可使推土机转角减少一半，可提高台班生产率，但需较宽的运行场地	适于回填基坑、槽、管沟时采用

1.4.2 铲运机施工

铲运机是一种能综合完成挖、装、运、填的机械，对行驶道路要求较低，操纵灵活，效率较高。铲运机按行走机构的不同可分为自行式铲运机和拖式铲运机两种（如图1-33、图1-34所示）；按铲斗操纵方式的不同，又可分为索式和油压式两种。

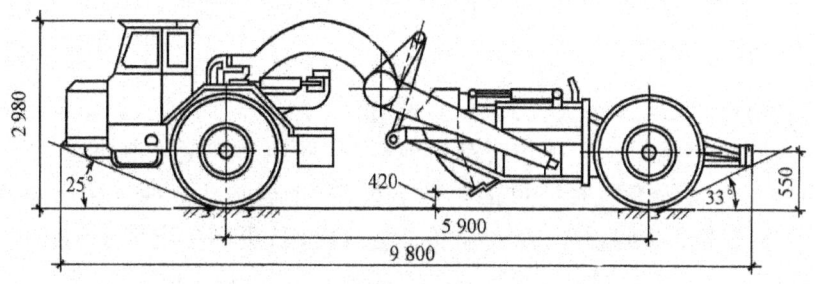

图1-33 CL7型自行式铲运机

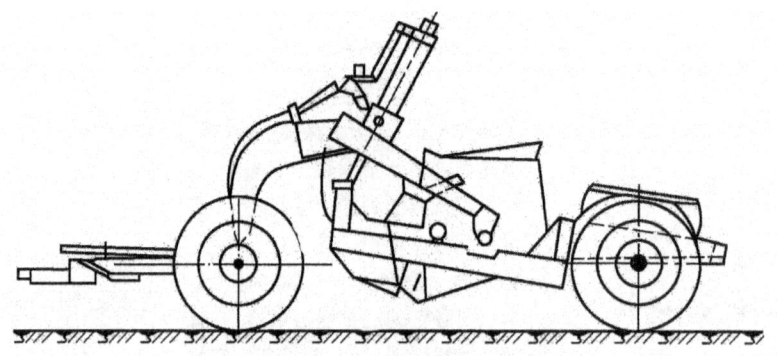

图 1-34 拖式铲运机

铲运机一般适用于含水量不大于27%的一至三类土的直接挖运,常用于坡度在20°以内的大面积场地平整、大型基坑的开挖、堤坝和路基的填筑等;不适于在砾石层、冻土地带和沼泽地区使用。开挖坚硬土时要用推土机助铲或用松土器配合。铲运机适宜在松土、普通土且地形起伏不大(坡度在20°以内)的大面积场地上施工。

拖式铲运机的运距以不超过800m为宜,当运距在300m左右时效率最高。自行式铲运机的行驶速度快,可用于稍长距离的挖运,其经济运距为800~1500m,但不宜超过3500m。

1.铲运机的开行路线

铲运机的基本作业是铲土、运土、卸土三个工作行程和一个空载回驶行程。在施工中,由于挖填区的分布情况不同,为了提高生产效率,应根据不同施工条件(如工程大小、运距长短、土的性质和地形条件等),选择合理的开行路线和施工方法。由于挖填区的分布不同,应根据具体情况选择开行路线。铲运机的开行路线一般有以下几种。

(1)环形路线

地形起伏不大、施工地段较短时,多采用环形路线。图 1-35a 所示为小环形路线,这是一种既简单又常用的路线。从挖方到填方按环形路线回转,每循环一次完成一次铲土和卸土,挖填交替。当挖填之间的距离较短时可采用大环形路线(如图 1-35b 所示),一个循环可完成多次铲土和卸土,这样可减少铲运机的转弯次数,提高工作效率。作业时应时常按顺、逆时针方向交换行驶,以避免机械行驶部分单侧磨损。

(2)"8"字形路线

施工地段加长或地形起伏较大时,多采用"8"字形开行路线(如图 1-35c 所示)。采用这种开行路线,铲运机在上下坡时是斜向行驶,受地形坡度限制小。一个循环中两次转弯的方向不同,可避免机械行驶的单侧磨损,一个循环完成两次铲土和两次卸土,减少了转弯次数及空车行驶距离,从而缩短了运行时间,提高生产率。

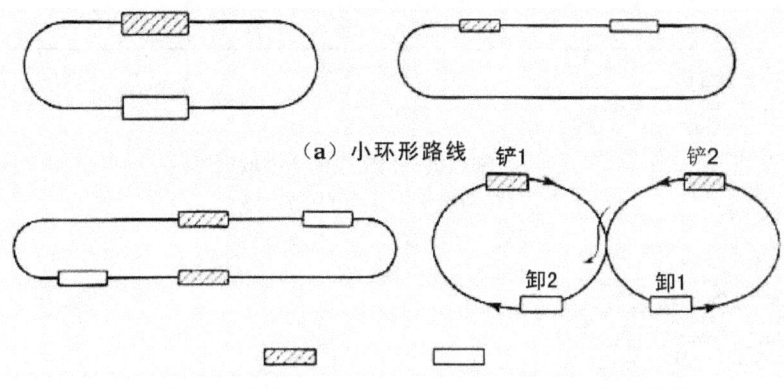

(a) 小环形路线

(b) 大环形路线　　　　　　　　(c) "8"字形路线

图 1-35　铲运机运行路线

2. 铲运机铲土作业方法

铲运机铲土作业方法见表 1-20。

表 1-20　铲运机铲土方法

作业名称	铲土方法	适用范围
下坡铲土法	铲运机顺地势(坡度一般为 30°～50°)下坡铲土,借机械往下运行质量产生的附加牵引力来增加切土深度和充盈数量,可提高生产率 25%左右。最大坡度不应超过 20°,铲土厚度以 20cm 为宜。平坦地形可将取土地段的一端先铲低,保持一定坡度向后延伸,创造下坡铲土条件。一般保持铲满铲斗的工作距离为 15～20cm。在大坡度上应放低铲斗,低速前进	适用于斜坡地形大面积场地平整或推土回填沟渠
跨铲法	在较坚硬的地段挖土时,采取预留土埂间隔铲土。土埂两边沟槽深度以不大于 0.3m、宽度在 1.6m 以内为宜。用本法铲土埂时增加了两个自由面,阻力减小,可缩短铲土时间和减少向外撒土,比一般方法的效率高	适用于较坚硬的土、铲土回填或场地平整

续表

作业名称	铲土方法	适用范围
交错铲土法	铲运机开始铲土的宽度取大些,随着铲土阻力的增加,适当减小铲土宽度,使铲运机能很快装满土。当铲第一排时,相互之间相隔铲斗一半的宽度;铲第二排土则退离第一排挖土长度一半的位置,与第一排所挖各条交错开。以下所挖各排均与第二排相同	适用于比较坚硬的土的场地平整
助铲法	在坚硬的土体中,自行铲运机再另配一台推土机,在铲运机的后拖轩上进行顶推,协助铲土,可缩短每次铲土时间,装满铲斗,可提高生产率30%左右。推土机在助铲的空余时间,可做松土和零星的平整工作。助铲法取土场宽度宜小于20m,长度不宜小于40m。采用一台推土机配合3或4台铲运机助铲时,铲运机的半周程距离不应小于250m。几台铲运机要适当安排铲土次序和运行路线,互相交叉进行流水作业,以提高推土效率	适用于地势平坦、土质坚硬、宽度大、长度大的大型场地平整工程
双联铲运法	铲运机运土时所需牵引力较小,当下坡铲土时,可将两个铲斗前后串在一起,形成一起一落,依次铲土、装土(称双联单铲)。当地面较平坦时,将两个铲斗串成同时起落,同时进行铲土,又同时起斗运行(称为双联双铲)。前者可提高工效20%~30%,后者可提高工效约60%	适用于较松软的土,进行大面积场地平整及筑堤时采用

1.4.3 单斗挖土机

单斗挖土机是土方开挖的常用机械,按行走装置,分为履带式和轮胎式两类,按传动方式分为索具式和液压式两种,根据工作装置分为正铲、反铲、拉铲和抓铲四种(如图 1-36 所示)。使用单斗挖土机进行土方开挖作业时,一般需自卸汽车配合运土。

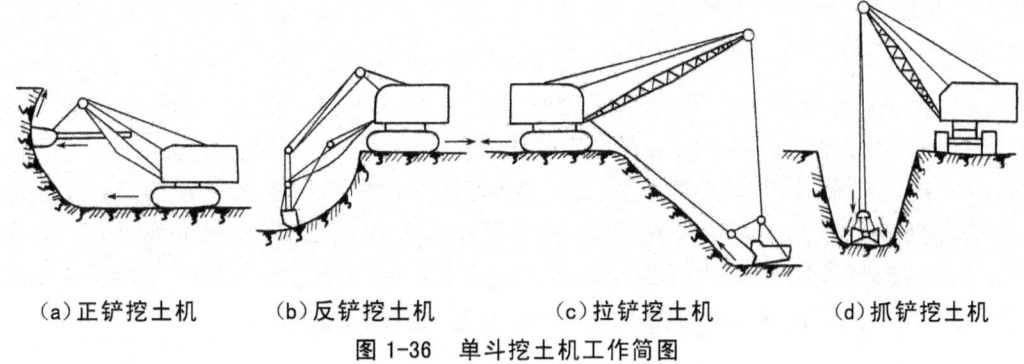

(a)正铲挖土机　　(b)反铲挖土机　　(c)拉铲挖土机　　(d)抓铲挖土机

图 1-36　单斗挖土机工作简图

1. 正铲挖土机施工

正铲挖土机挖掘能力大,生产率高,适用于开挖停机面以上的一至三类土。它与运土汽车配合能完成整个挖运任务,可用于开挖大型干燥基坑以及土丘等。

正铲挖土机的挖土特点是"前进向上,强制切土"。根据开挖路线与运输汽车相对位置的不同,一般有以下两种。

(1)正向开挖,侧向卸土

正铲向前进方向挖土,汽车位于正铲的侧向装土(如图 1-37a 所示)。本法为最常用的开挖方法,其特点是铲臂卸土回转角度最小(<90°),装车方便,循环时间短,生产效率高,用于开挖工作面较大、深度不大的边坡、基坑(槽)、沟渠和路堑等。

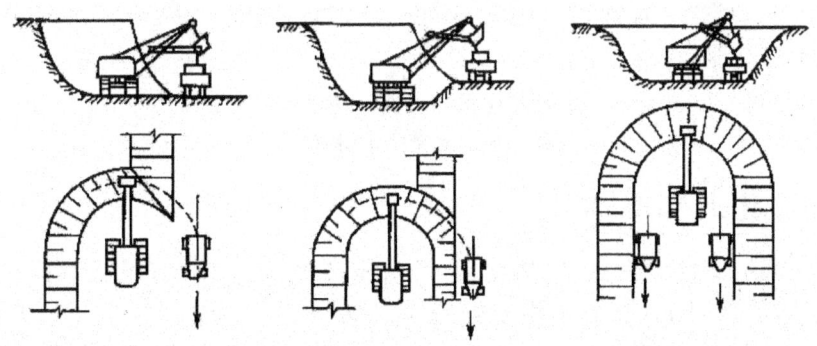

(a)正向开挖,侧向卸土　　　　(b)正向开挖,后方卸土

图 1-37　正铲挖土机开挖方式

(2) 正向开挖,后方卸土

正铲向前进方向挖土,汽车停在正铲的后面,(如图 1-37b 所示)。本法开挖工作面较大,但铲臂卸土回转角度较大(约 180°),且汽车要侧向行驶,增加了工作循环时间,生产效率降低(若回转角度为 180°,效率降低约 23%;若回转角度为 130°,效率降低约 13%),用于开挖工作面较小且较深的基坑(槽)、管沟和路堑等。

2. 反铲挖土机施工

反铲挖土机的工作特点是"后退向下,强制切土",挖土能力比正铲小。

反铲挖土机用于开挖停机面以下的一至三类土,适用于深度不大于 4m 的基坑、基槽和管沟的开挖,也可用于湿土、含水量较大及地下水位以下的土壤的开挖。

反铲挖土机的开挖方式有沟端开挖和沟侧开挖两种。采用沟端开挖时,挖土机停在沟端,向后倒退挖土,汽车停在两旁装土,开挖工作面宽(如图 1-38a 所示)。采用沟侧开挖时,挖土机沿沟槽一侧直线移动挖土,挖土机的移动方向与挖土方向垂直(如图 1-38b 所示)。此法能将土弃于距沟较远处,但挖土宽度受到限制。

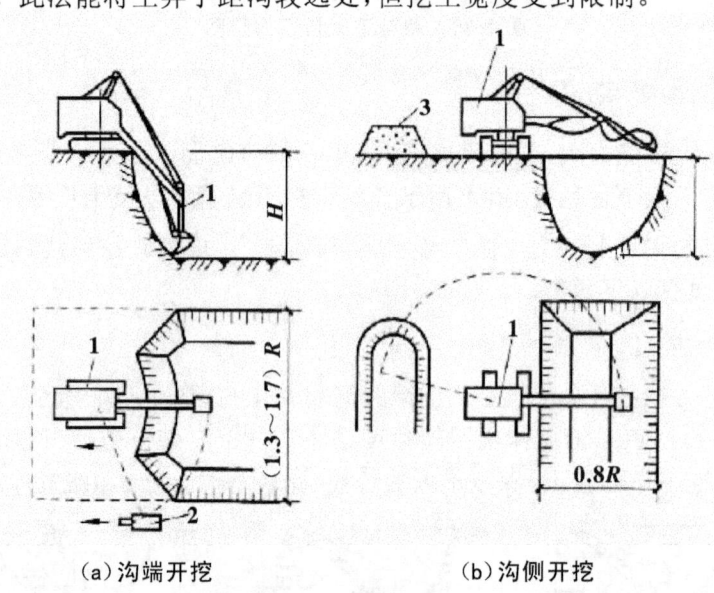

(a) 沟端开挖　　　　(b) 沟侧开挖

1—反铲挖土机;2—自卸汽车;3—弃土堆

图 1-38　反铲挖土机开挖方式

3. 拉铲挖土机施工

拉铲挖土机的挖土特点是"后退向下,自重切土",挖土半径和挖土深度较大,但不如反铲灵活,开挖精确性差,适用于挖停机面以下的一、二类土,可用于开挖大而深的基坑或水下挖土。

拉铲挖土机的开挖方式与反铲挖土机的开挖方式相似,既可沟侧开挖,也可沟端开挖(图 1-39)。

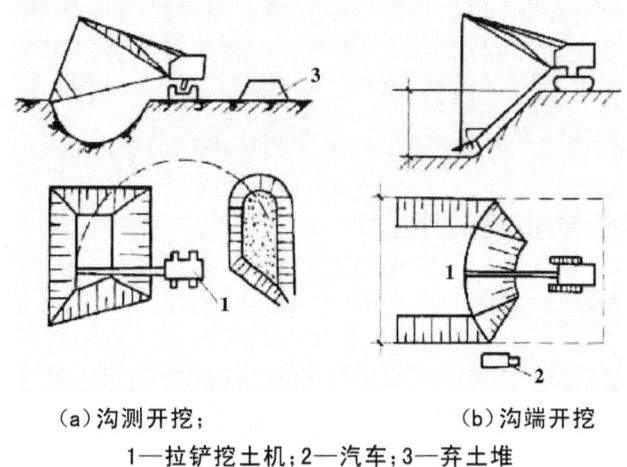

(a) 沟测开挖； (b) 沟端开挖
1—拉铲挖土机；2—汽车；3—弃土堆
图 1-39 拉铲挖土方式

4. 抓铲挖土机施工

抓铲挖土机的挖土特点是"直上直下，自重切土"，挖掘力较小，适用于开挖停机面以下的一、二类土，如挖窄而深的基坑、疏通旧有渠道以及挖取水中淤泥等，也用于装卸碎石、矿渣等松散材料。在软土地基的地区，抓铲挖土机常用于开挖基坑等。

1.4.4 压实机械

根据土体压实机理的不同，压实机械可分为冲击式、碾压式和振动压实三大类。

1. 冲击式压实机械

冲击式压实机械主要有蛙式打夯机和内燃式打夯机两类。蛙式打夯机一般以电为动力。这两种打夯机适用于狭小场地和沟槽的作业，也可用于室内地面的夯实及大型机械无法到达的边角的夯实。

2. 碾压式压实机械

按行走方式的不同，碾压式压实机械可分为自行式压路机和牵引式压路机两类。自行式压路机常用的有光轮压路机和轮胎压路机，主要用于土方、砾石、碎石的回填压实及沥青混凝土路面的施工。牵引式压路机一般采用推土机（或拖拉机）牵引，常用的有光面碾、羊足碾。光面碾适用于土方的回填压实；羊足碾适用于黏性土的回填压实，而不能用于砂土和面层土的压实。

3. 振动压实机械

振动压实机械是利用机械的高频振动，把能量传给被压土，降低土颗粒间的摩擦力,使土在压实能量的作用下达到较大的密实度。按行走方式的不同,振动压实机械分为手扶平板式振动压实机和振动压路机两类。手扶平板式振动压实机主要用于小面积的地基夯实。按行走方式振动压路机分为自行式和牵引式两种。振动压实机的生产效率高,压实效果好,能压实多种性质的土,主要用在工程量大的大型土方工程中。

1.4.5 土方挖运机械的选择

1. 土方机械的选择

土方机械的选择,通常先根据工程特点和技术条件提出几种可行方案,然后进行技术、经济比较,选择效率高、费用低的机械进行施工,一般选用土方单价最小的机械。

土方机械选择要点如下:

① 当地形起伏不大,坡度在20°以内,挖填平整土方的面积较大,土的含水量适当,平均运距短(一般在1km以内)时,采用铲运机较为合适。如果土质坚硬或冬季冻土层厚度超过100~150mm时,必须由其他机械辅助翻松再铲运。当一般土的含水量大于25%或坚硬的黏土含水量超过30%时,铲运机要陷车,必须把水疏干后再施工。

② 地形起伏较大的丘陵地带,一般挖土高度在3m以上,运输距离超过1km,工程量较大且又集中时,可采用下述三种方式进行挖土和运土。

第一种方法:正铲挖土机配合自卸汽车进行施工,并在弃土区配备推土机平整土堆。选择铲斗容量,应考虑到土质情况、工程量和工作面高度。当开挖普通土,集中工程量在1.5万m^3以下时,可采用0.5m^3的铲斗;当开挖集中工程量为1.5万~5万m^3时,以选用1.0m^3的铲斗为宜,此时,普通土和硬土都能开挖。

第二种方法:用推土机将土推入漏斗,并用自卸汽车在漏斗下承土并运走。这种方法适用于挖土层厚度在5m以上的地段。漏斗上口尺寸为3m左右,由宽3.5m的框架支承。其位置应选择在挖土段的较低处,并预先挖平。漏斗左右及后侧土壁应予支撑。使用73.5kW的推土机两次可装满8t自卸汽车,效率较高。

第三种方法:用推土机预先把土推成一堆,用装载机把土装到汽车上运走,效率也很高。

2. 开挖基坑时根据下述原则选择机械

① 若土的含水量较小,可结合运距长短、挖掘深浅,分别采用推土机、铲运机或正铲挖土机配合自卸汽车进行施工。当基坑深度在1~2m且基坑不太长时,可采用推土机;深度在2m以内、长度较大的线状基坑,宜用铲运机开挖;当基坑较大、工程量集中时,可选用正铲挖土机挖土。

② 如地下水位较高,又不采用降水措施,或土质松软,可能造成正铲挖土机和铲运机陷车时,则采用反铲、拉铲或抓铲挖土机配合自卸汽车较为合适。挖掘深度见有关机械的性能表。

③ 移挖作填以及基坑和管沟的回填,运距在 60~100m 时,可用推土机。

1.5 土方填筑与压实

知识目标:
(1)了解填方土料的选择和填筑要求。
(2)熟悉填土压实方法。
(3)熟悉影响填土压实的因素。

技能目标:
(1)通过本节学习,能够清楚影响填土压实质量的因素。
(2)能选择填土压实的方法,并组织压实作业。

在土方填筑前,应清除基底上的垃圾、树根等杂物,抽除坑穴中的水、淤泥。在建筑物和构筑物地面下的填方或厚度小于 0.5m 的填方,应清除基底上的草皮、垃圾和软弱土层。在土质较好、地面坡度不大于 1/10 的较平坦场地的填方,可不清除基底上的草皮,但应割除长草。在稳定山坡上填方,当山坡坡度为 1/15~1/10 时,应清除基底上的草皮;坡度大于 1/5 时,应将基底挖成台阶,台阶面内倾,台阶宽高比有 1:2,台阶高度不大于 1m。当填方基底为耕植土或松土时,应将基底碾压密实。在水田、沟渠或池塘上填方前,应根据实际情况采用排水疏干、挖除淤泥或抛填块石、砂砾、矿渣等方法处理后再进行填土。填土区如遇有地下水或滞水时,必须采取排水措施,以保证施工顺利进行。

1.5.1 填筑的要求

为了保证填方工程强度和稳定性方面的要求,必须正确选择填土的种类和填筑方法。

填方土料应符合设计要求。碎石类土、砂土和爆破石渣,可用作表层以下的填料。当填方土料为黏土时,填筑前应检查其含水量是否在控制范围内。含水量大的黏土不宜作为填土。含有大量有机质的土,吸水后容易变形,承载能力降低;含水溶性硫酸盐大于 5%的土,在地下水的作用下,硫酸盐会逐渐溶解消失,形成孔洞,影响土的密实性。这两种土以及淤泥、冻土、膨胀土等均不应作为填土。填土应分层进行,并尽量采用同类土填筑。如采用不同土填筑,应将透水性较大的土层置于透水性较小的土层之下,不能将各种土混杂在一起使用,以免填方内形成水囊。

碎石类土或爆破石渣作填料时,其最大粒径不得超过每层铺土厚度的 3/4。铺填时,大块料不应集中,且不得填在分段接头或填方与山坡连接处。

1.5.2 填土压实方法

填土的压实方法一般有碾压法、夯实法和振动压实法。

1. 碾压法

碾压法是利用机械滚轮的压力压实土壤,使之达到所需的密实度,此法多用于大面积填土工程。碾压机械有光面碾(压路机)、羊足碾和气胎碾。光面碾对砂土、黏性土均可压实;羊足碾需要较大的牵引力,且只宜压实黏性土,因在砂土中使用羊足碾会使土颗粒受到"羊足"较大的单位压力而向四周移动,从而使土的结构遭到破坏;气胎碾在工作时是弹性体,其压力均匀,填土质量较好。还可利用运土机械进行碾压,也是较经济合理的压实方案,施工时使运土机械行驶路线能大体均匀地分布在填土区,并达到一定的重复行驶遍数,使其满足填土压实质量的要求。

碾压机械压实填方时,行驶速度不宜过快,一般平碾控制在 2km/h,羊足碾控制在 3km/h;否则会影响压实效果。

2. 夯实法

夯实法是利用夯锤自由下落的冲击力来夯实土壤,主要用于小面积回填。夯实法分人工夯实和机械夯实两种。

夯实机械有夯锤、内燃夯土机和蛙式打夯机。人工夯土用的工具有木夯、石夯、飞硪等。夯锤是借助起重机悬挂一重锤进行穷土的夯实机械,适用于夯实砂性土、湿陷性黄土、杂填土以及含有石块的填土。

3. 振动压实法

振动压实法是将振动压实机放在土层表面,借助振动机械使压实机械振动,土颗粒在振动力的作用下发生相对位移而达到紧密状态。这种方法用于振实非黏性土效果较好。

使用振动碾进行碾压,具有使土受振动和碾压两种作用,碾压效率高,适用于大面积填方工程。

1.5.3 填土压实的影响因素

填土压实的影响因素较多,主要有压实功、含水量以及铺土厚度。

1. 压实功的影响

填土压实后的密度与压实机械在其上所施加的功有一定的关系。土的密度与所耗的功的关系如图 1-40 所示。当土的含水量一定,在开始压实时,土的密度急剧增加,到接近土的最大密度时,压实功虽然增加许多,而土的密度却变化甚小。实际施工中,对于砂土只需碾压或夯击2~3遍,对粉土只需3~4遍,对粉质黏土或黏土只需5~6遍。此外,松土不宜用重型碾压机械直接滚压;否则,土层有强烈起伏现象,效率不高。如果先用轻碾压实,再用重碾压实,就会取得较好的效果。

2.含水量的影响

在同一压实功作用下,填土的含水量对压实质量有直接影响。较为干燥的土,其颗粒之间的摩阻力较大,因而不易压实。当含水量超过一定限度时,土颗粒之间的孔隙由水填充而呈饱和状态,也不能压实。当土的含水量适当时,水起了润滑作用,土颗粒之间的摩阻力减少,压实效果好。每种土都有其最佳含水量。土在最佳含水量的条件下,使用同样的压实功进行压实,所得到的密度最大(图1-41)。各种土的最佳含水量和最大干密度可参考表1-21。工地简单检验黏性土最佳含水量的方法,一般是用手握成团落地开花为适宜。为了保证填土在压实过程中处于最佳含水量状态,当土过湿时,应予翻松晾干,也可掺入同类干土或吸水性土料;当土过干时,则应预先洒水润湿。

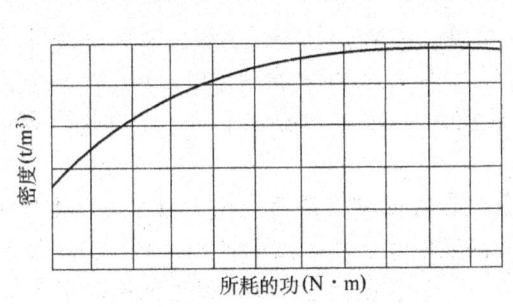　　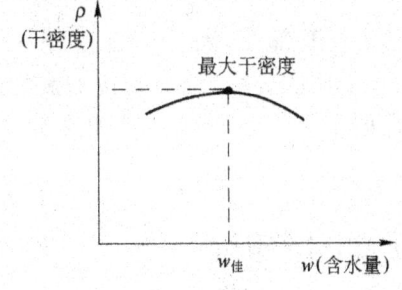

图1-40　土的密度与压实功的关系　　　　图1-41　土的干密度与含水量关系

表1-21　土的最佳含水量和最大干密度参考表

项次	土的种类	变动范围		项次	土的种类	变动范围	
		最佳含水量(%)(重量比)	最大干密度(g/cm³)			最佳含水量(%)(重量比)	最大干密度(g/cm³)
1	砂土	8~12	1.80~1.88	3	粉质黏土	12~15	1.85~1.95
2	黏土	19~23	1.58~1.70	4	粉土	16~22	1.61~1.80

注:①表中土的最大干密度应根据现场实际达到的数字为准;
　　②一般性的回填可不作此项测定。

3.铺土厚度的影响

土在压实功的作用下,其应力随深度增加而逐渐减小(图1-42),其影响深度与压实机械、土的性质和含水量等有关。铺土厚度应小于压实机械压土时的作用深度。但其中还有最优土层厚度问题，铺得过厚，要压很多遍才能达到规定的密实度；铺得过薄，则也要增加机械的总压实遍数。最优的铺土厚度应能使土方压实而机械的功耗费最少。每层铺土厚度和压实遍数应根据压实机具通过试验确定。

上述三种因素之间是互相影响的。为了保证压实质量，提高压实机械的生产率，重要工程应根据土质和所选用的压实机械在施工现场进行压实试验，以确定达到规定密实度所需的压实遍数、铺土厚度及最佳含水量。

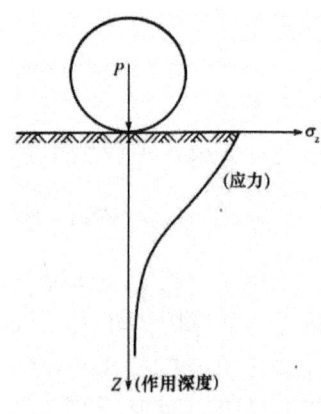

图1-42 压实作用沿深度的变化

1.6 基坑(槽)施工

基坑(槽)施工，首先应进行房屋定位和标高引测，然后根据基础的底面尺寸、埋深的大小、土质的好坏、地下水位的高低及其季节性变化等不同情况，考虑施工需要，确定是否需要留工作面、放坡、增加排水设施和设置支撑，从而定出挖土边线和进行放灰线工作。

1.6.1 放线

放线分基槽放线和柱基放线。

1. 基槽放线

根据房屋主轴线控制点，首先将外墙轴线的交点用木桩测设在地面上，并在桩顶钉上铁钉作为标志。房屋外墙轴线测定以后，再根据建筑物平面图，将内部开间所有轴线都一一测出。最后根据用边坡系数计算的开挖宽度在中心轴线两侧用石灰在地面上撒出基槽开挖边线。同时在房屋四周设置龙门板，以便基础施工时复核轴线位置。

2. 柱基放线

在基坑开挖前，从设计图上查对基础纵横轴线编号和基础施工详图，根据柱子的纵横轴线，用经纬仪在矩形控制网上测定基础中心线的端点，同时在每个柱基中心线上测定基础定位桩。每个基础中心线上设置4个定位木桩，其桩位离基础开挖线的距离为0.5~1.0m。若基础之间的距离不大，可每隔1~2个或几个基础打一定位桩，但两个定位桩的间距以不超过20m为宜，以便拉线恢复中间柱基的中线。桩顶上钉一钉子，标明中心线的位置。然后按施工图上柱基的尺寸和按边坡系数确定的挖土边线的尺寸，放出基坑上口挖土灰线,标出挖土范围。

大基坑的开挖,应根据房屋的控制点用经纬仪放出基坑四周的挖土边线。

1.6.2 基坑(槽)开挖

土方开挖应遵循"开槽支撑,先撑后挖,分层开挖,严禁超挖"的原则。

开挖基坑(槽)应按规定的尺寸合理地确定开挖顺序和分层开挖深度,连续地进行施工,尽快地完成。因土方开挖施工要求标高、断面准确,土体应有足够的强度和稳定性,所以在开挖过程中要随时注意检查。挖出的土除预留一部分用作回填外,不得在场地内任意堆放,应把多余的土运到弃土区,以免妨碍施工。为防止坑壁滑坡,根据土质情况及坑(槽)深度,在坑顶两边一定距离(一般为 1.0m)内不得堆放弃土,在此距离外堆土高度不得超过 1.5m;否则,要验算边坡的稳定性。在桩基周围、墙基或围墙一侧,不得堆土过高。在坑边放置有动载的机械设备时,也应根据验算结果,离开坑边较远距离;如地质条件不好,还应采取加固措施。为了防止基底土(特别是软土)受到浸水或其他因素的扰动,基坑(槽)挖好后,应立即做垫层或浇筑基础;否则,挖土时应在基底标高以上保留 150~300mm 厚的土层,待基础施工时再挖去。如用机械挖土,为防止基底土被扰动、结构被破坏,不应直接挖到坑(槽)底,应根据机械种类,在基底标高以上留出 200~400mm,待基础施工前用人工铲平修整。挖土不得挖至基坑(槽)的设计标高以下;如个别处超挖,应用与基土相同的土料填补,并夯实到要求的密实度。如用原土填补不能达到要求的密实度,应用碎石类土填补,并仔细夯实。如重要部位被超挖,可用低强度等级的混凝土填补。

在软土地区开挖基坑(槽)时,还应符合下列规定:

① 施工前必须做好地面排水和降低地下水位工作。地下水位必须降低至基坑底以下 0.5~1.0m 后,方可开挖。降水工作应持续到回填完毕。

② 施工机械行驶道路应填筑适当厚度的碎石或砾石,必要时应铺设工具式路基箱(板)或梢排等。

③ 相邻基坑(槽)开挖时,应遵循先深后浅或同时进行的施工顺序,并应及时做好基础。

④ 在密集群桩上开挖基坑时,应在打桩完成后间隔一段时间,再对称挖土。在密集群桩附近开挖基坑(槽)时,应采取措施防止桩基位移。

⑤ 挖出的土不得堆放在坡顶上或建筑物(构筑物)附近。

基坑(槽)开挖有人工开挖和机械开挖,对于大型基坑应优先考虑选用机械化施工,以加快施工进度。

深基坑应采用"分层开挖,先撑后挖"的开挖方法。图 1-43 为某深基坑分层开挖的实例。在基坑正式开挖之前,先将第 1 层(图中①)层地表土挖运出去,浇筑锁口圈梁,进行场地平整和基坑降水等准备工作,安设第一道支撑(角撑),并施加预顶轴力。然后开挖第 2 层(图中②)土到-4.50m,再安设第二道支撑。待双向支撑全面形成并施加轴力后,挖土机和运土车下坑在第二道支撑上部(铺路基箱)开始挖第三层(图中③)土,并采用台阶式"接力"方式挖土,一直挖到坑底。第三道支撑应随挖随撑,逐步形成。最后用抓斗式挖土机在坑外挖两侧土坡的第4层(图中④)土。

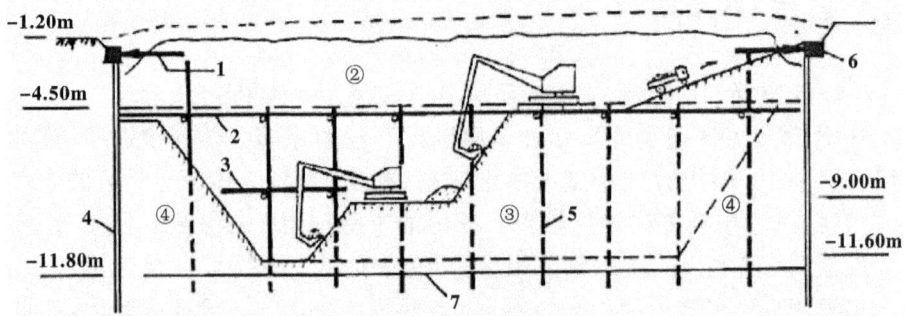

1—第一道支撑;2—第二道支撑;3—第三道支撑;4—支护桩;5—主柱;6—锁口圈梁;7—坑底
图 1-43 深基坑开挖示意

深基坑开挖过程中,随着土的挖除,下层土因逐渐卸载而有可能回弹,尤其在基坑挖至设计标高后,如搁置时间过久,回弹更为显著。如弹性隆起在基坑开挖和基础工程初期发展很快,它将加大建筑物的后期沉降。因此,对深基坑开挖后的土体回弹,应有适当的估计。如在勘察阶段,土样的压缩试验中应补充卸荷弹性试验等。还可以采取结构措施,在基底设置桩基等,或事先对结构下部土质进行深层地基加固。施工中减少基坑弹性隆起的一个有效方法是把土体中有效应力的改变降低到最低。具体方法有加速建造主体结构,或逐步利用基础的重量来代替被挖去的土体的重量。

1.7 冬季施工和雨季施工措施

1.7.1 土方工程的冬季施工

冬季施工是指室外日平均气温降低到5℃及其以下,或者最低气温降低到0℃及其以下时,用一般的施工方法难以达到预期目的,必须采取特殊措施进行的施工。土方工程冬季施工造价高、功效低,因此一般应在入冬前完成。如果必须在冬季施工,其施工方法应根据本地区气候、土质和冻结情况,并结合施工条件进行技术比较后确定施工方案。

1. 地基土的保温防冻

土在冬季由于受冻变得坚硬,使挖掘变得困难。土的冻结有其自然规律,在整个冬季,土层的冻结厚度(冻结深度)可参见有关建筑施工手册。

土方工程冬季施工时,应采取防冻措施,常用的方法有松土防冻法、覆盖雪防冻法和隔热材料防冻法等。

(1)松土防冻法

入冬前,在挖土的地表层先翻松25~40cm厚的表层土并耙平,其宽度应不小于土冻结深度的2倍与基底宽之和。在翻松的土中,有许多充满空气的孔隙,可降低土层的传热性,达到防冻的目的。

(2)覆盖雪防冻法

在降雪量较大的地区,可通过覆盖较厚的雪层作保温层,防止地基冻结。对于大面积的土方工程,可在地面上与风主导方向垂直的方向设置篱笆、栅栏或雪堤(高度为0.5~1.0m,间距为10~15m),采用人工积雪防冻。对于面积较小的基槽(坑)土方工程,在土冻结前,可以在地面上挖积雪沟(深度为30~50cm),并随即用雪将沟填满,以防止未挖土层冻结。

(3)隔热材料防冻法

对于面积较小的基槽(坑)的地基土防冻,可在土层表面直接覆盖炉渣、锯末、草垫、树叶等保温材料,其宽度为土层冻结深度的2倍与基槽宽度之和。

2.冻土的融化

冻结土的开挖比较困难,可通过外加热使之融化,然后挖掘。这种方式费用较高,只适用于面积不大的工程。

(1)烘烤法

这种方法适用于面积较小、冻土不深、燃料充足的地区。常用锯末、谷壳和刨花等作为燃料。先在冻土上铺上杂草、木柴等引火材料,然后撒上锯末,并在上面压数厘米厚的土,使其能不起火苗地燃烧(250mm厚的锯末经一夜燃烧可熔化冻土300mm左右)。开挖时需分层分段进行。

(2)蒸汽融化法

当热源充足、工程量较小时,可采用蒸汽融化法、具体操作是把带有喷气孔的钢管插入预先钻好的冻土孔中,通入蒸汽使冻土融化。

3.冻土的开挖

冻土的开挖方法有人工法开挖、机械法开挖和爆破法开挖三种。

(1)人工法开挖

人工法开挖冻土适用于开挖面积较小、场地狭窄、不具备其他条件进行土方破碎开挖的情况。开挖时一般用大铁锤和铁楔子劈冻土。

(2) 机械法开挖

机械法开挖适用于大面积的冻土开挖。破土机械应根据冻土层的厚度和工程量的大小来选用。当冻土层厚度小于 0.25m 时,可直接用铲运机、推土机、挖土机挖掘开挖;当冻土层厚度为 0.6~1.0m 时,用打桩机将楔形劈块按一定顺序打入冻土层,劈裂破碎冻土,或用起重设备将重为 3~4t 的尖底锤吊至 5~6m 高,然后使锤脱钩自由落下,击碎冻土层(击碎厚度可达 1~2m),再用斗容量大的挖土机进行挖掘。

(3) 爆破法开挖

爆破法开挖适用于面积较大、冻土层较厚的土方工程。采用打炮眼、填药的爆破方法将冻土破碎后,用机械挖掘施工。

4. 冬季回填土施工

冻结土块坚硬且不易破碎,回填过程中不易被压实,温度回升、土层解冻后又会引起较大的沉降。因此,为保证冬季回填土的工程质量,冬季回填土施工必须按照施工及验收规范的规定进行组织。

冬季填方前,要清除基底的冰雪和保温材料,排除积水,挖除冻块或淤泥。对于基础和地面工程范围内的回填土,冻土块的含量不得超过回填土总体积的 15%,且冻土块的粒径应小于 15cm。填方宜连续进行,且应采取有效的保温防冻措施,以免地基土或已填土受冻。

填方时,每层的虚铺厚度应比常温施工时减少 20%~25%。填方的上层应用未冻的、不冻胀或透水性好的土料填筑。

1.7.2 土方工程的雨季施工

1. 雨季施工准备

在雨季到来之际,施工现场、道路及设施必须做好排水准备。对施工现场的临时设施、库房也要做好防雨排水的准备。应对现场的临时道路进行加固、加高,或在雨季加铺炉渣、砂砾或其他防滑材料。施工现场应准备足够的防水、防汛材料(如草袋、油毡、雨布等)和器材工具等。

2. 雨季施工措施

雨季开挖基槽(坑)或管沟时,开挖的施工面不宜过大,应从上至下分层分段依次施工,底部随时做成一定的坡度。应经常检查边坡的稳定性,适当放缓边坡或设置支撑。雨季不要在滑坡地段施工。大型基坑在开挖时为防止被雨水冲塌,可在边坡上加钉钢丝网片,再浇筑 50mm 厚的细石混凝土。对于地下的池、罐构筑物或地下室结构,在完工后应抓紧进行基坑四周回填土的施工和上部结构的施工;否则,会造成地下室和池子上浮事故的发生。

1.8 土方工程质量标准与安全技术

1.8.1 质量标准

① 柱基、基坑、基槽和管沟基底的土质,必须符合设计要求并严禁扰动。
② 填方的基底处理,必须符合设计要求或施工规范规定。
③ 填方柱基、基坑、基槽、管沟回填的土料必须符合设计要求和施工规范要求。
④ 填方和柱基、基坑、基槽、管沟的回填,必须按规定分层夯压密实。取样测定压实后土的干密度,90%以上符合设计要求,其余10%的最低值与设计值的差不应大于0.08g/cm³,且不应集中。

土的实际干密度可用"环刀法"测定。其取样组数:柱基回填取样不少于柱基总数的10%,且不少于5个,基槽、管沟回填每层按长度20～50m取样一组;基坑和室内填土每层按100～500时取样一组;场地平整填土每层按400～900m²取样一组,取样部位应在每层压实后的下半部。

⑤ 土方工程的允许偏差和质量检验标准,应符合表1-22、表1-23的规定。

表1-22 土方开挖工程质量检验标准

项目	序号	检查项目	允许偏差或允许值(mm)					检验方法
			柱基、基坑、基槽	挖方场地平整		管沟	地(路)面基层	
				人工	机械			
主控项目	1	标高	-50	±30	±50	-50	-50	用水准仪检查
	2	长度、宽度(由设计中心线向两边量)	+200	+300	+500	+100	-	用经纬仪和钢尺量检查
			-50	-100	-150			
	3	边坡坡度	按设计要求					观察或用坡度尺检查
一般项目	1	表面平整度	20	20	50	20	20	用2m靠尺和楔形塞尺检查
	2	基本土性	按设计要求					观察或土样分析

表 1-23 填土工程质量检验标准

项目	序号	检查项目	允许偏差或允许值(mm)					检验方法
			柱基、基坑、基槽	挖方场地平整		管沟	地(路)面基层	
				人工	机械			
主控项目	1	标高	-50	±30	±50	-50	-50	用水准仪检查
	2	分层压实系数	按设计要求					按规定方法
一般项目	1	表面平整度	20	20	50	20	20	用2m靠尺和楔形塞尺检查
	2	回填土粒	按设计要求					取样检查或直观鉴别
	3	分层厚度及含水量	按设计要求					用水准仪及抽样检查

1.8.2 安全技术

① 基坑开挖时,两人操作间距应大于 2.5m;多台机械开挖时,挖土机间距应大于 10m。挖土应由上而下逐层进行,严禁采用挖空底脚(挖神仙土)的施工方法。

② 基坑开挖应严格按要求放坡。操作时应随时注意土壁变动情况。如发现有裂纹或部分坍塌现象,应及时进行支撑或放坡,并注意支撑的稳固性和土壁的变化。

③ 基坑(槽)挖土深度超过 3m 以上,使用吊装设备吊土时,起吊后,坑内操作员应立即离开吊点的垂直下方。起吊设备距坑边一般不得少于 1.5m。坑内人员应戴安全帽。

④ 用手推车运土,应先铺好道路。卸土回填,不得放手让车自动翻转。用翻斗汽车运土,运输道路的坡度、转弯半径应符合有关安全规定。

⑤ 深基坑上下应先挖好阶梯或设置靠梯,或开斜坡道,采取防滑措施,禁止踩踏支撑上下。坑四周应设安全栏杆或悬挂"危险"标志。

⑥ 基坑(槽)设置的支撑应经常检查是否有松动变形等不安全迹象,特别是雨后,更应加强检查。

⑦ 坑(槽)、沟边 1m 以内不得堆土、堆料和停放机具;1m 以外堆土,其高度不宜超过 1.5m。坑(槽)、沟与附近建筑物的距离不得小于 1.5m,危险时必须加固。

学习案例:

某工地在进行基础挖槽作业。由于未执行安全技术规范,当挖掘机挖深至 2.5m 左右时,长约 20m 的沟壁突然发生塌方,将当时正在槽底进行挡土板支撑作业的 2 名工人埋入土中。事故发生后,项目部立即组织人员抢救,经抢救 1 人脱险,1 人死亡。

经事故调查,现场土质较差,土体非常松散。事故发生时槽边实际堆土高度接近 2m,距离沟槽边仅有 1.0m。施工开挖至 2m 后,才开始支撑挡板。

想一想：
1.请简要分析造成这起事故的原因。
2.安全事故的主要诱因是什么？包括哪些行为？
3.安全控制的主要对象是危险源,危险源辨别的程序是什么？

案例分析：
1.造成这起事故的原因有：

(1)施工过程中,土方堆置没有按规范规定单侧堆土高度不得超过1.5m的要求进行,实际堆土高度接近2m,距离沟槽边仅有1.0m,这是造成本次事故的直接原因。

(2)施工人员安全意识淡薄,对安全教育重视不足,凭经验作业,站位不当,自我保护意识不强,逃生时晕头转向,这是造成本次事故的间接原因。

(3)现场土质较差,土体非常松散。按规定,在挖深超过1.5m时,应及时加设可靠支撑。而实际施工开挖至2m后,才开始支撑挡板,这也是造成本次事故的主要原因之一。

(4)施工现场安全技术措施实用性较差,管理不力,安全检查不到位。

2.安全事故的主要诱因有：

(1)人的不安全行为,主要包括身体缺陷、错误行为、违纪违章等。

(2)物的不安全状态,主要包括设备、装置的缺陷,作业场所缺陷,物质与环境的危险源等。

(3)环境的不利因素。现场布置杂乱无序,视线不畅,沟渠纵横,交通阻塞,材料工器具乱堆、乱放,机械无防护装置,电器无漏电保护,粉尘飞扬、噪声刺耳等使劳动者生理、心理难以承受,则必然诱发安全事故。

(4)管理上的缺陷。对物的管理失误,包括技术、设计、结构上有缺陷,作业现场环境有缺陷,防护用品有缺陷等;对人的管理失误,包括教育、培训、指示和对作业人员的安排等方面的缺陷;管理工作的失误,包括对作业程序、操作规程、工艺过程的管理失误以及对采购、安全监控、事故防范措施的管理失误。

3.建筑工程施工危险源辨识的基本程序是：

首先,按作业区、办公区、生活区、库房等划分区域进行危险源的辨识。其次,对于施工活动可以从分部到分项工程,再从分项工程的具体工艺流程中逐一辨识相应的危险源。辨识时应充分考虑常规活动和非常规活动、所有进入作业场所人员的活动和生活起居的安全,以及作业场所内的所有设备设施及所采购的劳动防护用品(包括相关方提供部分)的本质安全。

本章小结

本学习情境包括土方工程概述、土方工程量的计算与调配、基坑(槽)施工、降水、土方施工机械、土方回填与压实等内容。土方工程量计算及调配主要包括基坑(槽)土方量计算、场地平整土方量及调配等。土方工程施工时,做好排出地面水、降低地下水位、为土方开挖和基础施工提供良好的施工条件,这对加快工程进度、保证土方工程施工质量和安全,具有十分重要的作用。采用土方机械进行土方工程是挖、运、填、压施工中,重点是土方的回填与压实,要能正确选择地基填土的填土料及填筑压实方法;能分析影响填土压实的主要因素。

练习题

一、选择题

1.土的含水量是土中( )。
   A.水的质量与固体颗粒质量之比的百分率
   B.水与湿土的重量之比的百分率
   C.水与干土的重量之比的百分率
   D.水与干土的体积之比的百分率

2.在场地平整的方格网上,各方格角点的施工高度为该角点的( )。
   A.自然地面标高与设计标高的差值
   B.挖土高度与设计标高的差值
   C.设计标高与自然地面标高的差值
   D.自然地面标高与填方高度的差值

3.明沟集水井排水法最不宜用于边坡为( )的工程。
   A.黏土层   B.砂卵石土层   C.粉细砂土层   D.管井井点

4.当降水深度超过( )时,宜采用喷射井点。
   A.6m   B.7m   C.8m   D.9m

5.某基坑位于河岸,土层为砂卵石,需降水深度为3m,宜采用的降水井点是( )。
   A.轻型井点   B.电渗井点   C.喷射井点   D.管井井点

6.某沟槽宽度为10m,拟采用轻型井点降水,其平面布置宜采用( )形式。
   A.单排   B.双排   C.环形   D.U形

7.构造简单、耗电少、成本低的轻型井点抽水设备是( )。
   A.真空泵抽水设备   B.射流泵抽水设备
   C.潜水泵抽水设备   D.深井泵抽水设备

8.某基坑深度大、土质差、地下水位高,宜采用( )作为土壁支护。
   A.横撑式支撑   B.H型钢桩
   C.混凝土护坡桩   D.地下连续墙

9.以下挡土结构中,无止水作用的是( )。
   A.地下连续墙   B.H型钢桩加横挡板
   C.密排桩间加注浆桩   D.深层搅拌水泥土桩挡墙

10.某场地平整工程,运距为100～400m,土质为松软土和普通土,地形起伏坡度在15°以内,适宜使用的机械为( )。
   A.正铲挖土机配合自卸汽车   B.铲运机

C.推土机　　　　　　　　　　　　D.装载机
　11.正铲挖土机适宜开挖(　　)。
　　　A.停机面以上的一至三类土　　　　B.独立柱基础的基坑
　　　C.停机面以下的一至三类土　　　　C.有地下水的基坑
　12.反铲挖土机的挖土特点是(　　)。
　　　A.后退向下,强制切土　　　　　　B.前进向下,强制切土
　　　C.后退向下,自重切土　　　　　　D.直上直下,自重切土
　13.有关基坑(槽)的土方开挖,不正确的说法是(　　)。
　　　A.当边坡陡、基坑深、地质条件不好时,应采取加固措施
　　　B.当土质较差时,应采用"分层开挖、先挖后撑"的开挖原则
　　　C.应采取措施,防止扰动地基土
　　　D.在地下水位以下的土,应经降水后再开挖
　14.在填土工程中,以下做法正确的是(　　)。
　　　A.必须采用同类土填筑　　　　　　B.当天填筑,隔天压实
　　　C.应由下至上水平分层填筑　　　　D.基础墙两侧不宜同时填筑

二、填空题

1.按照土的_____可将土分为8类。
2.对于同一类土,孔隙率越大,孔隙体积就越大,从而使土的压缩性和透水性都增大,土的强度_____。
3.边坡坡度为_____与_____之比。
4.土方开挖应遵循"_____、_____、_____、_____"的原则。
5.边坡可以做成_____边坡、_____边坡及_____边坡。
6.轻型井点设备由_____、_____、_____、_____、_____组成。
7.轻型井点抽水设备一般由_____泵和_____泵抽水设备组成。
8.管井井点的设备主要由井管、吸水管及_____组成。
9.铲运机的基本作业是_____、_____和_____3个工作行程。
10.按行走机构可将铲运机分为_____和_____2种。
11.填土压实方法有_____、_____和_____3种。

三、简答题

1.土方工程的施工特点有哪些?
2.土方调配应遵循哪些原则?调配区如何划分?
3.试述流砂现象发生的原因及主要防治方法。
4.地基验槽的方法有哪些?
5.单斗挖土机按工作装置可分为哪几种类型?各自的特点及适用范围是什么?
6.试述影响填土压实的主要因素。

项目二　地基处理与基础工程施工

【情境导入】

某饭店塔楼地上37层,高度110.75m,地下1层,基底压力超过600kPa。地基软弱,无法采用天然地基浅基础。

设计单位采用筏基加桩基方案。筏板厚度2.5m。桩基采用桥梁厂特制Φ550mm离心管桩。经现场桩静载荷试验,极限荷载为4400kN,设计采用单桩承载力2320kN,安全系数仅1.9。

施工单位开始打桩,当管桩桩尖到达桩端持力层泥质页岩和砂岩岩面时,发现桩端发生移滑。这一问题势必会降低单桩承载力,危及整个工程的安全。

【案例导航】

饭店地下基岩面严重倾斜,倾角超过30°。常规管桩桩尖构造为圆锥形,桩尖为一根粗的主筋。当桩尖到达基岩面后,继续打桩,主筋就顺着严重倾斜面向低处移滑。

要使管桩接触基岩面不发生移滑,必须改变常规预制桩桩尖的构造。该工程设计单位设计了4种不同的桩尖新结构形式,经现场试验,确定最佳的方案为桩尖特制3块钢板呈Y形的方案。当3块钢板任一边碰到岩石时,即会咬住岩石,继续打桩时,管桩竖直下沉不再移滑。

要了解柱基础施工方法,需要掌握的相关知识有:

(1)地基的加固方法、处理方法;

(2)预制桩施工方法,打桩顺序及施工工艺;

(3)灌注桩的使用范围、施工工艺和施工要点。

2.1 地基与基础工程

知识目标:

(1)了解地基的加固方法;

(2)掌握换填法、重锤夯实法、强夯法、振冲法、深层搅拌水泥土法等进行地基处理的方法。

技能目标：
(1) 通过本单元的学习,能够清楚地基的加固方法；
(2) 能够依据地基的处理方法,进行常见质量缺陷的预防处理。

2.1.1 换填地基

1. 砂地基和砂石地基

砂地基和砂石地基是将基础下一定范围内的土层挖去,回填砂或砂砾石(碎石)混合物,经分层夯实,作为地基的持力层。砂地基和砂石地基能提高基础下部地基的强度,并通过垫层的压力扩散作用,降低地基的压应力,减少变形量；同时地基土中的孔隙水可通过垫层快速地排出,能加速下部土层的沉降和固结。此外,由于砂颗粒大,可防止地下水因毛细作用上升,因此地基不受冻结的影响,能在施工期间完成沉降。这种地基具有工期短、造价低等优点,适于处理3.0m以内的软弱、透水性强的黏性土地基,包括淤泥、淤泥质土；但不能用于加固湿陷性黄土地基及渗透系数小的黏性土地基,以免因聚水引起地基下沉和承载力降低。

（1）材料要求

砂地基宜采用级配良好、质地坚硬的中砂或粗砂。当采用细砂、粉砂时,应掺加粒径为20~50mm的卵石(或碎石),但要分布均匀,砂中有机质的含量应不超过5%,含泥量应小于5%。兼做排水垫层时,含泥量应小于3%。

砂石地基宜采用自然级配的砂砾石(或卵石、碎石)混合物。粒径在50mm以下时,其含量应在50%以内,不得含有植物残体、垃圾等杂物,含泥量应小于5%。

（2）构造要求

垫层的构造既要有足够的厚度,以置换可能被剪切破坏的软弱土层,又要有足够的宽度,以防止砂垫层向两侧挤出。因此,垫层的厚度应根据需要置换软弱土的深度或下卧土层的承载力确定,一般为0.5~2.5m,不宜大于3m,也不宜小于0.5m。垫层顶面每边宜超出基础底边300mm及其以上,或从垫层底面两侧向上按当地的经验要求放坡。大面积整片垫层的底面宽度常按自然角控制适当加宽。

（3）施工工艺方法要点

① 铺设垫层前应验槽,将基底表面的浮土、淤泥、杂物清除干净。两侧应设一定坡度,防止振捣时塌方。

② 垫层底面标高不同时,应分段施工,采用阶梯或斜坡搭接,并按先深后浅的顺序施工,搭接处应夯压密实。分层铺设时,接头应做成斜坡或阶梯形搭接,每层错开0.5~1.0m,并注意充分捣实。

③ 人工级配的砂砾石,应先将砂、卵石拌和均匀,然后再铺夯压实。

④ 垫层铺设时,严禁扰动垫层下卧层及侧壁的软弱土层,防止因被践踏、受冻或受

浸泡而强度降低。如垫层下有厚度较小的淤泥或淤泥质土层，在碾压荷载下抛石能将其挤入该层底面时，可采取挤淤处理（即先在软弱土面上堆填块石、片石等，然后将其压入，以置换和挤出软弱土，再做垫层）。

⑤ 垫层应分层铺设，分层压实。应在基坑内预先安好 5m×5m 的网格标桩，控制每层砂垫层的铺设厚度。每层铺设厚度、砂石最优含水量控制及施工机具、方法的选用参见表 2-1。夯压要做到交叉重叠 1/3，防止漏振、漏压，要夯实、碾压数遍。振实时间应通过试验确定。采用细砂作为垫层材料时，不宜使用振捣法或水撼法，以免产生液化现象。

⑥ 当地下水位较高或在饱和的软弱地基上铺设垫层时，应加强基坑内及外侧四周的排水工作，防止砂垫层泡水引起砂的流失，保持基坑边坡稳定；或采取降低地下水位的措施，使地下水位降低到基坑底 500mm 以下。

表 2-1 砂垫层和砂石垫层铺设厚度及施工最优含水量

捣实方法	每层铺设厚度(mm)	施工时最优含水量(%)	施工要点	备注
平振法	200~250	15~20	1.用平板式振捣器往复振捣，往复次数以简易测定密实度合格为准； 2.振捣器移动时，每行应搭接1/3，以防振动面积不搭接	不宜用于细砂或含泥量较大的砂所铺筑的砂垫层
插振法	振捣器插入深度	饱和	1.用插入式振捣器； 2.插入间距可根据机械振捣力的大小来确定； 3.不应捣至下卧黏性土层； 4.插入振捣完毕，所留的孔洞应用砂填实	不宜用于细砂或含泥量较大的砂所铺筑的砂垫层
水撼法	250	饱和	1.注水高度略超过铺设面层； 2.用钢插摇撼捣实，插入点间距约为100mm； 3.有控制地注水和排水； 4.钢插分为4齿，齿的间距80mm，长300mm，木柄长90mm	湿陷性黄土、膨胀土、细砂地基土不得使用
夯实法	150~200	8~12	1.用木夯或机械夯； 2.木夯重40kg，落距为400~500mm； 3.一夯压半夯，全面夯实	适用于砂石垫层
碾压法	150~350	8~12	6~10t 压路机往复碾压；碾压次数以达到要求密实度为准，一般不少于4遍。用振动压实机械，振动3~5min	适用于大面积的砂石垫层，不宜用于地下水位以下的砂垫层

(4) 质量控制

① 施工前应检查砂、石等原材料的质量及砂、石拌和均匀程度。

② 施工过程中必须检查分层厚度,以及分段施工时搭接部分的压实情况、加水量、压实遍数、压实系数。

③ 施工结束后,应检查砂地基及砂石地基的承载力。

④ 砂地基及砂石地基的质量验收标准见表2-2。砂地基和砂石地基的密实度主要是通过现场测定其干密度来鉴定,常用方法有环刀取样法和贯入测定法。

第一,环刀取样法。在捣实后的砂地基中,用容积不小于 $200cm^3$ 的环刀取样,测定其密度,以不小于通过试验所确定的该砂料在中密状态时的干密度数值为合格。若系砂石地基,可在地基中设置纯砂检查点,在相同的施工条件下取样检查。

第二,贯入测定法。检查时先将表面的砂刮去30mm左右,将直径为20mm、长为1250mm的平头钢筋举离砂层面700mm处自由下落,或将水撼法使用的钢叉举离砂层面50mm处自由下落。以上钢筋或钢叉的插入深度,可根据砂的控制干密度预先通过小型试验确定。

表2-2 砂地基及砂石地基质量检验标准

项目	序号	检查项目	允许偏差或允许值		检查方法
			单位	数值	
主控项目	1	地基承载力	设计要求		按规定方法
	2	配合比	设计要求		检查拌和时的体积比或重量比
	3	压实系数	设计要求		现场实测
一般项目	1	砂石料有机质含量	%	≤5	焙烧法
	2	砂石料含泥量	%	≤5	水洗法
	3	石料粒径	mm	≤100	筛分法
	4	含水量(与最优含水量比较)	%	±2	烘干法
	5	分层厚度(与设计要求比较)	mm	±50	水准仪

2.灰土地基

灰土地基是将基础底面下要求范围内的软弱土层挖去,用一定比例的石灰和土,在最优含水量情况下充分拌和,分层回填夯实或压实而成。灰土地基具有一定的强度、水稳性和抗渗性,施工工艺简单,费用较低,是一种应用广泛、经济、实用的地基加固方法。灰土地基适于加固1~4m厚的软弱土、湿陷性黄土、杂填土等,还可用做结构的辅助防渗层。

(1)材料要求

灰土的土料宜采用就地挖出的黏性土及塑性指数大于4的粉土,且土内有机质含量不得超过5%。土料应过筛,其颗粒直径不应大于15mm。

用做灰土的石灰应采用Ⅲ级以上新鲜的块灰,其中氧化钙和氧化铝的含量越高越好。使用前的3~4d应消解并过筛,其颗粒直径不得大于5mm,且不应夹有未熟化的生石灰块粒及其他杂质,也不得含有过多的水分。

(2)构造要求

灰土地基厚度的确定原则同砂地基。地基宽度一般为灰土顶面基础砌体宽度与2.5倍灰土厚度之和。

(3)施工工艺方法要点

① 对基槽(坑)应先验槽,消除松土,并打两遍底夯,要求平整干净。有积水和淤泥时应晾干。局部有软弱土层或孔洞时,应及时挖除后用灰土分层回填夯实。

② 灰土配合比应符合设计规定,一般用3:7或2:8(石灰:土,体积比)。多采用人工翻拌,不少于3遍,以达到均匀、颜色一致。要应适当控制含水量,现场以手握成团,两指轻捏即散为宜,一般最优含水量为14%~18%。如含水分过多或过少,应稍晾干或洒水湿润,如有球团应打碎,要求随拌随用。

③ 铺灰应分段分层夯筑,每层虚铺厚度可参见表2-3。可根据工程大小和现场机具条件用人力或机械夯打或碾压。遍数按设计要求的干密度由试夯(或碾压)确定,一般不少于4遍。

表2-3 灰土最大虚铺厚度

夯实机具种类	重量(t)	虚铺厚度(mm)	备注
石夯、木夯	0.04~0.08	200~250	人力送夯,落距为400~500mm,夯实后为80~100mm厚
轻型夯实机械	0.12~0.4	200~250	蛙式打夯机、柴油打夯机,夯实后为100~150mm厚
压路机	6~10	200~300	双轮静作用压路机或振动压路机

④ 灰土分段施工时,不得在墙角、柱基及承重窗间墙下接缝,上下两层的接缝距离不得小于 500mm,接缝处应夯压密实,并做成直搓。当灰土地基高度不同时,应做成阶梯形,每阶宽度不少于 500mm。对用做辅助防渗层的灰土,应将地下水位以下结构包围,并处理好接缝,同时注意接缝质量。每层虚土从留缝处往前延伸 500mm。夯实时应夯过接缝 300mm 以上,用铁锹在留缝处垂直切齐,再铺下段夯实。

⑤ 灰土应当日铺填夯压,入槽(坑)灰土不得隔日夯打。夯实后的灰土在 30d 内不得受水浸泡,并及时进行基础施工与基坑回填,或在灰土表面做临时性覆盖,避免日晒雨淋。

⑥ 雨季施工时,应采取适当的防雨、排水措施,以保证灰土施工在基槽(坑)内无积水的状态下进行。刚打完的灰土,如突然遇雨,应将松软灰土除去,并补填夯实;稍受湿的灰土可在晾干后补夯。

⑦ 冬季施工,必须在基层不冻的状态下进行,土料应覆盖保温,不得使用冻土及夹有冻块的土料。已熟化的石灰应在次日用完,以充分利用石灰熟化时的热量。当日拌和的灰土应当日铺填夯完,表面应用塑料薄膜及草袋覆盖保温,以防灰土垫层因早期受冻而降低强度。

(4)质量控制

① 施工前应检查原材料,如灰土的土料、石灰以及配合比、灰土拌匀程度。

② 施工过程中应检查分层铺设厚度、分段施工时上下两层的搭接长度,以及夯实时加水量、夯压遍数等。

③ 每层施工结束后应检查灰土地基的压实系数。压实系数为土在施工时实际达到的干密度与室内采用击实试验得到的最大干密度之比。

④ 灰土应逐层用贯入仪检验,以达到控制(设计要求)压实系数所对应的贯入度为合格,或用环刀取样检测灰土的干密度,除以试验的最大干密度求得。施工结束后,应检验灰土地基的承载力。

灰土地基的质量验收标准见表 2-4。

2.1.2 夯实地基

1.重锤夯实地基

重锤夯实是利用起重机械将夯锤提升到一定高度,然后自由落下,重复夯击基土表面,使地基表面形成一层比较密实的硬壳层,从而使地基得到加固。这种方法法施工简便,费用较低;但布点较密,夯击遍数多,施工期相对较长,同时夯击能量小,孔隙水难以消散,加固深度有限,当土的含水量稍高时,易夯成橡皮土,处理较困难。重锤夯实适于地下水位 0.8m 以上、稍湿的黏性土、砂土、饱和度≤6.0 的湿陷性黄土、杂填土以及分层填土地基的加固处理。但当夯击对邻近建筑物有影响,或地下水位高于有效夯实深度

表 2-4 灰土地基的质量验收标准见

项目	序号	检查项目	允许偏差或允许值		检查方法
			单位	数值	
主控项目	1	地基承载力	设计要求		按规定方法
	2	配合比	设计要求		按拌和时的体积比
	3	压实系数	设计要求		现场实测
一般项目	1	石灰粒径	%	≤5	筛分法
	2	土料有机质含量	%	≤5	实验室焙烧法
	3	土颗粒粒径	mm	≤15	筛分法
	4	含水量(与最优含水量比较)	%	±2	烘干法
	5	分层厚度偏差(与设计要求比较)	mm	±50	水准仪

时,不宜采用。重锤表面夯实的加固深度一般为 1.2～2.0m。湿陷性黄土地基经重锤表面夯实后,透水性有显著降低,可消除湿陷性,地基土密度增大,强度可提高 30%;对杂填土则可以减少其不均匀性,提高承载力。

(1)机具设备

① 夯锤。用 C20 钢筋混凝土制成,外形为截头圆锥体,锤重为 2.0～3.0t,底直径为 1.0～1.5m,锤底面单位静压力宜为 15～20kPa。吊钩宜采用自制半自动脱钩器,以减少吊索的磨损和机械振动。

② 起重机。可采用配置有摩擦式卷扬机的履带式起重机、打桩机、悬臂式桅杆起重机或龙门式起重机等。采用自动脱钩时,其起重能力应大于夯锤重量的 1.5 倍;当直接用钢丝绳悬吊夯锤时,其起重能力应大于夯锤重量的 3 倍。

(2)施工工艺方法要点

① 施工前应进行试夯,确定有关技术参数,如夯锤重量、底面直径、落距、最后下沉量、相应的夯击遍数和总下沉量。最后下沉量是指最后 2 击平均每击的夯沉量,黏性土和湿陷性黄土取 10～20mm,砂土取 5～10mm,细颗粒土不宜超过 20mm。落距宜大于 4m,一般为 4～6m。夯击遍数由试验确定,通常在试夯确定的遍数上再增加 1～2 遍,

一般为 8~12 遍。土被夯实的有效影响深度，一般约为重锤直径的 1.5 倍。

② 夯实前，槽、坑底面的标高应标出设计标高。预留土层的厚度可为试夯时的总下沉量再加 50~100mm。基槽、坑的坡度应适当放缓。

③ 夯实时地基土的含水量应控制在最优含水量范围以内，一般相当于土的塑限含水量的±12%。现场简易测定含水量的方法是，以手捏紧后，松手土不散，易变形而不挤出，抛在地上呈碎裂为合适。

④ 大面积基坑或条形基槽内夯实时，应一夯挨一夯顺序进行，如图 2-1(a)所示，在一次循环中间同一夯位应连夯两下，下一循环的夯位应与前一循环有 1/2 锤底直径的搭接。

在独立柱基夯打时，可采用先周边后中间或先外后里的跳打法，如图 2-1(b)、(c)所示。基底标高不同时，应按先深后浅的顺序逐层挖土夯实，不宜一次挖成阶梯形，以免夯打时在高低相交处发生坍塌。基坑的夯实宽度应比基坑每边宽 0.2~0.3m。对基槽底面边角不易夯实的部位应适当增大夯实宽度。

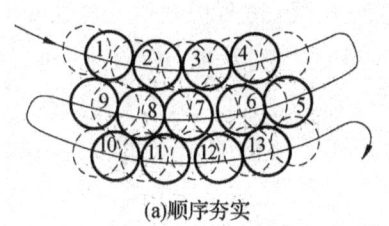  

(a)顺序夯实　　　(b)跳打法　　　(c)从外向里跳打法

图 2-1　重锤夯打顺序

⑤ 重锤夯实填土地基时，应分层进行，每层的虚铺厚度以相当于锤底直径为宜。夯实层数不宜少于 2 层。夯实完后，应将基坑、槽表面修整至设计标高。

⑥ 重锤夯实对 10~15m 以外的建筑物振动影响较小，可不采取防护措施；在 10~15m 以内，应挖防振沟等作隔振处理。

⑦ 夯实结束后，应及时将夯松的表层浮土清除，或在接近最优含水量状态下重新用 1m 的落距把浮土夯实至设计标高。

(3) 质量检查

重锤夯实后应检查施工记录，除应符合试夯最后下沉量的规定外，还应检查基坑(槽)表面的总下沉量，以不小于试夯总下沉量的 90% 为合格。也可采用在地基上选点夯击检查最后下沉量。夯击检查点数：独立基础每个不少于 1 处，基槽每 20m 不少于 1 处，整片地基每 50m² 不少于 1 处。检查后如果质量不合格，应进行补夯，直至合格为止。

2.强夯地基

强夯法是用起重机械(起重机或起重机配三脚架、龙门架)将大吨位(一般 8~30t)

夯锤起吊到6～30m高度后自由落下,给地基土以强大的冲击能量,使土中出现冲击波和很大的冲击应力,迫使土层孔隙压缩,土体局部液化,在夯击点周围产生裂隙,形成良好的排水通道,孔隙水和气体逸出,使土料重新排列,经时效压密达到固结,从而提高地基承载力、降低地基压缩性的一种有效的地基加固方法。

强夯法具有效果好、速度快、节省材料、施工简便的优点,是我国目前最为常用和最经济的深层地基处理方法之一;但施工时噪声和振动大。该法加固碎石土、砂土、低饱和度黏性土、湿陷性黄土及填土地基效果明显;但用来处理高饱和度的动性土效果不大,尤其是处理淤泥和淤泥质土地基效果更差,应慎用。

(1) 机具设备

① 夯锤。用钢板做外壳,内部焊接钢筋骨架后浇筑 C30 混凝土,或用钢板做成装配式的夯锤,以便于使用和运输。夯锤底面有圆形和方形两种,圆形不易旋转,定位方便,稳定性和重合性好,采用较广。锤底静压力值可取 25～40kPa,对于粗颗粒土(砂质土和碎石类土)选用较大值。锤底面积宜按土的性质和锤重确定,一般锤底面积为 3～4m^2;对于细颗粒土(黏性土或淤泥质土)宜取较小值,但锤底面积不宜小于 6m^2。一般 10t 夯锤底面积用 4.5m^2,15t 夯锤用 6m^2 较适宜。锤重一般为 8t、10t、12t、16t、25t。夯锤中宜设 1～4 个直径为 250～300mm 的上下贯通的排气孔,以利空气迅速排走,减小起锤时锤底与土面间形成真空产生的强吸附力和夯锤下落时的空气阻力,以保证夯击能的有效性。

② 起重机械。多使用起重量为 15t、20t、25t、30t、50t 的履带式起重机(带摩擦离合器),也可采用三脚架或龙门架作为起重设备。当履带式起重机能力不足时,也可采用加辅助桅杆的方法,以加大起重能力(如图 2-2 所示)。

③ 脱钩装置。国内目前通常是通过动滑轮组用脱钩装置来起落夯锤。脱钩装置要求有足够的强度,使用灵活,脱钩快速、安全。常用的工地自制自动脱钩器有吊环、耳板、销环、吊钩等组成部分,由钢板焊接制成。拉绳一端固定在销柄上;另一端穿过转向滑轮,固定在悬臂杆底部横轴上。夯锤起吊到要求高度,升钩拉绳随即拉开销柄,脱钩装置开启,夯锤便自动脱钩下落。脱钩装置可控制每次夯击落距一致,可自动复位,使用灵活方便,也较安全可靠。

④ 锚系设备。当用起重机起吊夯锤时,为防止夯锤突然脱钩使起重臂后倾和减小对臂杆的振动,应用一台推土机设在起重机的前方作为地锚(如图 2-3 所示),在起重机臂杆的顶部与推土机之间用两根钢丝绳连接。钢丝绳与地面的夹角不大于 30°推土机还可用于夯完后做表土推平、压实等辅助性工作。

当用起重三脚架、龙门架或起重机加辅助桅杆起吊夯锤时,则不用设锚系设备。

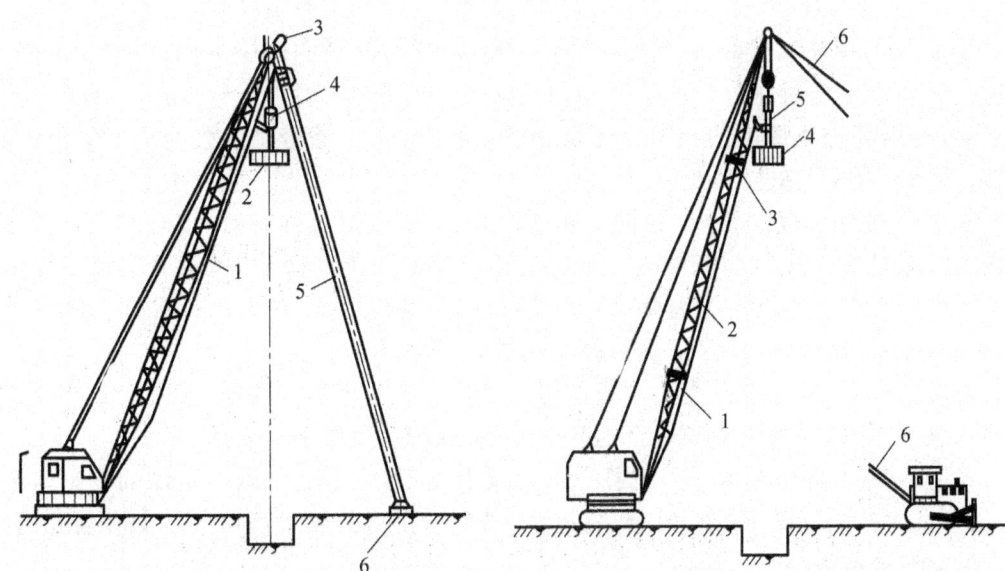

1—拉绳；2—夯锤；3—弯脖接头；4—自动脱钩器；
5—钢管辅助桅杆；6—底座
图 2-2 用履带式起重机强夯加钢制辅助桅杆

1—拉绳；2—起重臂杆；3—废轮胎；4—夯锤；
5—自动脱钩装置；6—锚绳
图 2-3 用履带式起重机强夯

(2) 施工工艺流程

强夯地基的施工工程流程为：清理、平整场地→标出第一遍夯点位置、测量场地高程→起重机就位、夯锤对准夯点位置→测量夯前锤顶高程→将夯锤吊到预定高度，脱钩，使之自由下落进行夯击，测量锤顶高程→往复夯击，按规定夯击次数及控制标准，完成一个夯点的夯击→重复以上工序，完成第一遍全部夯点的夯击→用推土机将夯坑填平，测量场地高程→在规定的间隔时间后，按上述程序逐次完成全部夯击遍数→用低能量满夯，将场地表层松土夯实，并测量夯后场地高程。

(3) 施工要点

① 强夯施工前，应进行勘察和试夯，通过试夯前后试验结果的对比分析，确定正式施工时的技术参数。同时应查明强夯范围内的地下构筑物和各种地下管线的位置及标高，并采取必要的防护措施，以免因强夯施工而造成损坏。

② 强夯前应平整场地，周围做好排水沟，按夯点布置测量放线确定夯位。地下水位较高时，应在表面铺厚度为 0.5～2.0m 的中(粗)砂或砂砾石、碎石垫层，以防设备下陷，也便于消散强夯产生的孔隙水压，或采取降低地下水位的措施后再强夯。

③ 强夯应分段进行，顺序从边缘夯向中央。对厂房柱基亦可一排一排夯，即起重机直线行驶，从一边向另一边进行。每夯完一遍，用推土机整平场地，放线定位后即可接着进行下一遍夯击。强夯法的加固顺序是先深后浅，即先加固深层土，再加固中层土，最后加固表层土。最后一遍夯完后，再以低能量满夯一遍，如有条件以采用小夯锤夯击为

佳。

④ 夯击时应按试验和设计确定的强夯参数进行,落锤应保持平稳,夯位应准确,夯击坑内的积水应及时排除。坑底含水量过大时,可铺砂石后再进行夯击。在每一遍夯击之后,要用新土或周围的土将夯击坑填平,再进行下一遍夯击。强夯后,基坑应及时修整,并浇筑混凝土垫层封闭。

⑤ 对于高饱和度的粉土、黏性土和新饱和填土,在进行强夯时,很难将最后两击的平均夯沉量控制在规定的范围内。此时可适当将夯击能量降低,或者将夯沉量差适当加大,也可将原土上的淤泥清除,挖纵横盲沟,以排除土内的水分。同时在原土上铺50cm厚的砂石混合料,以保证强夯时土内的水分排出。在夯坑内回填块石、碎石或矿渣等粗颗粒材料,进行强夯置换。通过强夯将坑底软土向四周挤出,使在夯点下形成块(碎)石墩,并与四周软土构成复合地基,一般可取得明显的加固效果。

⑥ 强夯施工最好在干旱季进行。如遇雨天施工,夯击坑内或夯击过的场地有积水时,必须及时排除。冬季施工时,应将冻土击碎,夯击次数要适当增加。如有硬壳层,要适当增加夯次或提高夯击功能。

⑦ 做好施工过程中的监测和记录工作。这项工作包括检查夯锤重和落距,对夯点放线进行复核,检查夯坑位置,按要求检查每个夯点的夯击次数和每击的夯沉量等,并对各项参数及施工情况进行详细记录,作为质量控制的根据。

(4) 质量控制

① 施工前应检查夯锤重量、尺寸、落锤控制手段、排水设施及被夯地基的土质。
② 施工中应检查落距、夯击遍数、夯点位置、夯击范围。
③ 施工结束后,检查被夯地基的强度并进行承载力检验。检查点数,每一独立基础至少有1点,基槽每20延米有1点,整片地基50~100m^2取1点。强夯后的土体强度随间歇时间的增加而增加,检验强夯效果的测试工作,宜在强夯之后1~4周进行,而不宜在强夯结束后立即进行,否则测得的强度偏低。

强夯地基质量检验标准见表2-5。

2.1.3 地基局部处理

1. 松土坑的处理

当坑的范围较小(在基槽范围内),可将坑中松软土挖除,使坑底及四壁均见天然土为止,回填与天然土压缩性相近的材料。当天然土为砂土时,用砂或级配砂石回填;当天然土为较密实的黏性土时,则用3:7的灰土分层回填夯实;如为中密可塑的黏性土或新近沉积黏性土,可用1:9或2:8的灰土分层回填夯实,每层厚度不大于20cm。

当坑的范围较大(超过基槽边沿),或因条件限制,槽壁挖不到天然土层时,则应将该范围内的基槽适当加宽。加宽部分的宽度可按下述条件确定:当用砂土或砂石回填时，基槽每边均应按 1:1 坡度放宽；当用 1:9 或 2:8 灰土回填时，按 0.5:1 坡度放宽；当用 3:7 灰土回填时，如坑的长度≤2m，基槽可不放宽，但灰土与槽壁接触处应夯实。

表 2-5 强夯地基质量检验标准

项目	序号	检查项目	允许偏差或允许值		检查方法
			单位	数值	
主控项目	1	地基强度	设计要求		按规定方法
	2	地基承载力	设计要求		检按规定方法
一般项目	1	夯锤落距	mm	±300	钢索设标志
	2	锤重	kg	±100	称重
	3	夯击遍数及顺序	设计要求		计数法
	4	夯点间距	mm	±500	用钢尺量
	5	夯击范围(超出基础范围距离)	设计要求		用钢尺量
	6	前后两遍间歇时间	设计要求		—

如坑在槽内所占的范围较大(长度在 5m 以上)，且坑底土质与一般槽底天然土质相同，可将此部分基础加深，做 1:2 踏步与两端相接。踏步多少根据坑深而定，但每步高不大于 0.5m，长不小于 1.0m。

对于较深的松土坑(如坑深大于槽宽或大于 1.5m 时)，处理槽底后，还应适当考虑加强上部结构的强度。方法是：在灰土基础上 1～2 皮砖处(或混凝土基础内)、防潮层 1～2 皮砖处及首层顶板处，加配 $4\phi8\sim12$mm 钢筋，跨过该松土坑两端各 1m，以防产生过大的局部不均匀沉降。

如果地下水位较高，坑内无法夯时，可将坑(槽)中软弱的松土挖去，再用砂土、碎石或混凝土代替灰土回填。如坑底在地下水位以下，回填前先用粗砂与碎石(比例为 1:3)分层回填夯实；如地下水位以上，用 3:7 的灰土回填夯实至要求高度。

2.砖井或土井的处理

当砖井或土井在室外，距基础边缘 5m 以内时，应先用素土分层夯实回填至室外地坪以下 1.5m 处，将井壁四周砖圈拆除或将松软部分挖去，然后用素土分层回填夯实。

如井在室内基础附近，可将水位降低到尽可能低的限度，用中、粗砂及块石、卵石或碎砖等回填到地下水位以上 0.5m。砖井应将四周砖圈拆至坑(槽)底以下 1m 或更深些，然后再用素土分层回填并夯实。如井已回填，但不够密实或有软土，可用大块石将下面软土挤紧,再分层回填素土夯实。

当井在基础下时,应先用素土分层回填夯实至基础底下2m处,将井壁四周松软部分挖去。有砖井圈时,将井圈拆至槽底以下1~1.5m处。若井内有水,应用中、粗砂及块石、卵石或碎砖回填至水位以上0.5m,然后再按上述方法处理;若井内已填有土,但不够密实,且挖除困难,可在部分拆除后的砖石井圈上加钢筋混凝土盖封口,上面用素土或2:8的灰土分层回填、夯实至槽底。

若井在房屋转角处,且基础部分或全部压在井上,除用以上办法回填处理外,还应对基础进行加强处理。若基础压在井上部分较少,可采用从基础中挑梁的办法解决。若基础压在井上部分较多,用挑梁的方法较困难或不经济,则可将基础沿墙长方向向外延长出去,使延长部分落在天然土上。落在天然土上的基础总面积应等于或稍大于井圈范围内原有基础的面积,并在墙内配筋或用钢筋混凝土梁来加强。

当井已淤填,但不密实时,可用大块石将下面软土挤密,再用上述办法回填处理。如井内不能夯填密实,上部荷载又较大,可在井内设灰土挤密桩或石灰桩;如土井在大体积混凝土基础下,可在井圈上加钢筋混凝土盖板封口,上部再用素土或2:8的灰土回填密实,使基土内附加应力传布范围比较均匀。盖板至基底的高差要大于井径。

3.局部软硬土的处理

当基础下局部遇基岩、旧墙基、大孤石、老灰土时,应尽可能挖去,以防建筑物由于局部落于坚硬地基上,造成不均匀沉降而使建筑物开裂。

如基础的一部分落于基岩或硬土层上,一部分落于软弱土层上,基岩表面坡度较大,应在软土层上加现场钻孔灌注桩至基岩,或在软土部位做混凝土支撑墙或砌块石支撑墙(或支墩)至基岩;或将基础以下基岩凿去30~50cm深,填以中粗砂或土砂混合物作软性褥垫,使之能调整岩土交界部位地基的相对变形,避免因应力集中而出现裂缝;或加强基础和上部结构的刚度,用以克服软硬地基的不均匀变形。

若基础的一部分落于原土层上,一部分落于回填土地基上,则应在填土部位加现场钻孔灌注桩或钻孔爆扩桩直至原土层,使该部位上部荷载直接传至原土层,以避免地基的不均匀沉降。

2.2 浅埋式钢筋混凝土基础施工

知识目标:
(1)了解浅基础的类型;
(2)掌握独立基础、条形基础、杯形基础、筏式基础的构造要求及施工要点。
技能目标:
(1)通过本单元的学习,能够清楚地基的加固方法;

(2)能够依据地基的处理方法,进行常见质量缺陷的预防处理。

一般工业与民用建筑在基础设计中多采用天然浅基础,它造价低、施工简便。常用的浅基础类型有条式基础、杯形基础、筏式基础和箱型基础等。

2.2.1 独立基础和条形基础

独立基础(如图 2-4)和条形基础(如图 2-5)的抗弯和抗剪性能良好,可在竖向荷载较大、水平荷载和力矩荷载较小的情况下使用。因其高度不受台阶宽高比的限制,故非常适用于需要"宽基浅埋"的场合。

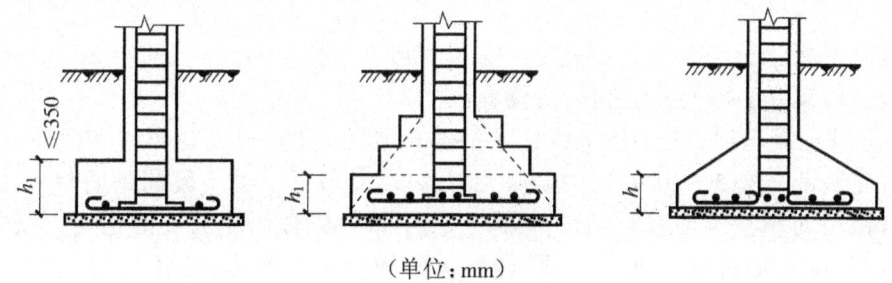

(单位:mm)

图 2-4 柱下钢筋混凝土独立基础

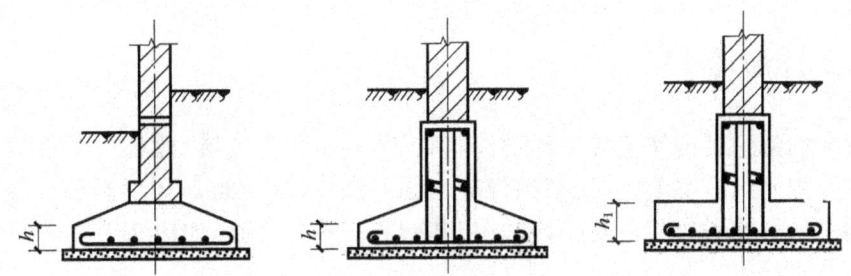

图 2-5 墙下钢筋混凝土条形基础

1.构造要求

① 锥形基础的边缘高度不宜小于 200mm,阶梯形基础的每阶高度宜为 300～500mm。

② 垫层的厚度不宜小于 70mm,一般为 100mm;垫层混凝土强度不宜低于 C10。

③ 基础底板受力钢筋的最小直径不宜小于 10mm;间距不宜大于 200mm,也不宜小于 100mm。墙下钢筋混凝土条形基础纵向分布的钢筋的直径不小于 8mm,间距不大于 250mm;每延米分布钢筋的面积应不小于受力钢筋面积的 1/10。

④ 当有垫层时,钢筋保护层厚度不宜小于 40mm;无垫层时,不宜小于 70mm。

⑤ 插筋的数目和直径与柱内纵向受力钢筋相同。插筋的锚固及柱的纵向受力钢筋的搭接长度按《混凝土结构设计规范》(GB50010-2010)的规定执行。

2. 施工要点

① 地基验槽完成后,应将基坑(槽)内的浮土、积水、淤泥、垃圾、杂物清除干净,并立即进行垫层混凝土施工,严禁晾晒基土。

② 垫层浇筑完成达到一定强度后,在其上弹线、支模、铺放钢筋网片。上下都用垂直钢筋绑扎牢,将钢筋弯钩朝上,按轴线位置校核后用井字形的方木架将插筋固定在基础外模板上。底部钢筋网片应用与混凝土保护层同厚度的水泥砂浆或塑料垫块垫塞,以保证位置正确。柱插筋应满足锚固长度的要求。

③ 阶梯形基础应根据基础施工图样的尺寸制作每一阶梯模板,支模应由下至上逐层向上安装。锥形基础坡度>30°时,采用斜模板支护,利用螺栓与底板钢筋将其拉紧,防止上浮,模板上部设透气及振捣孔;坡度≤30°时,利用钢丝网(间距30cm)防止混凝土下坠,上口设井字木架控制钢筋的位置。

④ 浇筑混凝土时,应注意保持柱子插筋位置的正确,防止其位移和倾斜。在浇筑开始时,先满铺一层5～10cm厚的混凝土并捣实,使柱子插筋下段和钢筋网片的位置基本固定,然后对称浇筑。对于锥形基础,应注意保持锥体斜面坡度的正确,斜面部分的模板应随混凝土浇捣分段支设并顶压紧,以防模板上浮变形;边角处的混凝土必须捣实。浇筑完毕,外露表面应覆盖浇水养护。

2.2.2 杯形基础

杯形基础常用做钢筋混凝土预制柱基础,基础中预留凹槽(即杯口),然后插入预制柱。柱子周围用细石混凝土(比基础混凝土强度高一级)浇筑。杯形基础根据基础本身的高低和形状分为一般杯口基础、双杯口基础和高杯口基础(如图2-6所示)。

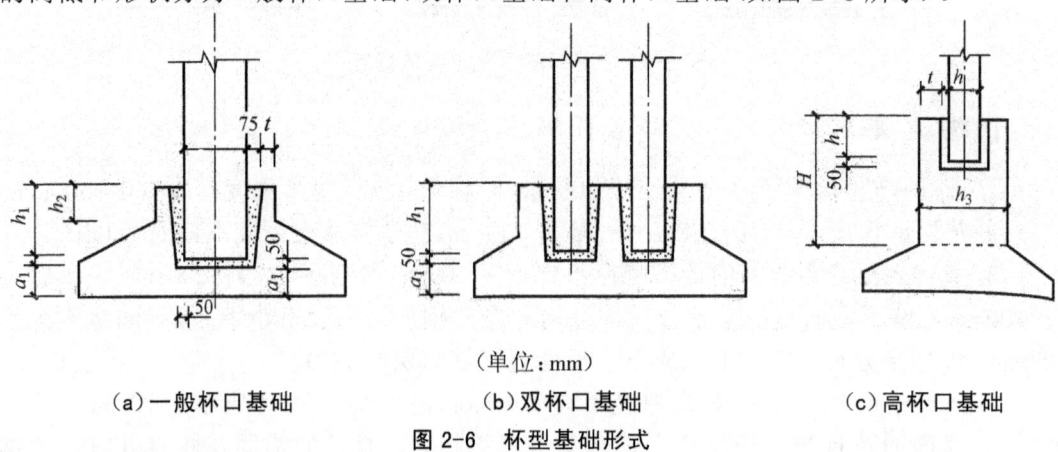

(单位:mm)

(a)一般杯口基础　　(b)双杯口基础　　(c)高杯口基础

图 2-6 杯型基础形式

1. 构造要求

柱的插入深度、基础的杯底厚度和杯壁厚度及杯壁的构造配筋见《建筑地基基础设计规范》等的有关规定。

2. 施工要点

杯形基础除参照独立基础和条形基础的施工要点外,还应注意以下几点:

① 混凝土应按台阶分层浇筑,对高杯口基础的高台阶部分按整段分层浇筑。

② 杯口模板可做成两半式的定型模板,中间各加一块楔形板。拆模时,先取出楔形板,然后分别将两半杯口模板取出。为便于周转模板,宜做成工具式的。支模时杯口模版要固定牢固并压浆。

③ 浇筑杯口混凝土时,应特别注意杯口模板的位置,应在两侧对称浇筑,以免杯口模板向一侧倾斜或由于混凝土泛起而使芯模上升。

④ 为保证杯形基础杯口底标高的正确性,施工时应先浇筑杯底混凝土并振实。注意在杯底一般有 50mm 厚的细石混凝土找平层,应仔细留出。待杯底混凝土振实后,再浇筑杯口四周的混凝土,振动时间应尽可能缩短。基础浇捣完毕,在混凝土初凝后终凝前将杯口模板取出,并将杯口内侧表面混凝土凿毛。

⑤ 施工高杯口基础时,由于这一级台阶较高且配置钢筋较多,可采用后安装杯口模板的方法施工。当混凝土浇捣接近杯口底时,再安装固定杯口模板,继续浇筑杯口四周的混凝土。

2.2.3 筏式基础

筏式基础由钢筋混凝土底板、梁等组成,适用于地基承载力较低而上部结构荷载很大的场合。其外形和构造像倒置的钢筋混凝土楼盖,整体刚度较大,能有效地将各柱子的沉降调整得较为均匀。筏式基础一般可分为梁板式和平板式两类(如图 2-7 所示)。

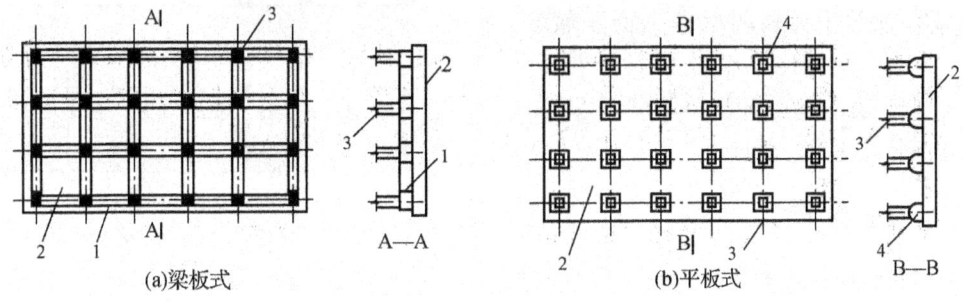

1—梁;2—底板;3—柱;4—支墩

图 2-7 筏式基础

1. 构造要求

① 混凝土强度等级不宜低于 C30,钢筋保护层厚度应不小于 35mm。

② 基础平面布置应尽量对称,以减小基础荷载的偏心距。底板厚度不宜小于 500mm,梁截面和板厚按计算确定,梁顶高出底板顶面不小于 300mm,梁宽不小于 250mm。

③ 底板下一般应设厚度为 100mm 的 C10 混凝土垫层,每边伸出基础底板不小于 100mm。

2. 施工要点

① 施工前,如地下水位较高,可采用人工降水,使地下水位至基坑底距离不少于 500mm,以保证在无水情况下进行基坑开挖和基础施工。

② 施工时,可采用先在垫层上绑扎底板、梁的钢筋和柱子锚固插筋,然后浇筑底板混凝土。待达到设计强度的 25% 后,再在底板上支梁模板,继续浇筑完梁部分的混凝土,也可采用底板和梁模板一次同时支好、混凝土一次连续浇筑完成的方式。梁侧模板采用支架支承并固定牢固。

③ 混凝土浇筑时一般不留施工缝;必须留设时,应按施工缝要求处理,并应设置止水带。

④ 基础浇筑完毕,表面应覆盖和洒水养护,并防止地基被水浸泡。

2.2.4 箱形基础

箱形基础是由钢筋混凝土底板、顶板、外墙以及一定数量的内隔墙构成的封闭箱体(如图 2-8 所示)。基础中部可在内隔墙开门洞作为地下室。这种基础整体性好,刚度大,调整不均匀沉降的能力及抗震能力强,可消除因地基变形使建筑物开裂的可能性,减少基底处原有地基自重应力,降低总沉降量。箱形基础适于作为软弱地基上面积较小、平面形状简单、上部结构荷载大且分布不均匀的高层建筑物的基础和沉降有严格要求的设备基础或特种构筑物基础。

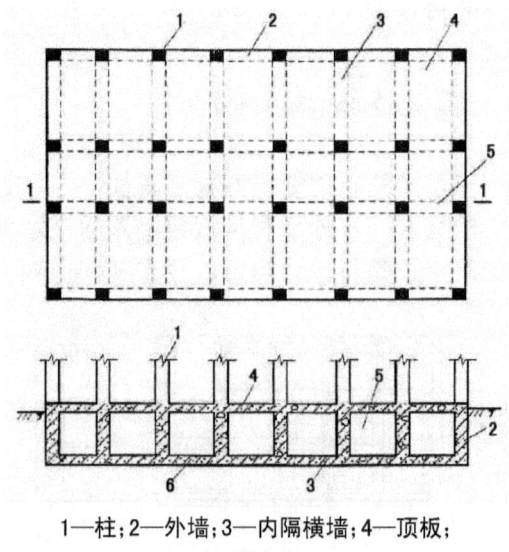

1—柱;2—外墙;3—内隔横墙;4—顶板;
5—内纵隔墙

图 2-8 箱形基础

1. 构造要求

① 箱形基础在平面布置上应尽可能对称,以减少荷载的偏心距,防止箱形基础出现过度倾斜。

② 箱形基础的高度一般取建筑物高度的 1/12～1/8,同时不宜小于其长度的 1/18。

③ 底板、顶板的厚度应满足柱或墙冲切验算要求,根据实际受力情况通过计算确定。底板厚度一般取隔墙间距的 1/10～1/8,一般为 30～100cm,顶板厚度为 20～40cm,内墙厚度不应小于 20cm,外墙厚度不应小于 25cm。

④ 基础混凝土强度等级不宜低于 C20,抗渗等级不宜低于 P6。

⑤ 为保证箱形基础的整体刚度，对墙体应有一定的要求，即平均每平方米基础面积上墙体厚度不得小于40cm，或墙体水平截面积不得小于基础面积的1/10，其中纵墙配置量不得小于墙体总配置量的3/5。

2.施工方法

① 基坑开挖时，如地下水位较高，应采取措施降低地下水位至基坑底以下500mm处，并尽量减少对基坑底土的扰动。当采用机械开挖基坑时，应对基坑底面以上20～40mm厚的土层进行人工挖除并清理，待基坑验槽后，应立即进行基础施工。

② 施工时，基础底板、内外墙和顶板的支模、钢筋绑扎和混凝土浇筑，可分块进行，其施工缝的留设位置和处理应符合《混凝土结构工程施工质量验收规范》的有关要求，外墙接缝处应设止水带。

③ 基础的底板、内外墙和顶板宜连续浇筑完毕。为防止出现温度收缩裂缝，一般应设置贯通后浇带，带宽不宜小于800mm，在后浇带处钢筋应贯通。顶板浇筑后2～4周用比设计强度提高级的细石混凝土将后浇带填灌密实，并加强养护。

④ 基础施工完毕，应立即进行回填土。停止降水时，应验算基础的抗浮稳定性，抗浮稳定系数不宜小于1.2。如不能满足，应采取有效措施，譬如继续抽水，直至加上上部结构荷载后能满足抗浮稳定系数要求为止，或在基础内灌水或加重物等。

2.3 桩基础工程施工

知识目标：
(1) 了解预制桩的施工方法；
(2) 掌握打桩顺序及施工工艺；
(3) 掌握干作业成孔灌注桩、泥浆护壁成孔灌注桩、套管成孔灌注桩和人工挖孔灌注桩的施工工艺和施工要点。

技能目标：
(1) 通过本单元的学习，能够进行钢筋混凝土预制桩的制作、起吊、运输、堆放。
(2) 能够对钢筋混凝土预制桩和混凝土灌注桩施工中常出现的一些质量问题进行处理。

一般建筑物都应该充分利用地基土层的承载能力而尽量采用浅基础。但若浅层土质不良，无法满足建筑物对地基变形和强度方面的要求，可以利用下部坚实的土层或岩层作为持力层，这就要采用有效的施工方法来建造深基础。深基础主要有桩基础、墩基础、沉井和地下连续墙等几种类型，其中以桩基础最为常用。

2.3.1 桩基的作用和分类

1. 桩基的作用

桩基一般由设置于土中的桩和承接上部结构的承台组成(如图2-9所示)。桩的作用在于将上部建筑物的荷载传递到深处承载力较大的土层上,或使软弱土层挤压,以提高土壤的承载力和密实度,从而保证建筑物的稳定性和减少地基沉降。

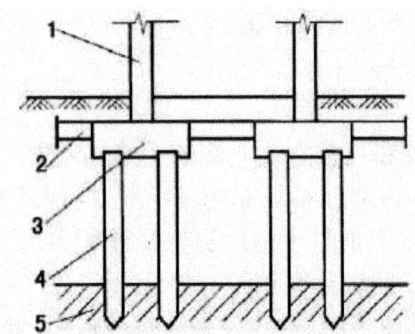

1—柱;2—承台梁;3—承台;4—桩;5—桩基持力层

图2-9 桩基础示意图

绝大多数桩基的桩数不止1根。各桩上端(桩顶)通过承台联成一体。根据承台与地面的相对位置不同,一般有低承台桩基和高承台桩基之分。前者的承台底面位于地面以下,而后者则高出地面。一般来说,采用高承台主要是为了减少水下施工作业和节省基础材料,常用于桥梁工程中。而低承台桩基承受荷载的条件比高承台好,特别在水平荷载作用下,承台周围的土体可以发挥一定的作用。在一般房屋构筑物中,大多都使用低承台桩基。

2. 桩基的分类

(1) 按承载性状分类

按承载性状可分为摩擦型桩、端承型桩和复合受荷载桩。

① 摩擦型桩。摩擦型桩是桩顶荷载全部或主要由桩侧阻力承担的桩。根据桩侧阻力承担荷载的份额,摩擦桩又分为纯摩擦桩和端承摩擦桩。

② 端承型桩。端承型桩是桩顶荷载全部或主要由桩端阻力承担的桩。根据桩端阻力承担荷载的份额,端承桩又分为纯端承桩和摩擦端承桩。

③ 复合受荷载桩。复合受荷载桩是承受竖向、水平荷载均较大的桩。

(2) 按成桩方法与工艺分类

按成桩方法与工艺可分为非挤土桩、部分挤土桩和挤土桩。

① 非挤土桩,如干作业法桩、泥浆护壁法桩、套管护壁法桩、人工挖孔桩。

② 部分挤土桩,如部分挤土灌注桩、预钻孔打入式预制桩、打入式开口钢管桩、H型钢桩、螺旋成孔桩等。

③ 挤土桩,如挤土灌注桩、挤土预制混凝土桩(打入式桩、振入式桩、压入式桩)。

(3) 按桩制作工艺分类

按桩制作工艺可分为预制桩和现场灌注桩,现在使用较多的是现场灌注桩。

2.3.2 预制桩施工

预制桩是在工厂或施工现场制成的各种材料和形式的桩,然后用沉桩设备将桩沉入(打、压、振)土中。预制桩施工速度快,适用于中间层较软弱易穿透、持力层埋置深度不大且变化也不大、地下水位高、对噪声及挤土影响无严格限制的地区。

钢筋混凝土预制桩是应用比较多的一种桩型,具有制作方便、质量可靠、材料强度高、耐腐蚀性强、承载力高、价格低等优点。但在桩施工时,对土的挤密压紧作用较严重,穿过厚砂层或硬土层较困难,桩截面有限且截桩困难。预制桩常用的截面形式有方形实心截面、圆柱体空心截面以及管形截面。预制混凝土实心桩大多做成方形截面(如图2-10所示),边长通常为250～500mm。单根桩的最大长度根据打桩架的高度而定,一般在27m以上。预应力混凝土管桩如图2-11所示,按桩身混凝土等级的不同分为PC桩(C60,C70)和PHC桩(C80),外径有300mm、400mm、500mm、550mm和600mm,节长一般为7～12m。

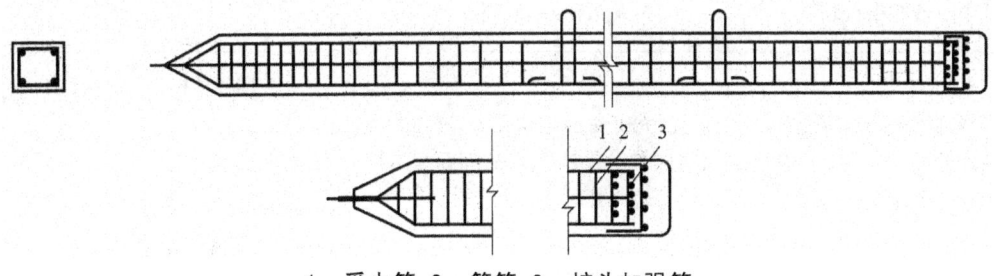

1—受力筋;2—箍筋;3—桩头加强筋
图2-10 钢筋混凝土方桩

1.锤击打入法

锤击打入法施工俗称打桩,是靠桩锤下落到桩顶所产生的冲击能使桩沉入土中的桩基施工工艺。

(1) 打桩机械设备

① 桩锤。桩锤是把桩打入土中的主要机具,有落锤、单动汽锤、双动汽锤、柴油打桩锤和振动沉桩锤等,其适用范围见表2-6。

图 2-11 预应力混凝土管桩

表 2-6 各类桩锤的适用范围

桩锤种类	优缺点	适用范围
落锤(用人力或卷扬机拉起桩锤,然后使其自由下落,利用锤重夯击桩顶使桩入土)	构造简单,使用方便,冲击力大,能随意调整落距;但锤击速度慢(每分钟为6~20次),效率较低	1.适于打细长尺寸的混凝土桩; 2.在一般土层及黏土、含有砾石的土层中均可使用
单动汽锤(利用蒸汽或压缩空气的压力将锤头上举,然后使其自由下落冲击桩顶)	结构简单,落距小,设备和桩头不易损坏,打桩速度及冲击力较落锤大,效率较高	适于打各种类型的预制桩,最适于套管法打就地灌注混凝土桩
双动汽锤(利用蒸汽或压缩空气的压力将锤头上举及下冲,增加了夯击能量)	每分钟冲击次数多,冲击力大,工作效率高;但设备笨重,移动较困难	1.适于打各种桩,并可用于打斜桩; 2.使用压缩空气时,可用于水下打桩; 3.可用于拔桩、吊锤打桩
柴油打桩锤(利用柴油燃爆推动活塞,使锤头跳动夯击桩顶)	附有桩架、动力等设备,不需要外部能源,机架轻,移动便利,打桩快,燃料消耗少;但桩架高度低,遇硬土或软土时不宜使用	1.适于打钢板桩、木桩; 2.在软弱地基打12m以下的混凝土桩
振动沉桩锤(利用偏心轮引起激振,通过刚性联结的桩帽传到桩上)	沉桩速度快,适用性强,施工操作简易安全,能打各种桩,能帮助卷扬机拔桩;但不适于打斜桩	1.适用于打钢板桩、钢管桩、长度在18m以内的沉管灌注桩; 2.适用于粉质黏土、松散砂土、黄土和软土,不宜用于岩石、砾石和密实的黏性土地基

② 桩架。桩架的主要作用是支持桩身和桩锤,在打桩过程中引导桩的方向,并保证桩锤能沿着要求的方向冲击。常用的桩架形式有滚筒式桩架、多功能桩架(见图 2-12)和履带式桩架(见图 2-13)3 种。

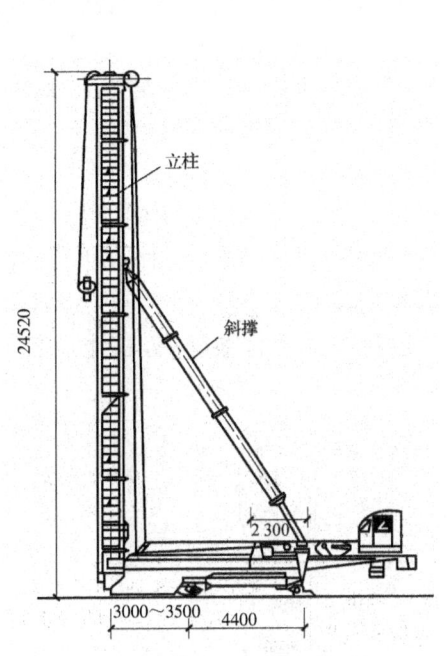

图 2-12 多功能桩架

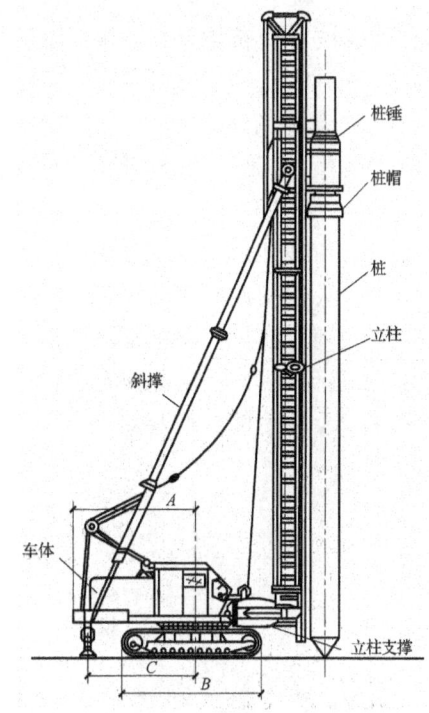

图 2-13 履带式桩架

滚筒式桩架行走是靠两根钢滚筒在垫木上的滚动,特点是结构简单、制作容易,但在平面转弯、掉头不灵活,操作人员较多。

多功能桩架由立柱、斜撑、回转工作台、底盘及传动机构组成。它的机动性和适应性很大,在水平方向可做 360°回转,立柱可前后倾斜,底盘下装有铁轮,可在轨道上行走。这种桩架机构较庞大,现场组装和拆迁比较麻烦。

履带式桩架以履带式起重机为底盘,增加了立柱和斜撑。这种桩架功能较多,操作灵活,移动方便。

③ 动力装置。动力装置的配置取决于所选的桩锤。当选用蒸汽锤时,需配备蒸汽锅炉和卷扬机;当选用柴油锤时,不需要外部动力装置。

④ 桩帽及衬垫材料。为了提高打桩的效率和精度,保护桩锤和防止桩顶破坏,应在桩顶加设桩帽,并根据桩锤的桩帽类型、桩型、地质条件和施工条件等因素,合理选用衬垫材料。桩帽上部衬垫称为锤垫,常用橡木、桦木等硬木(按纵纹受压使用)制成,近年来也有使用层状软板及化塑型缓冲垫材的。桩帽下部与桩顶间的垫材称为桩垫,使用松木横纹拼合板、草垫、麻布片、纸垫等。

⑤ 送桩筒。桩顶设计标高低于地表时,要将桩顶打入(或压入)至设计标高,这称为送桩。送桩一般采用送桩筒进行。送桩筒一般用钢管制成,要求有较高的强度和刚

度,易于打入和拔出,能将锤的冲击力有效地传递到桩上。

(2)打桩施工

① 打桩顺序。打桩对土体有挤密作用,这会使先打的桩因受水平推挤而造成偏移和变形,或被垂直挤拔造成浮桩;而后打入的桩则会因土体挤密难以达到设计标高或入土深度,或造成土体隆起和挤压,截桩过大。因此,进行群桩打入施工时,为了保证打桩的质量,防止周围建筑物受土体挤压的影响,打桩前应根据地基土质情况、桩基平面布置、桩的尺寸、密集程度、深度,以及桩移动的方便性和施工现场实际情况等因素确定打桩顺序。

如图 2-14 所示,当桩较稀时,打桩应逐排打设或从两侧同时向中间施打。对于密集群桩,应从中间向两个方向或向四周对称施打。当一侧毗邻建筑物时,从毗邻建筑物处向另一方向施打。当基坑较大时,应将基坑分为数段,而后在各段范围内分别进行。但打桩应避免从外向内或从周边向中间进行,以避免中间土体被挤密,桩难以打入,或虽勉强打入,但使邻桩侧移或上冒。

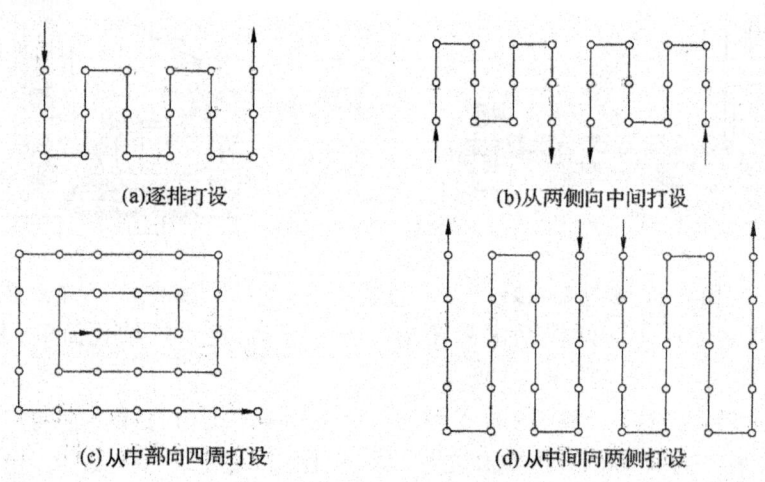

图 2-14 打桩顺序

打基础标高不一的桩,宜先深后浅;打不同规格的桩,宜先大后小,先长后短(这样可使土层挤密均匀,以防止位移或偏斜)。在粉质黏土及黏土地区,打桩应避免按一个方向进行(如按一个方向打,会使土体一边挤压,造成桩入土深度不一;同时土体挤密程度不均,会导致不均匀沉降)。若桩距大于或等于 4 倍桩直径,则打桩效果与打桩顺序无关。

② 吊桩定位。打桩前,要按设计要求进行定位放线确定桩位,每根桩中心钉一小桩,并设置油漆标志。一般利用桩架附设的起重钩借桩机上卷扬机把桩吊就位,或配一台履带式起重机送桩就位,并用桩架上夹具固定位置或落下桩锤借桩帽固定位置。

③ 打桩。打桩机就位时,桩架应垂直平稳,导杆中心线与打桩方向一致。桩开始打入时,应控制锤的落距,采用短距轻击;待桩入土一定深度(1~2m)稳定以后,检查桩身垂直度以及桩尖的偏移,当符合要求时再以规定落距施打。

在整个打桩过程中,要使桩锤、桩帽、桩身尽量保持在同一轴线上,必要时应将桩锤及桩架导杆方向按桩身方向调整,要注意重锤低击。重锤低击获得的动量大,桩锤对桩顶的冲击小,其回弹也小,桩头不易损坏,大部分能量都用以克服桩周边土壤的摩阻力而使桩下沉。

也正因为桩锤落距小、频率高,桩能容易穿过密实的土层,如砂土或黏土土层。各类桩锤的落距:落锤小于1.0m,单动汽锤小于0.6m,柴油锤小于1.5m。

④ 接桩。混凝土预制长桩,受运输条件和打桩架高度的限制,因此一般分成数节制作,分节打入,在现场接桩。常用接头方式有焊接接合、管式接合、法兰螺栓接合及硫黄胶泥锚接合等几种(如图2-15所示)。前两种可用于各类土层,硫黄胶泥锚接合适用于软土层。

焊接接桩时,钢板宜用低碳钢,焊条宜用E43。焊接时应先将四角点焊固定,然后对称焊接,并确保焊缝质量和设计尺寸。

法兰接桩是在两节桩内分别预埋法兰盘,用螺栓连接。上下节桩之间宜用石棉或纸板衬垫。螺栓拧紧后应锤击数次,再拧紧一次,使上下两节桩端部紧密结合,并将螺帽焊牢。这种方法操作时间短,接桩沉桩效率高,但耗钢量大。

硫黄胶泥锚接合方法是将熔化的硫黄胶泥注满锚筋孔并溢出桩面,然后迅速将上段桩对准落下,胶泥冷硬后,即可继续施打。此方法比前几种接头方法简便快速。

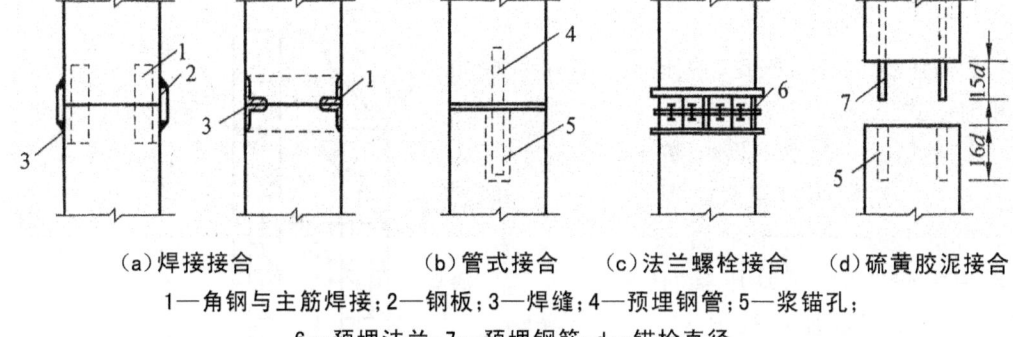

(a)焊接接合　　(b)管式接合　　(c)法兰螺栓接合　　(d)硫黄胶泥接合

1—角钢与主筋焊接;2—钢板;3—焊缝;4—预埋钢管;5—浆锚孔;
6—预埋法兰;7—预埋钢筋;d—锚栓直径

图2-15　桩的接头方式

⑤ 拔桩方法。当已打入的桩由于某种原因需拔出时,长桩可用拔桩机进行;一般桩可用人字跪杆借卷扬机拔起,或用钢丝绳捆紧桩头部,借横梁用液压千斤顶抬起。采用汽锤打桩时,可直接用蒸汽锤拔桩(将汽锤倒连在桩上,当锤的动程向上时,桩受到一个向上的力,即可将桩拔出)。

⑥ 桩头的处理。在打完各种预制桩后,应按设计要求的桩顶标高将桩头多余的部分截去。截桩头时不能破坏桩身,要保证桩身的主筋伸入承台,长度应符合设计要求。当桩顶标高低于在设计标高时,在桩位上挖成喇叭口,凿掉桩头混凝土,剥出主筋并焊接接长至设计要求的长度,与承台钢筋绑扎在一起,用和桩身同强度等级的混凝土与承台一起浇筑接长桩身。

⑦ 打桩的质量控制。桩端(指桩的全截面)位于一般土层时,打桩的质量控制应以控制桩端设计标高为主,贯入度可作参考。

桩端达到坚硬、硬塑的黏性土,中密以上粉土、砂土、碎石类土、风化岩时,打桩的质量控制应以贯入度控制为主,桩端标高可作参考。

当贯入度已达到,而桩端标高未达到时,应继续锤击3阵,锤击的力度按每阵10击的贯入度不大于设计规定的数值加以确定。

2.静力压桩法

静力压桩法是通过静力压桩机的压桩机构,以压桩机自重和桩机上的配重作反力而将预制钢筋混凝土桩分节压入地基土层中。其特点是桩机全部采用液压装置驱动,压力大,自动化程度高,运转灵活,桩定位精确,不易产生偏心,可提高桩基施工质量,施工无噪声、无振动、无污染,沉桩采用全液压夹持桩身向下施加压力,可避免锤击应力打碎桩头的情况发生;桩截面可以减小,混凝土强度等级可降低1～2级,配筋比锤击法可省40%;效率高,施工速度快,压桩速度可达2m/min;压桩力能自动记录,可预估和验证单桩承载力。静力压桩法适用于软土、填土及一般黏性土层,特别适合于居民稠密及危房附近环境保护要求严格的地区,但不宜用于地下有较多孤石、障碍物或有4m以上硬隔离层的场所。

(1)压桩机械设备

静力压桩机有顶压式、箍压式和前压式三种。

① 顶压式由桩架、压梁、桩帽、卷扬机、滑轮组等组成。压桩时开动卷扬机,逐步将加压钢丝绳滑轮收紧,活动压梁将整个桩身和配重加在桩顶上,逐步将桩压入土中(如图2-16所示)。限于桩架高度,桩长不超过15m。这种桩机设备高大笨重,行走移动不便,压桩速度较慢,但装配费用较低,只有少数地区还在应用。

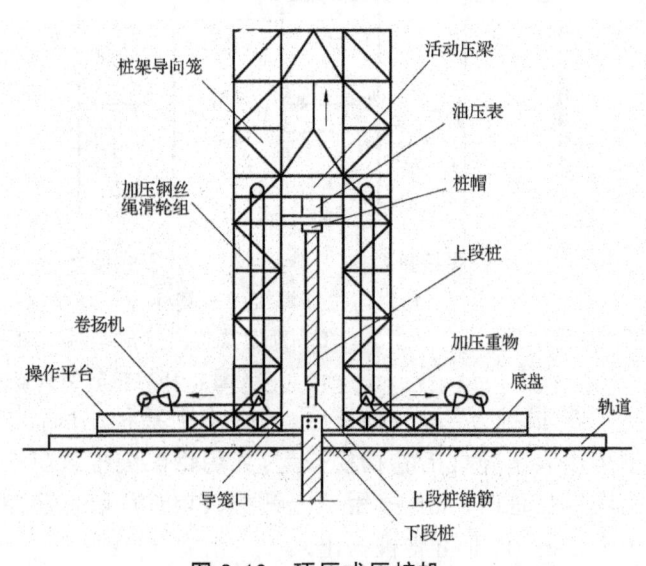

图2-16 顶压式压桩机

② 箍压式是当前国内较广泛采用的一种压桩机械。WJY-400型液压压桩机(见图2-17)是全液压操纵,配有起重装置,行走机构为新型的液压步履机,可做任何角度回转,可自行完成桩的起吊、就位、接桩和配重装卸。其构造如图2-18所示。该类型液压压桩机每节桩长可达20m。

图 2-17 WJY-400 型液压压桩机

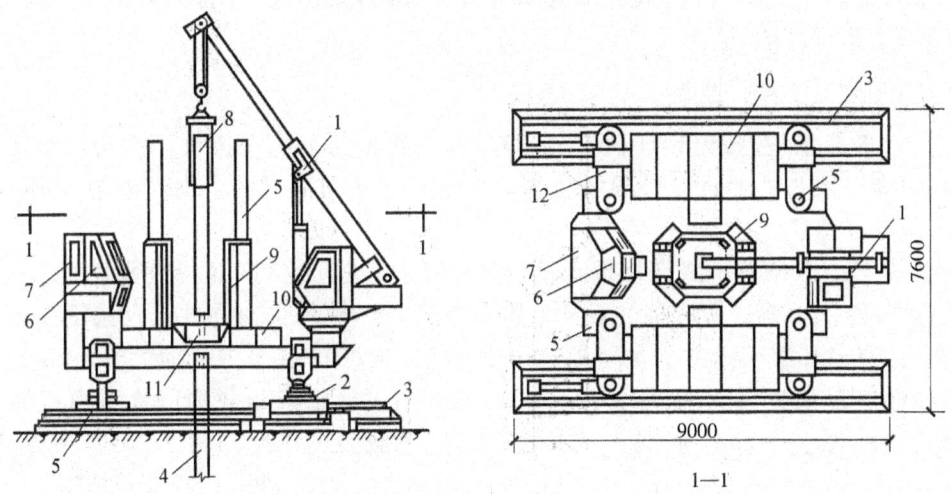

1—液压起重机；2—短船行走及回转机构；3—长船行走机构；4—已压入下节桩；
5—液压系统；6—操纵室；7—电控系统；8—吊入上节桩；9—导向架；10—配重铁块；
11—夹持与压板装置；12—支腿式底盘结构

图 2-18 全液压式静力压桩机压桩

③ 前压式是最新的压桩机型，压桩高度可达 20m，可大大减少接桩工作量，这种压桩机不受桩架底盘的限制，可靠近建筑物沉桩，是极有前途的一种压桩机。

（2）压桩施工

① 静压预制桩的施工，一般都采取分段压入、逐段接长的方法。其施工程序为：测量定位→压桩机就位→吊桩、插桩→桩身对中调直→静压沉桩→接桩→再静压沉桩→送桩→终止压桩，切割桩头。静压预制桩施工前的准备工作、桩的制作、起吊、运输、堆放、施工流水、测量放线、定位等均同锤击法打(沉)预制桩。压桩的工艺程序如图 2-19 所示。

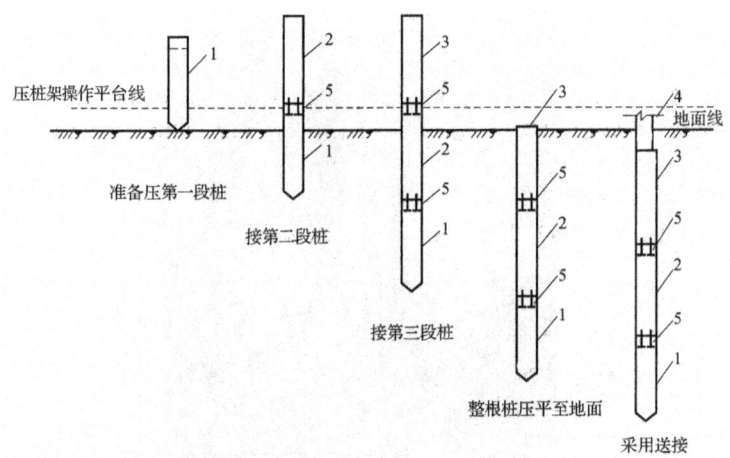

1—第一段桩；2—第二段桩；3—第三段桩；4—送桩；5—桩接头处
图 2-19 压桩工艺程序

② 压桩应连续进行，因故停歇时间不宜过长；否则，压桩力将大幅度增加而导致桩压不下去或桩机被抬起。

(3) 压桩的终压控制

① 对于摩擦桩，按照设计桩长进行控制，但在施工前应先按设计桩长试压几根桩，停置24h后，用与桩的设计极限承载力相等的终压力进行复压。如果桩在复压时几乎不动，即可以此进行控制。

② 对于端承摩擦桩或摩擦端承桩，按终压力值进行控制。对于桩长大于21m的端承摩擦桩，终压力值一般取桩的设计极限承载力。当桩周土为黏性土且灵敏度较高时，终压力可按设计极限承载力的0.8~0.9倍取值；当桩长小于21m而大于14m时，终压力按设计极限承载力的1.1~1.4倍取值，或桩的设计极限承载力取终压力值的0.7~0.9倍；当桩长小于14m时，终压力按设计极限承载力的1.4~1.6倍取值，或设计极限承载力取终压力值的0.6~0.7倍，其中对于小于8m的超短桩，按0.6倍取值。

2.3.3 灌注桩施工

灌注桩是直接在施工现场的桩位上成孔，然后在孔内灌注混凝土或钢筋混凝土而制成。与预制桩相比，灌注桩具有施工噪声低、振动小、挤土影响小、无需接桩等优点，但成桩工艺复杂，施工速度较慢，质量影响因素较多。根据成孔工艺的不同，灌注桩分为钻孔灌注桩、沉管灌注桩、人工挖孔灌注桩和爆扩成孔灌注桩。下面仅就前两种灌注桩进行介绍。

1．钻孔灌注桩

钻孔灌注桩是指利用钻孔机械钻出桩孔，并在孔中浇筑混凝土（或先在孔中吊放钢筋笼）而制成的桩。根据钻孔机械的钻头是否在土壤的含水层中施工，又分为泥浆护壁成孔和干作业成孔两种施工方法。

(1)泥浆护壁成孔灌注桩

泥浆护壁成孔注灌桩是用钻孔机械成孔时,为防止塌孔,在孔内用相对密度大于1的泥浆进行护壁的一种成孔施工工艺,适用于地下水位较高的场所。按设备的不同,这种施工方法又分冲抓成孔法、冲击成孔法、回转钻成孔法及潜水钻成孔法。前两种适用于碎石土、砂土、黏性土及风化岩地基,后两种则适用于黏性土、淤泥、淤泥质土及砂土。

① 施工设备,主要有冲击钻机、冲抓钻机、回旋钻及潜水钻机。在此主要介绍潜水钻机和回旋钻机。

潜水钻机由防水电机、减速机构和钻头等组成(如图2-20所示)。电机和减速机构装设在具有绝缘和密封装置的电钻外壳内,且与钻头紧密连接在一起,因而能共同潜入水下作业。

目前使用的潜水钻机 CQSZ-800 型,钻孔直径为 400~800mm,最大钻孔深度为 50m。潜水钻机既适用于水下钻孔,也可用于地下水位较低的干土层中钻孔。

回旋钻机是由动力装置带动钻机的回旋装置转动,并带动带有钻头的钻杆转动,由钻头切削土壤(如图2-21所示)。切削形成的土渣,通过泥浆循环排出桩孔。回旋钻机可用于各种地质条件下的钻孔。

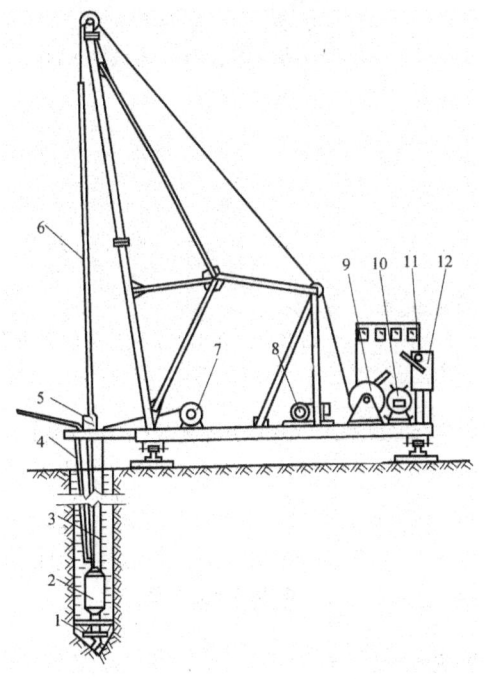

1—钻头;2—钻机;3—电缆;4—泥浆压入或排出管;
5—滚轮;6—方钻杆;7—电缆滚筒;8—升架卷扬机;
10—防爆开关;11—电流电压表;12—起到开关

图 2-20 潜水钻机

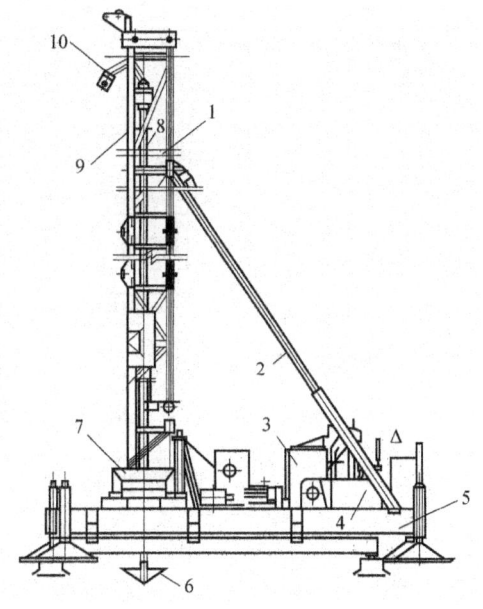

1,9—塔架;2—斜撑;3—卷扬机;4—电机;
5—座盘;6—钻头;7—转盘;8—钻杆;
10—泥浆输送管

图 2-21 回旋钻机

② 施工方法。根据泥浆循环方式,泥浆护壁成孔分为正、反循环两种施工方法。

泥浆护壁钻孔灌注桩正循环施工法：泥浆经钻杆内腔流向孔底，将钻头切削破碎下来的钻渣岩屑，经钻杆与孔壁的环状空间携带至地面（如图 2-22 所示）。该施工方法设备简单轻便，操作简易，配套设备、器具较少，工程费用低，应用范围广，适用于狭小场地作业。但对于桩孔直径较大（大于 0.8m）、桩孔深度较深及易塌孔的地层，则效率较低，排渣能力较差，孔底沉渣多，孔壁泥皮厚；对含有卵石、砾石的地层也不适用。

泥浆护壁钻孔灌注桩反循环施工法：通过泵吸或射流抽吸，或送入压缩空气，使钻杆内腔形成负压，进而使经过钻杆与孔壁的环状空间隙流向孔底的泥浆，携带钻头切削下来的钻屑，由钻杆内腔高速返回地面泥浆池（如图 2-23 所示）。由于泥浆上返速度快，孔底水力流场合理，钻头始终处于新鲜土层或岩层面上切削、破碎，成孔效率高，排渣能力强，对孔壁的冲刷作用小，在孔壁上形成的泥皮相对较薄，成孔质量好。

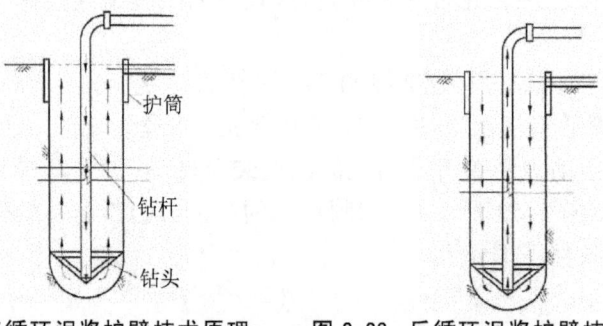

图 2-22 正循环泥浆护壁技术原理　　图 2-23 反循环泥浆护壁技术原理

泥浆护壁钻孔灌注桩施工工艺流程如图 2-24 所示。

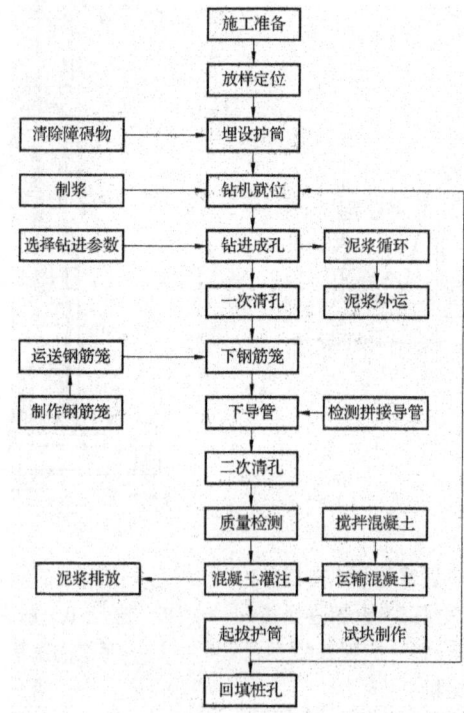

图 2-24 泥浆护壁钻孔灌注桩施工工艺流程

③ 施工要点。钻机钻孔前,应做好场地平整,挖设排水沟,设泥浆池制备泥浆,做试桩成孔,设置桩基轴线定位点和水准点,放线定桩位及其复核等施工准备工作。钻孔时,先安装桩架及水泵设备。桩位处挖土埋设孔口护筒,以起定位、保护孔口、存贮泥浆等作用。桩架就位后,开钻机进行钻孔。钻孔时应在孔中注入泥浆,并始终保持泥浆液面高于地下水位1.0m以上,以起到护壁、携渣、润滑钻头、降低钻头发热、减少钻进阻力等作用。在黏土、粉质黏土层中钻孔时,可注入清水,以原土造浆护壁、排渣。钻孔进尺速度应根据土层类别、孔径大小、钻孔深度和供水量确定,对于淤泥和淤泥质土不宜大于1m/min,其他土层以钻机不超负荷为准,风化岩或其他硬土层以钻机不产生跳动为准。

钻孔深度达到设计要求后,必须进行清孔。对以原土造浆的钻孔,可使钻机空转不进尺,同时注入清水,等孔底残余的泥块已磨浆,排出泥浆密度降至$1.1g/m^3$左右(以手触泥浆无颗粒感觉),即可认为清孔已合格。对注入制备泥浆的钻孔,可采用换浆法清孔,直到换出泥浆的密度小于$1.15\sim1.25g/m^3$为合格。

清孔完毕后,应立即吊放钢筋笼和浇筑水下混凝土。埋设钢筋笼前应在其上设置定位钢筋环、混凝土垫块或在孔中对称设置3~4根导向钢筋,以确保保护层厚度。水下浇筑混凝土通常采用导管法施工(如图2-25所示)。

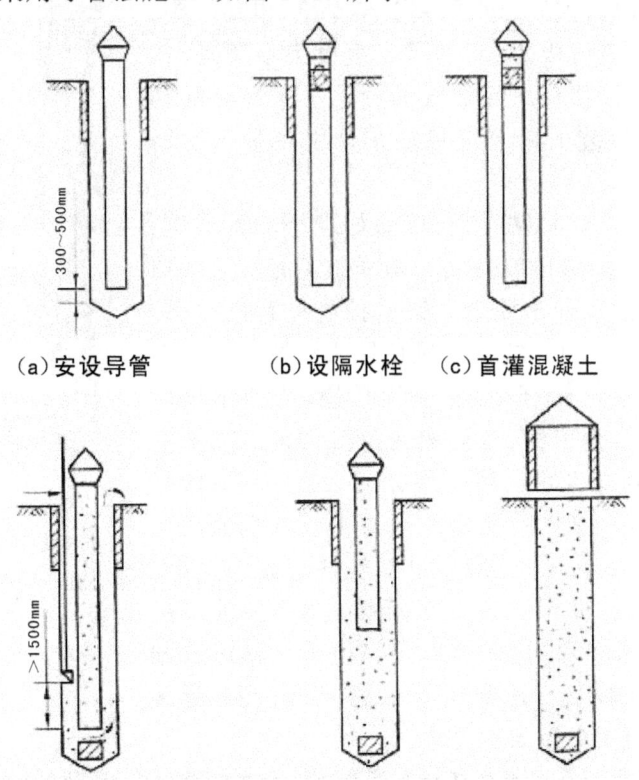

(a)安设导管　(b)设隔水栓　(c)首灌混凝土

(d)剪断隔水栓,混凝土冲出上泛　(e)边灌混凝土边拔导管　(f)拔出护筒

图2-25 水下浇筑混凝土施工工艺流程

④ 质量要求。

第一，护筒中心与桩中心偏差不大于 50mm，钢筋笼埋深在黏土中不小于 1m，在砂土中不小于 1.5m。

第二，泥浆密度在黏土和粉质黏土中应控制在 $1.1\sim1.2g/m^3$，在较厚的夹砂层中应控制在 $1.1\sim1.3g/m^3$，在穿过砂夹卵石层或易于塌孔的土层中应控制在 $1.3\sim1.5g/m^3$。

第三，孔底沉渣必须设法清除，要求端承桩沉渣厚度不得大于 50mm，摩擦桩沉渣厚度不得大于 150mm。

第四，水下浇筑混凝土应连续施工，孔内泥浆用潜水泵回收到贮浆槽里沉淀，导管应始终埋入混凝土中 $2\sim6m$。

(2) 干作业成孔灌注桩

干作业成孔灌注桩适用于地下水位较低、在成孔深度内无地下水的土质，无须护壁直接钻孔取土成孔。

① 施工设备。施工设备主要有螺旋钻机、钻孔扩机、机动或人工洛阳铲等，在此主要介绍螺旋钻机。

常用的螺旋钻机有履带式和步履式两种。前者一般由 W1001 履带车、支架、导杆、鹅头架滑枪、电动机头、螺旋钻杆及出土筒组成，后者的行走度盘为步履式，在施工时用步履进行移动。步履式螺旋钻机下装有活动轮子，施工完毕后装上轮子由机动车牵引到另一工地（如图 2-26 所示）。

② 施工方法。钻机钻孔前，应做好现场准备工作。钻孔场地必须平整、碾压或夯实。雨季施工时需要加白灰碾压，以保证钻孔行车安全。钻机按桩位就位时，钻杆要垂直对准桩位中心，放下钻机使钻头触及土面。钻孔时，开动转轴旋动钻杆钻进，先慢后快，避免钻杆摇晃，并随时检查钻孔偏移，有问题应及时纠正。施工中应注意钻头在穿过软硬土层交界处时，应保持钻杆垂直，缓慢进尺。在含砖头、瓦块的杂填土或含水量较大的软塑黏性土层中钻进时，应尽量减轻钻杆晃动，以免扩大孔径及增加孔底虚土。当出现钻杆跳动、机架摇晃、钻不进等异常现象时，应立即停钻检查。钻进过程中应随时清理孔口积土，遇到地下水、缩孔、现孔等异常现象时，应会同有关单位研究处理。

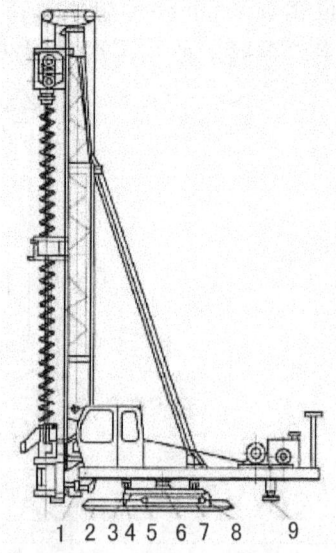

1—上盘；2—下盘；3—回转滚轮；4—行走滚轮；5—钢丝滑轮；6—旋转中心轴；7—行走油缸；8—中盘；9—支腿

图 2-26 步履式螺旋钻机

钻至要求深度后，让钻机在原处空转清土，然后停转，提升钻杆卸土。如孔底虚土超过容许厚度，可用辅助掏土工具或二次投钻清底。清孔完毕后应用盖板盖好孔口。

桩孔钻成并清孔后，先吊放钢筋笼，后浇筑混凝土。为防止孔壁坍塌，避免雨水冲刷,成孔经检查合格后,应及时浇筑混凝土。若土层较好,没有雨水冲刷,从成孔至混凝土浇筑的时间间隔也不得超过24h。灌注桩的混凝土强度等级不得低于C15,坍落度一般采用80～100mm。混凝土应连续浇筑,分层捣实,每层的高度不得大于1.5m。当混凝土浇筑到桩顶时,应适当超过桩顶标高,以保证在凿除浮浆层后,桩顶标高和质量能符合设计要求。

③ 质量要求。

第一,垂直度容许偏差为1%。

第二,孔底虚土容许厚度不大于100mm。

第三,桩位允许偏差:单桩基、条形桩基沿垂直轴线方向和群桩基础边沿的偏差不得大于桩径;条形桩基沿顺轴方向和群桩基础中间桩的偏差不得大于1/4桩径,且不大于150mm。

2.沉管灌注桩

沉管灌注桩是利用锤击打桩设备或振动沉桩设备,将带有钢筋混凝土的桩尖(或钢板靴)或带有活瓣式桩靴的钢管沉入土中(钢管直径应与桩的设计尺寸一致),形成桩孔。然后放入钢筋骨架并浇筑混凝土,随之拔出套管,利用拔管时的振动将混凝土捣实,便形成所需要的灌注桩。根据沉管方法和拔管时振动的不同,沉管灌注桩可分为锤击沉管灌注桩和振动沉管灌注桩。

桩管宜采用直径为273～600mm的无缝钢管。桩管与桩尖的接触部分宜用环形钢板加厚,加厚部分的最大外径应比桩尖外径小10～20mm。桩管长度视桩架的高度和需要而定,一般为10～20mm,最长可达24mm。桩尖有混凝土预制桩尖(见图2-27)和钢制活瓣桩尖(见图2-28)。

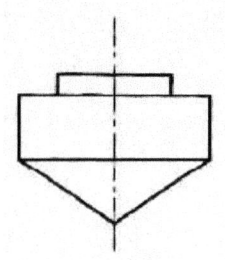

图 2-27 混凝土预制桩尖

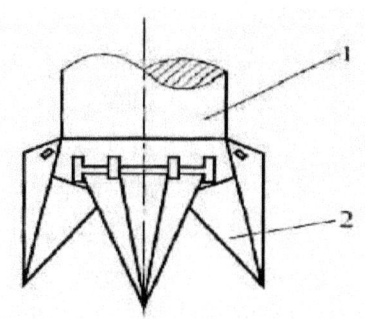

1—桩管;2—桩尖活瓣

图 2-28 钢制活瓣桩尖

(1)锤击沉管灌注桩

锤击沉管灌注桩是采用落锤、蒸汽锤或柴油锤将钢管沉入土中成孔,然后灌注成桩。此法适用于一般黏性土、淤泥土、砂土和人工填土地基。

① 施工方法。

第一，桩机就位。桩机就位后吊起桩管，对准预先埋好的预制钢筋混凝土桩尖，放置麻（草）绳垫于桩管与桩尖连接处，作为缓冲层并防止地下水进入，然后缓慢放入桩管，套入桩尖压入土中。

第二，沉管。上端扣上桩帽，先用低锤轻击，观察无偏移后开始正常施打，直至符合设计要求深度。如沉管过程中桩尖损坏，应及时拔出桩管，用土或砂填实后再安桩尖重新沉管。

第三，上料。检查套管，若管内无泥浆或水即可浇筑混凝土。混凝土应灌满桩管。

第四，拔管。拔管速度应均匀，对一般土可控制在不大于 1m/min，淤泥和淤泥质软土不大于 0.8m/min，在软弱土层、软硬土层交界处宜控制在 0.3～0.8m/min。倒打拔管的打击次数：单动汽锤不得少于 50 次/min；自由落锤轻击（小落锤轻击）不得少于 40 次/min。在管底未拔至桩顶设计标高之前，倒打和轻击不得中断。第一次拔管高度不宜过高，应以能容纳第二次需要灌入的混凝土数量为限，以后始终保持使管内混凝土量略高于地面。

第五，当混凝土灌至钢筋笼底标高时，放入钢筋骨架，继续浇筑混凝土及拔管，直到管全拔完为止。

上面所述的这种施工工艺为单打灌注桩的施工，为了提高桩的质量和承载能力，常采用复打扩大灌注桩。其施工方法是：在第一次单打法施工完毕并拔出桩管后，清除桩管外壁上和桩孔周围地面上的污泥，立即在原桩位上再次安装桩尖，再进行第二次沉管，使未凝固的混凝土向四周挤压扩大桩径，然后灌注第二次混凝土。拔管方法与第一次相同。复打施工时要注意前后两次沉管的轴线应重合，复打必须在第一次灌注的混凝土初凝之前进行。

② 质量要求。

第一，锤击沉管灌注桩用的混凝土，其强度等级应不低于 C20；混凝土坍落度，在有筋时宜为 80～100mm，无筋时宜为 60～80mm；碎石粒径，有筋时不大于 25mm，无筋时不大于 40mm；桩尖混凝土强度等级不得低于 C30。

第二，当桩的中心距为桩管外径的 5 倍以内或小于 2m 时，均应跳打。中间空出的桩须待邻桩混凝土达到设计强度的 50% 以后方可施打。

第三，桩位允许偏差：群桩不大于 $0.5d$（d 为桩管外径）。对于两个桩组成的基础，在两个桩的连线方向上偏差不大于 $0.5d$，垂直此线的方向上则不大于 $1/6d$；墙基由单桩支撑的，平行墙的方向偏差不大于 $0.5d$，垂直墙的方向不大于 $1/6d$。

(2) 振动沉管灌注桩

振动沉管灌注桩是采用激振器或振动冲击锤将钢管沉入土中成孔而成的灌注桩。与锤击沉管灌注桩相比，振动沉管灌注桩更适用于稍密及中密的碎石土地基施工。

① 施工方法。

第一，桩机就位。将桩管对准桩位中心，桩尖活瓣合拢，放松卷扬机钢绳，利用振动机及桩管自重,把桩尖压入土中。

第二,沉管。开动振动箱,桩管即在强迫振动下迅速沉入土中。沉管过程中,应经常探测管内有无水或泥浆。如发现水或泥浆较多,应拔出桩管,用砂回填桩孔后重新沉管,如发现地下泥浆进入套管,一般在沉入前先灌入 1m 左右高的混凝土或砂浆,封住活瓣桩尖缝隙,然后再继续沉管。沉管时,为了适应不同土质条件,常用加压方法来调整土的自振频率。改变桩尖压力,可利用卷扬机把桩架的部分重量传到桩管上加压的方式。

第三,上料。桩管沉到设计标高后,停止振动,用上料斗将混凝土灌入桩管内。混凝土一般应灌满桩管或略高于地面。

第四,拔管。开始拔管时,应先启动振动箱片刻,再开动卷扬机拔桩管。用吊锤探测到桩尖活瓣已张开、混凝土已从桩管中流出以后,方可继续抽拔桩管,边振边拔,桩管内的混凝土被振实而留在土中成桩。在一般土层内,拔管速度应控制在 1.2~1.5m/min。用活瓣桩尖时宜慢,用预制桩尖时可适当加快;在软弱土层中,宜控制在 0.6~0.8m/min。

上述一次完成的施工方法又称为单打法,为了提高桩的质量,可采用复打法和反插法施工。

复打法就是在同一桩孔内进行两次单打,或根据需要进行局部复打。成桩后的桩身混凝土顶面标高应不低于设计标高 500mm。全长复打桩的入土深度宜接近原桩长,局部复打应超过断桩或缩颈区 1m 以上。

反插法就是先振动再拔管,每提升 0.5~1.0m,把桩管下沉 0.3~0.5m(且不宜大于活瓣桩尖长度的 2/3)。在拔管过程中分段添加混凝土,使管内混凝土面始终不低于地表面,或高于地下水位 1.0~1.5m 以上,如此反复进行直至地面。在淤泥层中,清除混凝土缩颈或混凝土浇筑量不足,以及设计有特殊要求时,宜用此法。但在坚硬土层中,由于此法易损坏桩尖而不宜采用。

② 质量要求。

第一,振动沉管灌注桩的混凝土强度等级不宜低于 C15;混凝土坍落度,在有筋时宜为 80~100mm,无筋时宜为 60~80mm;骨料粒径不得大于 30mm。

第二,在拔管过程中,桩管内应随时保持有不少于 2m 高度的混凝土,以便有足够的压力,防止混凝土在管内发生阻塞。

第三,振动沉管灌注桩的中心距不宜小于 4 倍桩管外径,否则应采取跳打。相邻的桩施工时,其间隔时间不得超过混凝土的初凝时间。

第四,为保证桩的承载力要求,必须严格控制最后两个 2min 的沉管贯入度,其值按设计要求或根据试桩和当地长期的施工经验来确定。

第五,桩位允许偏差同锤击沉管灌注桩。

3. 施工中的常见问题及其处理方法

(1) 断桩

断桩一般发生在地面以下软硬土层的交接处,并多数发生在黏性土中,砂土及松土中则很少出现。产生断桩的主要原因是桩距过小,受邻桩施打时挤压的影响,桩身混凝土终凝不久就受到振动和外力,以及软硬土层间传递水平力大小不同,对桩产生剪应力等。处理方法是:检查有断桩后,应将断桩段拔去,略增大桩的截面面积或加箍筋后,再重新浇筑混凝土;或者在施工过程中采取预防措施,如施工中控制桩中心距不小于4倍桩径;或采用跳打法或控制时间间隔的方法,使邻桩混凝土强度达到设计强度等级的50%以后,再施打中间桩。

(2) 瓶颈桩

瓶颈桩是指桩的某处直径缩小形似"瓶颈",其截面面积不符合设计要求。此种情况多数发生在黏性土及土质软弱、含水率高特别是饱和的淤泥或淤泥质软土层中。产生瓶颈桩的主要原因是:在含水率较大的软弱土层中沉管时,土受挤压便产生很高的孔隙水压,拔管后便挤向新灌的混凝土,造成缩颈。此外,拔管速度过快、混凝土量少、和易性差、混凝土出管扩散性差等,也会造成缩颈现象。处理方法是:在施工中保持管内混凝土略高于地面,使之有足够的扩散压力,接管时采用复打法或反插法,并严格控制拔管速度。

(3) 吊脚桩

吊脚桩是指桩的底部混凝土隔空或混进泥砂而形成松散层部分的桩。产生的主要原因是预制钢筋混凝土桩尖承载力或钢活瓣桩尖刚度不够,沉管时被破坏或变形,因而使水或泥砂进入桩管;拔管时桩靴未脱出或活瓣未张开,混凝土未及时从管内流出等。处理方法是:拔出桩管,填砂后重打;或者可采取密振动慢拔,开始拔管时先反插几次再正常拔管等预防措施。

(4) 桩尖进水、进泥

桩尖进水、进泥常发生在地下水位高或含水量大的淤泥和粉砂土层中。产生的主要原因是:钢筋混凝土桩尖与桩管接合处不紧密,或钢活瓣桩尖闭合不紧密;钢筋混凝土桩尖被打破或钢活瓣桩尖变形等。处理方法是:将桩管拔出,清除管内泥砂,修整桩尖钢活瓣变形缝隙,用黄砂回填桩孔后再重打;若地下水位较高,待沉管至地下水位时,先在桩管内灌入厚度为0.5m的水泥砂浆做封底,再灌高度为1m的混凝土增压,然后再继续下沉桩管。

(5) 混凝土灌注过量

如果灌桩时混凝土用量比正常情况大1倍以上,这可能是由于孔底有洞穴,或者在饱和淤泥中施工时,土体受到扰动,强度大大降低,在混凝土侧压力作用下,桩身扩大而导致混凝土用量增大所造成的。因此,施工前应详细了解现场地质情况,在饱和淤泥软土中采用沉管灌注桩时,应先打试桩。若发现混凝土用量过大,应与设计单位联系,改用其他桩型。

2.3.4 桩基础的检测与验收

1. 桩基础的检测

成桩的质量检验有两类基本方法:一类是静载试验法,另一类是动测法。

(1) 静载试验法

① 试验目的及方法。静载试验的目的是模拟实际荷载情况,采用接近于桩的实际工作条件,通过静载加压,得出一系列关系曲线,确定单桩的极限承载力,综合评定确定其允许承载力,以此作为设计依据或对工程桩的承载力进行抽样检验和评价的依据。载荷试验有多种,通常采用的是单桩竖向抗压静载试验、单桩竖向抗拔静载试验和单桩水平静载试验。

② 试验要求。预制桩在桩身强度达到设计要求的前提下,一定时间后,才能进行试验。砂类土不应少于 7d,粉土和黏性土不应少于 15d,淤泥或淤泥质土不应少于 25d,待桩身与土体的结合基本趋于稳定后,才能进行试验。灌注桩应在桩身混凝土强度达到设计等级的前提下,砂类土不少于 10d,一般黏性土不少于 20d,淤泥或淤泥质土不少于 30d,才能进行试验。

在同一条件下的试桩数量不宜少于总桩数的 1%,且不应少于 3 根,工程总桩数在 50 根以内时不应少于 2 根。

(2) 动测法

动测法,又称动力无损检测法,是检测桩基承载力及桩身质量的一项新技术,是静载试验的补充。

① 试验方法。动测法是相对静载试验法而言的。它是对桩土体系进行适当的简化处理,建立数学—力学模型,借助现代电子技术与量测设备采集桩—土体系在给定的动荷载作用下所产生的振动参数,结合实际桩土条件进行计算,将所得结果与相应的静载试验结果进行对比,在积累一定数量的动静试验对比结果的基础上,找出两者之间的某种相关关系,并以此作为标准来确定桩基承载力。

② 与静载试验比较。一般静载试验可直观地反映桩的承载力和混凝土的浇筑质量,数据可靠,但试验装置复杂笨重,装、卸、操作费工费时,成本高,测试数量有限,并且易破坏桩基。动测法试验的仪器轻便灵活,检测快速,单桩试验时间仅为静载试验的 1/50 左右,数量多,不破坏桩基,相对而言也较准确,可进行普查;而且,费用低,单桩测试费约为静载试验的 1/30,可节省静载试验堆载、设备运输、吊装焊接等方面的人力、物力。目前,国内用动测法的试桩工程数目已占工程总数的 70%左右,试桩数约占全部试

桩数的 90%，有效地填补了静载试桩的不足。

③ 承载力检验。单桩承载力的动测方法较多，国内有代表性的方法有动力参数法、锤击贯入法、水电效应法、共振法、机械阻抗法和波动方程法等，其中常用的方法为动力参数法和锤击贯入法。

④ 桩身质量检测。在桩基动态无损检测中，国内外广泛使用的方法是应力波反射法，又称低（小）应变法。其原理是：根据一维弹性杆件被反射理论（波动理论），采用锤击振动检测桩体的完整性，即以波在不同阻抗和不同约束条件下的传播特性来判别桩身质量。

2. 桩基础的验收

(1) 桩基工程桩位验收的规定

① 当桩顶设计标高与施工场地标高相同时，或桩基施工结束后，有可能对桩位进行检查时，桩基工程的验收应在施工结束后进行。

② 当桩顶设计标高低于施工场地标高时，可对护筒位置进行中间验收；待承台或底板开挖到设计标高后，再进行最终验收。

(2) 桩基工程验收时应提交的资料

① 工程地质勘查报告、桩基施工图、图纸会审纪要、设计变更情况及材料代用单等；

② 经审定的施工组织、设计、施工方案及其执行中的变更情况；

③ 桩位测量放线图，包括工程桩位线复核签证单；

④ 成桩质量检查报告；

⑤ 单桩承载力检测报告；

⑥ 基坑挖至设计标高的桩基竣工平面图及桩顶标高图。

(3) 桩基允许偏差

① 预制桩。打（沉）桩入桩位的允许偏差可参见表 2-7，桩顶标高的允许偏差为 ±50mm，斜桩倾斜度的偏差不得大于倾斜角正切值的 15%（倾斜角系桩的纵向中心线与铅垂线间的夹角）。

表 2-7 预制桩（PHC 桩、钢桩）桩位的允许偏差

项次	项目	允许偏差(mm)
1	盖有基础梁的桩： 1. 垂直基础梁的中心线 2. 沿基础梁的中心线	$100+0.01H$ $150+0.01H$

续表

项次	项 目	允许偏差(mm)
2	桩数为1~3根桩基中的桩	100
3	桩数为4~16根桩基中的桩	1/2桩径或边长
4	桩数大于16根桩基中的桩 1.最外边的 2.中间桩	1/3桩径或边长 1/2桩径或边长

注：H为施工现场地面标高与桩顶设计标高的距离。

② 灌注桩。灌注桩的偏差必须符合表2-8的规定，桩顶标高至少要比设计标高高出0.5m。灌注桩每灌注50m³应有一组试块，小于50m³的桩应每根桩有一组试块。

表2-8 灌注桩的平面位置和垂直度的允许偏差

序号	成孔方法		桩径允许偏差(mm)	垂直度允许偏差(%)	桩位允许偏差(mm)	
					1~3根、单排桩基垂直于中心线方向和群桩基础的边桩	条形桩基沿中心线方向和群基础的中间桩
1	泥浆护壁钻孔桩	D≤1000mm	±50	<1	D/6且不大于100	D/4且不大于150
		D>1000mm	±50		100+0.01H	150+0.01H
2	套管成孔灌注桩	D≤500mm	−20	<1	>0	150
		D>500mm			100	150
3	干成孔灌注桩		−20	<1	70	150
4	人工挖孔桩	混凝土护壁	+50	<0.5	50	150
		钢套管护壁	+50	<1	100	200

注：① 桩径允许偏差的负值是指个别断面；
② 采用复打、反插法施工的桩径允许偏差不受上表限制；
③ H位施工现场地面标高与桩顶设计标高的距离，D为设计桩径。

学习案例：

某会议中心新建会议楼，建筑面积20600m³，混凝土现浇结构，筏板基础，地下2层，地上10层，基础埋深13.2m。

工程所在地区的地势北高南低，地下水从北向南流，施工单位的降水方案计划在基坑南边布置单排轻型井点。基坑开挖到设计标高后，施工单位和监理单位对基坑进行了验槽,并对基底进行了钎探,发现地基东南角有约290m³软土区,监理工程师随即指令施工单位进行换填处理。工程主体结构施工时,4层现浇钢筋混凝土阳台根部发生断裂,经检查发现是由于施工人员将受力主筋位置布置错误造成的。

事故发生后,业主立即组织了质量大检查,发现一层大厅梁柱节点处有露筋,已绑扎完成的楼板钢筋位置与设计图纸不符,施工人员对钢筋绑扎规范要求不清楚。工程进入外墙面装修阶段后,施工单位按原设计完成了879m³的外墙贴面砖工作,业主认为原设计贴面砖与周边环境不协调,要求更换为大理石贴面,施工单位按业主要求进行了更换。

想一想:

1.该工程基坑开挖降水方案是否可行?说明理由。

1.施工单位和监理单位两家单位共同进行工程验槽的做法是否妥当?说明理由。

3.发现基坑基底软土区后应按什么工作程序进行基坑处理?

4.工程质量事故和业主检查出的问题反映出施工单位质量管理中存在哪些主要问题?

案例分析:

1.该工程基坑开挖降水方案不可行。

理由:单排轻型井点应布置在地下水位的上游一侧,即应该在基坑北边布置单排轻型井点。

2.施工单位和监理单位两家单位共同进行工程验槽的做法不妥。

理由:工程验槽应由建设单位、监理单位、施工单位、勘查单位和设计单位五方共同进行。

3.发现基坑基底软土区后的处理程序为:

(1)建设单位应要求勘查单位对软土区进行地质勘查;

(2)建设单位应要求设计单位根据勘察结果对软土区地基做设计变更;

(3)建设单位或授权监理单位研究设计单位所提交的设计变更方案,并就设计变更实施后的费用与工期和施工单位达成一致后,由建设单位对设计变更做出决定;

(4)由总监理工程师签发工程变更单,指示承包单位按变更的决定组织地基处理。

4.主要问题有以下几个方面:

(1)施工单位现场钢筋工人员素质差;

(2)技术交底制度薄弱;

(3)没有严格执行按图施工;

(4)重要的分部分项工程保证质量施工措施考虑不周。

本章小结

本项目学习内容包括地基处理和桩基础施工。

地基处理的方法很多,本学习情境主要介绍了换填法的灰土地基和砂地基、强夯地基等,学习时注意各种处理方法的工艺过程与适用范围。

由于生产的发展,桩基础不仅在高层建筑和工业厂房建筑中广泛应用,而且在多层及其他建筑中应用也日益增多,因此,目前桩基础已成为建筑工程中常用的分项工程之一。

桩可分为预制桩和灌注桩,这两类桩基础的施工方法在施工现场具有同样重要的地位,学习时应同等重视。

对于钢筋混凝土预制桩的施工,应掌握桩的预制、起吊和运输,正确选择桩锤和打桩方法。各种灌注桩有其不同的适用范围,重点掌握干作业成孔灌注桩、泥浆护壁成孔灌注桩、套管成孔灌注桩的施工工艺和施工要点。

练习题

一、选择题

1. 对于预制桩的起吊点,设计未作规定时,应遵循的原则是( )。
   A. 吊点均分桩长
   B. 吊点位于中心处
   C. 跨中正弯矩最大
   D. 吊点间跨中正弯矩与吊点处负弯矩相等

2. 对打桩桩锤的选择影响最大的因素是( )。
   A. 地质条件   B. 桩的类型
   C. 桩的密集程度   D. 单桩极限承载力

3. 可用于打各种桩、斜桩,还可拔桩的桩锤是( )。
   A. 双动汽锤   B. 筒式柴油锤
   C. 导杆式柴油锤   D. 单动汽锤

4. 当预制桩顶设计标高接近地面标高时,只能采用的打桩方法是( )。
   A. 顶打法   B. 先顶后退法
   C. 先退后顶法   D. 退打法

5. 桩的断面边长为 30cm,群桩桩距为 100cm,打桩的顺序应为( )。
   A. 从一侧向另一侧顺序进行   B. 从中间向两侧对称进行
   C. 按施工方便的顺序进行   D. 从四周向中间环绕进行

6. 以下沉桩方法中,适用在城市中软土地基施工的是( )。
   A. 锤击沉桩   B. 振动沉桩   C. 射水沉桩   D. 静力压桩

7. 在地下水位以上的黏性土、填土、中密以上砂土及风化岩等土层中的桩基成孔,常用方法是( )。
   A. 干作业成孔   B. 沉管成孔   C. 人工挖孔   D. 泥浆护壁成孔

8. 干作业成孔灌注桩采用的钻孔机具是( )。

A.螺旋钻　　　　B.潜水钻　　　　C.回转钻　　　　D.冲击钻

9.若在流动性淤泥土层中的桩可能有颈缩现象时,可行又经济的施工方法是。

（　　）

A.反插法　　　　B.复打法　　　　C.单打法　　　　D.A和B都行

10.最适用于在狭窄的现场施工的成孔方式是（　　）。

A.沉管成孔　　　　B.泥浆护壁成孔　C.人工挖孔　　　　D.螺旋钻成孔

二、填空题

1.重锤夯实法是利用起重机械,将_____提升到一定高度自由下落,重复夯打击实地基。

2.强夯法的主要机具和设备有_____与_____。

3.钢筋混凝土预制桩有_____和_____两种。

4.预制桩应在混凝土达到设计强度的_____后方可起吊,达到设计强度的_____后,才可运输和沉桩。

5.桩的表面应_____、_____,掉角的深度不应超过_____。

6.预制桩吊点的位置可按_____与_____的原则来确定。

7.桩的堆放场地应平整坚实,堆放层数不宜超过_____层,不同规格的应_____堆放。

8.打桩设备包括_____、_____和_____。

9.施工中常用的桩锤有落锤_____、_____、_____和_____。

10.当桩规格、埋深、长度不同时,打桩顺序宜_____、_____、_____。

11.常见的接桩方法有_____、_____和_____。

12.清孔的目的是清除孔底的沉渣和淤泥,以减少桩基的沉降量,从而提高_____。

三、简答题

1.地基处理方法一般有哪些？各有什么特点？

2.试述换填法的施工要点与质量检查。

3.什么是重锤夯实法？什么是强夯法？

4.打桩前要做哪些准备工作？打桩设备应如何选用？

5.如何确定打桩顺序？

6.泥浆护壁成孔灌注桩施工中常见的问题有哪些？如何处理？

7.简述振动沉管灌注桩的施工工艺。

8.人工挖孔灌注桩施工时应注意哪些事项？

项目三　砌筑工程

【情境导入】

某工程为地上7层、地下1层的钢筋混凝土框架结构。该工程在进行上部结构施工时,某一天安全员检查巡视正在搭设的扣件式钢管脚手架,发现部分脚手架钢管表面锈蚀严重。经了解是因为现场所堆材料缺乏标志,架子工误将堆放在现场内的报废脚手架钢管用到施工中。

【案例导航】

上述脚手架工程施工中存在事故隐患。为防止安全事故的发生,脚手架事故隐患的处理方式有:停止使用报废钢管,将报废钢管集中堆放到指定地点封存,安排运出施工现场,指定专人进行整改以达到规定要求;用合适脚手架钢管置换报废钢管,对随意堆放、挪用报废钢管的人员进行教育或处罚;对不安全生产过程进行检查和改正。

要了解脚手架工程的施工内容,需要掌握的相关知识有:
(1)垂直运输设施的选用;
(2)砌砖施工、砌石施工的工艺流程;
(3)砌筑工程冬期、雨期施工方法;
(4)掌握砌筑工程冬期施工的一般要求。

3.1 脚手架及垂直运输设施

知识目标:
(1)了解脚手架的类型、构造及砌筑脚手架的要求;
(2)掌握脚手架的搭设要点和顺序;
(3)掌握垂直运输设施的选用。

技能目标:
(1)通过本单元的学习,能够清楚脚手架的类型、构造及砌筑脚手架的要求;
(2)能够根据脚手架的搭设要点和顺序,对脚手架的搭设进行检查指导;
(3)能够正确选用垂直运输设施。

砌筑工程一般是指应用砌筑砂浆,采用一定的工艺方法将砖、石及其他各种砌块砌筑成各种砌体。砌筑工程是一个综合的施工过程,主要包括砂浆制备、材料运输、脚手架搭设及砌体砌筑等。

3.1.1 脚手架工程

脚手架是砌筑过程中堆放材料和工人进行操作的临时设施。当砌体砌到一定高度时(即可砌高度或一步架高度,一般为 1.2m),砌筑质量和效率将受到影响,这就需要搭设脚手架。砌筑用脚手架必须满足以下基本要求:脚手架的宽度应满足工人操作、材料堆放及运输的要求,一般为 2m,且不得小于 1.5m;脚手架结构应有足够的强度、刚度和稳定性,保证在施工期间的各种荷载作用下,脚手架不变形、不摇晃、不倾斜;构造简单,便于装拆、搬运,并能多次周转使用;过高的外脚手架应有接地和避雷装置。

脚手架的种类很多,按其搭设位置分为外脚手架和里脚手架两大类,按其所用材料分为木脚手架、竹脚手架和钢管脚手架;按其构造形式分为多立杆式、门式、悬挑式及吊脚手架等。目前,脚手架的发展趋势是采用高强度金属制作、具有多种功用的组合式脚手架,可以适应不同情况作业的要求。

1. 外脚手架

外脚手架是沿建筑物外周围搭设的一种脚手架,用于外墙砌筑和外墙装饰,常用的有多立杆式脚手架、门式钢管脚手架。多立杆式脚手架可用木、竹和钢管等搭设,目前主要采用钢管脚手架。这种脚手架虽然一次性投资较大,但可多次周转,摊销费用低,装拆方便,搭设高度大,且能适应建筑物平立面的变化。多立式钢管脚手架有扣件式和碗扣式两种。

(1)钢管扣件式脚手架

① 钢管扣件式脚手架的构造。钢管扣件式脚手架由钢管和扣件组成(如图 3-1 所示)。扣件为钢管与钢管之间的连接件,其基本形式有三种——直角扣件、回转扣件和对接扣件(如图 3-2 所示),用于钢管之间的直角连接、直角对接接长或成一定角度的连接。

钢管扣件式脚手架的主要构件有立杆、大横杆、斜杆和底座等,一般均采用外径 48mm、壁厚 3.5mm 的焊接钢管。立杆、大横杆、斜杆的钢管长度为 4.0~6.5m,小横杆的钢管长度为 2.1~2.3m。

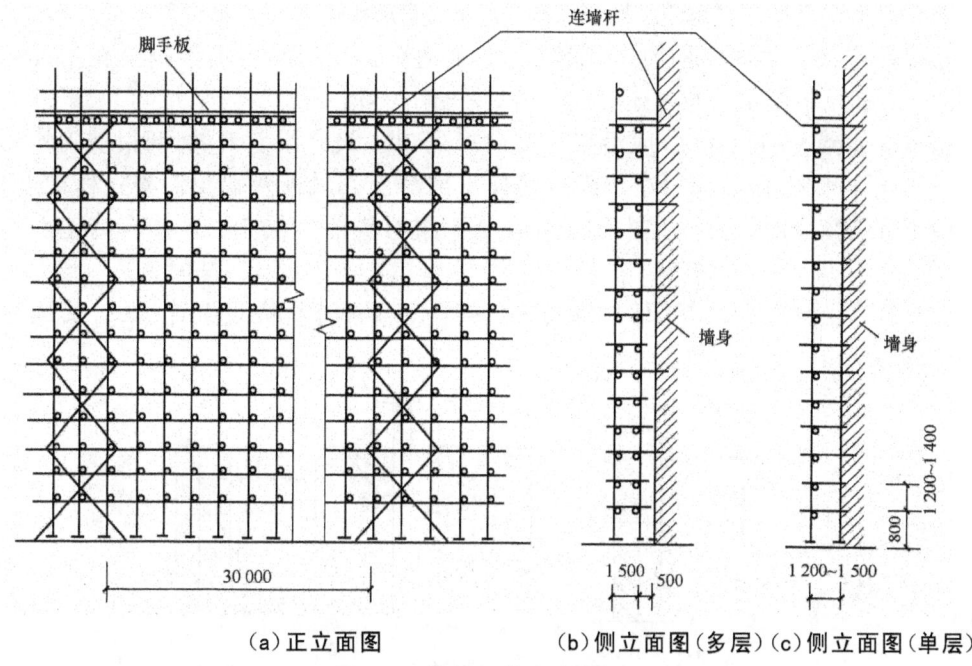

(a)正立面图　　　　(b)侧立面图（多层）(c)侧立面图（单层）

图 3-1　钢管扣件式脚手架

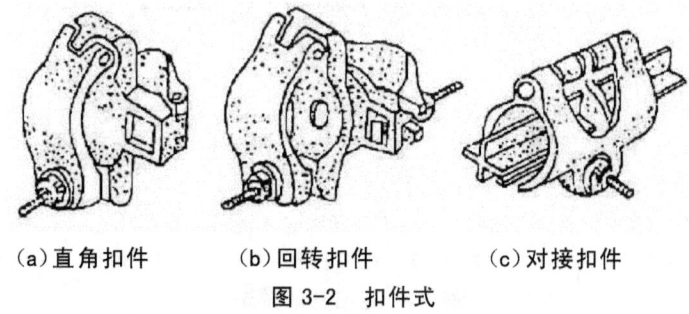

(a)直角扣件　　(b)回转扣件　　(c)对接扣件

图 3-2　扣件式

钢管扣件式脚手架的构造形式有双排和单排两种。单排脚手架搭设高度不超过30m，不宜用于半砖墙、轻质空心砖墙、砌块墙体。

② 钢管扣件式脚手架的架设要点。

a.在搭设脚手架前，对底座、钢管、扣件要进行检查，钢管要平直，扣件和螺栓要光洁、灵敏，变形、损坏严重者不得使用。

b.搭设范围内的地基要夯实整平，做好排水处理。如地基土质不好，则底座下垫以木板或垫块。立杆要竖直，垂直度允许偏差不得大于 1/200。相邻两根立杆的接头应错开 50cm。

c.大横杆在每一面脚手架范围内的纵向水平高低差，不宜超过 1 皮砖的厚度。

d.一步内外两根大横杆的接头，应相互错开，不宜在同一跨度内。在垂直方向相邻的两根大横杆的接头也应错开，其水平距离不宜小于 50cm。

e.小横杆可紧固于大横杆上，靠近立杆的小横杆可紧固于立杆上。双排脚手架小横杆靠墙的一端应离开墙面 5～15cm。

f.各杆件相交伸出的端头,均应大于 10cm,以防滑脱。

g.扣件连接杆件时,螺栓的松紧程度必须适度。如用测力扳手校核操作人员的手劲,以扭力矩控制在 40~50N·m 为宜,最大不超过 60N·m。

h.为保证架子的整体性,应沿架子纵向每隔 30m 设一组剪刀撑,两根剪刀撑斜杆分别扣在立杆与大横杆上或扣在小横杆的伸出部分上。斜杆两端扣件与立杆接点(即立杆与横杆的交点)的距离不宜大于 20cm,最下面的斜杆与立杆的连接点离地面不宜大于 50cm。

i.为了防止脚手架向外倾倒,每隔 3 步架高、5 跨间隔,应设置连墙杆,其连接形式如图 3-3 所示。

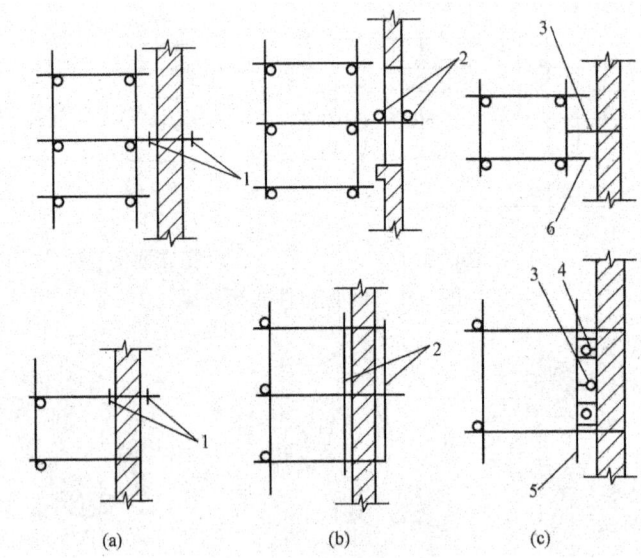

1—两只扣件;2—两根短管;3—拉结铅丝;4—木楔;5—短管;6—横杆
图 3-3 连墙杆的做法

j.拆除钢管扣件式脚手架时,应按照自上而下的顺序,逐根往下传递,不要乱扔。拆下的钢管和扣件应分类整理存放,损坏的要进行整修。钢管应每年刷一次漆,以防止生锈。

(2)碗扣式钢管脚手架

碗扣式钢管脚手架又称多功能碗扣型脚手架,其基本构造和搭设要求与钢管扣件式脚手架类似,不同之处在于其杆件接头处采用碗扣连接。由于碗扣是固定在钢管上的,因此连接可靠,组成的脚手架整体性好,也不存在扣件丢失问题。碗扣式接头由上、下碗扣及横杆接头、限位销等组成(如图 3-4 所示)。上、下碗扣和限位销按 600mm 的间距设置在钢管立杆上,其中下碗扣和限位销直接焊接在立杆上,搭设时将上碗扣的缺口对准限位销后,即可将上碗扣向上拉起(沿立杆向上滑动),然后将横杆接头插入下碗扣圆槽内,再将上碗扣沿限位销滑下,并顺时针旋转扣紧,用小锤轻击几下即可完成接点的连接。立杆连接处外套管与立杆间隙不得大于 2mm,外套长度不得小于 160mm,外伸长度不得小于110mm。

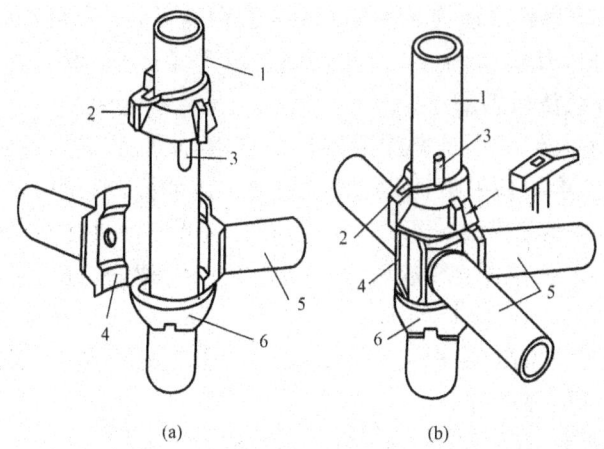

1—立杆；2—上碗扣；3—限位销；4—横杆接头；5—横杆；6—下碗扣

图3-4 碗扣接头

碗扣式接头可以同时连接四根横杆，横杆可相互垂直或偏一定的角度，因而可以搭设各种形式的脚手架，特别是曲线形的脚手架，还可作为模板的立存架。模板支撑架应根据所受的荷载选择立杆的间距和步距。底层纵、横向水平杆作为扫地杆，距地面高度不得大于350mm。立杆底部应设置可调底座或固定底座。立杆上端（包括可调螺杆）伸出顶层水平钢的长度不得大于0.7m。

(3)门式脚手架

门式脚手架又称多功能门形脚手架，是目前国际上应用较为普遍的脚手架之一。门式脚手架有多种用途，除可用于搭设外脚手架外，还可用于搭设里脚手架、施工操作平台或用于模板支架等。

① 门式脚手架的构造。门式脚手架的基本结构由门架、交叉支撑、连接棒、挂扣式脚手板或水平架、锁臂等组成，再设置水平加固杆、剪刀撑、扫地杆，构成整片脚手架封口杆、托座与底座，并采用连墙件与建筑物主体结构相连，是一种标准化钢管脚手架。门式钢管脚手架基本单元由一副门式框架、两副剪刀撑、一副水平梁架和四个连接

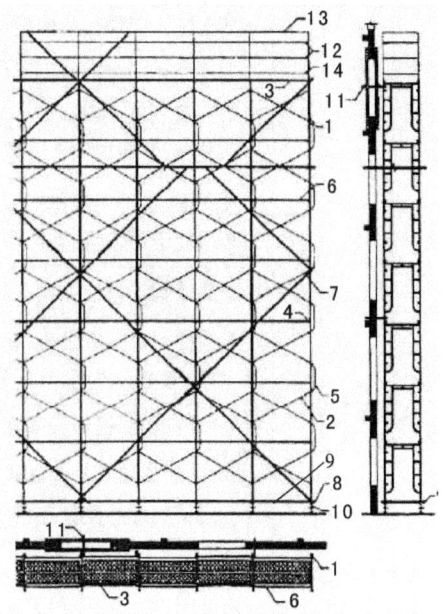

1—门架；2—交叉支撑；3—挂扣式脚手板；4—连接棒；5—锁臂；6—水平加固杆；7—剪刀撑；8—纵向扫地杆；9—横向扫地杆；10—底座；11—连墙件；12—栏杆；13—扶手；14—挡脚板

图3-5 门式钢管脚手架的构造

器组合而成。若干基本单元通过连接器在竖向叠加，扣上臂扣，组成了一个多层框架。在水平方向，用加固杆和水平梁架使相邻单元连成整体，加上斜梯、栏杆柱和横杆，组成上下不相通的外脚手架（如图3-5所示）。

门式脚手架的主要特点是组装方便,装拆时间约为扣件式钢管脚手架的1/3,特别适于使用周期短或脚手架频繁周转的情况;承载性能好,安全可靠,其使用强度为扣件式钢管脚手架的3倍,使用寿命长(扣件式钢管脚手架一般使用8～10年,门式脚手架可使用10～15年),经济效益好。

由于组装件接头大部分不是螺栓紧回性的连接,而是插销或扣搭形式的连接,若搭设高度较大或荷载较重的脚手架,必须附加钢管拉结紧固,否则会摇晃、不稳。

② 门式钢管脚手架的搭设。

a.搭设顺序:铺放垫木→拉线放底座→自一端立门架,并随即装剪刀撑→装水平梁架(或脚手板)→装梯子→装通长的大横杆(一般用48mm脚手架钢管)→装设连墙杆→插上连接棒→安装上一步门架→装上锁臂→照上述步骤逐层向上安装→装加强整体刚度的长剪刀撑→装设顶部栏杆。

b.搭设要点如表3-1所示。

3-1 搭设要点

序 号	项目要点
1	交叉支撑、水平架、脚手板、连接棒和锁臂的设立应符合规范要求;不配套的门架配件不得混合使用于同一整片脚手架
2	门架安装应自一端向另一端延伸,并逐层改变搭设方向,不得相对进行;搭完一步架后,应按规范要求检查并调整其水平度与垂直度
3	交叉支撑、水平架或脚手板应紧随门架的安装及时设置,连接门架与配件的锁臂、搭钩必须处于锁住状态
4	水平架或脚手板应在同一步内连续设置,脚手板应满铺
5	底层钢梯的底部应加设钢管并用扣件扣紧在门架的立杆上,钢梯的两侧均应设置扶手,每段梯可跨越两步或三步门架再进行转折
6	栏板(杆)、挡脚板应设置在脚手架操作层外侧、门架立杆的内侧
7	加固杆、剪刀撑必须与脚手架同步搭设,水平加同杆应设于门架直杆内侧,剪刀撑应设于门架立杆外侧并连接牢固
8	连墙件的搭设必须随脚手架搭设同步进行,严禁滞后设置或搭设完毕后补做;连墙件应连于上、下两个门架的接头附近,且垂立于墙面,锚固可靠
9	当脚手架操作层高出相邻连墙件以上两步时,应采用可确保脚手架稳定的临时拉结措施,直到连墙件搭设完毕后方可拆除
10	脚手架应沿建筑物周围连续、同步搭设升高,在建筑物周围形成封闭结构;如不能封闭,在脚手架两端应按规范要求增设连墙件

2.里脚手架

里脚手架是搭设在施工对象内部的脚手架,主要用于在楼层上砌墙和进行内部装修等施工作业。由于建筑内部施工作业量大,平面分布十分复杂,要求里脚手架频繁搬移和装拆,因此里脚手架必须轻便灵活、稳固可靠、搬移和装拆方便。常用的里脚手架有如下两种。

(1)折叠式里脚手架

折叠式里脚手架可用角钢、钢筋、钢管等材料焊接制作。角钢折叠式里脚手架如图3-6所示。架设间距:砌墙时宜为1.0~2.0m,内部装修时宜为2.2~2.5m。

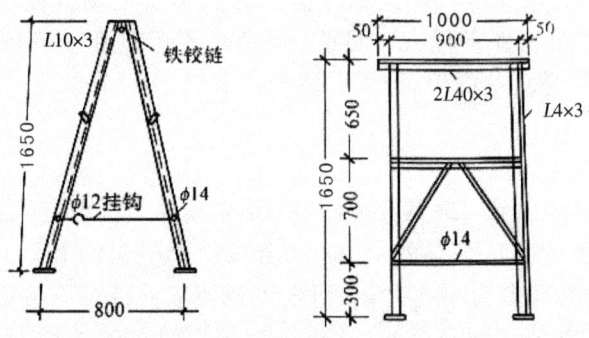

图3-6 角钢折叠式里脚手架

(2)支柱式里脚手架

支柱式里脚手架由支柱及横杆组成,上铺脚手板。搭设间距:砌墙时宜为2.0m,内部装修时不超过2.5m。

① 套管式支柱。搭设时插管捕入立杆中,以销孔间距调节高度,插管顶端的U形支托搁置方木横杆用于铺设脚手板(如图3-7所示)。架设高度为1.57~2.17m,每个支柱重14kg。

② 承插式钢管支柱。架设高度为1.2m、1.6m、1.9m。搭设第三步时要加销钉以确保安全(如图3-8所示)。每个支柱重13.7kg,横杆重5.6kg。

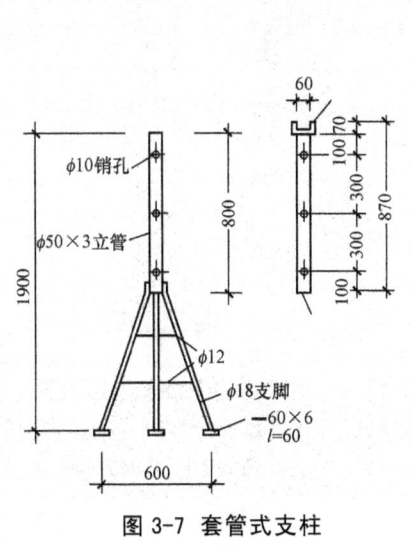

图3-7 套管式支柱

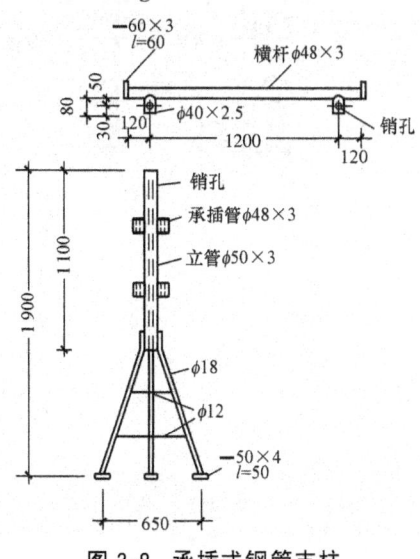

图3-8 承插式钢管支柱

里脚手架除了采用上述金属工具式脚手架外,还可以就地取材,用竹、木等制作"马凳"作为脚手板的支架。

3.1.2 垂直运输设施

砌筑工程所需的各种材料绝大部分需要通过垂直运输机械运送到各施工楼层,因此砌筑工程垂直运输工程量很大。目前,担负垂直运输建筑材料和供人员上、下的常用垂直运输设备有井架、龙门架、施工升降机等。

1. 井架

井架是施工中最常用、最简便的垂直运输设施,它稳定性好,运输量大。除用型钢或钢管加工的定型井字架外,还可以用多种脚手架材料现场搭设而成。井架内设有吊篮。一般的井架多为单孔井架,但也可构成双孔或多孔井架,以满足同时运输多种材料的需要。上部还可设小型拔杆,供吊运长度较大的构件,其起重量一般为0.5～1.5t,回转半径可达10m。井架起重能力一般为1～3t,提升高度一般在60m以内,在采取措施后,亦可搭设得更高(如图3-9、图3-10所示)。为保证井架的稳定性,必须设置缆风绳或附墙拉结。

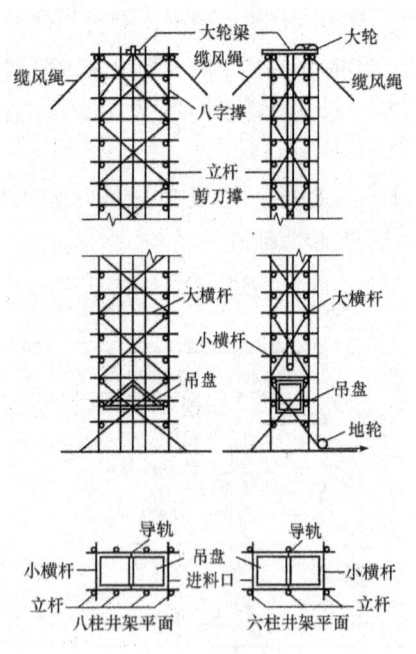

图3-9 井架

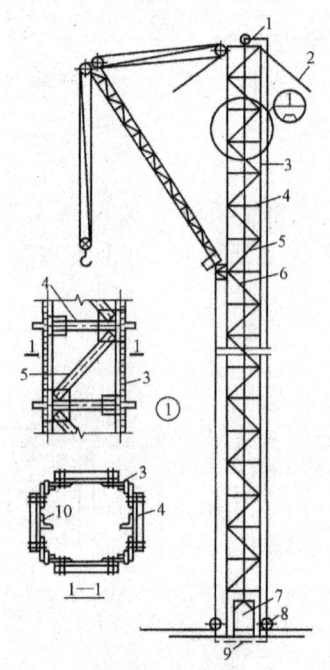

1—天轮;2—缆风绳;3—立柱;4—平撑;5—斜撑;
6—钢丝绳;7—吊盘;8—地轮;9—垫木;10—导轨

图3-10 型钢井架

2. 龙门架

龙门架是由支架和横梁组成的门型架。在门型架上装滑轮、导轨、吊篮、安全装置、起重锁、缆风绳等部件,构成一个完整的龙门架运输设备(如图3-11所示)。

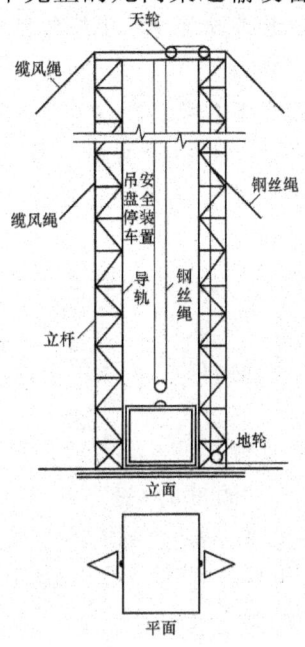

图3-11 龙门架的基本构造

龙门架搭设高度一般为10～30m,起重量为0.5～1.2t。按规定,龙门架高度在12m以内者,要设一道缆风绳;高度在12m以上者,每增高5～6m增设一道缆风绳,每道不少于6根。龙门架塔高度可达20～35m。

龙门架不能进行水平运输。如果选用龙门架作为垂直运输方案,则也要考虑地面或楼层面上的水平运输设备。

3. 施工升降机

施工升降机又称施工外用电梯,多数为人货两用,少数专供货用。电梯按其驱动方式可分为齿条驱动和绳轮驱动两种。齿条驱动电梯又有单吊箱(笼)式和双吊箱(笼)式两种,并装有可靠的限速装置,适用于20层以上建筑工程;绳轮驱动电梯为单吊箱(笼),无限速装置,轻巧便宜,适于20层以下建筑工程。

课堂案例:

某建筑公司承揽了一高层住宅小区2号楼的施工任务。2014年2月20日,双笼式外用施工电梯上升过程中,受13层阳台伸出的一根防护栏杆的影响,架子工班长让在脚手架上进行阳台支模的木工赵某立即拆除。木工随即进行拆除,不慎失手将钢管坠落,恰好击中正在下方清理钢模板的工人钱某的头部,击破安全帽,造成脑外伤,经抢救无效死亡。经事故调查,该项目部安全管理工作一贯涣散,监督检查工作不力,安全知识教育培训力度不够。

问题：

1. 请简要分析造成这起事故的原因。
2. 施工安全控制的基本要求是什么？
3. 请列举建筑企业常见的主要危险因素，可导致何种事故？

分析：

1. 造成这起物体打击事故的原因包括：

(1) 架子工班长违章指挥，木工不能拆除防护栏杆；

(2) 安全管理工作混乱，木工赵某听从架子工班长的违章指挥，造成混岗作业，埋下事故隐患；

(3) 工人缺乏安全知识，冒险蛮干，未经现场负责人同意，随意拆除防护栏杆，并且没有采取任何防护措施，也没有设置警戒区，违章作业；

(4) 拆除防护栏杆与下方清理钢模板形成交叉作业，违反了在拆除脚手架工作区域的下方不得有人的规定。

2. 施工安全控制的基本要求包括：

(1) 必须取得安全行政主管部门颁发的《安全施工许可证》后才可开工；

(2) 总承包单位和每一个分包单位都应持有《施工企业安全资格审查认可证》；

(3) 各类人员必须具备相应的执业资格才能上岗；

(4) 所有新员工必须经过三级安全教育；

(5) 特殊工种作业人员必须持有特种作业操作证，并严格按规定定期进行复查；

(6) 对查出的安全隐患要做到"五定"，即定整改责任人、定整改措施、定整改完成时间、定整改完成人、定整改验收人；

(7) 必须把好安全生产"六关"，即措施关、交底关、教育关、防护关、检查关、改进关；

(8) 施工现场安全设施齐全，符合国家及地方有关规定；

(9) 施工机械(特别是现场安设的起重设备等)必须经安全检查合格后方可使用。

3. 建筑企业常见的主要危险因素有：

(1) 洞口防护不到位、其他安全防护缺陷、违章操作，可导致高处坠落、物体打击等；

(2) 电危害(物理性危险因素)、人违章操作(行为性危险因素)，可导致触电、火灾等；

(3) 大模板不按规范正确存放等违章作业，可导致物体打击等；

(4) 化学危险品未按规定正确存放等违章作业，可导致火灾、爆炸等；

(5) 架子搭设作业不规范，可导致高处坠落、物体打击等；

(6) 现场料架不规范，可导致物体打击等。

3.2 砌筑工程施工工艺

知识目标
(1)了解砌砖施工、砌石施工的工艺流程；
(2)了解砌筑工程冬期、雨期的施工方法；
(3)掌握砌筑工程冬、雨期施工的一般要求。
技能目标
(1)通过本单元的学习,能够具有组织砌砖施工、砌石施工的能力；
(2)能够清楚砌筑工程冬期、雨期的施工方法。

3.2.1 砌砖的施工

砌砖施工通常包括找平、放线、摆砖样、立皮数杆、盘角、挂线、砌筑、刮缝、清理等工序。

1. 找平、放线

砌砖墙前,应在基础防潮层或楼层上定出各层的设计标高,并用 M7 的水泥砂浆或 C10 的细石混凝土找平,使各段墙体的底部标高均在同一水平标高上,以有利于墙体交接处的搭接施工和确保施工质量。外墙找平时,应采用分层逐渐找平的方法,确保上下两层外墙之间不出现明显的接缝。

根据龙门板上给定的定位轴线或基础外侧的定位轴线桩,将墙体轴线、墙体宽度线、门窗洞口线等引测至基础顶面或楼板上,并弹出墨线。二楼以上各层的轴线可用经纬仪或垂球(线坠)引测。

2. 摆砖样

摆砖样是在放线的基础顶面或楼板上,按选定的组砌形式进行干砖试摆,应做到灰缝均匀、门窗洞口两侧的墙面对称,并尽量使门窗洞口之间或与墙垛之间的各段墙长为 1/4 砖长的整数倍,以便减少砍砖、节约材料、提高工效和施工质量。摆砖样用的第一皮摆底砖的组砌一般采用"横丁纵顺",即横墙均摆丁砖,纵墙均摆顺砖,并可按下式计算丁砖层排砖数 n 和顺砖层排砖数 N。

窗口宽度为 B(mm)的窗下墙排砖数为:

$$n=(B-10)\div 125 \qquad N=(B-135)\div 250 \qquad (3-1)$$

两洞口间净长或至墙垛长为 L 的排砖数为:

$$n=(B+10)\div 125 \qquad N=(L-365)\div 250 \qquad (3-2)$$

计算时取整数,并根据余数的大小确定是加半砖、七分头砖,还是减半砖并加七分头砖。如果还出现多于或少于 30mm 以内的情况,可用减小或增加竖缝宽度的方法加以调整,灰缝宽度在 8~12mm 是允许的。也可以采用同时水平移动各层门窗洞口的位置,使之满足砖模数的方法,但最大水平移动距离不得大于 60mm,而且承重窗间墙的长度不应减少。

每一段墙体的排砖块数和竖缝宽度确定后,就可以从转角处或纵横墙直接处向两边排放砖,排完砖并经检查调整无误后,即可依据摆好的砖样和墙身宽度线,从转角处或纵横墙直接处依次砌筑第一皮撂底砖。

常用的砌体的组砌形式有全顺、两平一侧、全丁、一顺一丁、梅花丁和三顺一丁(如图 3-12 所示)。

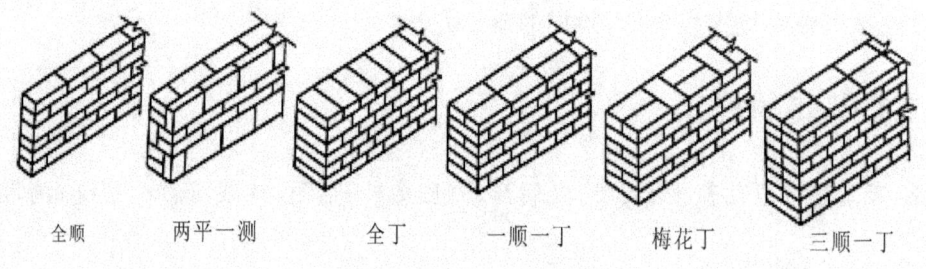

图 3-12 砌体的组砌形式

3.立皮数杆

皮数杆是指在其上划有每皮砖厚、灰缝厚以及门窗洞口的下口、窗台、过梁、圈梁、楼板、大梁、预埋件等标高位置的一种木制标杆,它是砌墙过程中控制砌体竖向尺寸和各种构配件设置标高的主要依据。

皮数杆一般设置在墙体操作面的另一侧,立于建筑物的四个大角处、内外墙交接处、楼梯间及洞口较多的地方,并从两个方向设置斜撑或用锚钉加以固定,以确保垂直和牢固(如图 3-13 所示)。皮数杆的间距为 10~15m,间距超过时中间应增设皮数杆。

支设皮数杆时,要统一进行找平,使皮数杆上的各种构件标高与设计要求一致。每次开始砌砖前均应检查皮数杆的垂直度和牢固性,以防有误。

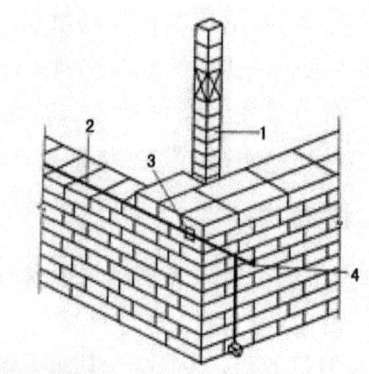

1—皮数杆;2—准线;3—竹片;4—圆铁钉
图 3-13 皮数杆设置示意图

4. 盘角

盘角又称立头角,是指墙体正式砌砖前,在墙体的转角处由高级瓦工先砌起,并始终高于周围墙面4～6皮砖,作为整片墙体控制垂直度和标高的依据。盘角的质量直接影响墙体施工质量,因此必须严格按皮数杆标高控制每一皮墙面高度和灰缝厚度,做到墙角方正、墙面顺直、方位准确、每皮砖的顶面近似水平,并要"三皮一靠,五皮一吊",确保盘角质量。

5. 挂线

挂线是指以盘角的墙体为依据,在两个盘角中间的墙外侧挂通线。挂线应用尼龙线或棉线绳拴砖坠重拉紧,使线绳水平、无下垂。墙身过长时,在中间除设置皮数杆外,还应砌一块"腰线砖"或再加一个细铁丝揽线棍,用以固定挂通的准线,使之不下垂。内外移动气盘角处的通线是靠墙角的灰缝卡挂的。为避免通线陷入水平灰缝内,应采用不超过1mm厚的小别棍(用小竹片或包装用薄铁皮片)别在盘角处墙面与通线之间。

6. 砌筑

砌筑砖墙通常采用"三一法"或挤浆法,并要求砖外侧的上楞线与准线平行、水平且离准线1mm,不得冲(顶)线,砖外侧的下楞线与已砌好的下皮砖外侧的上楞线平行并在同一垂直面上,俗称"上跟线、下靠楞";同时,还要做到砖平位正、挤揉适度、灰缝均匀、砂浆饱满。

7. 刮缝、清理

清水墙砌完一段高度后,要及时进行刮缝和清扫墙面,以利于墙面勾缝和整洁、干净。刮砖缝可采用1mm厚的钢板制作的凸形刮板,刮板突出部分的长度为10～12mm,宽为8mm。清水外墙面一般采用加浆勾缝,用1:1.5的细砂水泥砂浆勾成凹进墙面4～5mm的凹缝或平缝;清水内墙面一般采用原浆勾缝,所以不用刮板刮缝,而是随砌随用钢溜子勾缝。下班前,应将施工操作面上的落地灰和杂物清理干净。

3.2.2 砌石的施工

1. 毛石砌块

砌筑毛石基础的第一皮石块应坐浆,并将石块的大面向下。毛石基础的转角处与交接处应用较大的平毛石砌筑。

毛石基础的扩大部分如做成阶梯形,上级阶梯的石块应至少压砌下级阶梯石块的1/2,相邻15阶梯的毛石应相互错缝搭砌。

毛石基础必须设置拉结石。拉结石应均匀分布,且在毛石基础同皮内每隔 2m 左右设置一块。拉结石的长度:如基础宽度小于或等于 400mm,应与基础宽度相等;如基础宽度大于 400mm,可用两块拉结石内外搭接,搭接长度不应小于 150mm,且其中一块拉结石的长度不应小于基础宽度的 2/3。

2. 料石砌块

料石基础砌体的第一皮应用丁砌层坐浆砌筑,料石砌体亦应上下错缝搭砌。砌体厚度不小于两块料石的宽度时,如同皮内全部采用顺砌,每砌两皮后,应砌一皮丁砌层;如同皮内采用丁顺组砌,丁砌石应交错设置,其中距不应大于 2m。

料石砌体灰浆的厚度,根据石料的种类确定,细石料砌体不宜大于 5mm,半细石料砌体不宜大于 10mm,粗石料和毛石料砌体不宜大于 20mm。料石砌体砌筑时,应放直平稳。铺设厚度应略高于规定的灰缝厚度。砂浆的饱满度要大于 80%。料石砌体转角处及交接处也应同时砌筑,必须留设临时间断时,应砌成踏步槎。

在料石和毛石或砖的组合墙中,料石砌体和毛石砌体或砖砌体应同时砌筑,并每隔 2 或 3 皮料石层用丁砌层与毛石砌体或砖砌体拉结砌合。丁砌料石的长度宜与组合墙厚度相同。

3.2.3 框架填充墙的施工

1. 基本规定

① 填充墙采用烧结多孔砖、烧结空心砖进行砌筑时,应提前两天浇水湿润。采用蒸压加气混凝土砌块砌筑时,应向砌筑面浇适量的水。

② 墙体的灰缝应横平竖直、厚薄均匀,并应填满砂浆,竖缝不得出现透明缝、瞎缝。

③ 多孔砖应采用一顺一丁或梅花丁的组砌形式。多孔砖的孔洞应垂直于受压面,砌筑前应先进行试摆。

2. 填充墙拉结筋的设置

框架柱和梁施工完后,就应按设计砌筑内外墙体,墙体与框架柱应进行锚固。锚固拉结筋的规格、数量、间距、长度应符合设计要求。当设计无规定时,一般应在框架柱施工时预埋锚筋。锚筋的设置规定如下:沿柱高每 500mm 配置 $2\phi 6$ 钢筋伸入墙内,一、二级框架宜沿墙全长设置,三、四级框架不应小于墙长的 1/5,且不应小于 700mm,锚筋的位置必须准确。砌体施工时,将锚筋凿出并拉直,砌在砌体的水平砌缝中,确保墙体与框架柱的连接。有的锚筋由于在框架柱内伸出的位置不准,施工中把锚筋打弯甚至扭转,使之伸入墙身内,从而失去了锚筋的作用,会使墙身与框架间出现裂缝。因此,当锚筋的位置不准时,将锚筋拉直用 C20 细石混凝土浇筑至与砌体模数吻合,一般厚度为

20～500mm。实际工程中,为了解决预埋锚筋位置容易错位的问题,框架柱施工时,在规定留设锚筋的位置预留铁件或沿柱高设置 2φ6 预埋钢筋;进行砌体施工前,按设计要求的锚筋间距将其凿出与锚筋焊接。当填充墙长度大于 5m 时,墙顶部与梁应有拉结措施;墙高度超过 4m 时,应在墙高中部设置与柱连接的通长的钢筋混凝土水平墙梁。

3.其他规定

① 采用轻集料混凝土小型空心砌块或蒸压加气混凝土砌块施工时,墙底部应先砌烧结普通砖或多孔砖,或现浇混凝土坎台,其高度不宜小于 200mm。

② 卫生间、浴室等潮湿房间,在砌体的底部应现浇宽度不小于 120mm、高度不小于 100mm 的混凝土导墙,待达到一定强度后再在上面砌筑墙体。

③ 门窗洞口的侧壁也应用烧结普通砖镶框砌筑,并与砌块相互咬合。填充墙砌至接近梁底、板底时,应留一定的空隙,待填充墙砌筑完毕并应至少间隔 7d 后,采用烧结普通砖侧砌,并用砂浆填塞密实,以提高砌块砌体与框架间的拉结性。

④ 若设计为空心石膏板隔墙,应先在柱、框架梁与地坪间加木框。木框与梁柱可用膨胀螺栓等连接,然后在木框内加设木筋。木筋的间距视空心石膏板的宽度而定。当空心石膏板的刚度及强度满足要求时,可直接安装。

框架本身在建筑中可构成骨架,自成体系,在设计中只承受本层隔墙、板及活荷载所传给它的压力,故施工时不能先砌墙,后浇筑框架梁;否则会使框架梁失去作用,并增加底层框架梁的应力,甚至发生事故。

3.2.4 钢筋混凝土构造柱、芯柱的施工

1.钢筋混凝土构造柱的施工

(1)构造柱简介

构造柱的截面尺寸一般为 240mm×180mm 或 240mm×240mm;竖向受力钢筋常采用4根直径为 12mm 的 HPB300 级钢筋;箍筋直径采用 6mm,其间距不大于 250mm,且在柱的上下端适当加密。

砖墙与构造柱应沿墙高每隔 500mm 设置 2φ6 的水平拉结钢筋,两边伸入墙内不宜小于 1m;若外墙为一砖半墙,则水平拉结钢筋应用 3 根(如图 3-14、图 3-15 所示)。

砖墙与构造柱相接处,砖墙应砌成马牙槎,从每层柱脚开始。先退后进,每个马牙槎沿高度方向的尺寸不宜超过 300mm(或 5 皮砖高),每个马牙槎退进应不小于 60mm。

构造柱必须与圈梁连接。其根部可与基础圈梁连接,无基础圈梁时,可增设厚度不小于 120mm 的混凝土底脚,深度从室外地坪以下不应小于 500mm。

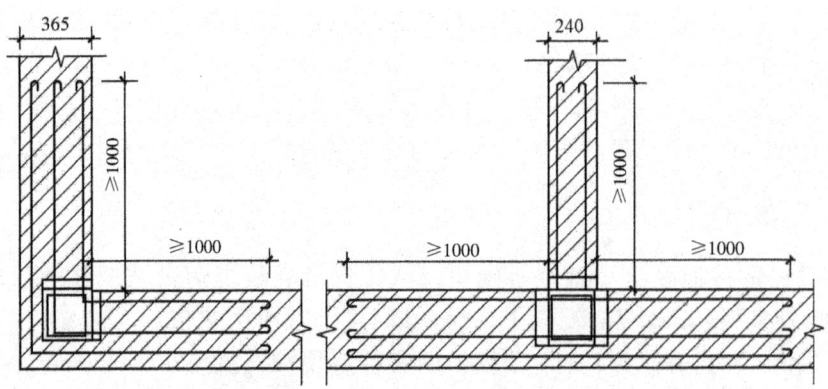

图 3-14 一砖墙转角处及交接处构造柱水平拉结钢筋布置

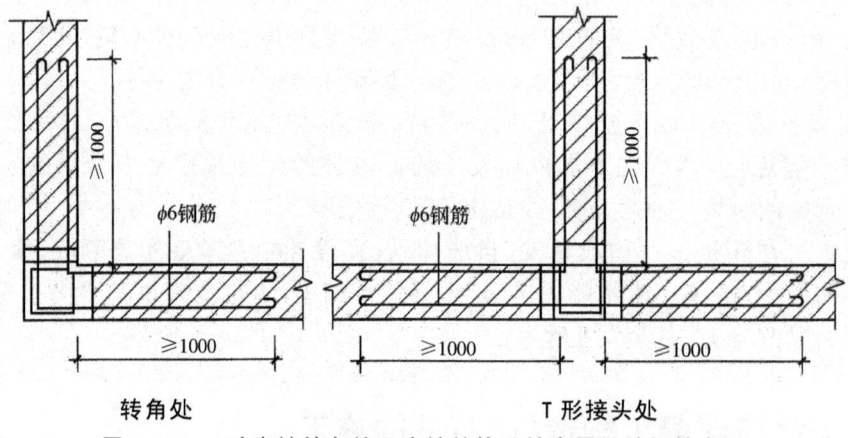

转角处　　　　　　　　T 形接头处

图 3-15 一砖半墙转角处及交接处构造柱水平拉结钢筋布置

(2) 钢筋混凝土构造柱施工要点

① 构造柱的施工程序为：绑扎钢筋→砌砖墙→支模→浇筑混凝土桩。

② 构造柱钢筋的规格、数量、位置必须正确，绑扎前必须进行除锈和调直处理。

③ 构造柱从基础到顶层必须垂直，对准轴线。在逐层安装模板前，必须根据柱轴线随时校正竖筋的位置和垂直度。

④ 构造柱的模板可用木模或钢摸，在每层砖墙砌好后，立即支模。模板必须与所在墙的两侧严密贴紧，支撑牢靠，防止板缝漏浆。

⑤ 在浇筑构造柱混凝土前，必须将砖砌体和模板洒水湿润，并将模板内的落地灰、砖渣和其他杂物清除干净。

⑥ 构造柱的混凝土坍落度宜为 50～70mm，以保证浇捣密实；亦可根据施工条件、季节的不同，在保证浇捣密实的条件下加以调整。

⑦ 构造柱的混凝土浇筑可分段进行，每段高度不宜大于 2m。在施工条件较好并能确保浇筑密实时，亦可每层一次浇筑完毕。

⑧ 浇捣构造柱混凝土时，宜用插入式振捣棒，分层捣实。振捣棒随振随拔，每次振

捣层的厚度不应超过振捣棒长度的 1.25 倍。振捣时,振捣棒应避免直接碰触砖墙,并严禁通过砖墙传振。

⑨ 构造柱混凝土保护层厚度宜为 20mm,且不小于 15mm。

⑩ 在砌完一层墙后和浇筑该层柱混凝土前,应及时对已砌好的独立墙加稳定支撑。只有在该层柱混凝土浇完后,才能进行上一层的施工。

2. 钢筋混凝土芯柱的施工

(1) 芯柱的主要构造

钢筋混凝土芯柱是按设计要求设置在小型混凝土空心砌块墙的转角处和交接处,在这些部位的砌块孔洞中插入钢筋,并浇筑混凝土而成的。

芯柱所用插筋不应少于 1 根直径为 12mm 的 HPB300 级钢筋,所用混凝土强度不应低于 C15。芯柱的插筋和混凝土应贯通整个墙身和各层楼板,并与圈梁连接,其底部应伸入室外地坪以下 500mm 或锚入基础圈梁内。上下楼层的插筋可在楼板面上搭接,搭接长度不小于 40 倍插筋直径。

芯柱与墙体连接处,应设置拉结钢筋网片。网片可用直径 4mm 的钢筋焊成,每边伸入墙内不宜小于 10mm,沿墙高每隔 600mm 设置一道(如图 3-16 所示)。

对于非抗震设防地区的混凝土空心砌块房屋,芯柱中的插筋直径不应小于 10mm;与墙体连接的钢筋网片,每边伸入墙内不小于 600mm。其余构造与前述相似。

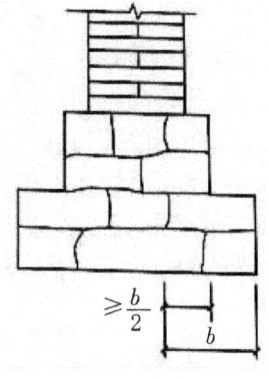

图 3-16 芯柱拉结钢筋网片设置

(2) 钢筋混凝土芯柱施工要点

① 芯柱部位宜采用不封底的通孔小砌块。当采用半封底小砌块时,砌筑前必须打掉孔洞毛边。

② 在楼(地)面砌筑第一皮小砌块时,在芯柱部位应用开口砌块(或 U 形砌块)砌出操作孔,在操作孔侧面宜预留连通孔。必须清除芯柱孔洞内的杂物并削掉孔内凸出的砂浆,用水冲洗干净,校正钢筋位置并绑扎或焊接固定后方可浇筑混凝土。

③ 检查竖筋安放位置及其接头连接质量。芯柱钢筋应与基础或基础梁中的预埋钢筋连接,上下楼层的钢筋可在楼板面上搭接,搭接长度不应小于 $40d$(d 为钢筋直径)。

④ 砌筑砂浆必须达到一定强度后(大于 1.0MPa),方可浇筑芯柱混凝土。

⑤ 砌完一个楼层高度后,应连续浇筑芯柱混凝土。每浇筑 400~500mm 高度捣实二次,或边浇筑边捣实。浇筑混凝土前,先注入适量水泥浆,严禁筑满一个楼层后再捣实,宜采用机械捣实。混凝土坍落度不应小于 50mm。

⑥ 芯柱混凝土在预制楼板处应贯通,不得削弱芯柱断面尺寸。可采用设置现浇钢筋混凝土板带的方法或预制楼板预留缺口(板端外伸钢筋插入芯柱)的方法,实施芯柱贯通措施。

3.2.5 砌筑工程冬期期、雨期施工

1.砌筑工程冬期施工的一般要求

① 当室外日平均气温连续 5d 稳定低于 5℃时,砌体工程应采取冬期施工措施。

需要注意的是,气温根据当地气象资料确定,冬期施工期限以外,当日最低气温低于 0℃时,也应按规定执行。

② 冬期施工的砌体工程质量验收除应符合本地区要求外,还应符合现行行业标准《建筑工程冬期施工规程》(JGJ/T104—2011)的有关规定。

③ 砌体工程冬期施工应有完整的冬期施工方案。

④ 冬期施工所用材料应符合下列规定:

a.石灰膏、电石膏等应采取防冻措施,如遭冻结,应经融化后使用;

b.拌制砂浆用砂,不得含有冰块和大于 10mm 的冻结块;

c.砌体用块体不得遭水浸冻。

⑤ 冬期施工砂浆试块的留置,除应按常温规定要求外,还应增加 1 组与砌体同条件养护的试块,用于检验转入常温 28d 的强度。如有特殊需要,可另外增加相应龄期的同条件养护试块。

⑥ 地基土有冻胀性时,应在未冻的地基上砌筑,并应防止在施工期间和回填土前地基受冻。

⑦ 冬期施工中,砖、小砌块浇(喷)水湿润应符合下列规定:

a.烧结普通砖、烧结多孔砖、蒸压灰砂砖、蒸压粉煤灰砖、烧结空心砖、吸水率较大的轻集料混凝土小型空心砌块在气温高于 0℃的条件下砌筑时,应浇水湿润;在气温不高于 0℃的条件下砌筑时,可不浇水,但必须增大砂浆稠度。

b.普通混凝土小型空心砌块、混凝土多孔砖、混凝土实心砖及采用薄灰砌筑法的蒸压加气混凝土砌块施工时,不应对其浇(喷)水湿润。

c.抗震设防烈度为 9 度的建筑物,当烧结普通砖、烧结多孔砖、蒸压粉煤灰砖、烧结空心砖无法浇水湿润时,如无特殊措施不得砌筑。

⑧ 拌和砂浆时水的温度不得超过 80℃,砂的温度不得超过 40℃。

⑨ 采用砂浆掺外加剂法、暖棚法施工时,砂浆使用温度不应低于 5℃。

⑩ 采用暖棚法施工时,块体在砌筑时的温度不应低于 5℃,距离所砌的结构底面 0.5m 处的棚内温度也不应低于 5℃。

⑪ 在暖棚内的砌体养护时间应根据暖棚内温度按表 3-2 确定。

表 3-2 暖棚法砌体的养护时间

暖棚的温度(℃)	5	10	15	20
养护时间(d)	≥6	≥5	≥4	≥3

⑫ 采用外加剂法配制的砌筑砂浆,当设计无要求,且最低气温≤-15℃时,砂浆强度等级应较常温施工提高一级。

⑬ 配筋砌体不得采用掺氯盐的砂浆施工。

2. 砌体工程冬期施工常用方法

砌体工程冬期施工常用的方法有掺盐砂浆法、冻结法和暖棚法。

(1) 掺盐砂浆法

掺盐砂浆法是在砂浆中掺入一定数量的氯化钠(单盐)或氯化钠加氯化钙(双盐),以降低冰点,使砂浆中的水分在低于0℃一定范围内不冻结。这种方法施工简便、经济、可靠,是砌体工程冬期施工广泛采用的方法。掺盐砂浆的掺盐量应符合规定。当设计无要求且最低气温≤-15℃时,砌筑承重砌体砂浆强度等级应按常温施工提高一级。配筋砌体不得采用掺盐砂浆法施工。

(2) 冻结法

冻结法是采用不掺外加剂的水泥砂浆或水泥混合砂浆砌筑砌体,允许砂浆遭受冻结。砂浆解冻时,当气温回升至0℃以上后,砂浆继续硬化,但此时的砂浆经过冻结、融化、再硬化以后,其强度及与砌体的黏结力都有不同程度的下降,且砌体在解冻时变形大。因此,对于空斗墙、毛石墙、承受侧压力的砌体、在解冻期间可能受到振动或动力荷载的砌体、在解冻期间不允许发生沉降的砌体(如筒拱支座),不得采用冻结法。冻结法施工,当设计无要求且日最低气温>-25℃时,砌筑承重砌体砂浆强度等级应按常温施工提高一级;当日最低气温≤-25℃时,应提高二级。砂浆强度等级不得小于M2.5,重要结构砂浆强度等级不得小于M5。

为保证砌体在解冻时正常沉降,还应符合下列规定:每日砌筑高度及临时间断的高度差,均不得大于1.2m,门窗柜的上部应留出不小于5mm的缝隙,砌体水平灰缝厚度不宜大于10mm。留置在砌件中的洞口和沟槽等,宜在解冻前填砌完毕,解冻前应清除结构的临时荷载。

在冻结法施工的解冻期间,应经常对砌体进行观测和检查。如发现裂缝、不均匀沉降等情况,应立即采取加固措施。

(3) 暖棚法

暖棚法是利用简易结构和廉价的保温材料,将需要砌筑的砌体和工作面临时封闭起来,棚内加热,使之在正常条件下砌筑和养护。暖棚法费用高、热效低、劳动效率不高,因此宜少采用。一般而言,地下工程、基础工程以及量小又急需使用的砌体,可考虑采用暖棚法施工。

采用暖棚法施工,块材在砌筑时的温度不应低于5℃,距离所砌的结构底面0.5m处的棚内温度也不应低于5℃。

3.砌体工程雨期施工要求

① 砖在雨期必须集中堆放,以便用塑料薄膜、竹席等覆盖,且不宜浇水。砌墙时,要求干湿砖块合理搭配。砖湿度过大时不可上墙。砌筑高度不宜超过1.2m。

② 雨期遇大雨必须停工。砌砖收工时应在砖墙顶盖一层干砖,避免大雨冲刷灰浆。搅拌砂浆宜用中粗砂,因为中粗砂拌制的砂浆收缩变形小。另外,要减少砂浆用水量,防止砂浆在使用中变稀。大雨过后受雨冲刷过的新砌墙体应翻动最上面两皮砖。

③ 稳定性较差的窗间墙、独立砖柱,应加设临时支撑或及时浇筑圈梁,以增加砌体的稳定性。

④ 砌体施工时,内外墙要尽量同时砌筑,并注意转角及丁字墙间的连接要跟上。同时要适当缩小砌体的水平灰缝,以减小砌体的压缩变形,其水平灰缝宜控制在8mm左右。迎台风时,应在与风向相反的方向加临时支撑,以保证墙体的稳定。

⑤ 雨后继续施工,必须复核已完工砌体的垂直度和标高。

4.雨期施工工艺

砌筑方法宜采用"三一"法,每天的砌筑高度应限制在1.2m以内,以减小砌体倾斜的可能性。必要时,可将墙体两面用夹板支撑加固。

根据雨期长短及工程实际情况,可搭活动的防雨棚,随砌筑位置变动而搬动。若为小雨,可不采取此措施。收工时,在墙上盖一层砖,并用草帘加以覆盖,以免雨水将砂浆冲掉。

5.雨期施工安全措施

雨期施工时脚手架等应增设防滑设施。金属脚手架和高耸设备,应有防雷接地设施。在梅雨期,露天施工人员易受寒,要备好姜汤和药物。

学习案例:

某工程项目,采用钢筋混凝土剪力墙结构,施工顺序划分为基础工程、主体结构工程、机电安装工程和装饰工程4个施工阶段。

施工承包单位对该工程的施工方法进行了选择,拟采用以下施工方案。

1. 土石方工程采用人工挖土方,放坡系数为1:0.5,待挖土至设计标高进行验槽,验槽合格后进行下一道工序。

2. 砌筑工程的墙身用皮数杆控制,先砌外墙后砌内墙,370mm墙采用单面挂线,以保证墙体平整。

3. 屋面防水分项工程的防水材料进场后,检查出厂合格证后即可使用。

4. 扣件式钢管脚手架的作业层上非主节点处的横向水平杆的最大间距不应大于纵距的3/4。

想一想：

1.施工承包单位采用的施工方案有何不妥？请指出并改正。
2.针对砌筑工程在选择施工方案时的主要内容包括哪些？
3.扣件式钢管脚手架的作业层上非主节点处的横向水平杆宜根据什么来设置间距？

案例分析：

1.施工承包单位采用的施工方案的不妥之处：

(1)先砌外墙后砌内墙。

正确做法：内外墙同时砌筑。

(2)370mm 墙采用单面挂线。

正确做法：370mm 墙采用双面挂线。

(3)防水材料进场后，检查出厂合格证后即可使用。

正确做法：防水材料进场后，要检查出厂合格证和试验室的复试报告，试验合格后方可使用。

(4)扣件式钢管脚手架的作业层上非主节点处的横向水平杆的最大间距不应大于纵距的3/4。

正确做法：作业层上非主节点处的横向水平杆的最大间距不应大于纵距的1/2。

2.砌筑工程在选择施工方案时的主要内容有：

(1)砌体的组砌方法和质量要求；
(2)弹性及皮数杆的控制要求；
(3)确定脚手架搭设方法及安全网的挂设方法。

3.扣件式钢管脚手架作业层上非主节点处的横向水平杆,宜根据支撑脚手板的需要等间距设置。

本章小结

本学习情境所述内容包括脚手架及垂直运输设施、砌筑施工两部分内容。首先对脚手架及垂直运输设施等进行了讲解，重点讲解了脚手架的类型、构造及砌筑脚手架的要求等；随后对砌砖施工、砌石施工等进行了讲解，重点讲解了各种砌体的施工工艺。

砌筑工程所需的各种材料绝大部分需要通过垂直运输机械运送到各施工楼层。目前，担负垂直运输建筑材料和供人员上、下的常用垂直运输设备有井架、龙门架、施工升降机等。

石砌体包括毛石砌块和料石砌块。关于毛石砌块，砌筑毛石基础的第一皮石块应坐浆，并将石块的大面向下，毛石基础的扩大部分如做成阶梯形，毛石基础必须设置拉结石，拉结石应均匀分布。关于料石砌块，料石基础砌体的第一皮应用丁砌层坐浆砌筑，料石砌体亦应上下错缝搭砌，砌体厚度不小于两块料石宽度，料石砌体灰浆的厚度应根据石料的种类确定，料石砌体转角处及交接处也应同时砌筑，必须留设临时间断。

练习题

一、选择题

1.砌筑工程用的块材不包括（　　）。
　　A.烧结普通砖　　B.炉渣砖　　C.陶粒混凝土砌块　　D.玻璃砖
2.生石灰熟化成石膏时,熟化时间不得少于（　　）。
　　A.3d　　B.5d　　C.7d　　D.14d
3.下列垂直运输机械中,既可以运输材料和工具,又可以运输工作人员的是（　　）。
　　A.塔式起重机　　B.井架　　C.龙门架　　D.施工电梯
4.既可以进行垂直运输,又能完成一定水平运输的机械是（　　）。
　　A.塔式起重机　　B.井架　　C.龙门架　　D.施工电梯
5.砖砌体水平灰缝的砂浆饱满度不得低于（　　）。
　　A.60%　　B.70%　　C.80%　　D.90%
6.砌筑砖墙留直槎时,需沿墙高每500mm设置一道拉结筋,对120mm厚的砖墙,每道应为（　　）。
　　A.1ϕ4　　B.2ϕ4　　C.2ϕ6　　D.1ϕ6
7.砌筑370mm厚的砖墙留直槎时,应架设拉结钢筋（　　）。
　　A.1ϕ6　　B.2ϕ4　　C.2ϕ5　　D.3ϕ6
8.皮数杆的间距为（　　）,间距超过时中间应增设皮数杆。
　　A.10～15m　　B.10～12m　　C.15～20m　　D.10～20m
9.小型砌块墙体临时间断处应砌成斜槎,斜槎长度不应小于高度的（　　）。
　　A.2/3　　B.1/3　　C.1/2　　D.3/4
10.内墙砌筑用的角钢折叠式脚手架,其水平方向架设间距一般不超过（　　）。
　　A.1m　　B.1.5m　　C.3m　　D.2m

二、填空题

1.砌筑工程所用的主要材料是_____、_____和_____。
2.砌筑砂浆按组成材料的不同,分为_____、_____与_____3种。
3.普通混凝土小型空心砌块主要规格尺寸为_____。
4.砌筑用水泥砂浆采用的水泥,其强度等级不宜大于_____。
5.拌制水泥混合砂浆时,生石灰熟化时间不得少于_____d,磨细生石灰粉的熟化时间不得少于_____d。
6.砖墙水平灰缝的砂浆饱满度不得低于_____,砖柱水平灰缝和竖向灰缝饱满度不得低于_____。
7.常用的砌体的组砌形式有_____、_____、_____、_____。

8.毛石基础必须设置拉结石,拉结石应均匀分布,且在毛石基础同皮内每隔_____ _____左右设置一块。

9.普通混凝土小砌块的搭接长度不应小于_____,轻集料混凝土小砌块的搭接长度不应小于_____。

三、简答题

1.砌筑施工常用的工具有哪些?

2.试述钢管扣件式脚手架的构造及搭接要点。

3.碗扣式钢管脚手架与钢管扣件式脚手架在构造上有什么区别?

4.试述门式脚手架的构造及搭接要点。

5.试述砖砌体的砌筑工艺。

6.砖砌体的质量要求有哪些?

项目四　混凝土结构工程

【情境导入】

工程有两块厚 2.5m,平面尺寸分别为 27.2m×34.5m 和 29.2m×34.5m 的模板。设计中规定把上述大块板分成小块(每大块分成 6 小块),间歇施工。混凝土所用材料为 42.5 级普通硅酸盐水泥、中砂、花岗岩碎石。混凝土强度等级为 C20。施工完成后发现大部分板的表面都出现了不同程度的裂缝,裂缝宽度为 0.1~0.25mm,长度从几厘米到上百厘米,裂缝出现时间是拆模后 1~2d。

【案例导航】

上述案例中裂缝事故的发生是由于该工程属于大体积混凝土工程,水泥水化热大,裂缝多是在拆模后 1~2d 出现。根据这些情况判定,发生裂缝的原因可能是由于混凝土内外温差太大、表面温度突然降低、干缩等原因引起的。

此类工程中混凝土的养护方法分为保温法和保湿法 2 种。为了确保新浇筑混凝土有适宜的硬化条件,防止在早期由于干缩而产生裂缝,大体积混凝土浇筑完毕后,应在 12h 内加以覆盖和浇水。普通硅酸盐水泥拌制的混凝土养护时间不得少于 14d,矿渣水泥、火山灰水泥等拌制的混凝土养护时间不得少于 21d。

要了解混凝土的养护方法和养护时间,需要掌握的相关知识有:
(1)模板工程的分类,组合钢模板和木模板的构造要求、安装和拆除方法;
(2)钢筋工程的分类及堆放,钢筋冷拉、冷拔及连接方法;
(3)混凝土工程原材料的选用;
(4)混凝土工程冬期的施工方法和规定。

4.1　模板工程

知识目标

(1)了解模板的分类;
(2)掌握组合钢模板和木模板的构造要求、安装和拆除方法。

技能目标

(1)通过本单元的学习,能够清楚模板的要求;

(2)能够组织与管理模板工程的施工,以及模板的安装、拆除。

混凝土结构的模板工程,是混凝土构件成型的一个十分重要的组成部分。现浇凝土结构使用的模板工程的造价约占钢筋混凝土工程总造价的30%、总用工量的50%。因此,采用先进的模板技术,对于提高工程质量、加快施工速度、提高劳动生产率、降低工程成本和实现文明施工,都具有十分重要的意义。

模板是浇筑混凝土成形用的模型,要求它能保证结构和构件的形状、尺寸准确,具有足够的承载能力、刚度和稳定性,能可靠地承受浇筑混凝土的重量、侧压力和施工荷载,装拆方便且能多次周转使用,接缝严密不漏浆。模板系统包括模板、支架和紧固件。

模板工程量大,材料和劳动力消耗多,正确选择模板材料、型式和合理组织施工,对加速混凝土工程施工进度和降低造价有显著效果。

4.1.1 模板的分类

1.按材料性质分类

模板是混凝土浇筑成型的模壳和支架,按材料性质的不同可分为木模板、钢模板、塑料模板及其他模板等。

(1)木模板

混凝土工程开始出现时,都是使用木材来做模板。木材先被加工成木板或木方,然后被组合成构件所需的模板。

(2)钢模板

国内使用的钢模板大致可分为2类。一类为小块钢模板,是以一定尺寸模数做成不同大小的单块钢模板,最大尺寸是 300mm×1500mm×50mm,在施工时拼装成构件所需的尺寸,亦称为小块组合钢模板。组合拼装时采用U形卡将板缝卡紧形成一体。

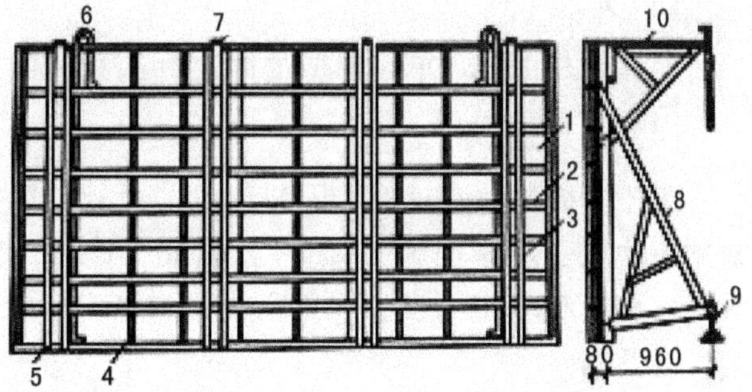

另一类是大模板,用于墙体的支模,多用在剪力墙结构中。模板的大小按设计的墙身大小而定型制作,其形式如图4-1所示。

1—面板;2—横肋;3—竖肋;4—小肋;5—穿墙螺栓;6—吊环;7—上口卡座;8—支撑架;9—地脚螺栓;10—操作平台

图 4-1 大模板构造

(3) 塑料模板

塑料模板是随着钢筋混凝土预应力现浇密肋楼盖的出现而创造出来的。其形状如一个方形的大盆,支模时倒扣在支架上,底面朝上,称为塑壳定型模板。在壳模四侧形成十字交叉的楼盖肋梁。这种模板的优点是拆模块时容易周转,其不足之处是仅能用在钢筋混凝土结构的楼盖施工中。

(4) 其他模板

20 世纪 80 年代中期以来,现浇结构模板发展更为迅速,趋向多样化,主要有玻璃钢模板、压型钢模板、钢木(竹)组合模板、装饰混凝土模板及复合材料模板等。

2. 按施工工艺条件分类

按施工工艺条件的不同,模板可分为现浇混凝土模板、预组装模板、大模板、跃升模板、水平滑动的隧道工模板和垂直滑动的模板等。

(1) 现浇混凝土模板

现浇混凝土模板是根据混凝土结构形状的不同就地形成的模板,多用于基础、梁、板等现浇混凝土工程。模板支承体系多通过支于地面或基坑侧壁以及对拉的螺栓承受混凝土的竖向和侧向压力。这种模板适应性强,但周转较慢。

(2) 预组装模板

预组装模板是由定型模板分段预组装成较大面积的模板及其支承体系,用起重设备吊运到混凝土浇筑位置,多用于大体积混凝土工程。

(3) 大模板

大模板是由固定单元形成的固定标准系列的模板,多用于高层建筑的墙板体系。

(4) 跃升模板

跃升模板是由两段以上固定形状的模板,通过埋设于混凝土中的固定件,形成模板支撑条件承受混凝土施工荷载,当混凝土达到一定强度时,拆模上翻,形成新的模板体系。这种模板多用于变直径的双曲线冷却塔、水工结构以及设有滑升设备的高耸混凝土结构工程。

(5) 水平滑动的隧道工程模板

水平滑动的隧道工程模板是由短段标准模板组成的整体模板,通过滑道或轨道支于地面,沿结构纵向平行移动模板体系。这种模板多用于地下直行结构,如隧道、地沟、封闭顶面的混凝土结构。

(6) 垂直滑动的模板

垂直滑动的模板是由小段固定形状的模板与提升设备以及操作平台组成的可沿混凝土成型方向平移动的模板体系。这种模板用于高耸的框架、烟囱、圆形料仓等钢筋混凝土结构。根据提升设备的不同,垂直滑动的模板又可分为液压滑模、螺旋丝杠滑模以及拉力滑模等。

4.1.2 组合钢模板

组合钢模板是一种工具式模板,由钢模板和配件两大部分组成。它可以拼成不同尺寸、不同形状的模板,以适应基础、柱、梁、板、墙施工的需要。组合钢模板尺寸适中,轻便灵活,装拆方便。

1. 钢模板

钢模板分为平模板和角模板(如图4-2所示)。平模板由面板、边框、纵横肋构成。边与面板常用2.5～3.0mm厚的钢板一次轧成,纵横肋用3mm厚的扁钢与面板及边框焊成。为便于连接,边框上有连接孔,边框的长向及短向的孔距均一致,以便横竖都能拼接。平模板的长度有1500mm、1200mm、900mm、750mm、600mm、450mm 6种规格,宽度有300mm、250mm、200mm、150mm、100mm 5种规格(平模板用符号P表示,如300mm、长为1500mm的平模板则用P3015表示),因而可组成不同尺寸的模板。在构件接头处(如柱与梁接头)等特殊部位,不足模数的空缺可用少量木模板补缺,用钉子或螺栓将方木与平模板边框孔洞连接。

角模板又分为阴角模板、阳角模板及连接角模板,阴、阳角接板用作成型混凝土结构的阴、阳角,连接角模板用作两块平模板拼成90°的连接件。

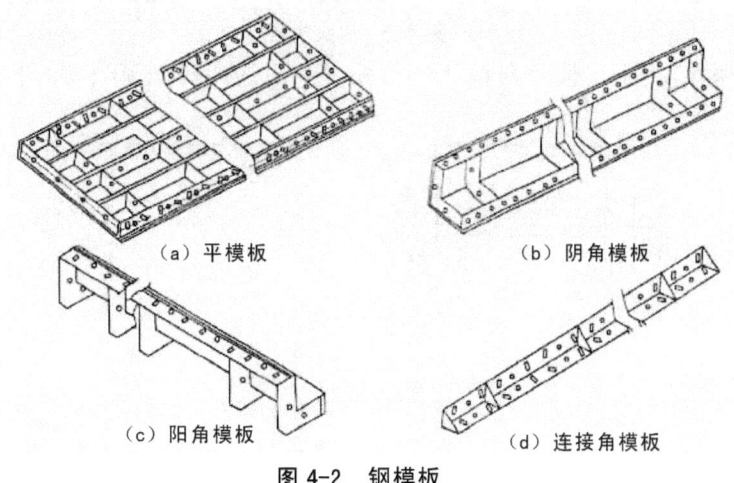

图4-2 钢模板

(a)平模板　(b)阴角模板　(c)阳角模板　(d)连接角模板

2. 钢模板链接配件

组合钢模板连接配件包括U形卡、L形插销、钩头螺栓、对拉螺栓、紧固螺栓和扣件等。

① U形卡,用于钢模板与钢模板间的拼接,其安装间距一般不大于300mm,即每隔

一孔卡插一个,安装方向一顺一倒相互错开(如图 4-3 所示)。

② L 形插销,用于两个钢模板端肋相互连接,可增加模板接头处的刚度,保证板面平整(如图 4-4 所示)。

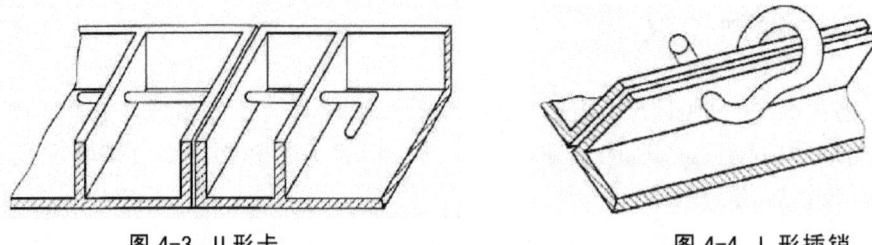

图 4-3　U 形卡　　　　　　　　图 4-4　L 形插销

③ 钩头螺栓及"3"形扣件、蝶形扣件,用于连接钢楞(圆形钢管、矩形钢管、内卷边槽钢等)与钢模板(如图 4-5 所示)。

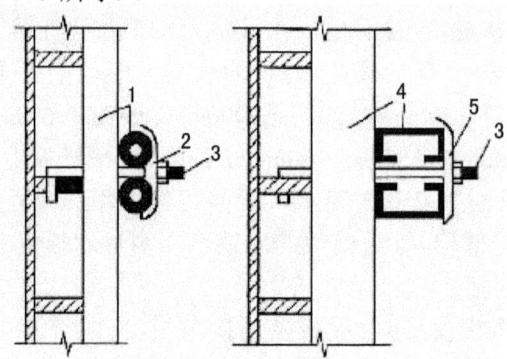

1—圆形钢管;2—"3"形扣件;3—钩头螺栓;4—内卷边槽钢;5—蝶形扣件

图 4-5　钩头螺栓

④ 对拉螺栓,用于连接竖向构件(墙、柱、墩等)的两对侧模板(如图 4-6 所示)。

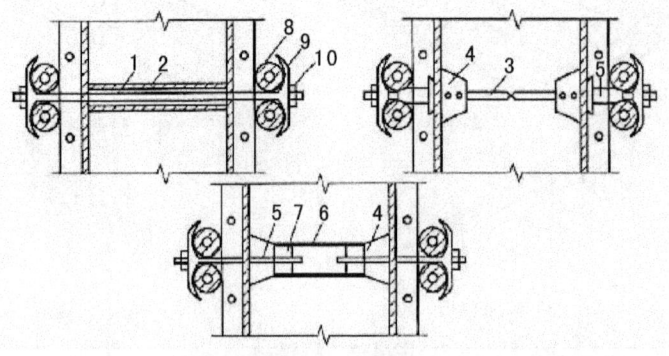

1—钢拉杆;2—塑料套管;3—内拉杆;4—顶帽;5—对拉杆;
6—2~4 根钢筋;7—螺母;8—钢楞;9—扣件;10—螺母

图 4-6　对拉螺栓

3.组合钢模板的支承件

组合钢模板的支承件包括柱箍、梁托架、支托桁架、钢管顶撑及钢管支架。

① 柱箍。柱箍可用角钢、槽钢制作,也可用钢管及扣件制作。

② 梁托架。梁托架可用来支托梁底模和夹模(如图4-7a所示)。梁托架可用钢管或角钢制作,其高度为500~800mm,宽度达600mm,可根据梁的截面尺寸进行调整。高度较大的梁,可用对拉螺栓或斜撑固定两边侧模。

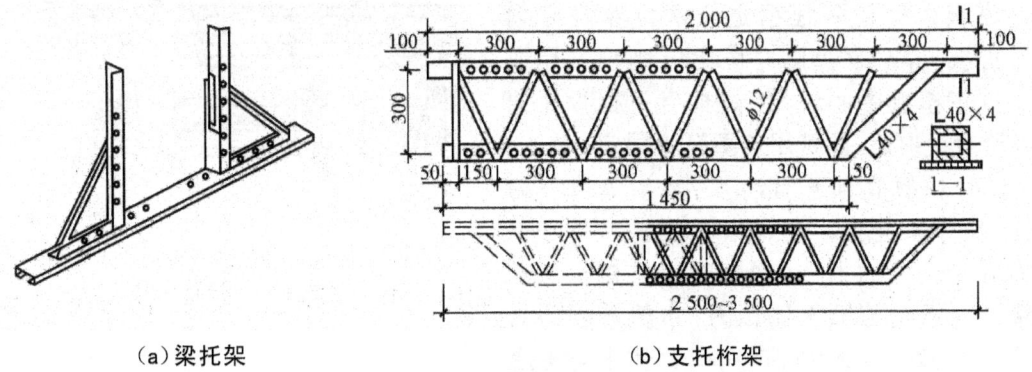

(a)梁托架　　　(b)支托桁架

图4-7　梁托架及支托桁架

③ 支托桁架。支托桁架有整体式和拼接式2种。拼接式桁架可由两个半榀桁架拼接而成,以适应不同跨度的需要(如图4-7b所示)。

④ 钢管顶撑。钢管顶撑由套管及插管组成(如图4-8所示),其高度可借插销粗调、借螺旋微调。

⑤ 钢管支架。钢管支架由钢管及扣件组成。支架柱可用钢管对接(用对接扣连接)或搭接(用回转扣连接)接长。支架横杆步距为1000~1800mm。

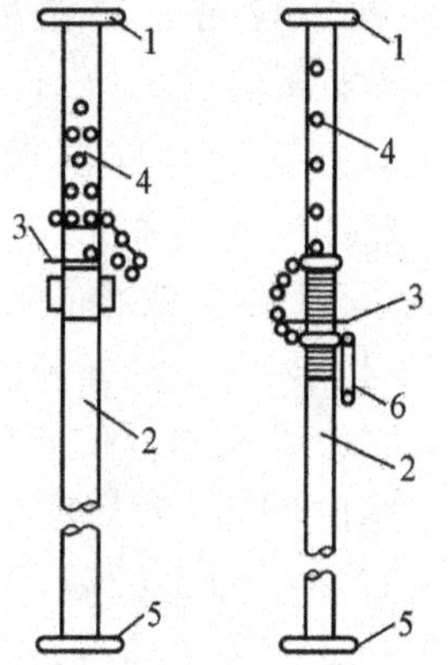

4.1.3 现浇混凝土结构模板

现浇混凝土结构模板的形式主要有基础模板、柱模板、梁模板及楼板模板。

1.基础模板

基础模板的构造如图4-9所示。基础阶梯的高度不符合钢模板宽度的模数时,可加镶木板。对杯形基础,杯口处应在模板的顶部中间装杯芯模板。

(a)对接扣连接　(b)回转扣连接
1—顶板;2—套管;3—转盘;
4—插管;5—底板;6—转动手柄
图4-8　钢管顶撑

2.柱模板

柱模板的断面尺寸不大但比较高。因此,柱模板的构造和安装主要考虑保证垂直度及抵抗新浇混凝土的侧压力;同时,也要便于浇筑混凝土、清理垃圾与钢筋绑扎等。

柱模板由两块相对的内拼板夹在两块外拼板之间组成(如图4-10a所示),亦可用短横板(门子板)代替外拼板钉在内拼板上(如图4-10b所示)。有些短横板可先不钉上，作为混凝土的浇筑孔，待混凝土浇至其下口时再钉上。

柱模板支设安装的程序：在基础顶面弹出柱的中心线和边线→根据柱边线设置模板定位框→根据定位框位置竖立内外拼板，并用斜撑临时固定→由顶部用垂球校正模板中心线，使其垂直→模板垂直度检查无误后，即可用斜撑钉牢固定。

柱模板底部开有清理孔，沿高度每隔2m开有浇筑孔。柱底部一般有一钉在底部混凝土上的木框，用来固定柱模板的位置。为承受混凝土侧压力，拼板外要设柱箍。柱箍可为木制、钢制或钢木制。柱箍间距与混凝土侧压力大小、拼板厚度有关，由于侧压力是下大上小，因而柱模板下部柱箍较密。柱模板顶部根据需要开有与梁模板连接的缺口。

剪力撑安装柱模板前，应先绑扎好钢筋，测出标高并标在钢筋上，同时在已浇筑的基础顶面或楼面上固定好柱模板底部的木框。在内外拼板上弹出中心线。根据柱边线及木框位置竖立内外拼板，并用斜撑临时固定，然后在顶部用锤球校正，使其垂直。检查无误后，即用斜撑钉牢固定。同在一条轴线上的柱，应先校正两端的柱模板，再从柱模板上口中心线拉一铁丝来校正中间的柱模板。柱模板之间还要用水平撑拉结。

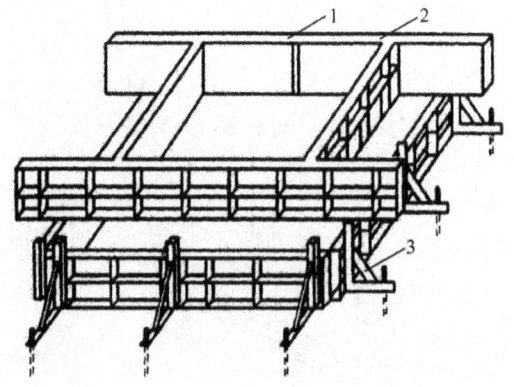

1—扁钢连接杆；2—T形连接杆；3—角钢三角撑
图4-9 基础模板

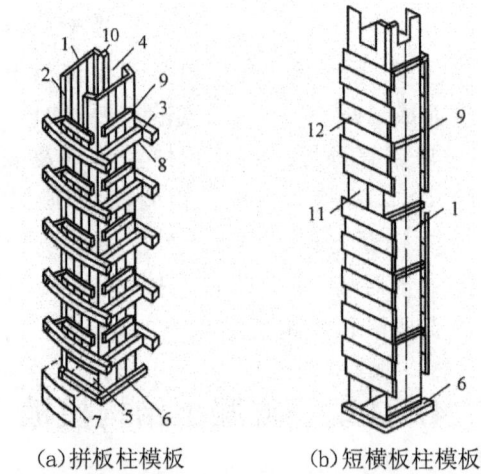

(a)拼板柱模板　(b)短横板柱模板

1—内拼板；2—外拼板；3—柱箍；4—梁缺口；5—清理孔；6—木框；7—盖板；8—拉紧螺栓；9—拼条；10—三角木条；11—浇筑孔；12—短横板
图4-10 柱模板

3.梁模板

梁的跨度较大而宽度不大。梁底一般是架空的，混凝土对梁侧模板有水平侧压力，对梁底模板有垂直压力。因此，梁模板及其支架必须能承受这些荷载而不致发生超过规范允许的过大变形。

如图4-11所示，梁模板主要由底模板、侧模板、夹木及其支架系统组成。底模板承受垂直荷载，一般较厚，下面每隔一定间距（800～1200mm）有顶撑支撑。顶撑可用圆木、方木或钢管制成。顶撑底应加垫一对木楔块以调整标高。为使顶撑传递下来的集中荷载均匀地传递给地面，在顶撑底加铺垫板。多层建筑施工中，应使上、下层的顶撑在一条竖向直线上。侧模板承受混凝土侧的压力,应包在模板的外侧,底部用夹木固定,上部用斜撑和水平拉条固定。

如梁跨度大于或等于4m,应使梁底模起拱,防止新浇筑混凝土的荷载使跨中模板下挠。设计无规定时,起拱高度宜为全跨长度的1/1000~3/1000。

梁模板支设安装的程序:在梁模板下方楼地面上铺垫板→在柱模缺口处钉上衬口档,把底模板搁置在衬口档上→立起靠近柱或墙的顶撑,再将梁长度等分→立中间部分顶撑,在顶撑底下打入木楔并检查调整标高→把侧模板放上,两头钉于衬口档上→在侧板底外侧铺钉夹木,再钉上斜撑、水平拉条。

4. 楼板模板

楼板的面积大而厚度比较薄,侧压力小。楼板模板及其支架系统主要承受钢筋混凝土的自重及其施工荷载,保证模板不变形。如图4-12所示,楼板模板的底模用木板条或定型模板或胶合板拼成,铺设在楞木上。楞木搁置在梁模板外侧托木上。若楞木面不平,可以加木楔调平。当楞木的跨度较大时,中间应加设立柱。立柱上钉通长的杠木。底模板应垂直于楞木方向铺钉,并适当调整楞木间距来适应定型模板的规格。

楼板模板支设安装的程序:主、次梁模板安装→在梁侧模板上安装楞木在楞木上安装托木→在托木上安装楼板底模→在大跨度楞木中间加设支柱→在支柱上钉通长的杠木。

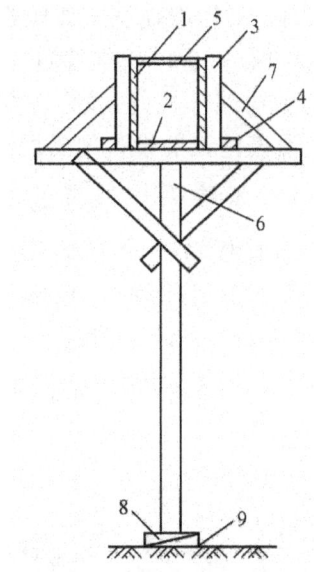

1—侧模板;2—底模板;3—侧模拼条;4—夹木;5—水平拉条;6—顶撑(支架);7—斜撑;8—木楔;9—木垫板

图4-11 单梁模板

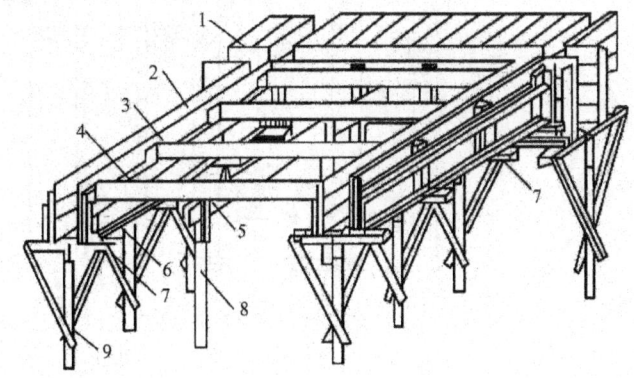

1—楼板模板;2—梁侧模板;3—楞木;4—托木;5—杠木;6—夹木;7—短撑木;8—立柱;9—顶撑

图4-12 有梁楼板模板

4.1.4 其他模板

1. 滑动模板

滑动模板(简称滑模)是在混凝土连续浇筑过程中,可使模板面紧贴混凝土面滑动的模板。采用滑模施工要比常规施工节约木材(包括模板和脚手板等)70%左右,节约劳动力30%～50%,比常规施工的工期短、速度快,可以缩短施工周期30%～50%。滑模施工的结构整体性好,抗震效果明显,适用于高层或超高层抗震建筑物和高耸构筑物施工。滑模施工的设备便于加工、安装、运输。

(1)滑模系统装置的组成部分

① 模板系统,包括提升架、围圈、模板及加固、连接配件。

② 施工平台系统,包括工作平台、外圈走道、内外吊脚手架。

③ 提升系统。包括千斤顶、油管、分油器、针形阀、控制台、支撑杆及测量控制装置。滑模构造如图4-13所示。

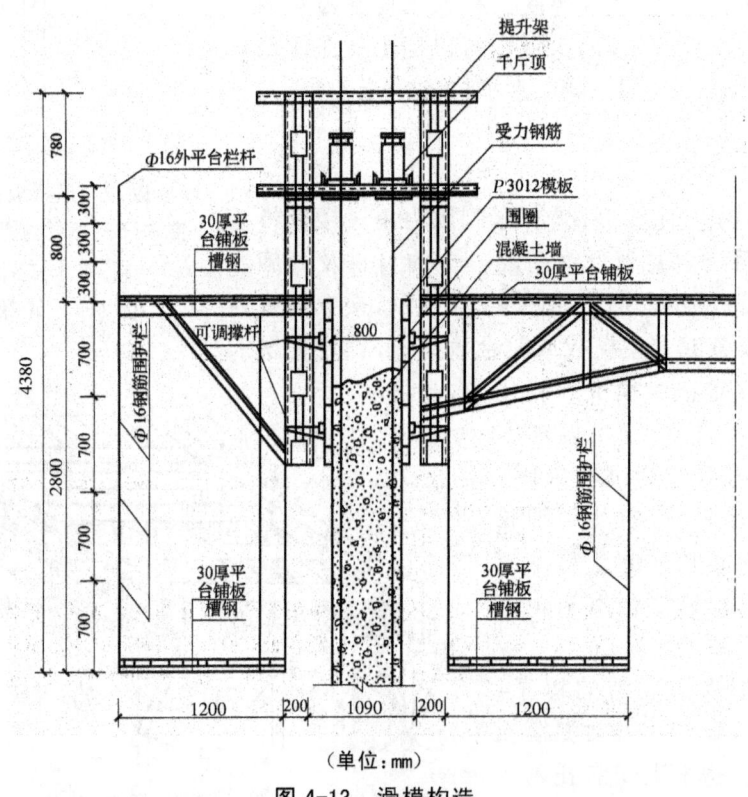

图4-13 滑模构造

(2)主要部件构造及作用

① 提升架。提升架是整个滑模系统的主要受力部分,各项荷载集中传至提升架,最后通过装设在提升架上的千斤顶传至支撑杆上。提升架由横梁、立柱、牛腿及外挑架组成,各部分尺寸及杆件断面应通盘考虑,经计算确定。

② 围圈。围圈是模板系统的横向连接部分,将模板按工程平面形状组合为整体。围圈也是受力部件,它既承受混凝土侧压力产生的水平推力,又承受模板的重量、滑动时产生的摩擦阻力等竖向力。在有些滑模系统的设计中,也将施工平台支撑在围圈上。围圈架设在提升架的牛腿上,各种荷载将最终传至提升架上。围圈一般用型钢制作。

③ 模板。模板是混凝土成型的模具,要求板面平整、尺寸准确、刚度适中。模板高度一般为 90~120cm,宽度为 50cm,但根据需要也可加工成宽度小于 50cm 的异形模板。模板通常用钢材制作,也可用其他材料制作,如钢木组合模板是用硬质塑料板或玻璃钢等材料作为面板的有机材料复合模板。

④ 施工平台与吊脚手架。施工平台是滑模施工中各工种的作业面及材料、工具的存放场所。施工平台应根据建筑物的平面形状、开门大小、操作要求及荷载情况设计。施工平台必须有可靠的强度及必要的刚度,确保施工安全,防止因平台变形而导致模板倾斜。如果跨度较大,在平台下应设置承托桁架。

吊脚手架用于对已滑出的混凝土结构进行处理或修补,要求沿结构内外两侧周围布置。吊脚手架的高度一般为 1.8m,可以设双层或三层。吊脚手架要有可靠的安全设备及防护设施。

⑤ 提升设备和回提升设备。提升设备、回提升设备由液压千斤顶、液压控制台、油路及支撑杆组成。可用直径为 25mm 的光圆钢筋作为支撑杆,每根支撑杆长度以 3.5~5m 为宜。支撑杆的接头可用螺栓连接(支撑杆两头加工成阴阳螺纹)或现场用小坡口焊接连接。若回收重复使用,则需要在提升架横梁下附设支撑杆套管。如有条件并经设计部门同意,该支撑杆钢筋可以直接打在混凝土中以代替部分结构配筋,可利用 50%~60%。

2. 爬升模板

爬升模板是在混凝土墙体浇筑完毕后,利用提升设备将模板自行提升到上一个楼层,浇筑上一层墙体的垂直移动式模板。爬升模板采用整片式大平模,模板由面板及肋组成,而不需要支撑系统。提升设备采用电动螺杆提升机、液压千斤顶或导链。爬升模板将大模板工艺和滑升模板工艺相结合,既保持了大模板施工墙面平整的优点,又保持了滑模利用自身设备使模板向上提升的优点,墙体模板能自行爬升而不依赖塔式起重机。爬升模板适用于高层建筑墙体、电梯井壁、管道间混凝土施工。

爬升模板由钢模板、提升架和提升装置三部分组成(如图 4-14 所示)。

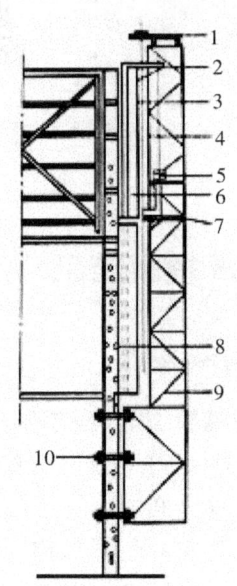

1—爬架挑横梁;2—模板挑横梁;3—爬杆;
4—爬模下千斤顶;5—爬架千斤顶;6—爬模;
7—脱模千斤顶;8—预留爬架孔;9—爬架;
10—螺栓

图 4-14 爬升模板

3. 台模

台模是浇筑钢筋混凝土楼板的一种大型工具式模板。在施工中,台模可以整体脱模和转运,利用起重机从浇筑完的楼板下吊出,转移至上一楼层,中途不再落地,所以亦称"飞模"。台模按其支架结构类型的不同,分为立柱式台模、衍架式台模、悬架式台模等。

台模适用于各种结构的现浇混凝土施工,适用于小开间、小进深的现浇楼板。单座台模面板的面积小的为 $2\sim6m^2$,大的可达 $60m^2$ 以上。台模整体性好,混凝土表面容易平整,施工进度快。台模由面板、支架(支柱)、支腿、调节装置、行走轮等组成(如图 4-15 所示)。面板是直接接触混凝土的部件,故要求其表面应平整光滑,具有较高的强度和刚度。目前常用的面板有钢板、胶合板、铝合金板、工程塑料板及木板等。

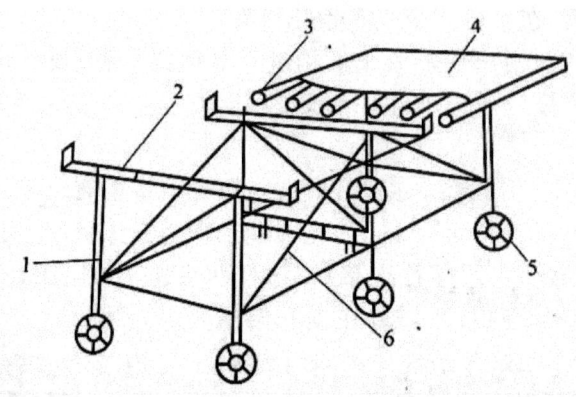

1—支腿;2—可伸缩的横梁;3—檩条;4—面板;5—滚轮;6—斜撑
图 4-15 台模

4.1.5 模板施工

1. 模板安装

安装模板之前,应事先熟悉设计图样,掌握建筑物结构的形状和尺寸,并根据现场条件初步考虑好立模及支撑的程序,以及与钢筋绑扎、混凝土浇捣等工序的配合,尽量避免各工种之间的相互干扰。

模板的安装包括放样、立模、支撑加固、吊正找平、尺寸校核、堵设缝隙及清仓去污等工序。在安装过程中,应注意下列事项:

① 模板竖立后,须切实校正位置和尺寸。垂直方向用垂球校对,水平长度用钢尺丈量两次以上,务必使模饭的尺寸符合设计标准。

② 模板各结合点与支撑必须坚固紧密、牢固可靠,尤其是采用振捣器捣固的结构部位更应注意,以免在浇捣过程中发生裂缝、鼓肚等不良情况。为了增加模板的周转次数,减少模板拆模损耗,模板结构的安装应力求简便,尽量少用圆钉,多用螺栓、木模、拉条等加固连结。

③ 凡属承重的梁板结构,跨度大于 4m 以上的,考虑到地基的沉陷和支撑结构的变形,跨中应预留起拱高度。

④ 为避免拆模时建筑物受到冲击或震动,安装模板时,支撑柱下端应设置硬木模块。所用支撑不得直接支撑于地面,应安装在坚实的桩基或垫板上,使撑木有足够的支撑面积,以防沉陷变形。

⑤ 模板安装完毕最好立即浇筑混凝土,以防日晒雨淋导致模板变形。为保证混凝土表面光滑且便于拆卸,宜在模板表面涂抹肥皂水或润滑油。夏季或在气候干燥的情况下,为防止模板因干缩而出现裂缝后漏浆,在浇筑混凝土之前需洒水养护。如发现模板因干燥产生裂缝,应事先用木条或油灰填塞衬补。

⑥ 安装边墙、柱等的模板时,在浇筑混凝土之前,应将模板内的木屑、刨片、泥块等杂物清除干净,并仔细检查各连结点及接头处的螺栓、拉条、楔木等有无松动滑脱现象。

⑦ 在浇筑混凝土的过程中,木工、钢筋、混凝土、架子等工种均应有专人"看仓",以便发现问题随时加固修理。

⑧ 模板安装的偏差应符合规定。

2.模板拆除

不承重的侧模板在混凝土强度能保证混凝土表面和棱角不因拆模而受损害时即可拆模,一般此时混凝土的强度应达到 2.5MPa 以上;承重模板应在混凝土达到表中 4-1 所要求的强度以后方能拆除。

表 4-1　承重模板拆除时的混凝土强度要求

构件类型	构件跨度 L(m)	达到设计混凝土立方体抗压强度标准值的百分率(%)
板	≤2	≥50
	2<L≤8	≥75
	>8	≥100
梁、拱、壳	≤8	≥75
	>8	≥100
悬臂构件	—	≥100

做模板拆卸工作时应注意以下事项:

① 模板拆除工作应遵循一定的方法与步骤。拆卸时要按照模板各结合点的构造情况逐块拆卸。首先去掉扒钉、螺栓等连接铁件,然后用撬杠松动模板或将木模插入模板与混凝土接触面的缝隙中,锤击木模使模板与混凝土面逐渐分离。拆模时,禁止用重锤直接敲击模板,以免使建筑物受到强烈震动或将模板毁坏。

② 拆卸拱形模板时,应先将支柱下的木楔缓慢放松,使拱架徐徐下降,避免新拱因模板突然大幅度下沉而担负全部自重,并应从跨中点向两端同时对称拆卸。拆卸跨度

较大的拱模时,则需从拱顶中部分段分期向两端对称拆卸。

③ 高空拆卸模板时,不得将模板自高处抛下,而应用绳索吊卸,以防砸坏模板或发生事故。

④ 模板拆卸完毕后,应将附着在板面上的混凝土砂浆洗凿干净,对损坏部分需加工修整。应及时拔除板上的圆钉(部分可以回收使用),以免刺脚伤人。卸下的螺栓应与螺母、垫圈等拧在一起,并加黄油防锈。扒钉、铁丝等物均应收检归仓,不得丢失。所有模板应按规格分放,妥加保管,以备下次立模时周转使用。

⑤ 对于大体积的混凝土,为了防止拆模后混凝土表面温度骤然下降而产生表面裂缝,应根据外界温度的变化来确定拆模时间,并应避免早、晚或夜间拆模。

4.2 钢筋工程

知识目标:
(1)掌握钢筋冷拉、冷拔及连接方法;
(2)了解钢筋安装的基本工作内容。

技能目标:
(1)通过本单元的学习,能够组织与管理钢筋工程的施工;
(2)能够进行钢筋的冷加工、钢筋的焊接。

4.2.1 钢筋加工

钢筋混凝土结构中常用的钢材有钢筋和钢丝两类。钢筋分为热轧钢筋和余热处理钢筋。热轧钢筋分为热轧带肋钢筋和热轧光圆钢筋。热轧带肋钢筋的牌号由 HRB 和牌号的屈服点最小值构成,分为 HRB335、HRB400、HRB500 三个牌号;热轧光圆钢筋的牌号为 HPB300;余热处理钢筋的牌号为 RRB400。钢筋按直径大小分为钢丝(直径3~5mm)、细钢筋(直径6~10mm)、中粗钢筋(直径12~20mm)和粗钢筋(直径大于20mm)。钢丝有冷拔钢丝、碳素钢丝及刻痕钢丝。直径大于12mm 的粗钢筋一般轧成6~12m,钢丝及直径为6~12mm 的细钢筋一般卷成圆盘。此外,根据结构的要求还可采用其他钢筋,如冷轧带肋钢筋、冷轧扭钢筋、热处理钢筋及精轧螺纹钢筋等。

为了充分发挥钢材的性能,提高钢筋的强度,节约钢材和满足预应力钢筋的要求,通常对钢筋进行加工。钢筋加工的方法有冷拉、冷拔、除锈、调直、切断、弯曲成型等。通过加工提高钢筋的强度,是节约钢筋和提高钢筋混凝土结构构件强度和耐久性的一项重要的技术措施。

1. 钢筋冷拉

(1) 冷拉原理

钢筋的冷拉原理是将钢筋在常温下进行强力拉伸,使拉力超过屈服点 b,达到如图 4-16 所示中的 c 点后卸荷。由于钢筋产生塑性变形,变形不能恢复,应力—应变曲线沿 cO_1 变化,cO_1 大致与 aO 平行,OO_1 即为塑性变形。如卸载后立即再加载,曲线沿 $O_1 c' d' e'$ 变化,并在 c' 点出现新的屈服点,这个屈服点明显高于冷拉前的屈服点。这是因为在冷拉过程中,钢筋内部

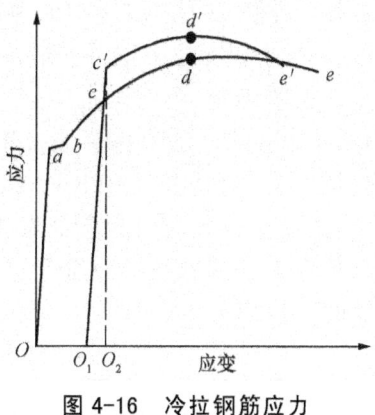

图 4-16 冷拉钢筋应力

的晶体沿着结合力最差的结构面产生相对滑移,使滑移面上的晶格变形甚至破碎,使滑移面凹凸不平,阻碍晶体的继续滑移,使钢筋内部组织产生变化,从而使得钢筋的屈服点得以提高,这种现象称为"变形硬化"(冷硬)。

(2) 冷拉控制方法

冷拉钢筋的控制方法有控制应力和控制冷拉率两种方法。

冷拉率是指钢筋冷拉伸长度与钢筋冷拉前长度的比值。采用冷拉控制方法冷拉钢筋时,其冷拉控制应力及最大冷拉率应符合表 4-2 的规定。

表 4-2 冷拉控制应力及最大冷拉率

钢筋牌号	钢筋直径(mm)	冷拉控制应力(N·mm^{-2})	最大冷拉率(%)
HPB300	≤12	280	10.0
HRB335	≤25	450	5.5
	28~40	430	
HRB400	8~40	500	5.0
HRB500	10~28	700	4.0

① 控制应力法。采用控制应力法冷拉钢筋时,其冷拉控制应力及该应力下的最大冷拉率应符合表 4-2 的规定。冷拉时应检查钢筋达到控制应力时的冷拉率,若超过表 4-2 的规定,应进行力学性能检验,符合规定者才可使用。

用控制应力冷拉钢筋时,其冷拉力 $P(kN)$ 为

$$P = \sigma_g \times A_g \qquad (4-1)$$

式中,σ_g 为钢筋冷拉时的控制应力(MPa),A_g 为钢筋冷拉前的截面面积(mm^2)。

控制应力法的优点是:钢筋冷拉后的屈服点较为稳定,不合格的钢筋易于被发现和

剔除。在预应力混凝土构件中做预应力筋的钢筋冷拉,多采用此方法。

② 控制冷拉率法。控制冷拉率时,只需将钢筋拉长到一定的长度即可。冷拉率须先由试验确定,测定同批钢筋冷拉率的冷拉应力,应符合表 4-2 的规定,其试样不少于 4 个,并取其平均值作为该批钢筋实际采用的冷拉率。当钢筋平均冷拉率低于 1% 时,仍按 1% 进行冷拉。HPB300 级钢筋一般不做试验,可选用 8% 的冷拉率。测定冷拉率时,钢筋的冷拉应力应符合表 4-3 的规定。冷拉多根连接的钢筋,冷拉率可按总长计,但每根钢筋的冷拉率应符合表 4-2 的规定。若测定的冷拉率不足 1%,仍按 1% 测定钢筋的冷拉应力。

表 4-3 测定冷拉率时钢筋的冷拉应力

项次	钢筋级别	冷拉控制应力($N \cdot mm^{-2}$)	项次	钢筋级别	冷拉控制应力($N \cdot mm^{-2}$)
1	HPB300	310	3	HRB400、RRB400	530
2	HRB335	480	4	HRB500	730

冷拉率确定后,便可根据钢筋的长度求出冷拉时的拉长值。

若钢筋已达到表中的最大冷拉率,而冷拉应力未达到表中的控制应力,则认为不合格。故不能分清炉批号的热轧钢筋,不应采取控制冷拉率法。

无论采用哪种控制方法,冷拉钢筋的张拉速度都不宜过快。待张拉到规定的控制应力或冷拉率后,须稍停歇(1~2min),然后再放松。

2. 钢筋冷拔

钢筋冷拔是在常温下通过特质的钨合金拔丝模,将直径为 6~10mm 的 HPB300 级钢筋多次用强力拉拔成比原钢筋直径小的钢丝,使钢筋产生塑性变形。

钢筋经过冷拔后,横向压缩、纵向拉伸,钢筋内部晶格产生滑移,抗拉强度标准值可提高 50%~90%,硬度提高,但塑性降低。这种经冷拔加工的钢筋称为冷拔低碳钢丝。冷拔低碳钢丝分为甲、乙级,甲级钢丝主要用作预应力混凝土构件的预应力筋,乙级钢丝主要用作焊接网片和焊接骨架、架立筋、箍筋和构造钢筋。钢筋冷拔的工艺过程:轧头→剥皮→通过润滑剂→进入拔丝模。如钢筋需要连接时,则应在冷拔前进行对焊连接。

冷拔总压缩率、冷拔次数对钢丝质量和生产效率都有很大的影响。总压缩率越大,抗拉强度提高越多,但塑性降低也越多。

冷拔钢丝一般要经过多次冷拔才能达到预定的总压缩率。但冷拔次数过多,易使钢丝变脆,且生产效率降低;冷拔次数过少,易将钢丝拔断,且易损坏拔丝模。冷拔速度也要控制适当,过快易造成断丝。

冷拔设备由拔丝机、拔丝模、剥皮装置、轧头机等组成。常用拔丝机有立式和卧式两种。

冷拔低碳钢丝的质量要求:表面不得有裂纹和机械损伤,并应按施工规范要求进行拉力试验和反复弯曲试验,甲级钢丝应逐盘取样检查,乙级钢丝可以分批抽样检查,其力学性能应符合《混凝土结构工程施工质量验收规范(2011 修订版)》(GB50204-2002)的规定。

3.钢筋除锈

工程中钢筋的表面应洁净,以保证钢筋与混凝土之间的握裹力。钢筋上的油漆、漆污和用锤敲击时剥落的乳皮、铁锈等,应在使用前清除干净。带有颗粒状或片状老锈的钢筋不得使用。

4.钢筋调直

钢筋调直分人工调直和机械调直两种。人工调直又分为绞盘调直(多用于 12mm 以下的钢筋、板柱)、铁柱调直(用于粗钢筋)、蛇形管调直(用于冷拔低碳钢丝);机械调直又分为有钢筋调直机调直(用于冷拔低碳钢丝和细钢筋)、卷扬机调直(用于粗、细钢筋)。

5.钢筋弯曲

(1)钢筋弯钩弯折的规定

箍筋的弯钩,可按图 4-17 加工;对有抗震要求和受扭的结构,应按图 4-15c 加工。

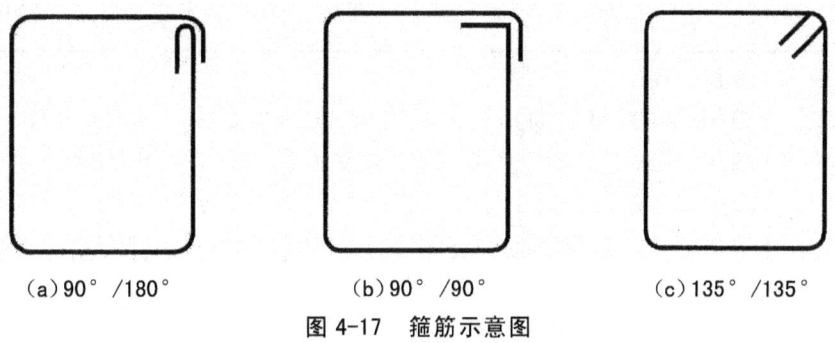

图 4-17 箍筋示意图

(2)钢筋弯曲成型的方法

钢筋弯曲成型的方法有手工弯曲和机械弯曲两种。钢筋弯曲均应在常温下进行,严禁将钢筋加热后弯曲。手工弯曲成型设备简单、成型准确;机械弯曲成型可减轻劳动强度、提高工效,但操作时要注意安全。

4.2.2 钢筋连接

钢筋连接方式有绑扎连接、焊接连接和机械连接三种。

1.钢筋绑扎连接

钢筋绑扎连接是利用混凝土的黏结锚固作用,实现两根锚固钢筋的应力传递。为保证钢筋的应力能充分传递,必须满足施工规范规定的最小搭接长度的要求,且应将接头位置设在受力较小处。

钢筋绑扎应符合下列要求:

① 纵向受力钢筋的连接方式应符合设计要求。

② 钢筋接头宜设置在受力较小处。同一纵向受力钢筋不宜设置两个或两个以上接头,末端至钢筋弯起点的距离不应小于钢筋直径的 10 倍。

③ 钢筋绑扎搭接接头连接区段及接头面积百分率应符合要求。

④ 纵向受力钢筋绑扎搭接接头的最小搭接长度应符合下列规定:

a. 当纵向受拉钢筋的绑扎搭接接头面积百分率不大于 25% 时,其最小搭接长度符合表 4-4 的规定。

表 4-4 纵向受拉钢筋的最小搭接长度

钢筋类型		混凝土强度等级			
		C15	C20~C25	C30~C35	≥C40
光圆钢筋	HPB300 级	45d	35d	30d	25d
带肋钢筋	HRB335 级	55d	45d	35d	30d
	HRB400 级、RRB400 级	—	55d	45d	35d

注:d 为钢筋的直径。

b. 当纵向受拉钢筋搭接接头面积百分率大于 25%,但不大于 50% 时,其最小搭接长度应按表 4-4 中的数值乘以系数 1.2 取用;当接头面积百分率大于 50% 时,应按表 4-4 中的数值乘以系数 1.35 取用。

c. 当符合下列条件时,纵向受拉钢筋的最小搭接长度应根据上述①、②条确定后,按表 4-5 进行修正。

表 4-5 最小搭接长度修正表

项次	如何修正
1	当带肋钢筋的直径大于 25mm 时,其最小搭楼长度应按相应数值乘以系数 1.1 取用
2	对具有环氧树脂涂层的带肋钢筋,其最小搭接长度应按相应数值乘以系数 1.25 取用
3	当在混凝土凝固过程中受力钢筋易受拉动(如滑模施工)时,其最小搭接长度应按相应数值乘以系数 1.1 取用
4	对末端采用机械锚固措施的带肋钢筋,其最小搭接长度应按相应数值乘以系数 0.7 取用

续表

项次	如何修正
5	当带肋钢筋的混凝土保护层厚度大于待接钢筋直径的3倍且配有箍筋时,其最小搭接长度应按相应数值乘以系数0.8取用
6	对有抗震设防要求的结构构件,其受力钢筋的最小搭接长度对一、二级抗震等级应按相应数值乘以系数1.15取用,对三级抗震等级应按相应数值乘以系数1.05取用。在任何情况下,受拉钢筋的搭接长度不应小于300mm

d.纵向受压钢筋搭接时,其最小搭接长度应根据以上三条的规定确定相应数值后,乘以系数0.7取用。在任何情况下,受压钢筋的搭接长度不应小于200mm。

2.钢筋焊接连接

(1)钢筋闪光对焊

闪光对焊广泛用于钢筋纵向连接及预应力钢筋与螺端杆的焊接。热轧钢筋的焊接宜优先采用闪光对焊,其次才考虑电弧焊。钢筋闪光对焊的原理是利用对焊机使两段钢筋接触,通过低电压的强电流,待钢筋被加热到一定温度变软后,进行轴向加压顶锻,形成对焊接头。常用的钢筋闪光对焊工艺有连续闪光焊、预热闪光焊和闪光—预热闪光焊。对RRB400级钢筋,有时在焊接后还要进行通电热处理。通电热处理的目的,是对焊接头进行一次退火或高温回火处理,以消除热影响区产生的脆性组织,改善接头的塑性。通电热处理的方法,是焊毕稍冷却后松开电极,将电极钳口调至最大距离,重新夹住钢筋,待接头冷却至暗黑色(焊后20~30s),进行脉冲式通电处理(频率约2次/s,通电5~7s)。待钢筋表面呈橘红色并有微小氧化斑点出现时即可。焊接不同直径的钢筋时,其截面比不宜超过1.5,焊接参数按大直径钢筋选择,并减少大直径钢筋的调伸长度。焊接时先对大直径钢筋预热,以使两者受热均匀。负温下焊接,冷却快,易产生淬硬现象,内应力也大。为此,负温下焊接应减小温度梯度和冷却速度。为使加热均匀、增大焊件受热区,可增大调伸长度10%~20%,变压器级数可降低一级或两级,应使加热缓慢而均匀,降低烧化速度,焊后见红区的时间应比常温时长。

钢筋闪光对焊后,除对接头进行外观检查(无裂纹和烧伤,接头弯折不大,接头轴线偏移不大于钢筋直径的0.1倍,也不大于2mm)外,还应按《钢筋焊接及验收规程》(JGJ18-2012)中的规定进行抗拉试验和冷弯试验。

(2)钢筋电弧焊

电弧焊是利用弧焊机使焊条与焊件之间产生高温电弧,使焊条和电弧燃烧范围内的焊件熔化,待其凝固便形成焊缝或接头。电弧焊广泛用于钢筋接头、钢筋骨架焊接、装配式结构接头的焊接、钢筋与钢板的焊接及各种钢结构焊接。

钢筋电弧焊的接头形式如图4-18所示,它包括搭接焊接头(单面焊缝或双面焊缝)、帮条焊接头(单面焊缝或双面焊缝)、坡口焊接头(平焊或立焊)、熔槽帮条焊接头(用于安

装焊接 $d \geqslant 25$mm 的钢筋)和窄间隙焊(置于 U 形铜模内)。

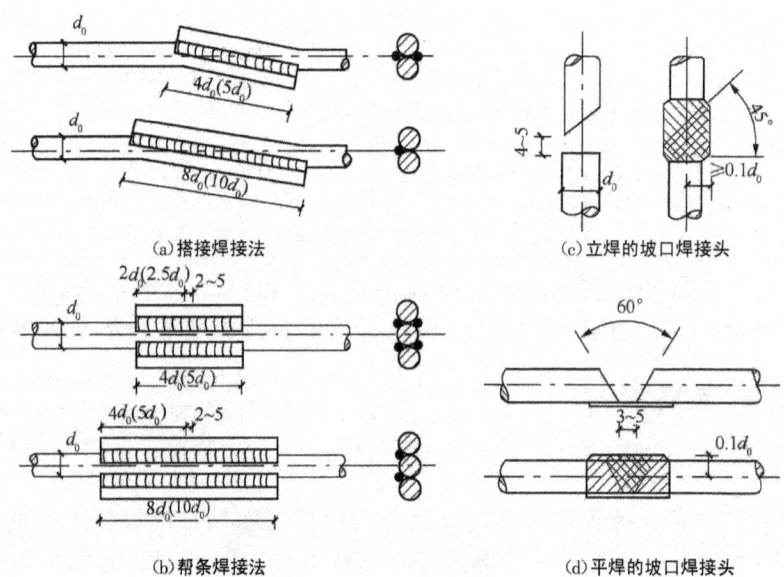

图 4-18 钢筋电弧焊的接头形式

弧焊机有直流焊机与交流焊机之分,常用的为交流弧焊机。

焊条的种类很多,如 E4303、E5503 等。钢筋焊接根据钢材等级和焊接接头形式选择焊条。焊条表面涂有药皮,它可保证电弧稳定,使焊缝免致氧化,并产生熔渣覆盖焊缝以减缓冷却速度,对熔池脱氧和加入合金元素,以保证焊缝金属的化学成分和力学性能。焊接电流和焊条直径根据钢筋类别、直径、接头形式和焊接位置进行选择。

搭接接头的长度、帮条的长度、焊缝的长度和高度等,《钢筋焊接及验收规程》都有明确规定。采用帮条或搭接焊时,焊缝长度不应小于帮条或搭接长度,焊缝高度 $h \geqslant 3d$ 并不得小于 4mm,焊缝宽度 $b \geqslant 0.7d$ 并不得小于 10mm。电弧焊一般要求焊缝表面平整,无裂纹,无较大凹陷、焊瘤,无明显咬边、气孔、夹渣等缺陷。在现场安装条件下,每一层楼以 300 个同类型接头为一批,每一批选取 3 个接头进行拉伸试验。如有一个不合格,取双倍试件复验,再有一个不合格,则该批接头不合格。如对焊接质量有怀疑或发现异常情况,还可进行非破损方式(X 射线、γ 射线、超声波探伤等)检验。

(3)钢筋电渣压力焊

钢筋电渣压力焊是将两根钢筋安放成竖向对接形式,利用焊接电流通过两根钢筋墙面间隙,在焊剂层下形成电弧过程和电渣过程,产生电弧热和电阻热,熔化钢筋,加压完成连接的一种焊接方法。这种焊接方法具有操作方便、效率高、成本低、工作条件好等特点,适用于高层建筑现浇混凝土结构施工中直径为 14~40mm 的热轧 HPB300 级、HRB335 级钢筋的竖向或斜向(倾斜度在 4:1 范围内)连接。但不得在竖向焊接之后将其再横置于梁、板等构件中做水平钢筋之用。钢筋电渣压力焊具有电弧焊、电渣焊和压力焊共同的特点。其焊接过程可分四个阶段,即引弧过程→电弧过程→电渣过程→顶压过程。其中,电弧和电渣两个过程对焊接质量有重要影响,故应根据待焊钢筋直径的大小,合理选择焊接参数。

(4) 钢筋点焊

钢筋骨架或钢筋网中交叉钢筋的焊接宜采用电阻点焊。这种焊接方法所适用的钢筋直径和种类:直径为 6~15mm 的热轧 HPB300 级、HRB335 级钢筋,直径为 3~5mm 的冷拔低碳钢丝,直径为 4~12mm 的冷轧带肋钢筋。所用的点焊机有单点点焊机(用以焊接较粗的钢筋)、多头点焊机(用以焊钢筋网)和悬挂式点焊机(可焊平面尺寸大的骨架或钢筋网)。现场还可采用手提式点焊机。

点焊时,将已除锈污的钢筋交叉点放入点焊机的两电极间,待钢筋通电发热至一定温度后,加压使焊点金属焊牢。焊点应有一定的压入深度,对于热轧钢筋,压入深度为较小钢筋直径的 30%~45%;点焊冷拔低碳钢丝时,压入深度为较小钢丝直径的 30%~35%。

(5) 钢筋气压焊

钢筋气压焊是采用一定比例的氧气和乙炔焰为热源,对需要连接的两根钢筋端部接缝处进行加热,使其达到热塑状态,同时对钢筋施加 30~40MPa 的轴向压力,使钢筋顶焊在一起。该焊接方法使钢筋在还原气体的保护下,发生塑性流变后相互紧密接触,促使端面金属晶体相互扩散渗透,再结晶,再排列,形成牢固的焊接接头。

3. 钢筋机械连接

这种方法设备投资少、施工安全和简便、工艺性能好、接头质量可靠、不受钢筋焊接性能的制约、节约钢材和电能,不仅适用于竖向钢筋的连接,也适用于其他各种方向布置的钢筋连接。

适用范围:直径为 14~40mm 的 HPB300 级、HRB335 级和 HRB400 级钢筋(25MnSi 除外)。当不同直径的钢筋焊接时,直径差不得大于 7mm。

钢筋机械连接是通过连接件的机械咬合作用或钢筋端面的承压作用,将一根钢筋中的力传递至另一根钢筋的连接方法。常用的机械连接有套筒挤压连接、锥螺纹套筒连接等。

(1) 钢筋套筒挤压连接

钢筋套筒挤压连接,是将需要连接的带肋钢筋插于特制的钢套筒内,利用挤压机压缩套筒,使之产生塑性变形,靠变形后的钢套筒与带肋钢筋之间的紧密咬合来实现钢筋的连接。这种连接方法适用于直径为 16~40mm 的热轧 HRB335 级、HRB400 级带肋钢筋的连接。

钢筋套筒挤压连接有钢筋套筒径向挤压连接和钢筋套筒轴向挤压连接两种形式。

① 钢筋套筒径向挤压连接。钢筋套筒径向挤压连接,是采用挤压机沿径向(即与套筒轴线垂直的方向)将钢套筒挤压产生塑性变形,使之紧密地咬住带肋钢筋的横肋,实现两根钢筋的连接(如图 4-19 所示)。当不同直径的带肋钢筋采用挤压接头连接时,若

套筒两端外径和壁厚相同,被连接钢筋的直径相差不应大于5mm。挤压连接工艺流程:钢筋套筒检验→钢筋断料,刻划钢筋套入长度定出标记→套筒套入钢筋→安装挤压机→开动液压泵,逐渐加压套筒至接头成型→卸下挤压机→接头外形检查。

② 钢筋套筒轴向挤压连接。钢筋轴向挤压连接,是采用挤压机和压模对钢套筒及插入的两根对接钢筋,沿其轴向方向进行挤压,使套筒咬合到带肋钢筋的肋间,从而使其结合成一体(如图4-20所示)。

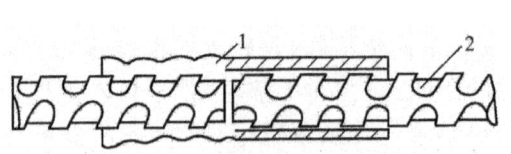 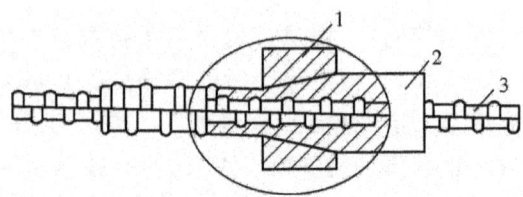

1—钢套管;2—钢筋　　　　　　　　1—压模;2—钢套管;3—钢筋

图4-19 钢筋套筒径向挤压连图　　　4-20 钢筋套筒轴向挤压连接

(2) 钢筋锥螺纹套筒连接

钢筋锥螺纹套筒连接,是利用锥形螺纹能承受轴向力和水平力以及密封性能较好的原理,依靠机械力将钢筋连接在一起。操作时,先用专用套丝机将钢筋的待连接端加工成锥形外螺纹;然后,通过带锥形内螺纹的钢套筒将两根待接钢筋连接;最后,利用力矩扳手按规定的力矩值使钢筋和连接钢套筒拧紧在一起(如图4-21所示)。

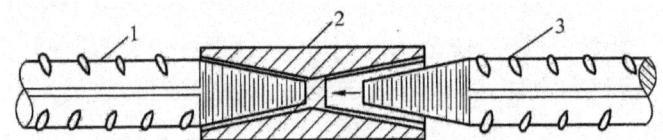

1—已连接的钢筋;2—锥螺纹套筒;3—未连接的钢筋

图4-21 钢筋锥螺纹套筒连接

这种连接方法工艺简便,能在施工现场连接直径为16~40mm的热轧HRB335级、HRB400级同径和异径的竖向或水平钢筋,且不受钢筋是否带肋和含碳量的限制,适用于按一、二级抗震等级设施的工业和民用建筑钢筋混凝土结构的热HRB335级、HRB400级钢筋的连接施工,但不得用于预应力钢筋的连接。对于直接承受动荷载的结构构件,其接头还应满足抗疲劳性能等设计要求。锥螺纹连接套筒的材料宜采用45号优质碳素结构钢或其他经试验确认符合要求的钢材制成,其抗拉承载力不应小于被连接钢筋受拉承载力标准值的1.1倍。

① 钢筋锥螺纹的加工要求。

a.钢筋应先调直再下料。钢筋下料可用钢筋切断机或砂轮锯,但不得用气割下料。下料时,要求切口端面与钢筋轴线垂直,端头不得挠曲或出现马蹄形。

b.加工好的钢筋锥螺纹丝头的锥度、牙形、螺距等必须与连接套的锥度、牙形、螺距一致,并应进行质量检验。检验内容包括锥螺纹丝头牙形检验和锥螺纹丝头锥度与小端直径检验。

c.加工工艺:下料→套丝→用牙形规和卡规(或环规)逐个检查钢筋套丝质量→质量合格的丝头用塑料保护帽盖封,待查待用。

钢筋锥螺纹的完整牙数,不得小于表 4-6 的规定值。

表 4-6　钢筋锥螺纹完整牙数

钢筋直(mm)	16～18	20～22	25～28	32	36	40
完整牙数	5	7	8	10	11	12

d.钢筋经检验合格后,方可在套丝机上加工锥螺纹。为确保钢筋的套丝质量,操作人员必须遵守持证上岗制度。操作前应先调整好定位尺,并按钢筋规格配置相对应的加工导向套。对于大直径钢筋,要分次加工到规定的尺寸,以保证螺纹的精度和避免损坏梳刀。

e.钢筋套丝时,必须采用水溶性切削冷却润滑液。当气温低于 0℃时,应掺入 15%～20%的亚硝酸钠,不得采用机油作冷却润滑液。

② 钢筋连接。连接钢筋之前,先回收钢筋待连接端的保护帽和连接套上的密封盖,并检查钢筋规格是否与连接套规格相同,检查锥螺纹丝头是否完好无损、有无杂质。

连接钢筋时,应先把已拧好连接套的一端钢筋对正轴线拧到被连接的钢筋上,然后用力矩扳手按规定的力矩值把钢筋接头拧紧,不得超拧,以防止损坏接头丝扣。拧紧后的接头应画上油漆标记,以防有的钢筋接头漏拧。锥螺纹钢筋连接方法如图 4-22 所示。

拧紧时要拧到规定扭矩值,待测力扳手发出指示响声时,才认为达到了规定的扭矩值。锥螺纹接头拧紧力矩值见表 4-7,但不得加长扳手杆来拧紧。质量检验与施工安装使用的力矩扳手应分开使用,不得混用。

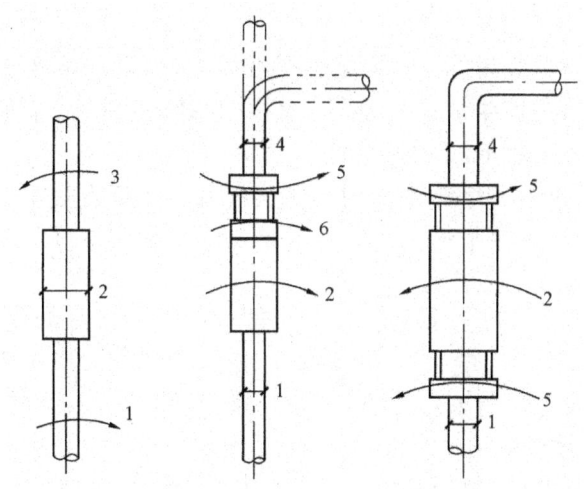

(a)同径或异径钢筋连接 (b)单向可调接头连接 (c)双向可调头连接
1、3、4—钢筋;2—连接套筒;5—可调连接器;6—锁母
图 4-22　锥螺纹钢筋连接方法

表 4-7　锥螺纹接头拧紧力矩值

钢筋直径(mm)	16	18	20	22	25～28	32	36～40
拧紧力矩(N·m)	118	147	177	216	275	314	343

在构件受拉区段内,同一截面连接接头数量不宜超过钢筋总数的 50%,受压区不受此限制。连接头的错开间距应大于 500mm,保护层不得小于 15mm,钢筋间净距应大于 50mm。

在正式安装前,要取三个试件进行基本性能试验。当有一个试件不合格,应取双倍试件进行试验;如仍有一个不合格,则该批加工的接头为不合格,严禁在工程中使用。

连接套应有出厂合格证及质保书。每批接头的基本试验应有试验报告。连接套与钢筋应配套一致。连接套应有钢印标记。

安装完毕后,质量检测员应用自用的专用测力扳手对拧紧的力矩值加以抽检。

4.2.3 钢筋安装

1.钢筋制作前的准备工作

钢筋网片、骨架制作成型的正确与否,直接影响着结构构件的受力性能,因此必须重视并妥善组织这一技术工作。

① 熟悉施工图纸。在学习施工图纸时,要明确各个单根钢筋的形状及各个细部的尺寸,确定各类结构的绑扎程序。如发现图纸中有错误或不当之处,应及时与工程设计部门联系,协同解决。

② 核对钢筋配料单及料牌。学习施工图纸的同时,应核对钢筋配料单和料牌,再根据配料单和料牌核对钢筋半成品的钢号、形状、直径、规格、数量是否正确,有无错配、漏配及变形。如发现问题,应及时整修增补。

③ 工具、附件的准备。绑扎钢筋用的工具和附件主要有扳手、铁丝、小撬棒、马架、画线尺等,还要准备水泥砂浆垫块或塑料卡等保证保护层厚度的附件以及钢筋撑脚或混凝土撑脚等保护钢网片位置正确的附件等。

④ 画钢筋位置线。平板或墙板的钢筋,在模板上画线;柱的箍筋,在两根对角线主筋上画点;梁的箍筋,在架立筋上画点;基础的钢筋,在两方向各取一根钢筋上画点或在固定架上画点。钢筋接头的画线,应根据到料规格,结合规范对有关接头位置、数量的规定,使其错开并在模板上画线。

⑤ 研究钢筋安装顺序,确定施工方法。在熟悉施工图纸的基础上,要仔细研究钢筋安装的顺序,特别是在比较复杂的钢筋安装工程中,应先确定每根钢筋穿插就位的顺序,并结合现场实际情况和技术工人的水平,尽量减少绑扎困难。

2.钢筋的现场绑扎安装

① 绑扎钢筋应熟悉施工图纸,核对成品钢筋的级别、直径、形状、尺寸和数量,核对配料表和料牌;如有出入,应予以纠正或增补。同时准备好绑扎用铁丝、绑扎工具、绑扎架等。

② 钢筋应绑扎牢网,防止钢筋移位。

③ 对形状复杂的结构部位,应研究好钢筋穿插就位的顺序及与模板等其他专业配合的先后次序。

④ 基础底板、楼板和墙的钢筋网绑扎,除靠近外围两行钢筋的相交点全部绑扎外,中间部分交叉点可间隔交错扎牢,双向受力的钢筋则需全部扎牢。相邻绑扎点的铁丝扣要呈八字形,以免网片歪斜变形。钢筋绑扎接头的钢筋搭接处,应在中心和两端用铁丝扎牢。

⑤ 结构采用双排钢筋网时,上下两排钢筋网之间应设置钢筋撑脚或混凝土支柱(墩),每隔 1m 放置一个。墙壁钢筋网之间应绑扎 $\phi 6 \sim \phi 10$ 钢筋制成的撑钩,间距约为 1.0m,相互错开排列。大型基础底板或设备基础,应用 $\phi 16 \sim \phi 25$ 钢筋或型钢焊成的支架来支撑上层钢筋,支架间距为 0.8~1.5m。梁、板纵向受力钢筋采取双层排列时,两排钢筋之间应垫以 $\phi 25$ 以上的短钢筋,以保证间距正确。

⑥ 梁、柱箍筋应与受力筋垂直设置,箍筋弯钩叠合处应沿受力钢筋方向张开设置,箍筋转角与受力钢筋的交叉点均应扎牢,箍筋平直部分与纵向交叉点可间隔扎牢,以防止骨架歪斜。

⑦ 板、次梁与主筋交叉处,板的钢筋在上,次梁的钢筋居中,主梁的钢筋在下;当有圈梁或垫梁时,主梁的钢筋应放在圈梁上。受力筋两端的搁置长度应保持均匀一致。框架梁牛腿及柱帽等钢筋,应放在柱的纵向受力钢筋内侧,同时要注意梁顶面受力筋间的净距要有 30mm,以利于浇筑混凝土。

⑧ 预制柱、梁、屋架等构件常采取底模上就地绑扎,此时应先排好箍筋,再穿入受力筋,然后绑扎牛腿和节点部位的钢筋,以降低绑扎的困难性和复杂性。

3.绑扎钢筋网与钢筋骨架安装

① 钢筋网与钢筋骨架的分段(块),应根据结构配筋特点及起重运输能力而定。一般钢筋网的分块面积以 $6 \sim 20 m^2$ 为宜,钢筋骨架的分段长度以 6~12m 为宜。

② 为防止钢筋网与钢筋骨架在运输和安装过程中发生歪斜变形,应采取临时加固措施。

③ 钢筋网与钢筋骨架的吊点,应根据其尺寸、重量及刚度而定。宽度大于 1m 的水平钢筋网宜采用四点起吊,跨度小于 6m 的钢筋骨架宜采用两点起吊,跨度大、刚度低的钢筋骨架宜采用横吊梁(铁扁担)四点起吊。为了防止吊点处钢筋受力变形,可采取兜底吊或加短钢筋。

④ 焊接网和焊接骨架沿受力钢筋方向的搭接接头,宜位于构件受力较小的部位;如承受均布荷载的简支受弯构件,焊接网受力钢筋接头宜放置在跨度两端各 1/4 跨长范围内。

⑤ 受力钢筋直径≥16mm 时,焊接网沿分布钢筋方向的接头宜辅以附加钢筋网。每边的搭接长度为 15d(d 为分布钢筋直径),但不小于 100mm。

4.焊接钢筋骨架和焊接网安装

① 焊接钢筋骨架和焊接网的搭接接头,不宜位于构件的最大弯矩处,焊接网在非受力方向的搭接长度宜为 100mm;受拉焊接骨架和焊接网在受力钢筋方向的搭接长度应符合设计规定;受压焊接骨架和焊接网在受力钢筋方向的搭接长度,可取受拉焊接骨架和焊接网在受力钢筋方向的搭接长度的 0.7 倍。

② 在梁中,焊接骨架的搭接长度内应配置箍筋或短的槽形焊接网。箍筋或网中的横向钢筋间距不得大于 5d。在轴心受压或偏心受压构件的搭接长度内,箍筋或横向钢筋的间距不得大于 10d。

③ 在构件宽度内有若干焊接网或焊接骨架时,其接头位置应错开。在同一截面内搭接的受力钢筋的总截面面积不得超过受力钢筋总截面面积的 50%。在轴心受拉及小偏心受拉构件(板和墙除外)中,不得采用搭接接头。

④ 焊接网在非受力方向的搭接长度宜为 100mm。当受力钢筋直径≥16mm 时,焊接网沿分布钢筋方向的接头宜辅以附加钢筋网,每边的搭接长度为 15d。

4.3 混凝土工程

知识目标:
(1)了解混凝土工程原材料的选用;
(2)掌握混凝土配置强度的确定、混凝土施工配合比及施工配料;
(3)掌握混凝土浇捣和养护方法;
(4)了解混凝土工程冬期施工方法。

技能目标:
(1)通过本单元的学习,能够组织与管理混凝土工程的施工。
(2)能够进行混凝土的配置、浇筑、振捣和养护。

混凝土工程施工包括配料、搅拌、运输、浇筑、振捣、养护等施工过程(如图 4-23 所示),其中的任一过程施工不当,都会影响混凝土的质量。混凝土施工不但要保证构件设计要求的外形,而且要获得要求的强度、良好的密实性和整体性。

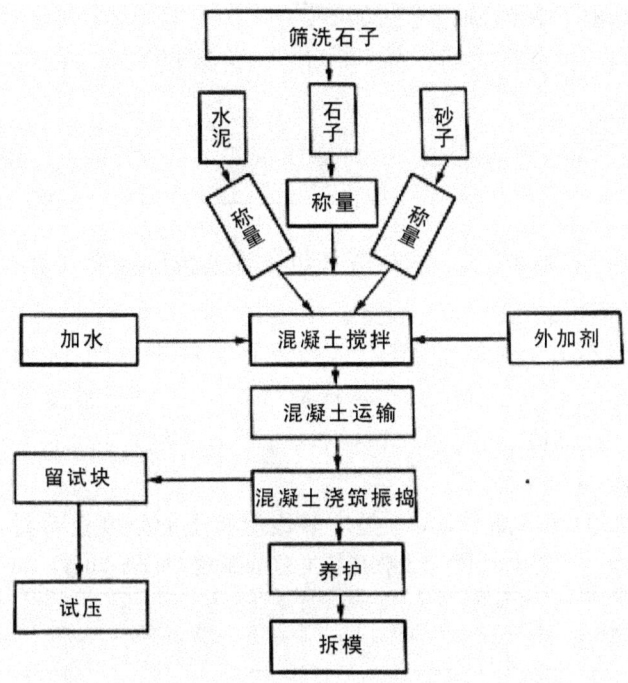

图 4-23 混凝土工程施工过程

4.3.1 混凝土配料

结构工程中所用的混凝土是以胶凝材料、粗细集料、水,按照一定配合比拌合而成的混合材料。另外,根据需要,还要向混凝土中掺加外加剂和外掺合料,以改善混凝土的某些性能。因此,混凝土的原材料除了胶凝材料、粗细集料、水外,还有外加剂、外掺合料(常用的有粉煤灰、硅粉、磨细矿渣等)。

1. 混凝土配制强度的确定

在混凝土的施工配料时,除应保证结构设计对混凝土强度等级的要求外,还应保证施工对混凝土和易性的要求,并应遵循合理使用材料、节约胶凝材料的原则,必要时还应满足抗冻性、抗渗性等的要求。

为了使混凝土的强度保证率达到95%的要求,在进行配合比设计时,必须使混凝土的配制强度$f_{cu,0}$高于设计强度$f_{cu,k}$。《普通混凝土配合比设计规程》(JGJ55-2011)要求,混凝土配制强度按下列规定确定$f_{cu,0}$。

当混凝土的设计强度等级小于C60时,配制强度按下式计算:

$$f_{cu,0} \geq f_{cu,k} + 1.645\sigma \tag{4-2}$$

式中,$f_{cu,0}$为混凝土配制强度(MPa),$f_{cu,k}$为混凝土设计强度等级值(MPa),σ为混凝土强度标准差(MPa)。

混凝土强度标准差 σ 的确定方法如下：

① 当具有近 1～3 个月的同一品种、同一强度等级混凝土的强度资料时，σ 按下式计算：

$$\sigma = \sqrt{\frac{\sum_{i=0}^{n} f_{cu,i}^2 - n m_{f_{cu}}^2}{n-1}} \qquad (4-3)$$

式中，n 为试件组数（$\geqslant 30$），$f_{cu,i}$ 为第 i 组试件的抗压强度（MPa），mf_{cu} 为试件抗压强度的算术平均值（MPa）。

对于强度等级不大于 C30 的混凝土，当 σ 计算值不小于 3.0MPa 时，σ 应按计算结果取值；当 σ 计算值小于 3.0MPa 时，σ 应取 3.0MPa。对于强度等级大于 C30 且小于 C60 的混凝土，当 σ 计算值不小于 4.0MPa 时，σ 应按计算结果取值；当 σ 计算值小于 4.0MPa 时，σ 应取 4.0MPa。

② 当没有近期的同一品种、同一强度等级混凝土的强度资料时，σ 按表 4-8 取值。

表 4-8 混凝土强度标准差 σ 取值（JGJ55-2011）

混凝土强度等级	≤C20	C20～C45	C50～C55
σ（MPa）	4.0	5.0	6.0

当混凝土的设计强度等级不小于 C60 时，配制强度按下式计算：

$$f_{cu,0} \geqslant 1.15 f_{cu,k} \qquad (4-4)$$

2.混凝土施工配合比及施工配料

混凝土的配合比是在试验室根据混凝土的配制强度经过试配和调整而确定的，这称为试验室配合比。试验室配合比所用的粗、细集料都是不含水分的。而施工现场的粗、细集料都有一定的含水率，且含水率的大小随温度等条件不断变化。为保证混凝土的质量，施工中应按粗、细集料的实际含水率对原配合比进行调整。混凝土施工配合比是指根据施工现场集料的含水情况，对以干燥集料为基准的"设计配合比"进行修正后得出的配合比。

假定工地上测出砂的含水率为 $a\%$，石子的含水率为 $b\%$，则施工配合比（重量配合比，重量单位为 kg）为：

胶凝材料　　　　$m'_b : m'_b = m'_b$ （4-5）

粗集料　　　　　$m'_g : m'_g = m_g(1+b\%)$ （4-6）

细集料　　　　　$m'_s : m'_s = m_s(1+a\%)$ （4-7）

水　　　　　　　$m'_w : m'_w = m_w - m_g b\% - m_s a\%$ （4-8）

施工配料是确定每拌一次所需的各种原材料的数量，它根据施工配合比和搅拌机的出料容量计算。

3. 材料称量

施工配合比确定以后,就需对材料进行称量,称量是否准确将直接影响混凝土的强度。为严格控制混凝土的配合比,搅拌混凝土时应根据计算出的各组成材料的一次投料量,采用重量准确投料。其重量偏差不得超过以下规定:胶凝材料、外掺混合材料为±2%,粗、细集料为±3%,水、外加剂溶液为±2%。

例题:

某混凝土试验室配合比为 1:2.28:4.47,水胶比(W/B)为 0.63,每立方米混凝土水泥用量为 285kg,现场测得砂、石的含水量分别为 3%、1%。

试求:施工配合比及每立方米混凝土各种材料的用量。

分析:

设试验室配合比为水泥:砂石=$1:x:y$,则施工配合比为:

$1:x(1+W_x):y(1+W_y) = 1:1.28\times(1+0.03):3.47\times(1+0.01)$
$\qquad\qquad\qquad = 1:2.35:4.51$

按施工配合比,每立方米混凝土各种材料用量如下:

水泥　　　　m_B=285(kg)

石　　　　　m_s=285×2.35=669.75(kg)

用水量　　　M_W=285×0.63−2.28×285×0.03−4.47×285×0.01=147.32(kg)

施工水胶比　$\dfrac{147.32}{285}=0.52$

4.3.2 混凝土搅拌

混凝土搅拌过程就是将水、胶凝材料和粗细集料进行均匀拌和的过程。通过搅拌,使材料达到塑化、强化的效果。

1. 搅拌方法

混凝土搅拌方法有人工搅拌和机械搅拌两种。

(1)人工搅拌

人工搅拌一般采用"三干三湿"法,即先将水泥加入砂中干拌两遍,再加入石子翻拌一遍;搅拌均匀后,边缓慢加水,边反复湿拌三遍,以达到石子与水泥浆无分离为准。同等条件下,人工搅拌要比机械搅拌多耗 10%～15%的水泥,且拌和质量差,只在混凝土用量不大而又缺乏机械设备时采用。

(2)机械搅拌

目前普遍使用的搅拌机,根据其搅拌机理可分为自落式搅拌机和强制式搅拌机两大类。

① 自落式搅拌机。自落式搅拌机的搅拌鼓筒内壁装有叶片,随着鼓筒的转动,叶片不断将混凝土拌合料提高,然后利用物料的重量自由下落,达到均匀拌和的目的。自落式搅拌机筒体和叶片磨损较小,易于清理,但搅拌力小、动力消耗大、效率低,主要用于搅拌流动性和低流动性混凝土。

② 强制式搅拌机。强制式搅拌机是利用搅拌筒内运动着的叶片强迫物料朝着各个方向运动。由于各物料颗粒的运动方向、速度各不相同,相互之间产生剪切滑移而相互穿插、扩散,从而在很短的时间内,使物料拌和均匀。其搅拌机理被称为剪切搅拌机理。

强制式搅拌机,具有搅拌质量好、速度快、生产效丰高及操作简便、安全等优虽,但机件磨损严重,强制搅拌机适用于搅拌干硬性或低流动性混凝土和轻某料混凝土。

2.搅拌制度

为了获得均匀、优质的混凝土拌合物,除合理选择搅拌机的型号外,还必须正确地确定搅拌制度,包括搅拌时间、进料容量及投料顺序。

(1)搅拌时间

搅拌时间是指从全部材料投入搅拌筒中起,到开始卸料为止所经历的时间。它与搅拌质量密切相关,搅拌时间过短,混凝土不均匀,强度及和易性将下降;搅拌时间过长,不但降低搅拌的生产效率,也会使不坚硬的粗集料在大容量搅拌机中因脱角、破碎等而影响混凝土的质量,对于加气混凝土,也会因搅拌时间过长而使所含气泡减少。混凝土搅拌的最短时间见表 4-9。

表 4-9 混凝土搅拌的最短时间

序号	混凝土坍落度	搅拌机机型	搅拌机出料量(L)		
			<250	250～500	>500
1	≤40	强制式	60	90	120
	40～100	强制式	60	60	90
2	≥100	强制式	60	60	60

混凝土搅拌的最短时间指自全部材料装入搅拌筒中起,到开始卸料为止的时间。

(2)进料容量

进料容量是将搅拌前各种材料的体积累积起来的容量,又称为干料容量。进料容量约为出料容量的 1.4～1.8 倍(通常取 1.5 倍)。如进料容量超过规定容量的 10% 以上,就会使材料在搅拌筒内无充分的空间进行掺和,影响混凝土拌合物的均匀性;反之,如进料过少,则又不能充分发挥搅拌机的效能。

(3)投料顺序

在确定混凝土各种原材料的投料顺序时,应考虑如何保证混凝土的搅拌质量,减少机械磨损和水泥飞扬,减少混凝土的粘罐现象,降低能耗和提高劳动生产率等。目前,采用的投料顺序有一次投料法、二次投料法。

① 一次投料法。这是目前广泛使用的一种方法,就是将砂、石、水泥依次放入料斗后再和水一起进入搅拌筒进行搅拌。这种方法工艺简单,操作方便。当采用自落式搅拌时,常用的进料顺序是先倒石子,再加水泥,最后加砂。这种投料顺序的优点是水泥位于砂石之间,进入搅拌筒时可减少水泥飞扬,同时砂和水泥先进入搅拌筒形成砂浆,可缩短包装石子的时间,也避免了水向石子表面聚集产生的不良影响,可提高搅拌质量。

② 二次投料法。二次投料法又可分为预拌水泥砂浆法和预拌水泥净浆法。

预拌水泥砂浆法是先将水泥、砂和水投入搅拌筒搅拌 1~1.5min 后,加入石子再搅拌 1~1.5min。

预拌水泥净浆法是先将水和水泥投入搅拌筒搅拌成均匀的水泥净浆后,再加入砂石搅拌成混凝土。

由于预拌水泥砂浆或水泥净浆对水泥有一种活化作用,因而搅拌质量明显高于一次投料法。若水泥用量不变,混凝土强度可提高 15%左右;在混凝土强度相同的情况下,可减少水泥用量 15%~20%。

当采用强制式搅拌机搅拌轻集料混凝土时,若轻集料在搅拌前已经预湿,则合理的加料顺序应是:先加粗、细集料和水泥搅拌 30s,再加水继续搅拌到规定时间。若在搅拌前轻集料未经预湿,则合理的加料顺序是:先加粗、细集料和总用水量的 1/2 搅拌 60s 后,再加水泥和剩余 1/2 总用水量搅拌到规定时间。

4.3.3 混凝土运输

混凝土运输过程中应保持其均匀性,避免产生分层离析现象。混凝土运至浇筑地点,应符合浇筑时所规定的坍落度(见表 4-10)。运输工作应保证混凝土浇筑工作连续进行。运送混凝土的容器应严密,其内壁应平整、光洁、不吸水、不漏浆,黏附的混凝土残渣应经常清除。

表 4-10 混凝土浇筑时的坍落度

项 次	结构种类	坍落度(mm)
1	基础或地面等的垫层、无配筋的厚大结构(挡土墙、基础或厚大的块体等)或配筋稀疏的结构	10~30
2	板、梁和大中型截面的柱子等	30~50
3	配筋密列的结构(薄壁、斗仓、筒仓、细柱等)	50~70
4	配筋特密的结构	70~90

小提示：
① 表 4-10 指采用机械振捣的坍落度,采用人工捣实时可适当增大。
② 需要配制大坍落度混凝土时,应掺用外加剂。
③ 曲面或斜面结构的混凝土,其坍落度值应根据实际需要另行选定。
④ 轻集料混凝土的坍落度,宜比表中的数减少 10～20mm。
⑤ 自密实混凝土的坍落度另行规定。

1.运输时间

混凝土从搅拌机中卸出到浇筑完毕的延续时间不宜超过表 4-11 的规定。对掺用外加剂或采用快硬水泥拌制的混凝土,其延续时间应按试验确定。对于轻集料混凝土,其延续时间应适当缩短。

表 4-11　混凝土从搅拌机卸出到浇筑完毕的延续时间(单位:min)

生产地点	气温	
	不高于 25℃	高于 25℃
预拌混凝土搅拌站	150	120
施工现场	120	90
混凝土制品厂	90	60

2.运输工具的选择

混凝土的运输可分为地面水平运输、垂直运输和楼面水平运输三种方式。

(1)地面水平运输

当采用商品混凝土或运距较远时,最好采用混凝土搅拌运输车。此类车在运输过程中搅拌筒可缓慢转动进行拌合,防止混凝土离析。当距离过远时,可装入干料,在到达浇筑现场前 15～20min 放入搅拌水,能边行走边进行搅拌。

如现场搅拌混凝土,可采用载重 1t 左右、容量为 400L 的小型机动翻斗车或手推车运输。运距较远、运量又较大时,可采用皮带运输机或窄轨翻斗车。

(2)垂直运输

垂直运输可采用塔式起重机、混凝土泵、快速提升斗和井架。

(3)楼面水平运输

楼面水平运输多采用双轮手推车。塔式起重机亦可兼顾楼面水平运输。如用混凝土泵,则可采用布料杆布料。

3. 搅拌运输车运送混凝土

混凝土搅拌运输车是一种用于长距离运送混凝土的高效能机械。它是将运送混凝土的搅拌筒安装在汽车底盘上,将混凝土搅拌站生产的混凝土拌和物装入搅拌筒内,直接运至施工现场的大型混凝土运输工具。

采用混凝土搅拌运输车应符合下纠规定:

① 混凝土必须能在最短的时间内均匀、无离析地排出,出料干净、方便,能满足施工的要求。当与混凝土泵联合运送时,其排料速度应相匹配。

② 从搅拌运输车运卸的混凝土中分别取 1/4 和 3/4 处试样进行坍落度试验,两个试样的坍落度值之差不得超过 30mm。

③ 混凝土搅拌运输车在运送混凝土时搅动转速通常为 2~4r/min;整个运送过程中拌筒的总转数应控制在 300r 以内。

④ 若采用干料由搅拌运输车途中加水自行搅拌,搅拌速度一般成为 6~18r/min;搅拌转数自混合料加水投入搅拌筒起直至搅拌结束,应控制在 70~100r/min。

⑤ 混凝土搅拌运输车因途中失水,到工地需加水调整混凝土的坍落度时,搅拌筒应以 6~8r/min 搅拌速度搅拌,并另外再转动至少 30r/min。

4. 泵送混凝土

(1) 泵送混凝土的应用范围

混凝土泵是通过输送管将混凝土送到浇筑地点的一种工具。泵送混凝土适用于以下工程:

① 大体积混凝土。包括大型基础、满堂基础、设备基础、机场跑道、水工建筑等。

② 连续性强和浇筑效率要求高的混凝土,包括高层建筑、贮罐、塔形构筑物、整体性强的结构等。

混凝土输送管道一般是用钢管制成的。管径通常有 100mm、125mm、150mm 三种;标准管管长 3m,配套管有 1m 和 2m 两种;另配有 90°、45°、30°、15°等不同角度的弯管,以供管道转折处使用。

输送管的管径的选择主要根据混凝土集料的最大粒径以及管道的输送距离、输送高度和其他工程条件决定。

(2) 泵送混凝土应符合的规定

采用泵送混凝土应符合下列规定:

① 混凝土泵与输送管连通后,应按所用混凝土泵使用说明书的规定进行全面检查,符合要求后方能开机进行空运转。

② 混凝土泵启动后,应先泵送适量的水以湿润混凝土泵的料斗、活塞及输送管内壁等直接与混凝土接触的部位。

③ 确认混凝土泵和输送管中无异物后,应采取下列方法润滑混凝土泵和输送管内

壁；泵送水泥砂浆；泵送1:2的水泥砂浆；泵送与混凝土内除粗集料外的其他成分相同配合比的水泥砂浆。

④ 开始泵送时，混凝土泵应处于慢速、匀速并随时可反泵的状态。泵送速度应先慢后快，逐步加速。待各系统运转顺利后，方可以正常速度进行泵送。

⑤ 混凝土泵送应连续进行。如必须中断时，其中断时间不得超过混凝土从搅拌至浇筑完毕所允许的延续时间。

⑥ 泵送混凝土时，活塞应保持最大行程运转。

⑦ 泵送完毕时，应将混凝土泵和输送管清洗干净。

4.3.4 混凝土浇筑与振捣

浇筑混凝土前，必须对模板及其支架、钢筋和预埋件进行检查，并做好记录。符合设计要求后，清理模板内的杂物及钢筋上的油污，堵严缝隙和孔洞，方能浇筑混凝土。

1.混凝土浇筑

① 混凝土自高处倾落的自由高度不应超过2m。

② 在浇筑竖向结构混凝土前，应先在底部填以50～100mm厚与混凝土内砂浆成分相同的水泥砂浆，浇筑时不得发生离析现象。当浇筑高度超过3m时，应采用串筒、溜管或振动溜管使混凝土下落。

③ 混凝土浇筑层的厚度，应符合表4-12的规定。

表4-12 混凝土浇筑层的厚度（单位：mm）

捣实混凝土的方法		浇筑层的厚度
插入式振捣		振捣器作用部分长度的1.25倍
表面振动		200
人工捣固	在基础、无筋混凝土或配筋稀疏的结构中	250
	在梁、墙板、柱结构中	200
	在配筋密列的结构中	150
轻集料混凝土	插入式振捣	300
	表面振动（振动时需加载）	200

④ 钢筋混凝土框架结构中，梁、板、柱等构件是沿垂直方向重复出现的，所以一般按结构层次来分层施工。平面上如果面积较大，还应考虑分段进行，以便混凝土、钢筋、模板等工序能相互配合、流水施工。

⑤ 在每一施工层中，应先浇筑柱或墙。在每一施工段中的柱或墙应该连续浇筑到

顶。每一排的柱子由外向内对称顺序进行,防止由一端向另一端推进,致使柱子模板逐渐受推而发生倾斜。柱子浇筑完后,应停歇 1~2h,使混凝土获得初步沉实,待有了一定强度后,再浇筑梁板混凝土。梁和板应同时浇筑混凝土;只有当梁高在 1m 以上时,为了施工方便,才可以单独先行浇筑。

⑥ 浇筑混凝土应连续进行。当必须间歇时,其间歇时间宜缩短,并应在前层混凝土凝结前,将次层混凝土浇筑完毕。一般情况下,混凝土运输、浇筑及间歇的全部时间不得超过表 4-13 的规定,当超过时应留置施工缝。在浇筑与柱和墙连成整体的梁和板时,应在柱墙浇筑完后停歇 1~1.5h,再继续浇筑,梁和板宜同时浇筑混凝土。拱和高度大于 1m 的梁等结构,可单独挠筑混凝土。在混凝土浇筑过程中,应经常观察模板、支架、钢筋、预埋件和预留孔洞的情况,当发现有变形、移位时,应及时采取措施进行处理。

表 4-13 混凝土运输、浇筑和间歇的允许时间(单位:min)

混凝土强度等级	气 温	
	不高于 25℃	高于 25℃
不高于 C30	210	180
高于 C30	180	150

2.施工缝的留置

由于施工技术和施工组织上的原因,不能连续将结构整体浇筑完成,并且间歇的时间预计将超出表 4-13 规定的时间时,应预先选定适当的部位设置施工缝。施工缝的位置应设置在结构受剪力较小且便于施工的部位。

(1)施工缝的处理

① 所有水平施工缝应保持水平,并做成毛面,垂直缝处应支模浇筑,施工缝处的钢筋均应留出,不得切断。为防止在混凝土或钢筋混凝土内产生沿构件纵轴线方向错动的剪力,柱、梁施工缝的表面应垂直于构件的轴线;板的施工缝应与板的表面垂直;梁、板亦可留企口缝,但企口缝不得留斜槎。

② 在施工缝处继续浇筑混凝土时,已浇筑的混凝土抗压强度应≥1.2N/mm。先消除硬化的混凝土表面上的水泥薄膜和松动石子以及软混凝土层,并加以充分湿润和冲洗干净,不积水,然后在施工缝处铺一层水泥浆或与混凝土内成分相同的水泥砂浆。浇筑混凝土时,应细致捣实,使新旧混凝土紧密结合。

③ 承受动力作用的设备基础的施工缝,在水平施工缝上继续浇筑混凝土前,应对地脚螺栓进行一次观测校准。标高不同的两个水平施工缝,其高低结合处应留成台阶形,且台阶的高宽比不得大于 1.0。垂直施工缝应加插钢筋,其直径为 12~16mm,长度为 500~600mm,间距为 500mm。在台阶式施工缝的垂直面上也应补插钢筋。施工缝的混凝土表面应凿毛,在继续浇筑混凝土前,应用水冲洗干净,湿润后在表面上抹一层 10~15mm 厚与混凝土内成分相同的水泥砂浆;继续浇筑混凝土时,该处应仔细捣实。

④ 后浇缝宜做成平直缝或阶梯缝,钢筋不切断。后浇缝应在其两侧混凝土龄期达到 30~40d 后,将接缝处混凝土凿毛、洗净、湿润、刷一层水泥浆,再用强度不低于两侧混凝土的补偿收缩混凝土浇筑密实,并养护 14d 以上。

(2) 混凝土浇筑中常见的施工缝留设位置及方法

① 柱的施工缝留。柱的施工缝留在基础的顶面、梁或吊车梁牛腿的下面或吊车梁的上面、无梁楼板柱帽的下面(如图 4-24 所示)。在框架结构中(如梁的负筋弯入柱内)施工缝可留在这些钢筋的下端。

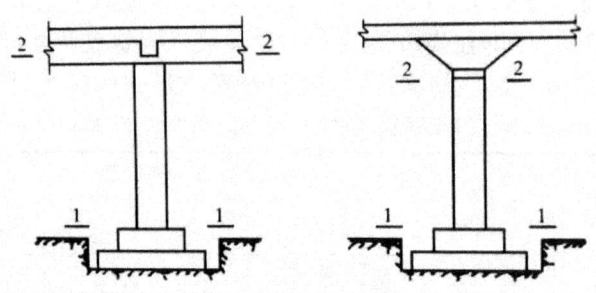

1-1、2-2—施工缝位置

图 4-24 柱子施工缝位置

② 梁板、肋形楼板施工缝留置应符合下列要求:

a.与板连成整体的大截面梁,留在板底面以下 20~30mm 处;当板下有梁托时,留在梁托下部。单向板可留置在平行于板的短边的任何位置(但为方便施工缝的处理,一般留置在跨中 1/3 跨度范围内)。

b.在主、次梁的肋形楼板,宜顺着次梁方向浇筑,施工缝底留置在次梁跨度中间 1/3 范围内无负弯矩钢筋与之相交叉的部位(如图 4-25 所示)。

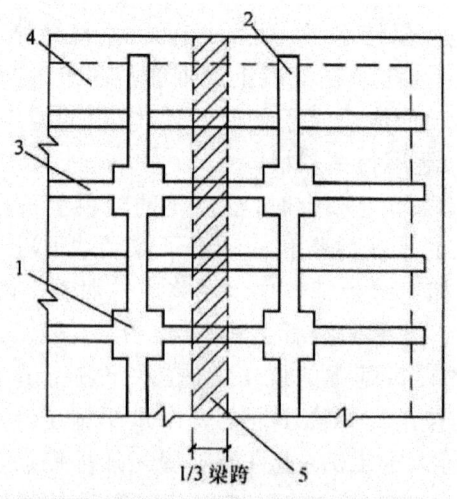

1—柱;2—主梁;3—次梁;4—楼板;5—按次梁方向浇筑混凝土,可留施工缝范围

图 4-25 有主、次梁楼板施工缝的留置

③ 墙施工缝宜留置在门洞口过梁跨中 1/3 跨度范围内,也可留在纵横墙的交接处。
④ 楼梯、圈梁施工缝留置应符合下列要求:
a. 楼梯施工缝留设在楼梯段跨中 1/3 跨度范围内无负弯矩筋的部位。
b. 圈梁施工缝留置在非砖墙交接处、墙角、墙垛及门窗洞范围内。
⑤ 箱形基础施工缝的留置。箱形基础的底板、顶板与外墙的水平施工缝设在底板顶面以上及顶板底面以下 300～500mm 为宜,接缝宜设钢板、橡胶止水带或凸形企口缝。底板与内墙的施工缝可设在底板与内墙交接处,而顶板与内墙的施工缝,其位置应视剪力墙插筋的长短而定,一般在 1000mm 以内即可。箱形基础外墙垂直施工可设在离转角 1000mm 处,采取相对称的两块墙体一次烧筑施工,间隔 5～7d,待收缩基本稳定后,再浇另一相对称墙体。内隔墙可在内墙与外墙交接处留施工缝,一次浇筑完成,内墙本身一般不再留垂直施工缝(如图 4-26 所示)。

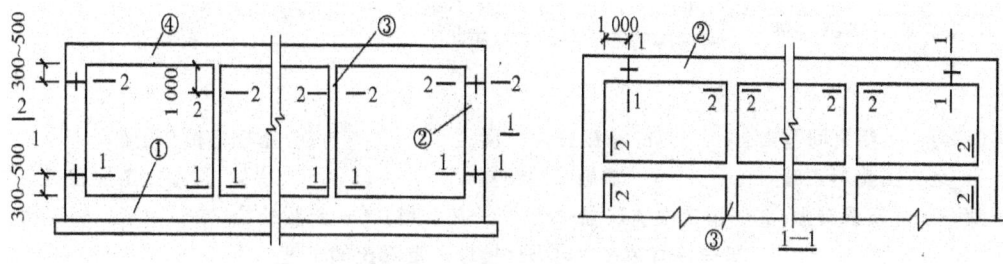

①—底板;②—外墙;③—内隔墙;④—顶板
1-1、2-2—施工缝位置
图 4-26 箱型基础施工缝的留置

⑥ 地坑、水池施工缝的留置。底板与立壁施工缝,施工缝可留在立壁上距坑(池)底板混凝土面上部 200～500mm 的范围内,转角宜做成圆角或折线形,顶板与立壁施工缝留在板下部 20～30mm 处(如图 4-27a 所示),大型水池可在从底板、池壁到顶板的中部留设后浇带,使之形成环状(如图 4-27b 所示)。

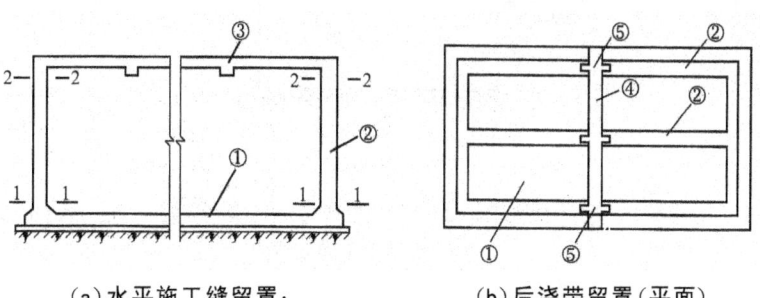

(a)水平施工缝留置; (b)后浇带留置(平面)
①—底板;②—墙壁;③—顶板;④—底板后浇带;⑤—墙壁后浇带
1-1、2-2- 施工缝位置
图 4-27 地坑、水池施工缝的留置

⑦ 大型设备基础施工缝应符合下列要求:
a. 受动力作用的设备基础互不相依的设备与机组之间、输送辊道与主基础之间可

留垂直施工缝,但与地脚螺栓中心线间的距离不得小于 250mm,且不得小于螺栓直径（d）的 5 倍（如图 4-28a 所示）。

b.水平施工缝可留在低于地脚螺栓底端,与地脚螺栓底端的距离应大于 150mm；当地脚螺栓直径小于 30mm 时,水平施工缝可留置在不小于地脚螺栓埋入混凝土部分总长度的 3/4（如图 4-28b 所示）。水平施工缝亦可留置在基础底板与上部块体或沟槽交界处（如图 4-25c 所示）。

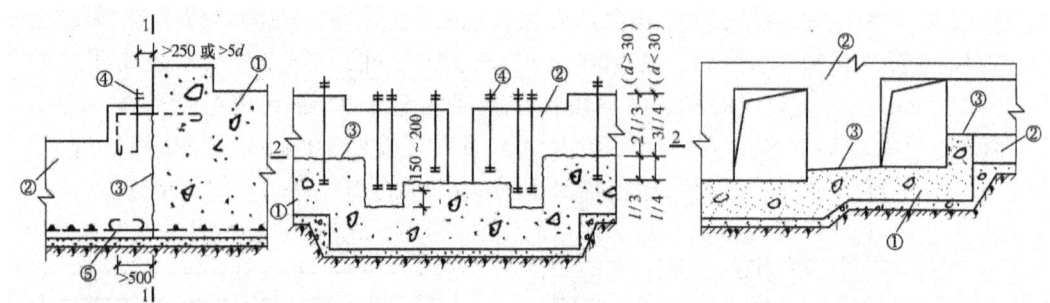

（a）两台机组之间适当　　　（b）基础分两次浇　　　（c）基础底板与上部
　　地方留置施工缝　　　　　筑施工缝留置　　　　　　块体、沟槽施工缝留置

①—第一次浇筑混凝土；②—第二次浇筑混凝土；③—施工缝；④—地脚螺栓；⑤—钢筋；d—地脚地脚螺栓直径；l—地脚螺栓埋入混凝土的长度

图 4-28　大型设备基础施工缝的留置

c.对受动力作用的重型设备基础不允许留施工缝时,可在主基础与辅助设备基础、沟道、辊道之间受力较小的部位留设后浇缝（如图 4-29 所示）。

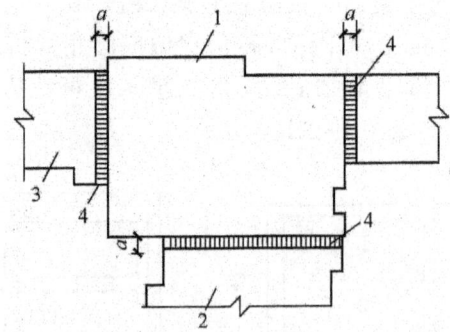

1—主体基础；2—辅助基础；3—辊道或沟道；4—后浇缝；a—后浇缝宽度

图 4-29　后浇缝留置

3.混凝土的振捣

① 每一振点的振捣延续时间,应使混凝土表面呈现浮浆且不再沉落。

② 当采用插入式振动器时,捣实普通混凝土的移动间距,不宜大于振捣器作用半径的 1.5 倍（如图 4-30 所示）。捣实轻集料混凝土的移动间距,不宜大于其作用半径；振捣器与模板的距离,不应大于其作用半径的 0.5 倍,并应避免碰撞钢筋、模板、预埋件

等。振捣器插入下层混凝土内的深度不应小于50mm。一般每点振捣时间为20~30s。

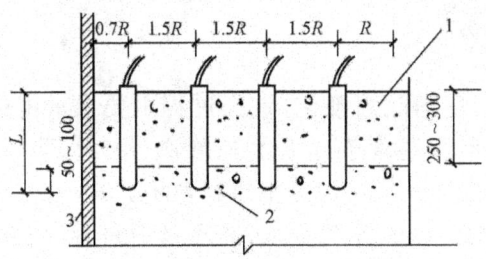

1—新浇筑的混凝土；2—下层已振捣但尚未初凝的；3—模板；R—振动器的有效作用半径

图 4-30　插入式振动器的插入深度

使用高频振动器时，振捣时间最短不应少于10s，应使混凝土表面呈水平，且以不再显著下沉、不再出现气泡、表面泛出灰浆为准。振动器插点要均匀排列，可采用行列式或交错式，以图4-31所示的次序移动，不应混用，以免造成混乱而发生漏振。

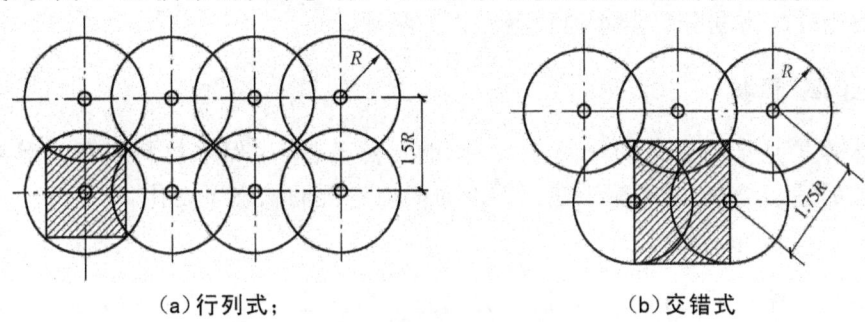

（a）行列式；　　　　　　　　　　　（b）交错式

R—振动器的有效作用半径

图 4-31　振捣点的布置

③ 采用表面振动器时，在每个位置上应连续振动一定时间，正常情况下为25~40s，但以混凝土面均匀出现浆液为准。移动时应成排依次振动前进，前后位置和排与排间应相互搭接30~50mm，防止漏振。振动倾斜混凝土表面时，应由低处逐渐向高处移动，以保证混凝土振实。表面振动器的有效作用深度，在无筋及单筋平板中为200mm，在双筋平板中约为120mm。

④ 采用外部振动器时，振动时间和有效作用随结构形状、模板坚固程度、混凝土坍落度及振动器功率大小等各种因素而定。一般每隔1~1.5m的距离设置一个振动器。当混凝土呈水平面且不再出现气泡时，可停止振动。必要时应通过试验确定振动时间。待混凝土入模后方可开动振动器。混凝土浇筑高度要高于振动器安装部位。当钢筋较密和构件断面较深较窄时，亦可采取边浇筑边振动的方法。

外部振动器的振动作用深度在250mm左右。当构件尺寸较厚时，需在构件两侧安设振动器同时进行振捣。

4.3.5 混凝土养护

混凝土浇筑捣实后,逐渐凝固硬化,这个过程主要由水泥的水化作用来实现,而水化作用必须在适当的温度和湿度条件下才能完成。因此,为了保证混凝土有适宜的硬化条件,使其强度不断增长,必须对混凝土进行养护。

混凝土浇筑后,如气候炎热、空气干燥,若不及时进行养护,混凝土中的水分蒸发过快,易出现脱水现象,使已形成凝胶体的水泥颗粒不能充分水化,不能转化为稳定的结晶,缺乏足够的黏结力,从而会使混凝土表面出现片状或粉状剥落,影响混凝土的强度。此外,在混凝土尚未具备足够的强度时,水分过早地蒸发,还会产生较大的变形,出现干缩裂缝,影响混凝土的整体性和耐久性。因此,混凝土养护绝不是一件可有可无的事,而是一个重要的环节,应严格按照规定要求进行。

混凝土养护方法分自然养护和蒸汽养护两种。

1. 自然养护

自然养护是指利用平均气温高于5℃的自然条件,用保水材料或草帘等对混凝土加以覆盖后适当浇水,使混凝土在一定的时间内在湿润状态下硬化。

(1) 开始养护时间

当最高气温低于25℃时,混凝土浇筑完毕后应在12h以内开始养护;最高气温高于25℃时,应在6h以内开始养护。

(2) 养护天数

浇水养护时间的长短视水泥品种而定,用硅酸盐水泥、普通硅酸盐水泥和矿渣硅酸盐水泥拌制的混凝土,不得少于7昼夜;用火山灰质硅酸盐水泥和粉煤灰硅酸盐水泥拌制的混凝土或有抗渗性要求的混凝土,不得少于14昼夜。混凝土必须养护至其强度达到1.2MPa以后,方准在其上踩踏和安装模板及支架。

(3) 浇水次数

浇水次数的确定应以使混凝土保持适当的湿润状态为准。养护初期,水泥的水化反应较快,需水也较多,所以要特别注意在浇筑以后头几天的养护工作。此外,在气温高、温度低时,应增加洒水的次数。

(4) 喷洒塑料薄膜养护

将过氯乙烯树脂塑料溶液用喷枪喷洒在混凝土表面,溶液挥发后在混凝土表面形成一层塑料薄膜,使混凝土与空气隔绝,阻止水分的蒸发,以保证水化作用的正常进行。这种薄膜在养护完成后能自行老化脱落。这种养护方法适用于不易洒水养护的高耸构筑物和大面积混凝土结构。

2.蒸汽养护

蒸汽养护就是将构件放置在有饱和蒸汽或蒸汽空气混合物的养护室内,在较高的温度和相对湿度的环境中进行养护,以加速混凝土的硬化,使混凝土在较短的时间内达到规定的强度标准值。蒸汽养护过程分为静停、升温、恒温、降温四个阶段。

(1) 静停阶段

混凝土构件成型后在室温下停放养护,时间为 2~6h,以防止构件表面产生裂缝和疏松现象。

(2) 升温阶段

此阶段是构件的吸热阶段。升温速度不宜过快,以免构件表面和内部产生过大温差而出现裂纹。对于薄壁构件(如多肋楼板、多孔楼板等),升温速度不得超过 25℃/h;其他构件不得超过 20℃/h;用干硬性混凝土制作的构件,不得超过 40℃/h。

(3) 恒温阶段

此阶段是升温后温度保持不变的时间。此时强度增长最快,这个阶段应保持 90%~100%的相对湿度,最高温度不得大于 95℃,时间为 3~5h。

(4) 降温阶段

此阶段是构件散热过程。降温速度不宜过快,不得超过 10℃/h。出池后,构件表面与外界温差不得大于 20℃。

4.3.6 混凝土结构工程冬期施工

根据当地多年气温资料,室外日平均气温连续 5d 稳定低于 5℃时,混凝土结构工程应按冬期施工要求组织施工。冬期施工时,气温低,水泥水化作用减弱,新浇混凝土的强度提高明显地延缓。当温度降至 0℃以下时,水泥水化作用基本停止,混凝土强度亦停止提高。特别是温度降至混凝土冰点温度以下时,混凝土中的游离水开始结冰,结冰后的水体积膨胀约 9%,在混凝土内部产生冰胀应力,致使结构强度降低。受冻的混凝土在解冻后,其强度虽能继续提高,但已不能达到原设计的强度等级。试验证明,混凝土的早期冻害是由于内部析水结冰所致。混凝土在浇筑后立即受冻,抗压强度损失约 50%,抗拉强度损失约 40%。试验证明,混凝土遭受冻结带来的危害与遭冻的时间早晚、水胶比、水泥强度等级、养护温度等有关。

冬期浇筑的混凝土在受冻以前必须达到的最低强度,称为混凝土受冻临界强度。

在受冻前,不同的混凝土受冻临界强度应达到如下标准:硅酸盐水泥或普通硅酸盐水泥配制的混凝土不得低于其设计强度标准值的 30%;矿渣硅酸盐水泥配制的混凝土不得低于其设计强度标准值的 40%;C10 及其以下的混凝土的强度不得低于 5.0N/mm^2;掺防冻剂的混凝土,温度降低到防冻剂规定温度以下时,混凝土的强度不得低于 3.5N/mm²。

1. 混凝土冬期施工的一般规定

一般情况下,混凝土冬期施工要求在常温下浇筑、养护,使混凝土强度在冰冻前达到受冻临界强度。在冬期施工时对原材料和施工过程均要求有必要的措施,来保证混凝土的施工质量。

(1)对材料的要求及加热

① 冬期施工中配制混凝土用的水泥,应优先选用活性高、水化热大的硅酸盐水泥和普通硅酸盐水泥。水泥的强度等级不应低于 42.5 级,最小水泥用量不宜少于 300kg/m³,水胶比不应大于 0.6。使用矿渣硅酸盐水泥时,宜采用蒸汽养护;使用其他品种的水泥,应注意其中掺和材料对混凝土抗冻、抗渗等性能的影响。冷混凝土法施工宜优先选用含引气成分的外加剂,含气量宜控制在 2%~4%。掺用防冻剂的混凝土,严禁使用高铝水泥。

② 混凝土所用集料必须清洁,不得含有冰、雪等冰结物及易冻裂的矿物质。冬期集料所用储备场地应选择地势较高、不积水的地方。

③ 冬期施工对组成混凝土材料的加热,应优先考虑加热水,因为水的热容量大,加热方便,但加热温度不得超过表 4-14 所规定的数值。当水、集料达到规定温度仍不能满足热工计算要求时,可提高水温到 100℃,但水泥不得与 80℃以上的水直接接触。

常用加热水的方法有三种,即用锅烧水、用蒸汽加热水和用电极加热水。水泥不得直接加热,使用前宜运入暖棚存放。

冬期施工拌和混凝土的砂、石温度要符合热工计算需要的温度。集料加热的方法有:将集料放在底下加温的铁板上面直接加热,或者通过蒸汽管、电热线加热等。但不得用火焰直接加热集料,并应控制加热温度(表 4-14)。加热的方法可因地制宜,以蒸汽加热法为好,其优点是加热温度均匀,热效率高,缺点是集料中的含水量增加。

表 4-14 拌和水及集料的最高温度(单位:℃)

序号	水泥品种及强度等级	拌和水	集料
1	强度等级小于 42.5 级的普通硅酸盐水泥、矿渣硅酸盐水泥	80	60
2	强度等级大于或等于 42.5 级的普通硅酸盐水泥、矿渣硅酸盐水泥	60	40

④ 钢筋冷拉可在负温下进行,但冷拉温度不宜低于 -20℃。当采用控制应力方法时,冷拉控制应力较常温下提高 30N/mm²;采用冷拉率控制方法时,冷拉率与常温时相同。钢筋的焊接宜在室内进行。如必须在室外焊接,最低气温不得低于 -20℃,且要有防雪和防风措施。刚焊接的接头严禁立即碰到冰雪,以避免造成冷脆现象。

⑤ 冬期浇筑的混凝土,宜使用无氯盐类防冻剂;对抗冻性要求高的混凝土,宜使用引气剂或引气减水剂。

(2) 混凝土的搅拌、运输和浇筑

① 混凝土的搅拌。混凝土不宜露天搅拌，应尽量搭设暖棚，优先选用大容量的搅拌机，以减少混凝土的热损失。混凝土搅拌时间应根据各种材料的温度情况，考虑相互间的热平衡过程，可通过试拌确定延长的时间，一般为常温搅拌时间的 1.25～1.5 倍。拌和混凝土的最短时间应符合规定。搅拌混凝土时，集料中不得带有冰、雪及冻土。拌制掺用防冻剂的混凝土，当防冻剂为粉剂时，可按要求掺量直接撒在水泥土面，和水泥同时投入；当防冻剂为液体时，应先配制成规定浓度的溶液，然后再根据使用要求，用规定浓度的溶液再配制成施工溶液。各种溶液应分别置于有明显标志的容器内，不得混淆。每班使用的外加剂溶液应一次配成。

配制与加入防冻剂，应设专人负责并做好记录，严格按剂量要求掺入。

混凝土拌合物的出机温度不宜低于 10℃。

② 混凝土的运输。混凝土的运输过程是热损失的关键阶段，应采取必要的措施减少混凝土的热损失，同时应保证混凝土的和易性。常用的主要措施为减少运输时间和距离，使用大容积的运输工具并采取必要的保温措施，保证混凝土入模温度不低于 5℃。

③ 混凝土的浇筑。混凝土在浇筑前，应清除模板和钢筋上的冰雪和污垢，尽量加快混凝土的浇筑速度，防止热量散失过多。当采用加热养护时，混凝土养护前的温度不得低于 2℃。

2. 混凝土冬期施工方法

混凝土冬期施工主要有蓄热法、蒸汽加热法、电热法、暖棚法和掺外加剂法等。无论采用什么方法，均应保证混凝土在冻结以前，至少应达到临界强度。

(1) 蓄热法

蓄热法就是将具有一定温度的混凝土浇筑完后，在其表面用草帘、锯末、炉渣等保温材料加以覆盖，避免混凝土的热量和水泥的水化热散失太快，保证混凝土在冻结前达到所要求的强度的一种冬期施工方法。

蓄热法适用于室外最低气温不低于－15℃时，地面以下的工程结构表面系数（结构冷却的表面积与其全部体积的比值）不大于 5 的结构混凝土的冬期养护。如选用适当的保温材料，采用快硬早强水泥，在混凝土外部进行早期短时加热和采取掺入强型外加剂等措施，则可进一步扩大蓄热法的应用范围。蓄热法是混凝土冬期施工较经济、简单而有效的方法。

(2) 蒸汽加热法

蒸汽加热法就是利用蒸汽使混凝土保持一定的温度和湿度，以加速混凝土硬化。蒸汽加热法除预制厂用的蒸汽养护窑外，在现浇结构中还有汽套法、毛管法和构件内部通汽法等。

① 汽套法，是在构件楼板外再加设密封的套板模，在套板内通入蒸汽加热养护混

凝土。模板与套板间的空隙不宜超过150mm。汽套法加热均匀,但设备复杂、费用大,只适宜在特殊条件下用于养护梁、板等水平构件。

② 毛管法,是把模板内侧做成凹槽,凹槽上盖以钢板,在凹槽内通入蒸汽进行加热。毛管法用汽少、加热均匀,适用于养护柱、墙等垂直结构。此外,也有在大模板的背面装设蒸汽管道,再用薄钢板封闭,适当加以保温的做法,用于大模板工程冬期施工。

③ 构件内部通汽法,是在浇筑构件时先预留孔道,再将蒸汽送入孔道内加热混凝土,待混凝土达到要求的强度后,随即用砂浆或细石混凝土灌入孔道内加以封闭。

采用蒸汽加热的混凝土,宜选用矿渣水泥及火山灰水泥,严禁使用矾土水泥。普通水泥的加热温度不得超过80℃,矿渣水泥与火山灰水泥的加热温度可提高到85℃~95℃,湿度必须保持在90%~95%。为了避免温差过大,防止混凝土产生裂缝,应严格控制混凝土的升温速度与降温速度:当表面系数 $M \geq 6$ 时,升温速度不大于15℃/h,降温速度不大于10℃/h;当表面系数 $M < 6$ 时,升温速度不大于10℃/h,降温速度不大于5℃/h。模板和保温层,应在混凝土冷却到5℃后方可拆除。当混凝土与外界的温差大于20℃时,拆模后的混凝土表面还应用保温材料临时覆盖,使其缓慢冷却。未完全冷却的混凝土有较高的脆性,要避免承受冲击或动荷载,以防开裂。

(3)电热法

电热法是利用电流通过不良导体混凝土或电阻丝所发出的热量来养护混凝土。电热法主要有电极法和电热器法两类。

① 电极法,即在新浇筑的混凝土中,每隔一定间距(200~400mm)插入电极($\phi 6 \sim \phi 12$ 短钢筋),接通电源,利用混凝土本身的电阻,变电能为热能。电热时,要防止电极与钢筋接触而引起短路。对于较薄的构件,也可将薄钢板固定在模板内侧作为电极。

② 电热器法,是利用电流通过电阻丝产生的热量进行加热养护。根据需要,电热器可制成板状,用以加热现浇楼板;也可制成针状,用以加热装配整体式的框架接点。对于用大模板施工的现浇墙板,则可用电热模板(大模板背面装电阻丝形成热夹具层,其外用薄钢板包矿渣棉封严)加热。

电热法应采用交流电(因直流电会使混凝土内的水分分解),电压为50~110V,以免产生强烈的局部过热和混凝土脱水现象。只有在无筋或少筋结构中,才允许采用电压为120~220V 的电流加热。电热应在混凝土表面覆盖后进行。电热过程中,应注意观察混凝土外露表面的温度。当表面开始干燥时,应先断电,并浇温水湿润混凝土表面。电热法养护混凝土的温度应符合表4-15的规定,当混凝土强度达到设计强度的50%时,即可停止电热。

表4-15 电热法养护混凝土的温度(单位:℃)

水泥强度等级	结构表面温度		
	<10	10~15	>15
32.5	70	50	45
42.5	40	40	35

(4) 暖棚法

暖棚法是在混凝土浇筑地点用保温材料搭设暖棚,在棚内采暖,使温度升高,可使混凝土养护如同在常温中一样。

采用暖棚法养护时,棚内温度不得低于5℃,并应保持混凝土表面湿润。

(5) 掺外加剂法

不同性能的外加剂,可以起到抗冻、早强、促凝、减水、降低冰点等作用,能使混凝土在负温下继续硬化,而无须采取任何加热保温措施,这是混凝土冬期施工的一种有效方法。这种方法可以简化施工、节约能源,还可改善混凝土的性能。

学习案例:

某监理单位与业主签订了某钢筋混凝土结构工程施工阶段的监理合同。监理部有总监理工程师1人和专业监理工程师若干人。专业监理工程师例行现场检查、旁站实施监理工作。在监理过程中,发现以下一些问题:

(1)某层钢筋混凝土墙体,由于绑扎钢筋困难,无法施工。施工单位未通报监理工程师就把墙体钢筋移动了位置。

(2)某层一钢筋混凝土柱,钢筋绑扎已检查、签证,模板经过预检验收,浇筑混凝土过程中及时发现模板胀模。

(3)某层钢筋混凝土墙体,钢筋绑扎后未经检查验收,即擅自合模封闭,正准备浇筑混凝土。

(4)某层楼板钢筋经监理工程师检查签证后,即进行浇筑楼板混凝土。混凝土浇筑完成后,发现楼板中设计的预埋电线暗管未通知电气专业监理工程师检查签证。

(5)某层钢筋骨架焊接正在进行中,监理工程师检查发现有2人未经技术资质审查认可。

(6)某楼层一房间钢门框经检查符合设计要求。日后检查发现门销已经焊接,门扇已经安装,门扇反向,经检查施工符合设计图纸要求。

想一想:

以上各项问题应如何处理?

案例分析:

对于事件(1)应指令停工,组织设计和施工单位共同研究处理方案。如需变更设计,指令施工单位按变更后的设计图施工;否则,审核施工单位新的施工方案,指令施工单位按原图施工。

对于事件(2)应指令停工,检查胀模原因,指示施工单位加固处理;经检查认可后,通知继续施工。

对于事件(3)应指令停工,下令拆除封闭模板,使其满足检查要求;经检查认可后,通知复工。

对于事件(4)应指令停工,进行隐蔽工程检查。若隐检合格,签证复工;若隐检不合格,下令返工。

对于事件(5)应通知该电焊工立即停止操作,检查其技术资质证明。若审查认可,可继续进行操作;若无技术资质证明,不得再进行电焊操作。对其完成的焊接部分进行质量检查。

对于事件(6)应报告业主,与设计单位联系,要求更正设计,指示施工单位按更正后的图纸返工。所造成的损失,应给予施工单位补偿。

本章小结

本学习情境主要介绍混凝土工程中的模板工程、钢筋工程和混凝土工程等内容。在模板工程中以木模板和组合钢模板为学习模板的基础,掌握模板的构造组成及安装、模板的设计与拆除、模板施工质量检查与验收。钢筋工程主要包括钢筋的分类及验收堆放,钢筋的加工、连接、配料、代换和安装方法等。其中,钢筋的冷拉控制方法及冷拔应重点掌握,钢筋的连接中闪光对焊和电弧焊在工程中应用较广,也应作为学习的主要内容。混凝土工程包括混凝土的配料、搅拌、运输、浇筑、振捣与养护,应根据各工地实际的粗、细集料含水率进行现场混凝土施工配料,了解自落式和强制式搅拌机的正确选择和使用。另外,控制好搅拌时间是搅拌好混凝土的关键,对提高混凝土的质量和节约水泥很有意义。

练习题

一、选择题

1.某梁的跨度为6m,采用钢模板、钢支柱支模时,其跨中起拱高度应为( )。
  A.1mm   B.2mm   C.4mm   D.8mm

2.在混凝土结构施工中,拆装方便、通用性较强、周转率高的模板是( )。
  A.大模板   B.组合钢模板   C.滑升模板   D.爬升模板

3.某跨度为2m、设计强度为C30的现浇混凝土平板,当混凝土强度至少达到( )时方可拆除底模。
  A.15N/mm^2 B.21N/mm^2 C.22.5N/mm^2 D.10N/mm^2

4.某悬挑长度为1.5m、强度为C30的现浇阳台板,当混凝土强度至少达到( )时方可拆除底模。
  A.15N/mm^2 B.22.5N/mm^2 C.21N/mm^2 D.30N/mm^2

5.某跨度为8m、强度为C30的现浇混凝土梁,当混凝土强度至少达到( )时方可拆除底模。
  A.15N/mm^2 B.21N/mm^2 C.22.5N/mm^2 D.30N/mm^2

6.当混凝土为C20,钢筋为HPB300级、直径为20mm,采用绑扎连接时,其搭接长度为( )。

A.700mm　　　　B.800mm　　　　C.900mm　　　　D.1000mm

7.对 4 根 φ20 钢筋对焊接头的外观检查结果如下,其中合格的是(　　)。
　A.接头表面有横向裂缝　　　　　　B.钢筋表面有烧伤
　C.接头弯折　　　　　　　　　　　D.钢筋轴线偏移 1mm

8.在模板安装后再进行的工序应该是(　　)。
　A.楼板钢筋安装　　　　　　　　　B.柱钢筋现场绑扎安装
　C.柱钢筋预制安装　　　　　　　　D.梁钢筋预制

9.钢筋经冷拉后不得用作(　　)。
　A.梁的箍筋　　　B.预应力钢筋　　　C.构件吊环　　　D.柱的主筋

10.在使用(　　)连接时,钢筋下料长度计算应考虑搭接长度。
　A.套筒挤压　　　B.绑扎接头　　　C.锥螺纹　　　D.直螺纹

11.当受拉钢筋采用焊接连接或机械连接时,在任一接头中心至长度为钢筋直径的 35 倍且不小于 500mm 的区段范围内,有接头钢筋的截面积占全部钢筋截面积的比值不宜大于(　　)。
　A.25%　　　　B.50%　　　　C.60%　　　　D.70%

12.已知某钢筋外包尺寸为 4500mm,钢筋两端弯钩增长值共为 200mm,钢筋中间部位弯折的量度差值为 50mm,其下料长度为(　　)mm。
　A.4750　　　　B.4650　　　　C.4350　　　　D.4250

13.在室内正常环境中使用的梁,其混凝土强度等级为 C25,其保护层厚度为(　　)。
　A.15mm　　　　B.25mm　　　　C.35mm　　　　D.45mm

14 预制钢筋混凝土受弯构件钢筋端头的保护层厚度一般为(　　)。
　A.35mm　　　　B.10mm　　　　C.25mm　　　　D.70mm

15.确定混凝土的施工配制强度,是以保证率达到(　　)为原则的。
　A.85%　　　　B.90%　　　　C.95%　　　　D.97.3%

16.浇筑墙体混凝土前,其底部应先浇(　　)。
　A.5～10mm 厚的水泥浆
　B.5～10mm 厚、与混凝土内砂浆成分相同的水泥砂浆
　C.5～100mm 厚、与混凝土内砂浆成分相同的水泥砂浆
　D.100m 厚石子增加一倍的混凝土

17.浇筑混凝土前,自由倾落高度不应超过(　　)。
　A.1.5m　　　　B.2.0m　　　　C.2.5m　　　　C.3.0m

18.混凝土施工缝宜留在(　　)。
　A.结构受剪力较小且便于施工的位置
　B.遇雨停工处
　C.结构受弯矩较小且便于施工的位置

D.结构受力复杂处

二、填空题

1. 混凝土结构工程按施工方法可分为_____和_____两类。
2. 混凝土结构工程由_____、_____、_____三部分组成,三者应协调配合进行施工。
3. 按材料的性质,模板可分为_____、_____、_____和其他模板。
4. 按施工工艺条件,模板可分为_____、_____、_____、跃升模板、水平滑动的模板和垂直滑动的模板等。
5. 组合钢模板连接配件包括 U 形卡、L 形销、_____、_____、_____、_____和_____等。
6. 组合钢模板支承件包括_____、_____、_____和_____。
7. 钢筋运到施工现场后,必须严格按_____、_____、_____、_____存放,并注明数量,不得混淆。
8. 钢筋加工的方法有_____、_____、_____、_____、_____和_____。
9. 冷拉钢筋的控制方法有_____和_____两种。
10. 钢筋调直分_____和_____两种。
11. 钢筋连接方式有_____、_____和_____三种。
12. 混凝土浇筑完毕后需在一定的_____、_____的条件下进行_____,以保证其强度达到设计值。
13. 自然养护通常在混凝土浇筑完毕后_____以内开始,洒水养护时气温应不低于_____。
14. 普通硅酸盐水泥拌制的混凝土养护时间不得少于_____,有抗渗要求的混凝土养护时间不得少于_____。

三、简答题

1. 简述梁模板支设安装的程序。
2. 简述柱模板支设安装的程序。
3. 简述模板拆模顺序。
4. 钢筋进场检验的内容有哪些?
5. 简述钢筋冷拉调直时的冷拉率的要求。
6. 钢筋机械连接方法有哪些?
7. 什么是混凝土的施工配合比?

项目五　预应力混凝土工程

【情境导入】

某项目部承接一段长 2km 城市道路工程,路幅宽度 20m,车行道 16m,两侧各 2m 的人行道。标段中含分离式立交桥一座,该桥为三路现浇预应力钢筋混凝主连续箱梁,施工期为雨季,施工前,项目施工组织设计已经由上一级批准。施工过程中发生以下事件:

(1)对于现浇钢筋混凝土七孔连续梁,项目部总工程师组织了钢筋、模板、混凝柱、架子等多工种的联合技术交底,由施工员代表交底后,在施工技术交底记录上签了字;

(2)预应力孔道摩阻值调试报告甲,给出了测定结果,施工员拿到报告后认为可以继续施工,决定继续张拉;

(3)上部结构预应力施工时,看到控应力已达到设计值,施工员随即决定停止张拉。

【案例导航】

上述施工过程中发生的做法是错误的,理由是:

(1)施工技术交底的对象是钢筋工、模板工、混凝土工、架子工。他们是接受交底人,应由这些工种的班长、组长签字,施工员不能代替签字。

(2)应力孔道摩阻值测试报告中给出的孔道摩阻值属技术参数,按规定"应由使用单位技术负责人对参数进行判别、签字认可"。施工员没有资格处理这项数据,应由项目总工程师来判定。

(3)预应力筋采用应力控制张拉时,应以伸长值进行校验,实际伸长值与理论伸长佳的差值应控制在 6% 以内,方能停止张拉。

要了解预应力筋张拉应力和预应力筋的放张,需要掌握以下相关知识:

(1)先张法的施工工艺和施工中台座、夹具、锚具、张拉设备的性能;

(2)后张法的施工工艺和施工中锚具及张拉设备的性能;

(3)后张法预应力筋的制作、预留孔道及孔道灌浆工艺;

(4)无黏结预应力束的张拉、电热张拉法的施工工艺流程。

5.1 了解先张法施工

知识目标：
(1) 了解先张法施工中台座、夹具、锚具、张拉设备的性能；
(2) 了解先张法的施工工艺；
(3) 掌握预应力筋张拉应力和预应力筋的放张。

技能目标：
(1) 通过本单元的学习，能够清楚先张法的施工工艺；
(2) 能够正确使用先张法施工设备。

先张法是在浇筑混凝土前张拉预应力筋，并将张拉的预应力筋临时固定在台座或钢模上，然后再浇筑混凝土的施工方法。待混凝土达到一定强度（一般不低于设计强度等级的75%），保证预应力筋与混凝土有足够的黏结力时，放松预应力筋，借助混凝土与预应力筋的黏结，使混凝土产生预压应力。

先张法适用于生产小型预应力混凝土构件，其生产方式有台座法和机组流水法。

台座法是构件在专门设计的台座上生产，即预应力筋的张拉与固定、混凝土的浇筑与养护及预应力筋的放张等工序均在台座上进行（如图5-1所示）。机组流水法是利用特制的钢模板，构件连同钢模板通过固定的机组，按流水方式完成其生产过程。

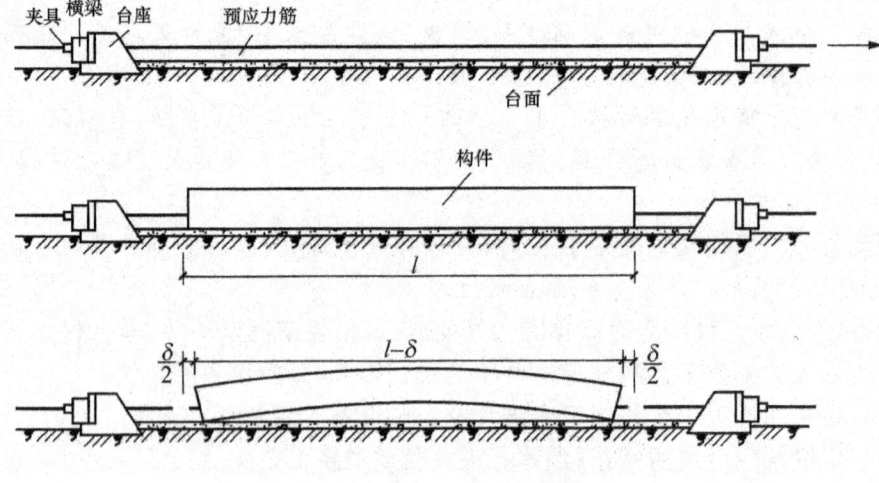

图 5-1 先张法生产示意图

5.1.1 先张法施工设备

先张法的施工设备主要有台座、夹具和张拉设备等。

1. 台座

台座是先张法生产的主要设备之一，它承受预应力筋的全部张拉力。因此，台座应有足够的强度、刚度和稳定性，以避免因变形、倾覆、滑移而引起预应力的损失。

台座按构造形式不同分为墩式和槽式两类，选用时应根据构件的种类、张拉吨位和施工条件而定。

（1）墩式台座

墩式台座由承力台墩、台面和横梁组成（如图 5-2 所示）。

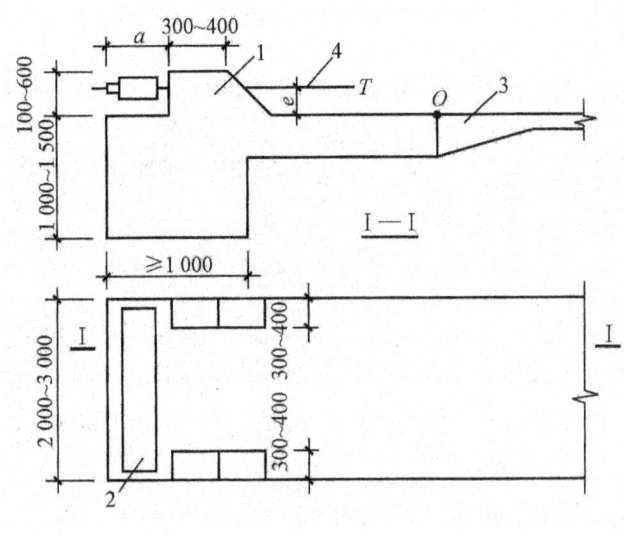

1—承力台墩；2—横梁；3—台面；4—预应力筋
图 5-2 墩式台座

台座的长度和宽度由场地大小、构件类型和产量决定，一般长度宜为 100~150m，宽度宜为 2~4m。这样既可以用钢丝长的特点，张拉一次就可生产多根（块）构件，且可以减少因钢丝滑动或台座横梁变形而引起的预应力损失。

（2）槽式台座

槽式台座由钢筋混凝土压杆和上、下横梁以及砖墙等组成（如图 5-3 所示）。

钢筋混凝土压杆是槽式台座的主要受力结构。为了便于拆移，常采用装配式结构，每段长 5~6m。为了便于构件的运输和蒸汽养护，台座以低于地面为宜，采用砖墙来挡土和防水，同时也作为蒸汽养护的保温侧墙。槽式台座的长度一般为 45~76m，适用于张拉力较高的大型构件，如吊车梁、屋架等。另外，由于槽式台座有上、下两个横梁，能进行双层预应力混凝土构件的张拉。

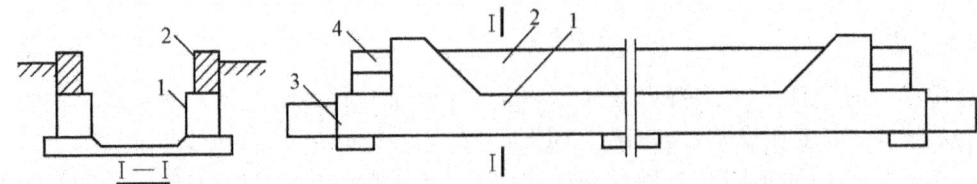

1—钢筋混凝土压杆；2—砖墙；3—下横梁；4—上横梁

图 5-3 槽式台座

2.夹具

(1)夹具的要求

① 夹具的各部件质量必须合格，预应力筋夹具组装件的锚固性能必须满足结构要求。

② 夹具的静载锚固性能，应由预应力筋夹具组装件静荷载试验测定的夹具效率系数确定。夹具效率系数 η_s 按下式计算：

$$\eta_s = \frac{F_{SPU}}{\eta_P F^O_{SPU}} \qquad (5-1)$$

式中，F_{SPU} 为预应力夹具组装件的实测极限拉力；F^O_{SPU} 为预应力夹具组装件中各根预应力钢材计算极限拉力之和；η_P 为预应力筋的效率系数，预应力筋为消除应力钢丝、钢绞线或热处理钢筋时，η_P 取 0.97。

夹具的静荷载锚固性能应满足：$\eta_s \geq 0.95$。

③ 当预应力夹具组装件达到实际极限拉力时，全部零件不应出现肉眼可见的裂缝和破坏。

④ 有良好的自锚性能。

⑤ 有良好的松锚性能。

⑥ 能多次重复使用。

(2)张拉夹具

张拉夹具有偏心式夹具和压销式夹具。

① 偏心式夹具。偏心式夹具用作钢丝的张拉，它是由一对带齿的有牙形偏心块组成的(如图 5-4 所示)。偏心块可用工具钢制作，其刻齿部分的硬度较所夹钢丝的硬度大。这种夹具构造简单，使用方便。

② 压销式夹具。压销式夹具是用于直径为 12～16mm 的 HPB300～HRB400 钢筋的张拉夹具，它是由销片和模形压销组成的(如图 5-5 所示)。销片 2、3 有与钢筋直径相适应的半圆槽，糟内有齿纹，用以拧紧钢筋。当拧紧或放松模形压销 4 时，便可夹紧或放松钢筋。

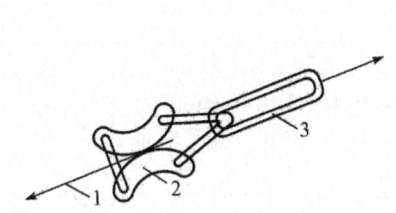
1—钢丝；2—偏心块；3—环（与张拉机械连接）

图 5-4 偏心式夹具

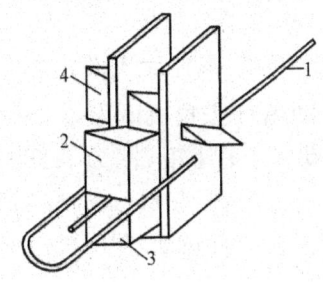
1—钢筋；2—销片（楔形）；3—销片；4—楔形压销

图 5-5 压销式夹具

（3）锚固夹具

锚固夹具有钢质锥形，夹具和墩头夹具。

①钢质锥形夹具。钢质锥形夹具主要用来锚固直径为 3~5mm 的单根钢丝的夹具（如图 5-6 所示）。

②墩头夹具。墩头夹具适用于预应力钢丝固定端的锚固（如图 5-7 所示）。

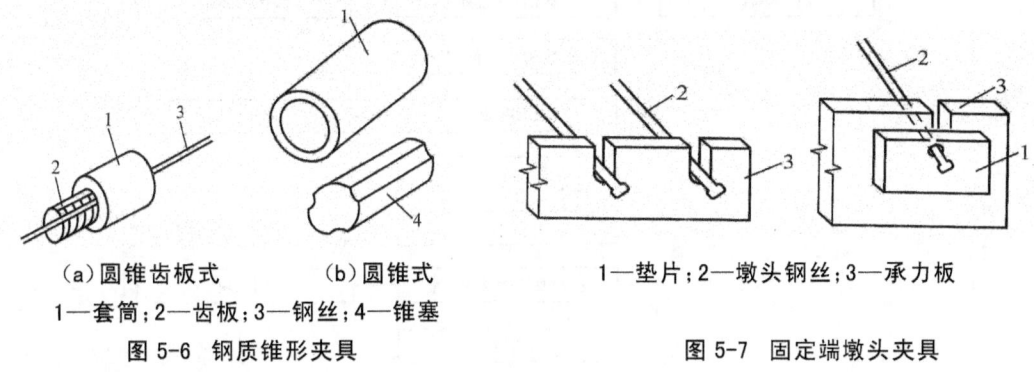

(a) 圆锥齿板式　　(b) 圆锥式
1—套筒；2—齿板；3—钢丝；4—锥塞

图 5-6 钢质锥形夹具

1—垫片；2—墩头钢丝；3—承力板

图 5-7 固定端墩头夹具

3.张拉设备

张拉设备要求工作可靠，控制应力准确，能以稳定的速度加大拉力。常用的张拉设备有油压千斤顶、电动卷扬张拉机、电动螺杆张拉机等。

（1）油压千斤顶

油压千斤顶可用来张拉单根或由多根成组的预应力筋，可直接从油压表的读数读得张拉应力值。成组张拉时，由于拉力较大，一般用油压千斤顶张拉。

（2）电动卷扬张拉机

电动卷扬张拉机主要用在长线台座上张拉冷拔低碳钢丝，常用 LYZ-1 型电动卷扬张拉机，其最大张拉力为 10kN，张拉行程为 5m，张拉速度为 2.5m/min，电动机功率为 0.75kW。该机型号分为 LYZ-1A 型（支撑式）和 LYZ-1B 型（夹轨式）两种。B 型适用于固定式大型预制场地，左右移动轻便、灵活、动作快，生产效率高；A 型适用于多处预制场地,移动变换场地方便。

(3)电动螺杆张拉机

电动螺杆张拉机既可以张拉预应力钢筋,也可以张拉预应力钢丝。它是由张拉螺杆、电动机、变速箱、测力装置、拉力架、承力架和张拉夹具等组成的,最大张拉力为600kN,张拉行程为800mm,张拉速度为2m/min,自重为400kg。为了便于工作和转移,将其装置在带轮的小车上。

5.1.2 先张法施工工艺

先张法施工工艺如图5-8所示。

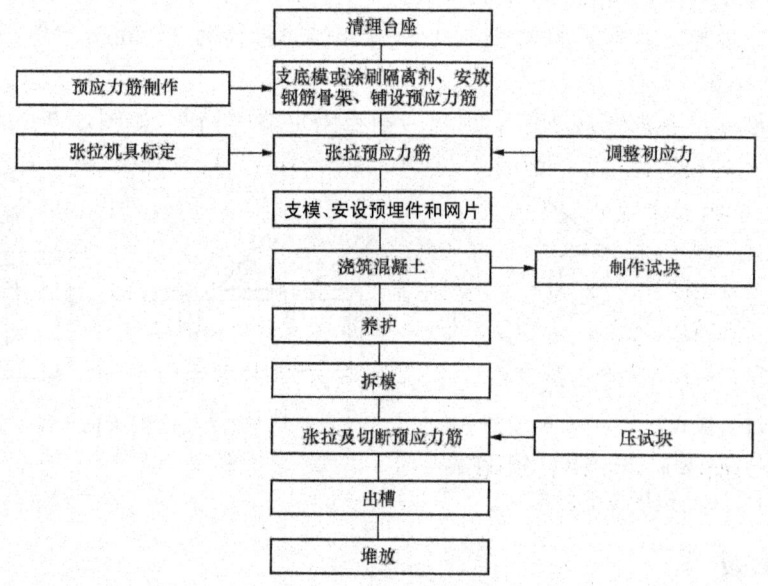

图5-8 先张法施工工艺

1.预应力筋张拉

预应力筋张拉应根据设计要求,采用合适的张拉方法、张拉顺序、张拉设备及张拉程序进行,并应有可靠的质量保证措施和安全技术措施。

预应力筋既可单根张拉,也可多根同时张拉。当预应力筋数量不多且张拉设备拉力有限时,常采用单根张拉;当预应力筋数量较多且张拉设备拉力较大时,则可采用多根同时张拉。在确定预应力筋的张拉顺序时,应考虑尽可能减少倾覆力矩和偏心力,先张拉靠近台座截面重心处的预应力筋,再轮流对称张拉两侧的预应力筋。

(1)张拉控制应力

预应力筋的张拉工作是预应力施工中的关键工序,应严格按设计要求进行。预应力筋张拉控制应力的大小直接影响预应力效果,影响到构件的抗裂度和刚度,因而控制应力不能过低。但是,控制应力也不能过高,不得超过其屈服强度,以使预应力筋处于弹性工作状态;否则,会使构件出现裂缝的荷载接近破坏荷载,这很危险。过大的超张拉会造成反拱过大,在预拉区出现裂缝也是不利的。预应力筋的张拉控制应力应符合设计要求。当施工中预应力筋需要超张拉时,可比设计要求提高5%,但其最大张拉控制应力不得超过表5-1的规定。

表5-1 张拉控制应力值和最大张拉控制应力

钢筋种类	张拉控制应力限制		超张拉最大张拉控制应力
	先张法	后张法	
消除应力钢丝、钢绞线	$0.75 f_{ptk}$	$0.75 f_{ptk}$	$0.80 f_{ptk}$
冷轧带肋钢筋	$0.70 f_{ptk}$	—	$0.75 f_{ptk}$
精轧螺纹钢筋	—	$0.85 f_{pyk}$	$0.95 f_{pyk}$

注:f_{ptk}指根据极限抗拉强度确定的强度标准值,f_{pyk}指根据屈服强度确定的强度标准值。

钢丝、钢绞线属于硬钢,冷拉热轧钢筋属于软钢。硬钢和软钢可根据它们是否存在屈服点划分,由于硬钢无明显屈服点,塑性较软钢差,所以其控制成力系数较软钢低。

(2) 张拉程序

预应力筋的张拉程序可按照下列程序之一进行:

$0 \longrightarrow 103\% \sigma_{con}$;或 $0 \longrightarrow 105\% \sigma_{con} \xrightarrow{持荷 2min} \sigma$

第一种张拉程序中,超张拉3%是为了弥补预应力筋的松弛损失,这种张拉程度施工简便,一般多采用。

第二种张拉程序中,超张拉5%并持荷2min其目的是减少力筋的松弛损失。钢筋松弛的数值与控制应力、延续时间有关,控制应力越高,松弛也就越大,同时还随着时间的延续不断增加,但在第一分钟内完成损失总值的50%左右,24小时内则完成80%。上述程序中,超张拉$5\% \sigma_{con}$持荷载2min,可以减少50%以上的松弛损失。

(3) 张拉力

预应力筋的张拉力根据设计的张拉控制应力与钢筋截面面积及超张拉系数之积而定。

$$N = m \sigma_{con} A_y \tag{5-2}$$

式中,N为预应力筋张拉力(N);m为超张拉系数,一般为1.03~1.05;σ_{con}为预应力筋张拉控制应力(N/mm²),A_y为预应筋的截面面积(mm²)。

预应力筋张拉锚固后实际应力值与工程设计规定检验值的相对允许偏差为±5%。预应力钢丝的应力可利用2CN-1型钢丝测力计(图5-9)或半导体频率测力计测量。

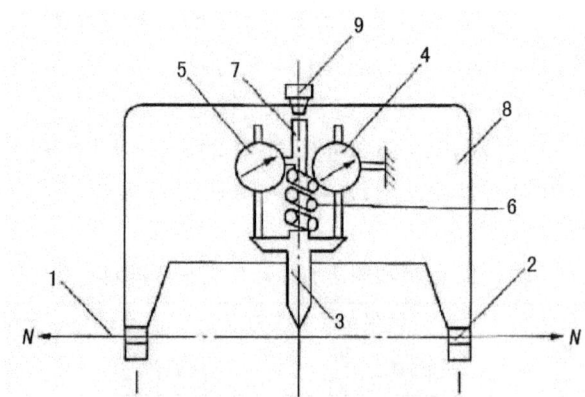

1—钢丝；2—挂钩；3—测头；4—测挠度百分表；5—测力百分表；
6—弹簧；7—推架；8—表架；9—螺钉
图 5-9 2CN-1 型钢丝测力计

2CN-1 型钢丝测力计工作时，先用挂钩 2 勾住钢丝，旋转螺钉 9 使测头与钢丝接触，此时测挠度百分表 4 和测力百分表 5 读数均为零，继续旋转螺钉 9；当测挠度百分表 4 的读数达到 2mm 时，从测力百分表 5 的读数便可知钢丝的拉力值（N）。一根钢筋要反复测定 4 次，取后 3 次的平均值为钢丝的拉力值。2CN-1 型钢丝测力计精度为 2%。

半导体频率测力计是根据钢丝应力 σ 与钢丝振动频率 ω 的关系制成的，σ 与 ω 的关系式如下：

$$\omega = \frac{1}{2l}\sqrt{\frac{\sigma}{\rho}} \tag{5-3}$$

式中，l 为钢丝的自由度振动长度（mm）；ρ 为钢丝的密度（g/cm²）。

（4）张拉伸长值校核

采用应力控制方法张拉时，应校核预应力筋的伸长值，如实际伸长值比计算伸长值大 10%或小 5%，应暂停张拉，在查明原因、采取措施予以调整后，方可继续张拉。

预应力筋的计算伸长值可按下式计算：

$$l = \frac{F_p l}{A_p E_s} \tag{5-4}$$

式中，F_p 为预应力筋的平均张拉力（kN），直线筋取张拉端的拉力，两端张拉的曲线筋取张拉端的拉力与跨中扣除孔道摩阻损失后拉力的平均值；A_p 为预应力筋的截面面积（mm²）；l 为预应力筋的长度（mm）；E_s 为预应力筋的弹性模量（kN/mm²）。

2. 混凝土浇筑和养护

混凝土的强度等级不得小于 C30，构件应避开台面的温度缝。当不能避开时，在温度缝上可先铺薄钢板或垫油毡，然后再浇筑混凝土。为保证钢丝与混凝土有良好的黏结，浇筑时振动器不应碰撞钢丝，混凝土未达到一定强度前，也不允许碰撞或踩动钢丝。

混凝土的用水量和水泥用量必须严格控制。混凝土必须振捣密实,以减少混凝土由于收缩徐变而引起的预应力损失。

采用重叠法生产构件时,应待下层构件的混凝土强度达到 5MPa 后,方可浇筑上层构件的混凝土。一般当平均温度高于 20℃时,每两天可叠捣一层。气温较低时,可采用早强措施,以缩短养护时间,加速台座周转,提高生产效率。

如果在这种情况下,混凝土逐渐硬结,则在混凝土硬化前,预应力筋由于温度升高而引起的应力降低,将永远不能恢复,这就是温差引起的预应力损失(简称温差应力损失)。为了减少温差应力损失,必须保证在混凝土达到一定强度前,温差不能太大(一般不超过 20℃)。故采用湿热养护时,应先按设计允许的温差加热,待混凝土强度达 7.5MPa(粗钢筋配筋)或 10MPa(钢丝、钢绞线配筋)以上后,再按一般升温制度养护。这种养护制度又称为"二次升温养护"。在采用机组流水法用钢模制作、湿热养护时,由于钢模和预应力筋同时伸缩,所以不存在因温差而引起的预应力损失,因此可采用一般加热养护制度。

3.预应力筋放张

应根据放张要求,确定合适的放张顺序、放张方法及相应的技术措施。

(1)放张要求

先张法施工的预应力放张时,预应力混凝土构件的强度必须符合设计要求。设计无要求时,其强度不应低于设计的混凝土强度标准值的 75%。过早放张会引起较大的预应力损失或使预应力钢丝产生滑动。对于薄板等预应力较低的构件,预应力筋放张时混凝土的强度可适当降低。预应力混凝土构件在预应力筋放张前要对试块进行试压。

预应力混凝土构件的预应力筋为钢丝时,放张前,应根据预应力钢丝的应力传递长度,计算出预应力钢丝在混凝土内的回缩值,以检查预应力钢丝与混凝土黏结的效果。若实测的回缩值小于计算的回缩值,则预应力钢丝与混凝土的黏结效果满足要求,可进行预应力钢丝的放张。

预应力钢丝的理论回缩值,可按下式进行计算:

$$a = \frac{1}{2} \frac{\sigma_{y1}}{E_s} l_a \tag{5-5}$$

式中,a 为预应力钢丝的理论回缩值(mm);σ_{y1} 为第一批损失后,预应力钢丝建立起的有效预应力值(N/mm^2);E_s 为预应力钢丝的弹性模量(KN/mm^2);l_a 为预应力钢丝的传递长度(mm)。

预应力钢丝实测的回缩值,必须在预应力钢丝的应力接近 σ_{y1} 时进行测定。

(2)放张方法

可采用千斤顶、楔块、螺杆张拉架或砂箱等工具进行放张(如图 5-10 所示)。

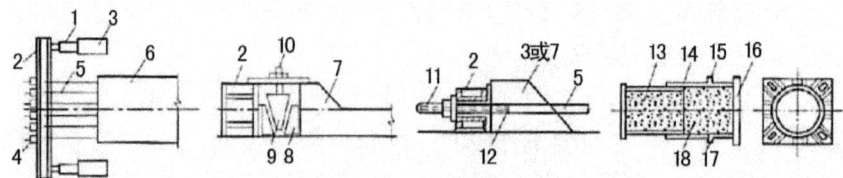

(a)千斤顶放张　　(b)楔块放张　　(c)螺杆张拉架放张　　(d)砂箱放张

1—千斤顶；2—横梁；3—承力支架；4—夹具；5—预应力筋（钢丝）；6—构件；
7—台座；8—钢块；9—钢楔块；10—螺杆；11—螺栓端杆；12—对焊接头；
13—活塞；14—钢箱套；15—进砂口；16—箱套底板；17—出砂口；18—砂子

图 5-10　预应力筋（钢丝）的放张方法

对于预应力混凝土构件，为避免预应力筋一次放张时对构件产生过大的冲击力，可利用模块或砂箱装置进行缓慢放张。

模块装置放置在台座与横梁之间。放张预应力筋时，旋转螺母使螺杆向上运动，带动模块向上移动，横梁向台座方向移动，预应力筋得到放松。

砂箱装置放置在台座与横梁之间。砂箱装置由钢制的套箱和活塞组成，内装石英砂或铁砂。预应力筋放张时，将出砂口打开，砂缓慢流出，从而使预应力筋慢慢放张。

5.2 了解后张法施工

知识目标：
(1)了解后张法施工中锚具及张拉设备的性能及施工工艺；
(2)掌握后张法预应力筋的制作；
(3)了解无黏结预应力束的张拉、电热张拉法的施工工艺流程。

技能目标：
(1)通过本单元的学习，能够清楚后张法施工的基本内容；
(2)能够根据实际情况合理地选择预应力混凝土的施工方法。

后张法是先制作混凝土构件（或块体），并在预应力筋的位置预留出相应的孔道，待混凝土强度达到设计规定数值后，穿预应力筋（束），用张拉机进行张拉，并用锚具将预应力筋（束）锚固在构件的两端，张拉力即由锚具传给混凝土构件，而使之产生预压应力，张拉完毕后在孔道内灌浆。图 5-11 为预应力混凝土后张法示意图。

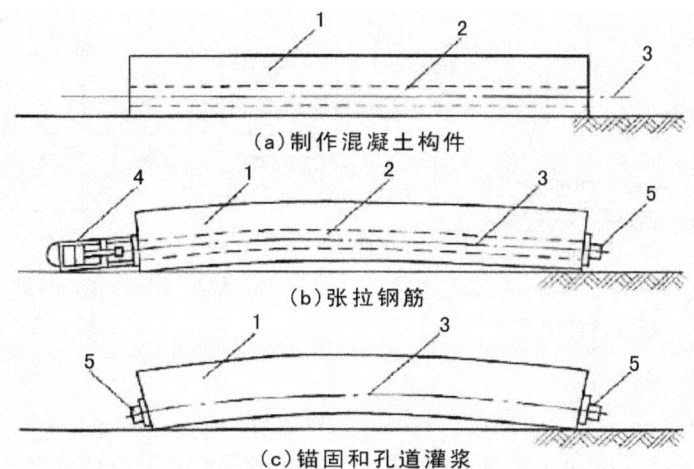

1—混凝土构件；2—预留孔道；3—预应力筋；4—千斤顶；5—锚具
图 5-11 预应力混凝土后张法示意图

5.2.1 锚具及张拉设备

1.锚具

锚具是后张法结构或构件中为保持预应力筋拉力并将其传递到混凝土所用的永久性锚固装置。锚具的类型很多，每种类型都有其一定的适用范围。按使用情况，锚具常分为单根钢筋锚具、帮条锚具、成束钢筋锚具和钢丝束锚具等。

（1）单根钢筋锚具

最常用的单根钢筋锚具为螺栓端杆锚具。螺栓端杆锚具由螺栓端杆、垫板和螺母组成，适用于锚固直径不大于 36mm 的热处理钢筋（如图 5-12 所示）。螺栓端杆可用同类热处理钢筋或热处理 45 号钢制作。制作时，先粗加工至接近设计尺寸，再进行热处理，然后精加工至设计尺寸。热处理后不能有裂纹和划痕。螺母可用 3 号钢制作。螺栓端杆锚具与预应力筋对焊，用张拉设备张拉螺栓端杆，然后用螺母锚固。

（2）帮条锚具

帮条锚具由帮条和衬板组成（如图 5-13 所示）。帮条采用与预应力筋同级别的钢筋，衬板采用普通低碳钢钢板。帮条施焊时，严禁将地线搭在预应力筋上，并严禁在预应力筋上引弧。三根帮条与衬板相接触的截面应在一个垂直面上，以免受力时产生扭曲。帮条的焊接可在预应力筋冷拉前或冷拉后进行。

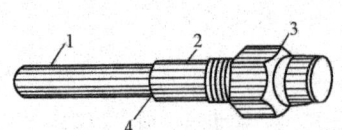 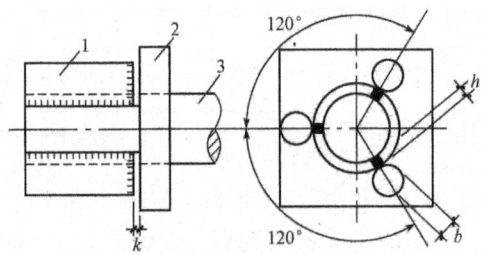

1—钢筋;2—螺栓锚杆;3—螺母;4—焊接接头   1—帮条;2—衬板;3—预应力筋

图 5-12 螺栓端杆锚具   图 5-13 帮条锚具

(3) 成束钢筋锚具

钢筋束用作预应力筋,张拉端常采用 JM 型锚具,固定端常采用镦头锚具。

① JM 型锚具。JM 型锚具由锚环与夹片组成(如图 5-14 所示)。JM 型锚具的夹片属于分体组合型,可以锚固多根预应力筋,因此锚环是单孔的。锚固时,用穿心式千斤顶张拉钢筋后随即顶进夹片。JM 型锚具的特点是尺寸小、构造简单,但对吨位较大的锚固单元不能使用,故 JM 型锚具主要用于锚固 3~6 根直径为 12mm 的钢筋束或 4~6 根直径为 12~15mm 的钢绞线束,也可兼作工具锚具。

② 镦头锚具。镦头锚用于固定端由锚固板和带镦头的预应力筋组成(如图 5-15 所示)。

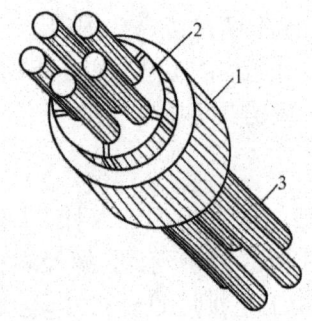 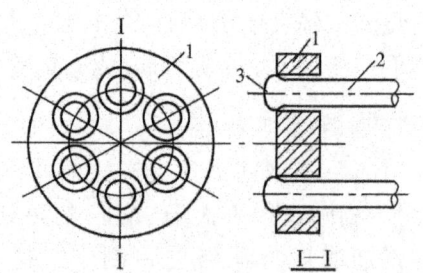

1—锚环;2—夹片;3—钢筋束   1—锚固板;2—预应力筋;3—墩头

图 5-14 JM 型锚具   图 5-15 固定端用镦头锚具

(4) 钢丝束锚具

① 锥形螺杆锚具。锥形螺杆锚具由锥形螺杆、套筒、螺母组成(如图 5-16 所示),适用于锚固 14~28 根直径为 5mm 的钢丝束。使用时,先将钢丝束均匀整齐地紧贴在螺杆锥体部分,然后套上套筒,用拉杆式千斤顶使端杆锥通过钢丝挤压套筒,从而锚紧钢丝。由于锥形螺杆锚具不能自锚,所以必须事先加压力顶套筒才能锚固钢丝。锚具的预紧力取张拉力的 120%~130%。

② 钢丝束镦头锚具。钢丝束镦头锚具用于锚固 12~54 根 $\phi 5$ 碳素钢丝束。这种锚具分为 DM5A 型和 DM5B 型。A 型用于张拉端,由锚环和螺母组成;B 型用于固定端,仅有一块锚板(如图 5-17 所示)。

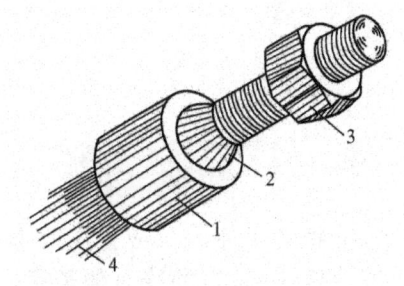 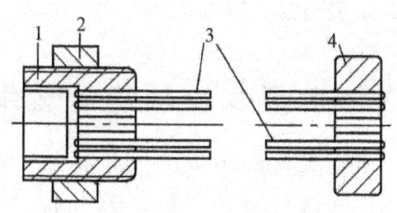

1—套筒；2—锥形螺杆；3—螺母；4—钢丝　　1—锚固板；2—预应力筋；3—镦头

图 5-16　锥形螺杆锚具　　　　　图 5-17　钢丝束镦头锚具

锚环的内外壁均有丝扣，内丝扣用于连接张拉螺杆，外丝扣用于拧紧螺母锚固钢丝束。锚环和锚板四周钻孔，以固定镦头的钢丝。孔数和间距由钢丝根数确定。钢丝可用液压冷镦器进行镦头。钢丝束一端可在制束时将头镦好，另一端则待穿束后镦头。构件孔道端部要设置扩孔。

2. 张拉设备

（1）拉杆式千斤顶（YL 型）

拉杆式千斤顶是单作用千斤顶，由缸体、活塞杆、撑脚和连接器组成。最大张拉力为 600kN，张拉行程为 150mm，适用于张拉以螺丝端杆锚具为张拉锚具的预应力钢筋。拉杆式千斤顶构造简单，操作方便，应用范围广。

（2）穿心式千斤顶（YC 型）

穿心式千斤顶适用于张拉各种形式的预应力筋，是目前我国预应力混凝土构件施工中应用最为广泛的张拉机械。YC-60 型穿心式千斤顶加装撑脚、张拉杆和连接器后，就可以张拉以螺丝端杆锚具为张拉锚具的单根粗钢筋和以锥形螺杆锚具和 DM5A 型镦头锚具为张拉锚具的钢丝束。YC-60 型穿心式千斤顶增设顶压分束器后，就可以张拉以 KT-Z 型锚具为张拉锚具的钢筋束和钢绞线束。

（3）锥锚式千斤顶（YZ 型）

锥锚式千斤顶主要用于张拉 KT-Z 型锚具锚固的钢筋束或钢绞线束和使用锥形锚具的预应力钢丝束。其张拉油缸用以张拉预应力筋，顶压油缸用以顶压锥塞，因此又称为双作用千斤顶。

张拉预应力筋时，主缸进油，主缸被压移，使固定在其上的钢筋被张拉。钢筋张拉后，改由副缸进油，随即由副缸活塞将锚塞顶入锚圈中。主、副缸的回油则是借助设置在主缸和副缸中弹簧的作用来进行的。

5.2.2 预应为筋的制作

1. 单根粗预应力钢筋的制作

单根粗钢筋预应力筋的制作包括配料、对焊、冷拉等工序。预应力筋的下料长度应计算确定。应考虑预应力筋钢材品种、锚具形式、焊接接头、钢筋冷拉伸长率、弹性回缩率、张拉伸长值、构件孔道长度、张拉设备与施工方法等因素。

如图 5-18 所示，单根粗钢筋预应力筋下料长度按下式计算：

$$L=\frac{L_0}{1+r-\delta}+nl_0 \tag{5-6}$$

其中：$L_0=L_1-2l_1$，$L_1=l-2l_2$。

式中，L 为预应力筋钢筋部分的下料长度（mm）；L_1 为预应力成品全长（mm）；l_1 为锚具长度（如为螺栓端杆，一般为 320mm）；l_2 为锚具伸出构件外的长度（mm）；L_0 为预应力筋钢筋部分的成品长度（mm）；l 为构件孔道长度（mm）；l_0 为每个对焊接头的压缩长度（mm），一般 $l_0=d$（d 为预应力钢筋的直径）；n 为对焊接头数量（钢筋与钢筋、钢筋与锚具的对焊接头总数）；r 为钢筋冷拉伸长率（由试验确定）；δ 为钢筋冷拉弹性回缩率（由试验确定）。

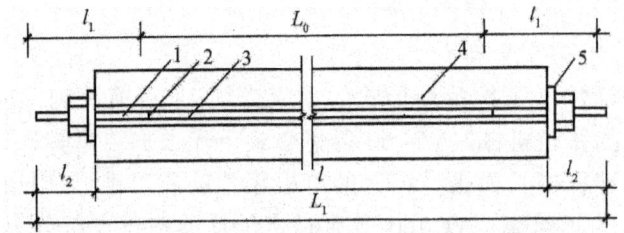

1—螺栓短杆；2—对焊接头；3—粗钢筋；4—混凝土构件；5—垫板

图 5-18 单根粗钢筋下料长度计算示意图

2. 钢筋束的制作

钢筋束由直径为 12mm 的细钢筋编束而成。钢绞线束由直径为 12mm 或 15mm 的钢绞线编束而成，每束 3~6，一根般不需对焊接长。预应力筋的制作工序一般包括开盘、冷拉、下料、编束。下料是在钢筋冷拉后进行，下料时宜采用切断机或砂轮锯切机，不得采用电弧切割。钢绞线下料前需在切割口两侧各 50mm 处用铁丝绑扎，切割后应把切割口立即焊牢，以免松散。

钢筋束或钢绞线束的下料长度，与构件的长度、所选用的锚具和张拉机械有关。

钢绞线下料长度计算简图如图 5-19 所示。

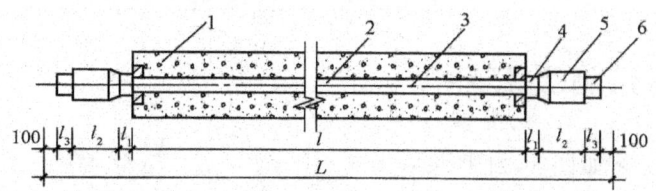

1—混凝土构件；2—孔道；3—钢绞线；4—夹片式工作锚；
5—穿心式千斤顶；6—夹片式工具锚

图 5-19 钢绞线下料长度计算简图

钢绞线下料长度按下式计算：

两端张拉时 $L=l+2(l_1+l_2+l_3)$ (5-7)

一端张拉时 $L=l+2(l_1++100)+l_2+l_3$ (5-8)

式中，l 为构件的孔道长度；l_1 为夹片式工作锚厚度；l_2 为穿心式千斤顶长度；l_3 为夹片式工具锚厚度。

3. 钢丝束的制作

钢丝束的制作，根据锚具形式的不同，制作方式也有差异，一般包括调直、下料、编束和安装锚具等工序。

用钢质锥形锚具锚固的钢丝束，其制作和下料长度计算基本上同钢筋束。

用镦头锚具锚固的钢丝束，其下料长度应力求精确，对直的或一般曲率的钢丝束，下料长度的相对误差要控制在 $L/5000$ 以内，并且不大于 5mm。为此，要求钢丝在应力状态下切断下料，下料的控制应力为 3.0MPa。钢丝下料长度，取决于是用 A 型还是 B 型锚具以及是一端张拉还是两端张拉。

用锥形螺杆锚固的钢丝束，经过矫直的钢丝可以在非应力状态下料。

为防止钢丝扭结，必须进行编束。在平整场地上，先把钢丝理顺平放，然后在其全长中每隔 1m 左右用 22 号铅丝编成帘子状（如图 5-20 所示），再每隔 1m 放一个按螺丝端杆直径制成的螺纹衬圈，并将编好的钢丝帘绕衬圈围成束绑扎牢固。

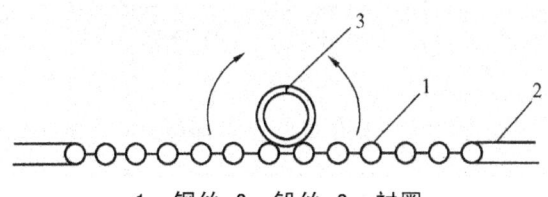

1—钢丝；2—铅丝；3—衬圈
图 5-20 钢丝束示意图

锥形螺杆锚具的安装需经过预紧，即先把钢丝均匀地布在锥形螺杆的周围，套上套筒，通过工具式筒将套筒压紧，再用千斤顶和工具预紧器以 110%～130% 的张拉控制预紧应力，将钢丝束牢固地锚固在锚具内。

5.2.3 后张法施工工艺

后张法施工工艺如图 5-21 所示：

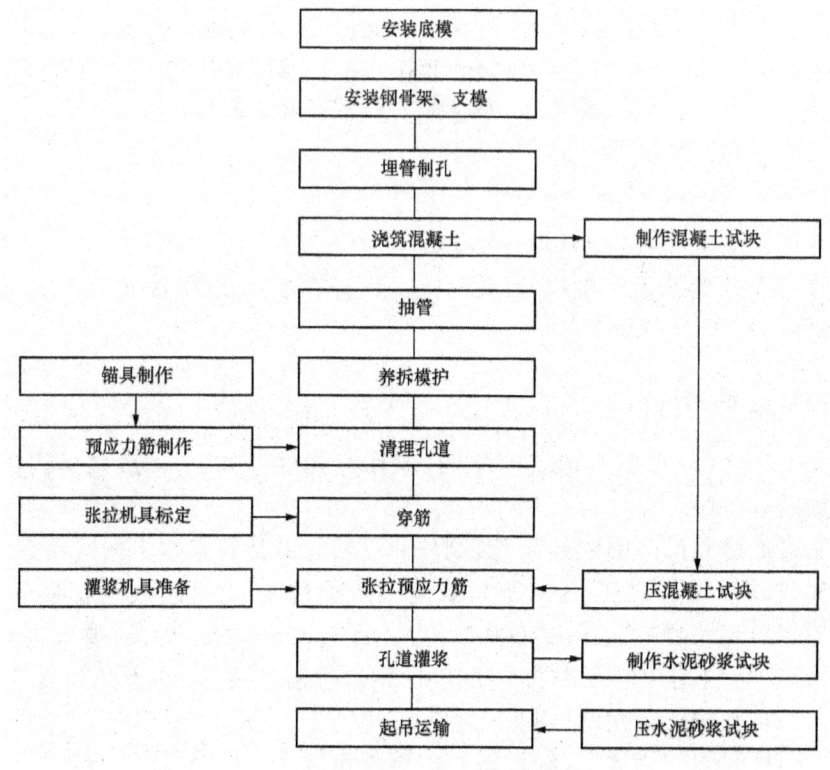

图 5-21 后张法施工工艺

1. 预留孔道

构件预留孔道的直径、长度、形状由设计确定。如无规定，孔道直径应比预应力筋直径的对焊接头处外径或需穿过孔道的锚具或连接器的外径大 10~15mm。钢丝或钢绞线孔道的直径应比预应力束外径或锚具外径大 5~10mm，且孔道面积应大于预应力筋的两倍，以利于预应力筋穿入。孔道之间净距和孔道至构件边缘的净距均不应小于 25mm。

预应力筋的孔道可采用钢管抽芯法、胶管抽芯法、预埋管法等方法成型。

（1）钢管抽芯法

钢管抽芯法多用于留设直线孔道时，预先将钢管埋设在模板内的孔道位置，管芯的固定如图 5-22 所示。钢管要平直，表面要光滑，每根长度最好不超过 15m，钢管两端应各伸出构件约 500mm。较长的构件可采用两根钢管，中间用套管连接。套管连接方式如图 5-23 所示。在混凝土浇筑过程中和混凝土初凝后，每间隔一定时间慢慢转动钢管,不要让混凝土与钢管黏牢,直到混凝土终凝前抽出钢管。抽管过早会造成规孔事故;太晚则混凝土与钢管黏结牢固,抽管困难。常温下抽管时间约在混凝土浇灌后3~6h。抽管顺序宜先上后下。抽管可采用人工或用卷扬机,速度必须均匀,边抽边转,与孔道保持直线。抽管后应及时检查孔道情况,做好孔道清理工作。

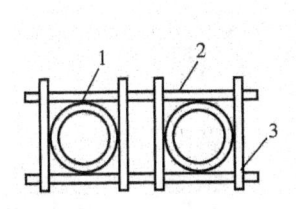
1—钢管或胶管芯;2—钢筋;3—点焊
图 5-22 管芯的固定

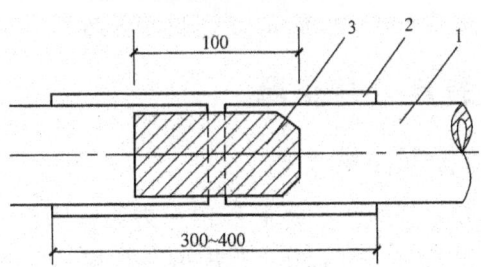
1—钢管;2—镀锌薄钢板套管;3—硬木塞
图 5-23 套管连接方式

(2)胶管抽芯法

胶管抽芯法不仅可以留设直线孔道,亦可留设曲线孔道。胶管弹性好,便于弯曲,一般有五层帆布胶管、七层帆布胶管和钢丝网橡皮管三种。工程实践中通常一端密封,另一端接阀门充水或充气(如图 5-24 所示)。胶管具有一定的弹性,在拉力作用下,其断面能缩小,故在混凝土初凝后即可把胶管抽拔出来。夹布胶管质软,必须在管内充气或充水。在浇筑混凝土前,胶皮管中充入压力为 0.6~0.8MPa 的压缩空气或压力水,此时胶皮管直径可增大 3mm 左右,然后浇筑混凝土。待混凝土初凝后,放出压缩空气或压力水,胶管孔径变小,并与混凝土脱离,随即抽出胶管,形成孔道。抽管顺序一般应为先上后下,先曲后直。

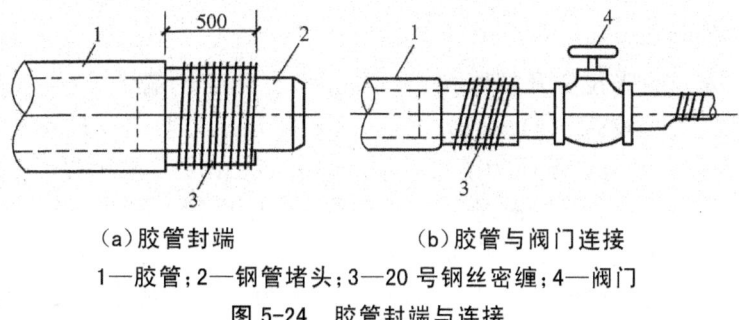
(a)胶管封端　　　(b)胶管与阀门连接
1—胶管;2—钢管堵头;3—20号钢丝密缠;4—阀门
图 5-24 胶管封端与连接

(3)预埋管法

预埋管是由镀锌薄钢带经波纹卷管机压波卷成的,具有质量轻、刚度好、弯折方便、连接简单、与混凝土黏结较好等优点。波纹管的内径为 50~100mm,管壁厚 0.25~0.3mm。除圆形管外,另有新研制的扁形波纹管可用于板式结构中。扁管长边边长为短边边长的 2.5~4.5 倍。这种孔道成型方法一般用于采用钢丝或钢绞线作为预应力筋的大型构件或结构中,可直接把下好料的钢丝、钢绞线在孔道成型前就穿入波纹管中,这样可以省掉穿束工序，亦可待孔道成型后再进行穿束。对连续结构中呈波浪状布置的曲线束，高差较大时，应在孔道的每个峰顶处设置泌水孔；对起伏较大的曲线孔道，应在弯曲的低点处设置泌水孔；对较长的直线孔道，应每隔 12～15m 设置排气孔。泌水孔、排气孔必要时可考虑做灌浆孔用。波纹管的连接可采用大一号的同型波纹管，接头管的长度为 200～250mm，以密封胶带封口。

2. 预应力筋张拉

(1) 混凝土强度

预应力筋的张拉是制作预应力构件的关键，必须按有关规范的要求精心施工。张拉时结构或构件的混凝土强度应符合设计要求，当设计无具体要求时，不应低于设计强度标准值的 75%，以确保在张拉过程中混凝土不至于受压而破坏。块体拼装的预应力构件，立缝处的混凝土或砂浆强度如无设计规定时，不应低于块体混凝土设计强度等级的 40%，且不得低于 15MPa，以防止在张拉预应力筋时压裂混凝土块体或使混凝土产生过大的弹性压缩。

(2) 张拉控制应力及张拉程序

预应力张拉控制应力应符合设计要求，且最大张拉控制应力不能超过设计规定。

其中后张法控制应力值低于先张法，这是因为后张法构件在张拉钢筋的同时，混凝土已受到弹性压缩，张拉力可以进一步补足，而先张法构件是在预应力筋放松后混凝土才受到弹性压缩，这时张拉力无法补足。此外，后张法施工时混凝土的收缩、徐变引起的预应力损失也较先张法小。为了减少预应力筋的松抱损失等，可与先张法一样采用超张拉法。

(3) 张拉方法

张拉方法分一端张拉和两端张拉。两端张拉宜先在一端张拉，再在另一端补足张拉力。如有多根可一端张拉的预应力筋，宜将这些预应力筋的张拉端分别设在结构构件的两端，长度不大的直线预应力筋可一端张拉，曲线预应力筋应两端张拉。抽芯成孔的直线预应力筋，长度大于 24m 时应两端张拉，不大于 24m 时可一端张拉。预埋波纹管成孔的直线预应力筋，长度大于 30m 时应两端张拉，不大于 30m 时可一端张拉。竖向预应力结构宜采用两端分别张拉，且以下端张拉为主。安装张拉设备时，应使直线预应力筋张拉力的作用线与孔道中心线重合，曲线预应力筋张拉力的作用线与孔道中心线末端的切线重合。

(4) 张拉伸长值的校核

预应力筋张拉时，通过伸长值的校核，可以综合了解张拉力是否足够、孔道摩阻损失是否偏大，以及预应力筋是否有异常现象等。因此，对张拉伸长值的校核，要引起重视。

预应力筋张拉伸长值的量测，应在建立初应力之后进行。其实际伸长值 $\triangle L$ 应为：

$$\triangle L = \triangle L_1 + \triangle L_2 - A - B - C \tag{5-9}$$

式中，$\triangle L_1$ 为从初应力至最大张拉力之间的实测伸长值；$\triangle L_2$ 为初应力以下的推算伸长值；A 为张拉过程中锚具楔紧引起的预应力筋内缩值，包括工具锚、远端工具锚、远端补张拉工具锚等回缩值；B 为千斤顶体内预应力筋的张拉伸长值；C 为施加预应力时，后张法混凝土构件的弹性压缩值（其值微小时可略去不计）。

初应力以下的推算伸长值 $\triangle L_2$，可根据弹性范围内张拉力与伸长值成正比的关系用计算法或图解法确定。

采用图解法时（如图 5-25 所示），以伸长值为横坐标、张拉力为纵坐标，将各级张拉力的实测伸长值标在图上，绘成张拉力与伸长值关系线 CAB，然后延长此线与横坐标交于 O' 点，则 OO' 段即为推算伸长值。

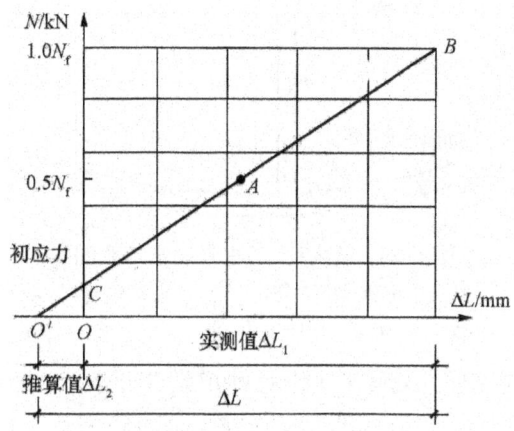

图 5-25 预应力筋实际张拉伸长值图解

此外，在锚固时应检查张拉端预应力筋的相应内缩值，以免由于锚固引起的预应力损失超过设计值。如实测的预应力筋内缩量大于规定值，则应改善操作工艺，更换限位板或采取超张拉的方法弥补。

（5）张拉顺序

选择合理的张拉顺序是保证施工质量的重要一环。当构件或结构有多根预应力筋（束）时，应采用分批张拉法，此时按设计规定进行。如设计无规定或受设备限制必须改变时，则应核算确定。张拉时宜对称进行，避免引起偏心。在进行预应力筋张拉时，可采用一端张拉法，亦可采用两端同时张拉法。当采用一端张拉法时，为了克服孔道摩擦力的影响，使预应力筋的应力得以均匀传递，采用反复张拉 2～3 次的方法可以达到较好的效果。采用分批张拉法时，应考虑后批张拉预应力筋所产生的混凝土弹性压缩对先批预应力筋的影响，即应在先批张拉的预应力筋中增加张拉应力。

张拉平卧重叠浇筑的构件时，宜先上后下逐层进行张拉。为了减少上、下层构件之间的摩擦力引起的预应力损失，可采用逐层加大张拉力的方法。但底层张拉力值（对光面钢丝、钢绞线和热处理钢筋而言）不宜比顶层张拉力大 5%；对于冷拉 HRB335 级、

HRB400级、RRB400级钢筋,不宜比顶层张拉力大9%,也不得大于预应力筋的最大超张拉力的规定值。用砖做隔离层时,若构件之间隔离层的隔离效果较好,大部分砖应在张拉预应力筋时取出,仅有局部的支承点,构件之间基本架空,也可自上而下采用同一张拉力值。

3.孔道灌浆

有黏结的预应力,其管道内必须灌浆。灌浆需要设置灌浆孔(或泌水孔)。根据相关经验,设置泌水孔道的曲线预应力管道的灌浆效果好。一般以一根梁上设三个点为宜。灌浆孔宜设在低处,泌水孔可相对高些。灌浆时可使孔道内的空气或水从泌水孔顺利排出,灌浆孔和泌水孔的位置如图5-26所示。

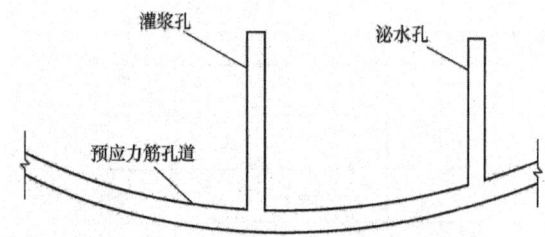

图5-26 灌浆孔、泌水孔设置示意图

在波纹管安装固定后,用钢锥在波纹管上凿孔,再在其上覆盖海绵垫片与带嘴的塑料弧形压板,用钢丝绑扎牢固,再用塑料管接在嘴上,并将其引出梁面40～60mm。

预应力筋张拉、锚固完成后,应立即进行孔道灌浆工作,以防锈蚀,并增加结构的耐久性。

灌浆用的水泥浆,除应满足强度和黏结力的要求外,还应具有较大的流动性和较小的干缩性、泌水性。应采用强度等级不低于42.5级的普通硅酸盐水泥,水胶比宜为0.4左右。对于空隙大的孔道,可采用水泥砂浆灌浆,水泥浆及水泥砂浆的强度均不得小于$20N/mm^2$。为增加灌浆密实度和强度,可使用一定比例的膨胀剂和减水剂。减水剂和膨胀剂均应事前检验,不得含有导致预应力钢材锈蚀的物质。建议拌和后的收缩率小于2%,自由膨胀率不大于5%。灌浆前孔道应湿润、洁净。对于水平孔道,灌浆顺序应先灌下层孔道,后灌上层孔道;对于竖直孔道,应自下而上分段灌注,每段高度视施工条件而定,下段顶部及上段底部应分别设置排气孔和灌浆孔。灌浆压力以0.5～0.6MPa为宜。灌浆应缓慢均匀地进行,不得中断,并应排气通畅。不掺外加剂的水泥浆,可采用二次灌浆法,以提高密实度。孔道灌浆前,应检查灌浆孔和泌水孔是否通畅。灌浆前孔道应用高压水冲洗、湿润,并用高压风吹去积在低点的水,以保证孔道畅通、干净。灌浆应先灌下层孔道,一条孔道必须在一个灌浆口一次把整个孔道灌满。在灌满孔道并封闭排气孔(泌水口)后,宜再继续加压至0.5～0.6MPa,稍后再封闭灌浆孔。如果遇到孔道堵塞,必须更换灌浆口,此时必须在第二灌浆口灌入整个孔道的水泥浆量,直至把第一灌浆口灌入的水泥浆排出,使两次激入水泥浆之间的气体排出,以保证灌浆饱满密实。

5.2.4 无黏结预应力施工

1. 无黏结预应力束的张拉

无黏结预应力束的张拉与后张法带有螺丝端杆锚具的有黏结预应力钢丝束张拉相似。张拉程序一般采用 $0 \rightarrow 103\%\sigma_{con}$。由于无黏结预应力束一般为曲线配筋，故应采用两端同时张拉法。无黏结预应力束的张拉顺序，应根据其铺设顺序，先铺设的先张拉，后铺设的后张拉。

无黏结预应力束配置在预应力平板结构中往往很长，如何减少其摩阻损失值是一个重要的问题。影响摩阻损失值的主要因素是润滑介质、包裹物和预应力束的截面形状。其中，润滑介质和包裹物的摩阻损失值对一定的预应力束而言是个定值，相对较稳定。而截面形状则影响较大，不同截面形式其离散性是不同的。如果能保证截面形状在全部长度内一致，则其摩阻损失值就能在一个很小的范围内波动；否则，因局部阻塞就可能导致其损失值无法预测，故预应力束的制作质量必须保证。摩阻损失值，可用标准测力计或传感器等测力装置进行测定。施工时，为降低摩阻损失值，宜采用多次重复张拉工艺。试验表明，进行三次张拉时，第三次的摩阻损失值可比第一次降低 16.8%～49.1%。

2. 锚头端部的处理

无黏结预应力束锚头端部处理的办法，目前常用的有两种：一是在孔道中注入油脂并加以封闭；二是在两端留设的孔道内注入环氧树脂水泥砂浆，将端部孔道全部灌筑密实，以防预应力筋发生局部锈蚀。灌筑用环氧树脂水泥砂浆的强度不得低于 35MPa。灌浆的同时也可用环氧树脂水泥砂浆将锚环封闭，既防止钢丝锈蚀，又起到一定的锚固作用。最后浇筑混凝土或外包钢筋混凝土，或用环氧砂浆将锚具封闭。用混凝土做堵头封闭时，要防止产生收缩裂缝。当不能采用混凝土或环氧砂浆做封闭保护时，预应力筋锚具要全部涂刷抗锈漆或油脂，并采取其他保护措施。

3. 无黏结筋端部的处理

对无黏结筋的锚固区，必须采取严格的密封防护措施，防止水汽进入而锈蚀预应力筋。当锚环被拉出后，应向端部空腔内注防腐油脂。之后再用混凝土将板端外露锚具封闭好，避免长期与大气接触而造成锈蚀。

固定端头可直接浇筑在混凝土中，以确保其锚固能力。钢丝束可采用镦头铺板，钢绞线可采用挤压锚头或压花锚头，并应待混凝土达到规定的强度后再张拉。

5.2.5 电热张拉法施工

电热张拉法(简称电张法)是利用热胀冷缩的原理,在钢筋上通以低电压、强电流的电使之热胀伸长,待达到要求的伸长值时立即锚固,随后停电冷缩,使混凝土构件产生预压应力。

电张法的施工工艺流程如图 5-27 所示。

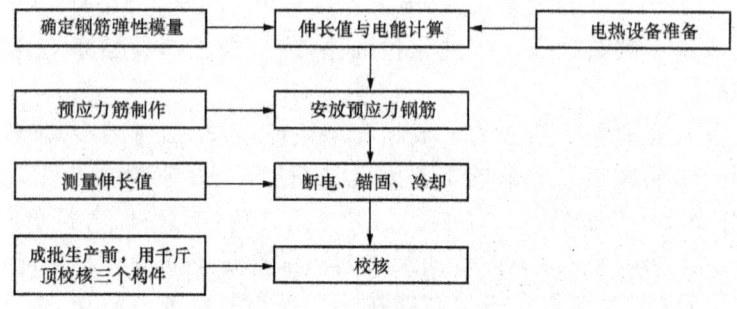

图 5-27 电热张拉法施工

电张法的预应力筋可采用螺丝端杆锚具、镦粗头锚具或帮条锚具,后两种应配有 U 形垫板。

张拉前,用绝缘纸垫在预应力筋与端部垫板之间,使预埋铁件隔离绝缘,防止通电后产生分流和短路的现象。

冷拉钢筋做预应力筋时,反复电热次数不宜超过 3 次。因为电热次数过多,会使钢筋失去冷强效应,降低钢筋强度。

学习案例:

北京某民营建筑公司承建的一座高层建筑,采用框架剪力墙结构,抗震设计为 8 度设防。建设单位已与监理公司签订了施工阶段的监理合同,与承包商签订了施工合同。该工程需在现场用后张拉法制作一批预应力构件。为确保预应力构件的质量,必须保证可靠地控制预应力,监理公司派监理人员对预应力构件的制作实施旁站监理。

想一想:

1.简述预应力构件张拉工序质量控制的内容和实施要点。

2.如果在制作预应力构件过程中出现质量事故,请说明质量事故处理的程序是什么。

案例分析:

1.预应力构件张拉工序质量控制的内容和实施要点主要包括以下几点:

(1)预应力构件张拉工序质量控制内容主要包括对工序条件的质量监控和对工序活动效果的质量监控,具体有:

① 严格遵守后张拉法制作预应力构件的张拉工艺;

② 主动控制工序活动条件的质量。对影响工序生产质量的各因素进行控制,在施

工准备和施工过程中,对人员、材料、机械设备、工艺环境等进行监控。

③ 及时检验工序活动的质量。对构件质量性能的指标进行控制,主要通过实测、分析、判断、纠正这几个步骤监控。

④ 设置工序质量控制点。

(2)工序控制的实施要点:

① 确定工序质量控制计划;

② 进行工序分析,分清主次,重点控制;

③ 对工序活动实施跟踪的动态控制;

④ 设置工序活动的质量控制点进行预控。

2.质量事故的处理程序如下:

(1)事故发生后,应及时组织调查处理;

(2)分析发生事故的原因;

(3)确定处理方案;

(4)对事故进行处理;

(5)检查质量处理方案是否达到预期的目的,是否还有隐患;

(6)对事故处理作出明确的处理结论;

(7)提交完整的事故处理报告。

本章小结

本学习情境包括先张法施工、后张法施工、无黏结预应力施工、电热张拉法施工等内容。

先张法施工中,应了解台座、夹具、锚具及张拉设备的正确选用,掌握先张法的工艺及特点。预应力筋张拉是预应施工中的关键工作,张拉控制应力应严格按设计规定取定。

后张法施工中,锚具是预应力筋张拉后建立预应力值和确保结构安全的关键,应了解常用锚具的类型和性能。掌握预应力筋的孔道成型方法,包括钢管抽芯、胶管抽芯、预埋管等方法,预应力张拉的顺序、方法及张拉伸长值的校核。另外,还应了解无黏结预应力束的张拉、电热张拉法的施工工艺流程。

练习题

一、选择题

1.墩式台座的主要承力结构为( )。

   A.台面   B.台墩   C.钢横梁   D.预制构件

2.在先张法预应力筋放张时,构件混凝土强度不得低于强度标准值的( )。

   A.25%   B.50%   C.75%   D.100%

3.下列有关先张法预应力筋放张的顺序,说法错误的是(　　)。
　　A.拉杆的预应力筋应同时放张
　　B.梁应先同时放张预压力较大区域的预应力筋
　　C.桩的预应力筋应同时放张
　　D.板类构件应从板外向板里对称放张
4.在各种预应力筋放张的方法中,不正确的是(　　)。
　　A.缓慢放张,防止冲击　　　　　　　B.多根钢筋同时放张
　　C.多根粗筋依次逐根放张　　　　　D.配筋少的钢丝逐根对称放张
5.属于钢丝束锚具的是(　　)。
　　A.螺丝端杆锚具　　　　　　　　　　B.帮条锚具
　　C.精轧螺纹钢筋锚具　　　　　　　　D.镦头锚具
6.孔道灌浆所不具有的作用是(　　)。
　　A 保护预应力筋　　　　　　　　　　B 控制裂缝开展
　　C 减轻梁端锚具负担　　　　　　　　D.提高预应力值
7.有关无黏结预应力的说法,错误的是(　　)。
　　A.属于先张法　　　　　　　　　　　B.靠铺具传力
　　C.对锚具要求高　　　　　　　　　　D.适用曲线配筋的结构

二、填空题

1.常用的预应力混凝土的工艺有_____、_____和_____。
2.先张法的施工设备主要有_____、_____和_____。
3.先张法施工时,台座应有足够的_____、_____和_____,以免因台座变形、倾覆、滑移而引起预应力值的损失。台座按构造形式不同分为_____和_____。
4.槽式台座的主要受力结构是_____。
5.在先张法施工中,生产吊车梁等张拉力和倾覆力矩都较大的预应力混凝土构件是_____。
6.先张法的张拉控制应力比后张法_____。
7.后张法施工中,锚具按使用情况常分为_____、_____和_____。
8.单根粗钢筋用作预应力筋时,其张拉端采用锚具,固定端采用_____锚具。
9.单根粗钢筋预应力筋的制作包括_____、_____等工序。
10.后张法预应力筋张拉时,构件混凝土强度不应低于设计强度标准值的_____。
11.确定后张法施工预应力筋的张拉顺序时,应考虑_____、_____的原则。

三、简答题

1.什么是先张法,其施工设备有哪些?

2.简述后张法的施工工艺。
3.简述后张法预应力筋张拉控制应力及张拉程序。
4.后张法张拉时应注意哪些事项?

项目六　结构安装工程

【情境导入】

某18层办公楼,建筑面积32000m², 总高度71m,钢筋混凝土框架—剪力墙结构。

脚手架采用悬挑钢管脚手架,外挂密布安全网,塔式起重机作为垂直运输工具。2012年11月9在15层结构施工时,起吊钢管离地20m后,钢丝绳滑扣致钢管散落,造成正在起吊区域下作业的员工4人死亡、2人重伤。

经事故调查发现:

(1)作业人员严重违章,起重机司机因事请假,工长临时指定一名机械工操作结吊,钢管没有细扎就托底兜着吊起,而且钢丝绳没有在吊钩上挂好,只是挂在吊钩的端头上。

(2)专职安全员在事故发生时不在现场。

【案例导航】

上述案例中,导致事故的直接原因是作业人员违规操作;专职安全员未在现场进行指导。

针对现场伤亡事故,项目经理应采取的应急措施是迅速抢救伤员并保护好事故现场;组织调查;现场勘察;分析事故原因,明确责任者;制定预防措施;提出处理意见,写出调查报告;事故的审定和结案,员工伤亡事故登记记录。

要了解起重机械及索具设备的技术性能和适用范围,需要掌握以下相关知识:

(1)起重机械及索具设备的类型、主要构造;

(2)结构安装方案的基本内容和结构吊装方法;

(3)起重机开行路线的种类和构件的平面布置要求;

(4)单层、多层及高层钢结构工程中构件的安装。

6.1 认识起重机械与设备

知识目标:

(1)了解起重机械的类型、主要构造、技术性能和适用范围;

(2)了解索具设备的类型、主要构造、技术性能和适用范围。

技能目标：
(1)通过本单元的学习,能够清楚起重机械与索具设备的类型;
(2)根据起重机械的特点和使用范围选择起重机的类型。

6.1.1 起重机械

结构安装工程常用的起重机械有桅杆式起重机、自行式起重机和塔式起重机。

1.桅杆式起重机

桅杆式起重机按其构造不同,可分为独脚拔杆、人字拔杆、悬臂拔杆和牵缆式桅杆起重机等,适用于安装工程量比较集中的工程。

(1)独脚拔杆

独脚拔杆由拔杆、起重滑轮组、卷扬机、缆风绳和锚碇等组成(如图 6-1a 所示)。使用时,拔杆应保持不大于 10°的倾角,以防吊装时构件撞击拔杆。拔杆底部要设置拖子,以便移动。拔杆的稳定主要依靠缆风绳,缆风绳数量一般为 6~12 根,不得少于 4 根。绳的一端固定在桅杆顶端,另一端固定在锚碇上。缆风绳与地面的夹角一般取 30°~45°,角度过大对拔杆会产生较大的压力。

(2)人字拔杆

人字拔杆一般是由两根圆木或两根钢管,用钢丝绳绑扎或铁件铰接而成,两杆夹角一般为 20°~30°。底部设有拉杆或投绳,以平衡水平推力。拔杆下端两脚的距离为高度的 1/3~1/2(如图 6-1b 所示)。

(3)悬臂拔杆

悬臂拔杆是在独脚拔杆的中部或 2/3 高度处装一根起重臂。其特点是起重高度和起重半径都较大,起重臂左右摆动的角度也较大,但起重量较小,多用于轻型构件的吊装(如图 6-1c 所示)。

(4)牵缆式桅杆

牵缆式桅杆是在独脚拔杆下端装一根起重臂。这种起重机的起重臂可以起伏,机身可 360°回转,可以在起重机半径范围内把构件吊到任何位置。用角钢组成的格构式截面杆件的牵缆式起重机,桅杆高度可达 80m,起重量可达 60t。牵缆式桅杆要设较多的缆风绳,适用于构件多且集中的工程(如图 6-1d 所示)。

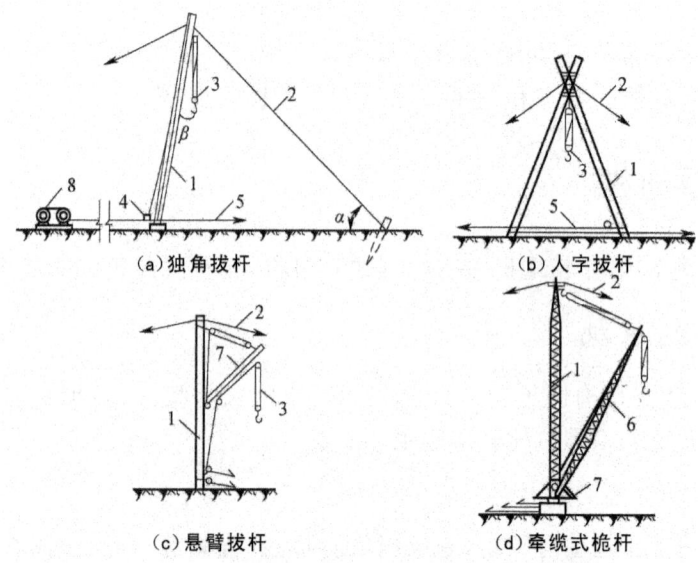

(a)独角拔杆　(b)人字拔杆　(c)悬臂拔杆　(d)牵缆式桅杆

1—拔杆；2—缆风绳；3—起重滑轮组；4—导向装置；
5—拉索；6—起重臂；7—会轮盘；8—卷扬机

图 6-1　桅杆式起重机

2.自行式起重机

自行式起重机可分为履带式起重机、汽车式起重机和轮胎式起重机。

（1）履带式起重机

履带式起重机是一种通用的起重机械，它由行走装置、回转机构、机身及起重臂等部分组成（如图 6-2 所示）。行走装置为链式履带，可减少对地面的压力；回转机构为装在底盘上的转盘，可使机身回转；机身内部有动力装置、卷扬机及操纵系统；起重臂用角钢组成的格构式杆件接长，其顶端设有两套滑轮组（起重滑轮组及变幅滑轮组），钢丝绳通过滑轮组连接到机身内部的卷扬机上。

履带式起重机具有较大的起重能力和工作速度，在平整坚实的道路上还可持荷行走；但行走速度较慢，且履带对路面的破坏性较大，故当进行长距离转移时，需用平板拖车运输。常用的履带式起重机起重重量为 100～500kN，目前最大的起重重量达 3000kN，最大起重高度可达 135m，广泛应用于单层工业厂房、陆地桥梁等结构安装工程以及其他吊装工程。

履带式起重机的主要技术性能参数是起重重量 Q、起重半径 R 和起重高度 H。起重重量是指起重机安全工作所允许的最大起重物的质量，一般不包括吊钩的重量；起重半径 R 是指起重回转中心至吊钩的水平距离；起重高度 H 是指起重吊钩中心至停机面的距离。

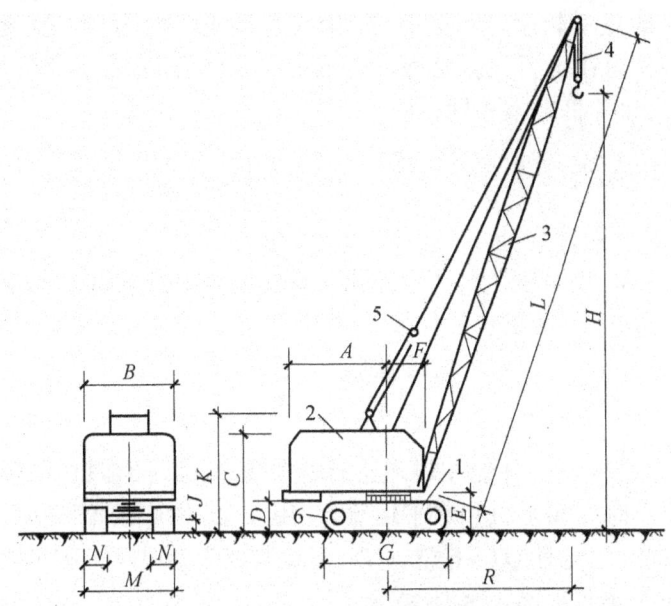

1—底盘；2—机棚；3—起重臂；4—起重滑轮组；5—变幅滑轮组；6—履带

图 6-2 履带式起重机

(2) 汽车式起重机

汽车式起重机是一种将起重机构安装在通用或专用汽车底盘上的自行式全回转起重机，起重机动力由汽车发动机供给，负责行驶的驾驶室与起重操纵室分开设置（如图 6-3 所示）。这种起重机的优点是运行速度快，能迅速转移，对路面破坏性较小；但其吊装作业时必须支腿，不能负荷行驶，也不适合在松软或泥泞的地面上工作。一般而言，汽车式起重机适用于构件运输、装卸作业和结构吊装作业。

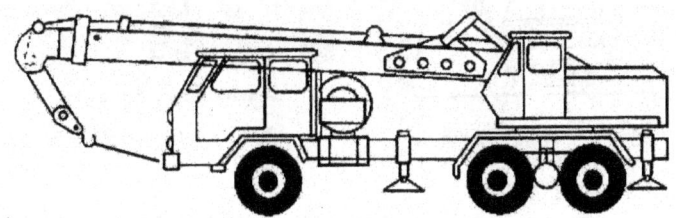

图 6-3 汽车式起重机外貌

国产汽车式起重机有 Q_2-8 型、Q_2-12 型、Q_2-16 型等，最大起重量分别为 80kN、120kN、160KN，适用于构件装卸作业或用于安装标高较低的构件。国产重型汽军式起重机有 Q_2-32 型，起重臂长 30m，最大起重量 320kN，可用于一般厂房构件的安装；Q_2-100 型，起重臂长 12~60m，最大起重量 1000kN，可用于大型构件的安装。

(3) 轮胎式起重机

轮胎式起重机是一种把起重机构安装在由加重型轮胎和轮轴组成的特制底盘上的自行式全回转起重机（如图 6-4 所示）。根据起重量的大小不同，底盘下装有若干根轮轴,配备4~10个或更多轮胎。吊装时,轮胎式起重机一般用4个支腿支撑,以保证机身的稳定性,构件重力在不用支腿允许荷载范围内,也可不放支腿起吊。轮胎式起重机的优缺点与汽车式起重机基本相同。

3.塔式起重机

塔式起重机是一种塔身直立、起重臂安装在塔身且可360°回转的起重机。它具有较大的工作空间,起重高度大,广泛应用于多层及高层装配式结构安装工程,一般可按行走机构、变隔方式、回转机构的位置及爬升方式的不同而分成若干类型。常用的类型有轨道式塔式起重机、爬升式塔式起重机、附着式塔式起重机等。

(1)轨道式塔式起重机

轨道式塔式起重机是一种能在轨道上行驶的起重机,又称自行式塔式起重机。该机种种类繁多,能同时完成垂直和水平运输,使用安全,生产效率高,可负荷行走。常用的轨道式塔式起重机型号有 QT_1-6型、QT-60/80型、QT-20型、QT-15型、QT-25型等。

QT_1-6型塔式起重机如图6-5所示。

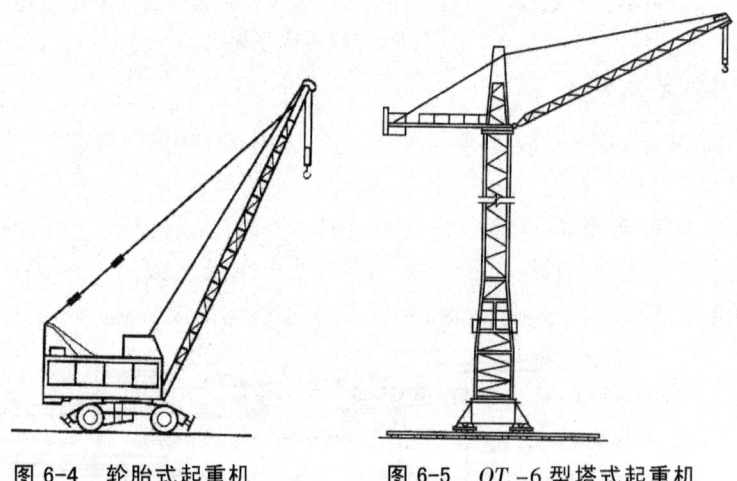

图6-4 轮胎式起重机　　图6-5 QT_1-6型塔式起重机

(2)爬升式塔式起重机

爬升式塔式起重机是自升式塔式起重机的一种,它由底座、套架、塔身、塔顶、行车式起重臂、平衡臂等部分组成,安装在高层装配式结构的框架梁或电梯间结构上。每安装1~2层楼的构件,它便靠爬升设备使塔身沿建筑物向上爬升一次。这类起重机主要用于高层框架结构安装及高层建筑施工,其优点是机身小、重量轻、安装简单、不占用建筑物外围空间,适用于现场狭窄的高层建筑结构安装;其不足之处是增加了建筑物的造价,司机的操纵视野不良,需要一套辅助设备用于起重机拆卸。

目前常用的爬升式塔式起重机型号主要有 QT_5-4/40型、QT_3-4型,也可用 QT_1-6轨道式塔式起重机改装成为爬升式起重机。爬升式塔式起重机性能见表6-1。

表 6-1　爬升式塔式起重机性能

型号	起重量(t)	幅度(m)	起重高度(m)	一次爬升高度(m)
QT_5-4/40	4	2～11	110	8.6
	2～4	11～20		
QT_3-4	4	2.2～15	80	8.87
	3	15～20		

(3)附着式塔式起重机

附着式塔式起重机是固定在建筑物近旁的钢筋混凝土基础上的自升式塔式起重机。随着建筑物的升高,利用液压自开系统逐步将塔顶顶升、塔身接高。为了保证塔身的稳定,附着式塔式起重机每隔一定高度,将塔身与建筑物用锚固装置水平连接起来,使起重机依附在建筑物上。锚固装置由套装在塔身上的锚固环、附着杆及固定在建筑结构上的锚固支座构成。这种塔身起重机适用于高层建筑施工。

附着式塔式起重机的型号有 QT_4-10 型(起重量为 3～10t)、ZT-1200(起重量为 4～8t)、ZT-10 型(起重量为 3～6t)、QT_1-4(起重量为 1.6～4t)、$QT(B)3~5$ 型(起重量为 3～5t)。图 6-6 所示为 QT_4-10 型附着式塔式起重机。

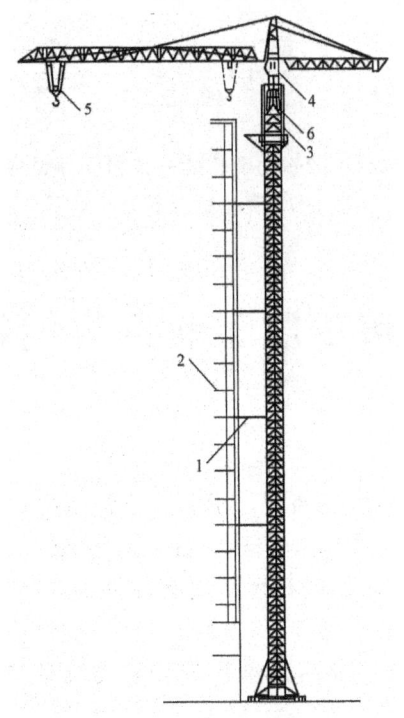

1—撑杆;2—建筑物;3—标准节;4—操纵室;5—起重小车;6—顶升套架

图 6-6　QT_4-10 型附着式塔式起重机

6.1.2 索具设备

1. 钢丝绳

钢丝绳是吊装工艺中的主要绳索,具有强度高、韧性好、耐磨等特点。同时,钢丝绳被磨损后,外表面产生许多毛刺,易被发现,以便及时更换,可避免事故的发生。

2. 卷扬机

结构安装中的卷扬机包括手动和电动两类,其中电动卷扬机又分慢速和快速两种。慢速卷扬机(JJM 型)主要用于吊装结构、冷拉钢筋和张拉预应力筋;快速卷扬机(JJM 型)主要用于垂直运输和水平运输以及打桩。

3. 滑轮组

所谓滑轮组,就是由一定数量的定滑轮和动滑轮组成,并通过绕过它们的绳索联系成为整体,从而达到省力和改变力的方向的目的(如图 6-7 所示)。

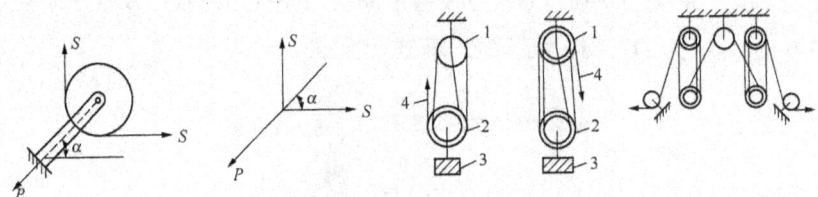

1—定滑轮;2—动滑轮;3—重物;4—绳索引出

图 6-7 滑轮组及受力示意图

6.2 了解单层工业厂房结构安装

知识目标:
(1)了解单层工业厂房结构安装前的准备工作;
(2)掌握单层工业厂房构件柱、吊车梁、屋架、屋面板的吊装方法;
(3)了解结构吊装方法、起重机开行路线的种类和构件的平面布置要求。

技能目标:
(1)通过本单元的学习,能够清楚结构安装前的准备工作、构件的吊装工艺和结构安装方案的基本内容;
(2)能进行单层工业厂房结构安装方案设计。

单层工业厂房一般采用装配式钢筋混凝土结构,主要承重构件除基础现浇外,柱、吊车梁、屋架、屋面板等均为预制构件。预制构件中较大型构件一般在现场就地制作，中小型构件一般集中在工厂制作。结构安装工程是单层工业厂房施工的主导工种工程。

6.2.1 结构安装前的准备

结构安装前的准备工作的内容包括场地清理、道路修筑、基础准备、构件运输与堆放、拼装加固、检查清理、弹线编号等。

1. 场地清理与道路修筑

结构吊装之前，按照现场施工平面布置图，标出起重机的开行路线，清理场地上的杂物，将道路平整压实，并做好排水工作。如遇到松软土或回填土，应铺设枕木或厚钢板。

2. 构件运输与堆放

构件的运输要保证构件不变形、不损坏。构件的混凝土强度达到设计强度的75%时方可运输。构件的支垫位置要正确，要符合受力情况，上下垫木要在同一垂直线上。构件的运输顺序及卸车位置应按施工组织设计的规定进行，以免造成构件二次就位。

3. 基础准备

装配式混凝土桩一般为杯形基础，基础准备工作包括以下主要内容：

（1）杯口弹线

在杯口顶面弹出纵、横定位轴线，作为柱对位、校正的依据。

（2）杯底抄平

为了保证柱牛腿标高的准确，在吊装前需对杯底标高进行调整（抄平）。调整前，先测量出杯底原有标高（小柱测中点，大柱测四个角点），再测量出柱脚底面至牛腿面的实际距离，计算出杯底标高的调整值，然后用细石混凝土或水泥砂浆填抹至需要的标高。

（3）构件的检查与清理

为保证工程质量，对现场所有的构件都要进行全面检查，检查构件的型号、数量、外形、截面尺寸、混凝土强度、预埋件位置、吊环位置等。

（4）构件的弹线与编号

构件在吊装前经过全面质量检查合格后，即可在构件表面弹出安装用的定位、校正墨线，作为构件安装、对位、校正的依据。在对构件弹线的同时，应按图纸对构件进行编号，编号应写在明显的部位。不易辨别上下左右的构件，应在构件上用记号标明，以免安装时将方向弄错。

6.2.2 构件的吊装工艺

单层工业厂房结构需安装的构件有柱、吊车梁、屋面板、屋架、天窗架等,其吊装过程主要包括绑扎、起吊、对位、临时固定、校正和最后固定等工序。

1. 柱的吊装

(1)柱的绑扎

柱一般在施工现场就地预制,用砖或土做底模,平卧生产,侧模可用木模或组合钢模。在制作底模和浇混凝土前,就要确定绑扎方法,并在绑扎点预埋吊环或预留孔洞,以便在绑扎时穿钢丝绳。

① 一点绑扎斜吊法。这种方法不需要翻动柱子,但柱子平放起吊时,抗弯强度要符合要求。柱吊起后呈倾斜状态,由于吊索歪在柱的一边,起重钩低于柱顶,因此起重臂可以短些(如图6-8所示)。

② 一点绑扎直吊法。当柱子的宽度方向抗弯能力不足时,可在吊装前先将柱子翻身后再起吊(如图6-9所示)。起吊后,铁扁担跨在柱顶上,柱身呈直立状态,便于插入杯口,但需要较大的起吊高度。

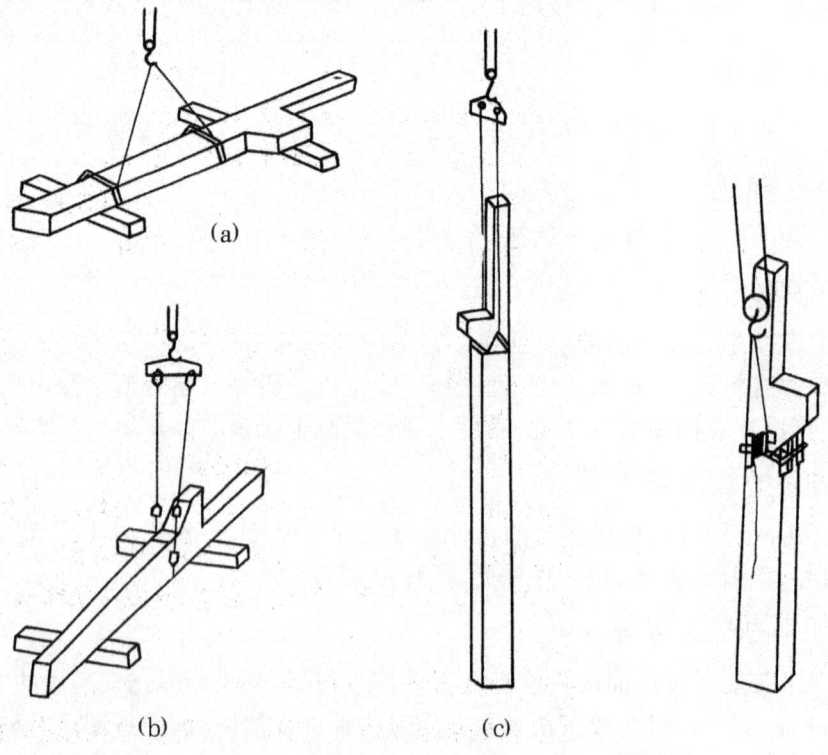

(a)柱翻身时绑扎法;(b)柱直吊时的绑扎方法;(c)柱的吊升

图6-8 一点绑扎直吊法　　图6-9 一点绑扎斜吊法

③ 两点绑扎法。当柱身较长、一点绑扎时柱的抗弯能力不足时,可采用两点绑扎起吊(如图 6-10 所示)。

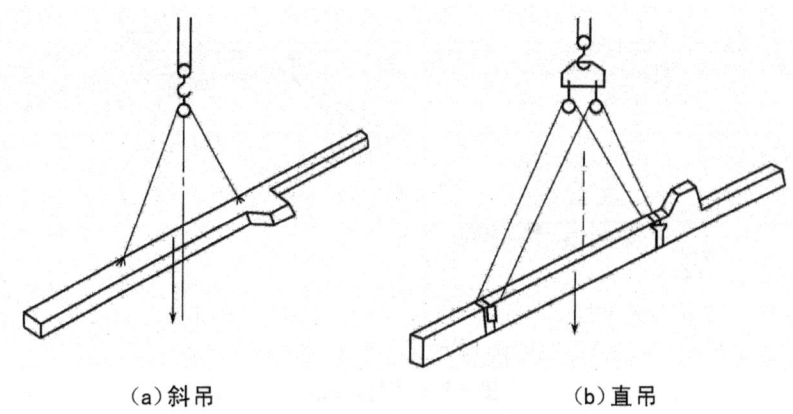

(a)斜吊　　　　　　　(b)直吊

图 6-10　柱的两点绑扎法

(2)柱的起吊柱的起吊方法

柱的起吊柱的起吊方法主要有旋转法和滑行法。

① 旋转法。旋转法吊升柱时,起重机边收钩边回转,使柱子绕着柱脚旋转成直立状态,然后吊离地面,略转起重臂,将柱放入基础杯口(如图 6-11a 所示)。

采用旋转法时,柱在堆放时的平面布置应做到柱脚靠近基础,柱的绑扎点、柱脚中心和基础中心三点同在以起重机回转中心为圆心、以回转中心到绑扎点的距离(起重半径)为半径的圆弧上,即三点同弧(如图 6-11b 所示)。

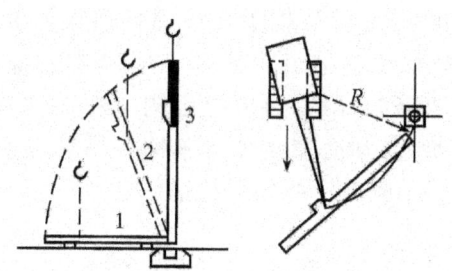

(a)柱绕柱脚旋转后入杯口　(b)三点同弧

1、2、3—柱

图 6-11　单机吊装旋转法

用旋转法吊升柱时,柱在吊升过程中受振动小,吊装效率高,但须同时完成收钩和回转的操作,对起重机的机动性能要求较高。

② 滑行法。滑行法是在起吊柱过程中,起重机起升吊钩,使柱脚滑行而吊起柱子的方法(如图 6-12 所示)。

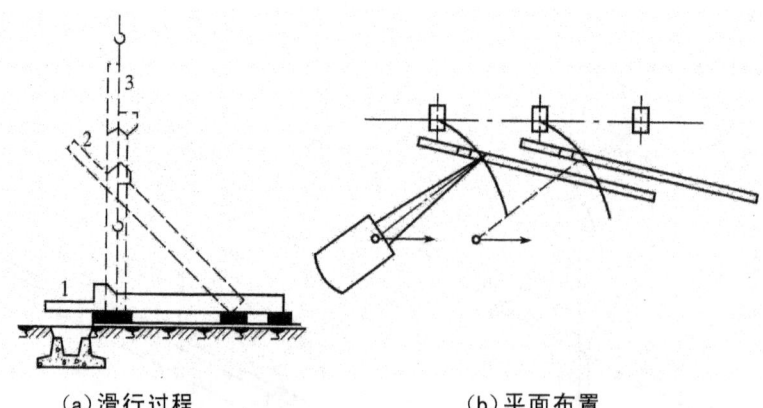

(a)滑行过程　　　　　　(b)平面布置

1—柱平放时；2—起吊中途；3—直立

图 6-12　滑行吊装法

用滑行法吊装位时，应将起吊绑扎点（两点以上绑扎时为绑扎中点）布置在杯口附近，并使绑扎点和基础杯口中心两点共圆弧，以便将柱吊离地面后稍转动吊杆即可就位。

此法用于柱较重、较长或起重机在安全荷载下的回转半径不够、现场狭窄、柱无法按旋转法布置的情况，也可用于采用桅杆式起重机吊装等情况。

(3) 柱的对位与临时固定

如果采用直吊法，柱脚插入杯口后，应于悬离杯底 30～50mm 处进行对位。如采用斜吊法，则需将柱脚基本送到杯底，然后在吊索一侧的杯口中捅入两个楔子，再通过起重机回转使其对位。对位时，应先从柱子四周向杯口放入 8 个楔块，并用撬棍拨动柱脚，使柱的吊装准线对准杯口上的吊装准线，并使柱基本保持垂直。

柱对位后，应先把楔块略为打紧，再放松吊钩，检查柱沉至杯底后的对中情况。若符合要求，即可将模块打紧，然后起重钩便可脱钩。吊装重型柱或细长柱时，除需按上述进行临时固定外，必要时还应增设缆风绳拉锚。

(4) 柱的校正

柱的校正包括平面位置、标高和垂直度三个方面。柱的标高校正在基础抄平时已进行，平面位置在对位过程中也已完成，因此柱的校正主要是指垂直度的校正。

柱垂直度的校正是用两台经纬仪从柱相邻两边检查柱吊装准线的垂直度。柱垂直度的校正方法：当柱较轻时，可用打紧或放松模块的方法或用钢纤来纠正；当柱较重时，可用螺旋千斤顶斜顶或平顶、钢管支撑斜顶等方法纠正（如图 6-13 所示）。

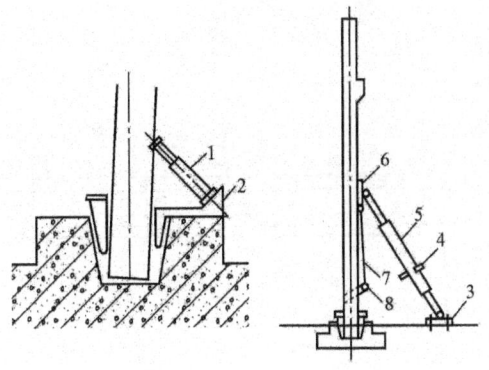

(a)千斤顶斜顶　　(b)钢管支撑斜顶

1—螺旋千斤顶；2—千斤顶支座；3—底板；4—转动手柄；
5—钢管；6—头部摩擦板；7—钢丝绳；8—卡环

图 6-13　柱垂直度的校正方法

柱最后固定的方法是在柱与杯口的空隙内浇筑细石混凝土。灌缝工作应在校正后立即进行。其方法是：在柱脚与杯口的空隙中浇筑比柱混凝土强度等级高一级的细石混凝土，混凝土的浇筑分两次进行。第一次浇至楔子底面，待混凝土强度达到设计强度的25%后，拔出楔子，全部浇满。振捣混凝土时，注意不要碰动楔子。待第二次浇筑的混凝土强度达到75%的设计强度后，方能安装上部构件。

2.吊车梁的吊装

吊车梁吊装时应两点绑扎、对称起吊，吊钩应对准吊车梁重心，使其起吊后基本保持水平。对位时不宜用撬棍顺纵轴线方向撬动吊车梁，吊装后需校正标高、平面位置和垂直度。吊车梁的标高主要取决于柱子牛腿的标高，只要牛腿标高准确，其误差就不会太大；如存在误差，可待安装轨道时加以调整。平面位置的校正主要是检查吊车梁纵轴线以及两列吊车梁之间的跨距是否符合要求。

吊车梁平面位置的校正常用通线法和平移轴线法。通线法是根据柱的定位轴线，在车间两端地面上用木桩定出吊车梁定位轴线的位置，并设置经纬仪。先用经纬仪将车间两端的四根吊车梁位置校正准确，用钢尺检查两列吊车梁之间的跨距是否符合要求，再根据校正好的端部吊车梁沿其轴线拉上钢丝通线，逐根拨正（如图 6-14 所示）。平移轴线法是根据柱和吊车梁的定位轴线间的距离（一般为 750mm），逐根拨正吊车梁的安装中心线（如图6-15 所示）。

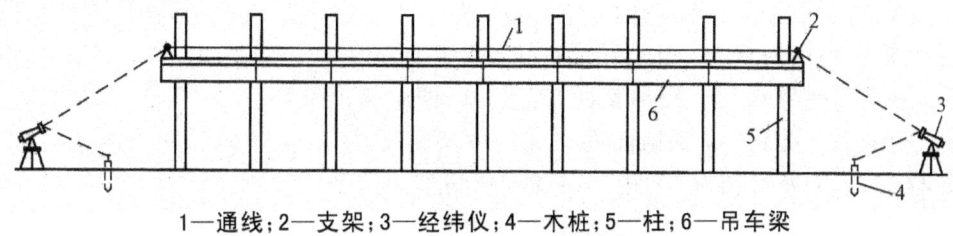

1—通线；2—支架；3—经纬仪；4—木桩；5—柱；6—吊车梁

图 6-14　通线法校正吊车梁示意图

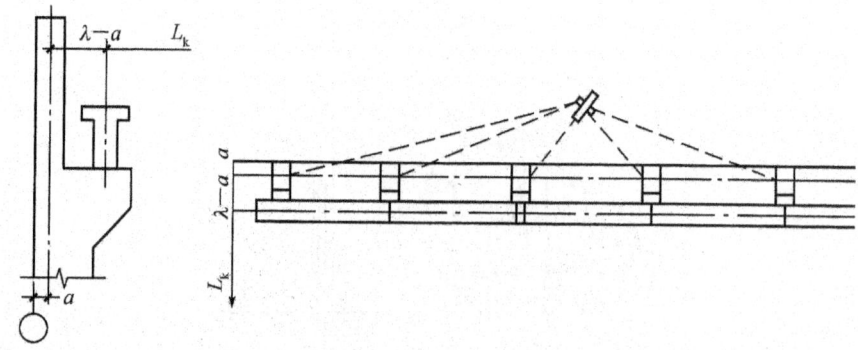

图 6-15 平移轴线法校正吊车梁示意图

吊车梁校正后,应立即焊接牢固,用连接钢板与柱侧面、吊车梁顶端的预设铁件相焊接,并在接头处支模,浇灌细石混凝土。钢结构单层工业厂房吊车梁校正后,应将梁与牛腿的螺栓和梁与制动架之间的高强度螺栓连接牢固。

3. 屋架的吊装

(1) 屋架的绑扎

屋架的绑扎点应选在上弦节点处,左右对称。绑扎吊索的合力作用点(绑扎中心)应高于屋架重心。绑扎吊索与构件的水平夹角在扶直时不宜小于60°,吊开时不宜小于45°,以免屋架承受较大的横向压力。如图6-16所示,屋架跨度≤18m时,采用两点绑扎;屋架跨度>18m时,用两根吊索四点绑扎;当跨度≥30m时,应考虑采用横吊梁,以降低起重高度;对三角组合屋架等刚性较差的屋架,由于下弦不能承受压力,绑扎时也应采用横吊梁。

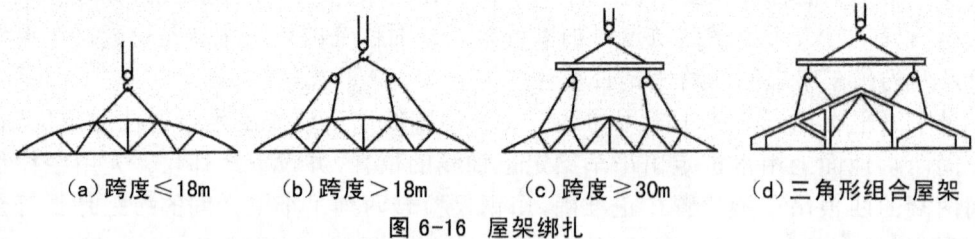

(a) 跨度≤18m (b) 跨度>18m (c) 跨度≥30m (d) 三角形组合屋架

图 6-16 屋架绑扎

(2) 屋架的扶直与就位

钢筋混凝土屋架均是平卧、重叠预制,运输或吊装前均应翻身、扶直。由于屋架是平面受力构件,扶直时在自重作用下屋架承受平面外力,部分改变了构件的受力性质,特别是上弦杆易挠曲开裂。因此,吊装、扶直操作时应注意:必须在屋架两端用方木结井字架(井字架的高度与下一榀屋架面等高),以便屋架由平卧翻转、立直后搁置其上,以防屋架在翻转中由高处滑到地面而损坏。屋架翻身扶直时,争取一次将屋架扶直。在扶直过程中,如无特殊情况,不得猛启动或猛刹车。

(3)屋架的吊升、对位与临时固定

屋架的吊升是先将屋架吊离地面约300mm,然后将屋架转至吊装位置下方,再将屋架吊升超过柱顶约300mm,随即将屋架缓缓放至柱顶,进行对位。

屋架对位后应立即进行临时固定。必须重视第一榀屋架的临时固定,因为它是单片结构,侧向稳定性较差,而且也是第二榀屋架的支承。第一榀屋架的临时固定,可用四根缆风绳从两边拉牢,当先吊装抗风柱时,可将屋架与抗风柱连接。第二榀屋架及以后各榀屋架可用工具式支承,临时固定在前一榀屋架上。

(4)屋架的校正与最后固定

屋架校正是用经纬仪或垂球检查屋架垂直度。施工规范规定,屋架上弦中部对通过两支座中心的垂直面偏差不得大于 $h/250$(h 为屋架高度)。如超过偏差允许值,应用工具式支承加以纠正,并在屋架端部支承面垫入薄钢片。校正无误后,立即用电焊焊牢,作为最后固定。

4.屋面板的吊装

如图6-17所示,屋面板四角一般预埋有吊环,用带钩的吊索钩住吊环即可安装。1.5m×6m 的屋面板有四个吊环,起吊时,应使四根吊索长度相等,屋面板保持水平。

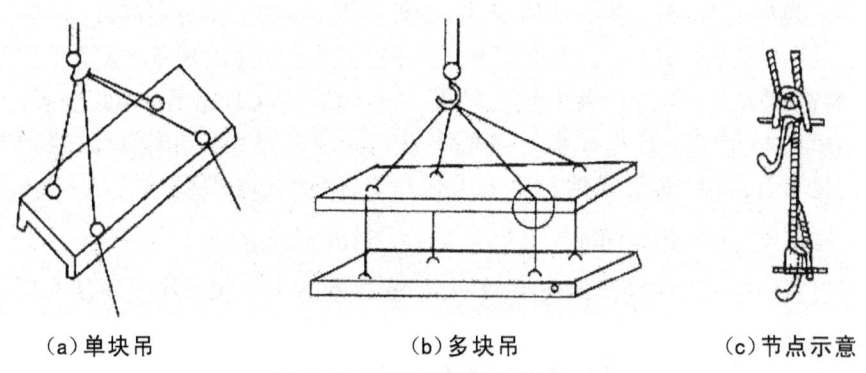

(a)单块吊　　　　　(b)多块吊　　　　　(c)节点示意

图6-17　屋面板钩挂示意图

屋面板的安装次序,应自两边檐口左右对称地逐块铺向屋脊,避免屋架承受半边荷载。屋面板对位后,立即进行电焊固定,每块屋面板可焊三点,最后一块只焊两点。

6.2.3 结构安装方案

结构安装工程施工方案应着重解决结构吊装方法,起重机的选择、开行路线、停机位置,以及构件的平面布置等。

1.结构吊装方法

结构吊装方法主要有分件吊装法和综合吊装法两种。

(1) 分件吊装法

分件吊装法是指起重机开行一次，只吊装一种或几种构件。通常分三次开行安装完构件：第一次吊装柱，并逐一进行校正和最后固定；第二次吊装吊车梁、连续梁及柱间支撑等；第三次以节间为单位吊装屋架、天窗架和屋面板等构件。

(2) 综合吊装法

综合吊装法是指起重机在车间内的一次开行中，分节间安装各种类型的构件。具体做法是：先安装 4~6 根柱子，立即加以校正和固定，接着安装吊车梁、连系梁、屋架、屋面板等构件。安装完一个节间所有构件后，转入安装下一个节间。综合吊装法的优点是起重机开行路线短，停机点位置少，可为后续工作创造工面，有利于组织立体交叉、平行流水作业，以加快工程进度；其缺点是要同时吊装各种类型的构件，不能充分发挥起重机的效能，造成构件供应紧张、平面布置复杂、校正困难。

2. 起重机的选择

起重机的选择包括起重机类型的选择、起重机型号的选择和起重机数量的计算。

(1) 起重机类型的选择

起重机类型的选择应根据结构形式，构件的尺寸、重量、安装高度、吊装方法，以及现有起重设备条件来确定。中小型厂房一般采用自行杆式起重机；重型厂房跨度大、构件重、安装高度大，厂房内设备安装往往要同结构吊装同时进行，因此一般选用大型自行杆式起重机和重型塔式起重机与其他起重机械配合使用；多层装配式结构可采用轨道式塔式起重机；高层装配式结构可采用爬升式、附着式塔式起重机。

(2) 起重机型号的选择

所选起重机的三个参数，即起重量 Q、起重高度 H 和工作幅度（回转半径）R 均须满足结构吊装要求。

① 起重量。起重机的起重量必须满足下式要求：

$$Q \geqslant Q_1 + Q_2 \qquad (6-1)$$

式中，Q 为起重机的起重量(t)，Q_1 为构件的重量(t)，Q_2 为索具的重量(t)。

② 起重高度。起重机的起重高度必须满足所吊构件的高度要求（图 6-18），即：

$$H \geqslant h_1 + h_2 + h_3 + h_4 \qquad (6-2)$$

式中，H 为起重机的起重高度(m)，即从停机面至吊钩的垂直距离；h_1 为安装支座表面高度(m)，从停机面算起；h_2 为安装间隙(m)，应不小于 0.3m；h_3 为绑扎点至构件吊起后底面的距离(m)；h_4 为索具高度(m)，自绑扎点至吊钩面，应不小于1m。

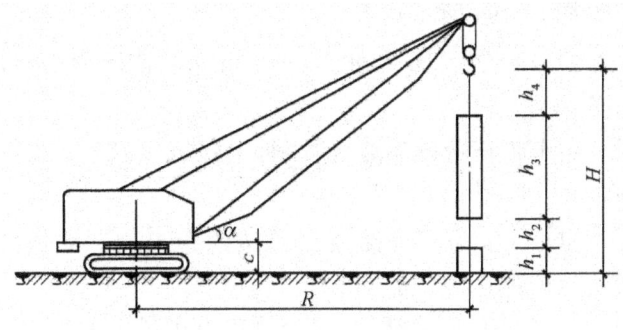

图 6-18 起重机起重高度计算简图

③ 起重回转半径 起重回转半径的确定可从以下两种情况考虑：

a. 当起重机可以不受限制地开到构件安装位置附近安装构件时，在计算起重量和起重高度后，便可查阅起重机起重性能表或性能曲线来选择起重机型号及起重臂长，从而查得在起重量和起重高度下相应的起重半径。

b. 当起重机不能直接开到构件安装位置附近安装构件时，应根据起重量、起重高度和起重半径三个参数，查阅起重机性能表或性能曲线来选择起重机型号及起重臂长。

(3) 起重机数量的计算

起重机数量可按下式计算：

$$N = \frac{1}{TCK} \sum \frac{Q_i}{P_i} \tag{6-3}$$

式中，N 为起重机台数；T 为工期(d)；C 为每天工作班数；K 为时间利用系数，一般情况下取 0.8～0.9；Q_i 为每种构件的安装工程量(件或 t)；P_i 为起重机相应的产量定额(件/台班或 t/台班)。

此外，在确定起重机数量时还应考虑构件装卸和就位工作的需要。

3. 起重机的开行路线和停机位置

起重机的开行路线和停机位置与起重机的性能及构件的尺寸、重量、平面布置、供应方式和安装方法等因素有关。

采用分件吊装时，起重机开行路线有以下两种：

① 柱吊装时，起重机开行路线有跨边开行和跨中开行两种(如图 6-19 所示)。

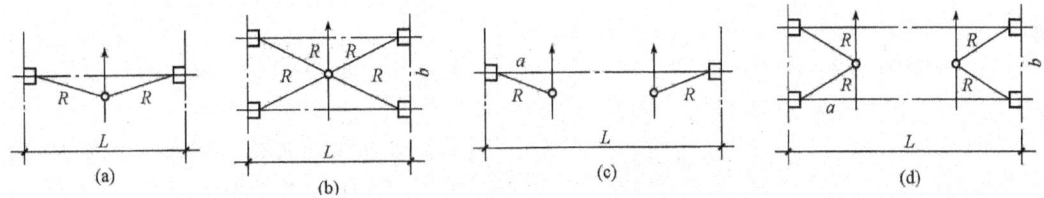

(a)、(b) 跨中开行；(c)、(d) 跨边开行

图 6-19 吊装柱时起重机的开行路线及停机位置

如果柱子布置在跨内，当起重半径 $R > L/2$（L 为厂房跨度）时，起重机在跨中开行，

每个停机点可吊 2 根柱(如图 6-19a 所示)。

当起重半径 $R>=\sqrt{(L/2)^2+(b/2)^2}$ (b 为柱距)时,起重机在跨中开行,每个停机点可吊 4 根柱(如图 6-19b 所示)。

当起重半径 $R<L/2$ 时,起重机在跨内靠边开行,每个停机点只吊 1 根柱(如图 6-9c 所示)。

当起重半径 $R>\sqrt{a^2+(b/2)^2}$ (a 为开行路线到跨边的距离),起重机在跨内靠边开行,每个停机点可吊 2 根桩(如图 6-19d 所示)。

若柱子布置在跨外时,起重机在跨外开行,每个停机点可吊 1~2 根柱。

② 屋架扶直就位及屋盖系统吊装时,起重机在跨中开行。图 6-20 所示是单跨厂房采用分件吊装法时起重机的开行路线及停机位置图。起重机从 A 轴线进场,沿跨外开行吊装 A 列柱,再沿 B 轴线跨内开行吊装 B 列柱,然后转到 A 轴线扶直屋架并将其就位,再转到 B 轴线吊装 B 列吊车梁、连系梁,随后转到 A 轴线吊装 A 列吊车梁、连系梁,最后转到跨中吊装屋盖系统。

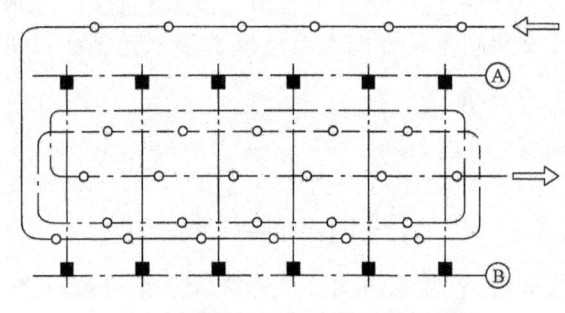

6-20 起重机的开行路线及停机位置

4.构件的平面布置

起重机型号及结构吊装方案确定之后,即可根据起重机性能、构件制作及吊装方法,结合施工现场情况确定构件的平面布置。

(1)构件平面布置的要求

① 每跨的构件宜布置在本跨内;如场地狭窄、布置有困难,也可布置在跨外便于安装的地方。

② 构件的布置应便于支模和浇筑混凝土。对预应力构件应留有抽管、穿筋的操作场地。

③ 构件的布置要满足安装工艺的要求,尽可能在起重机的工作半径内,以减少起重机跑吊的距离及起重杆的起伏次数。

④ 构件的布置应保证起重机、运输车辆的道路畅通。起重机回转时,机身不得与构件相碰。

⑤ 构件的布置要注意安装时的朝向,避免在空中调向,影响进度和安全。

⑥ 构件应布直在坚实的地基上。在新填土上布置时,土要夯实,并采取一定措施,

防止下沉而影响构件质量。

(2) 柱的预制布置

柱的预制布置，有斜向布置和纵向布置两种。

① 柱的斜向布置。柱如以旋转法起吊，应按三点共弧斜向布置（如图 6-21 所示）。

② 柱的纵向布置。当柱采用滑行法吊装时，可以纵向布置。预制柱的位置与厂房纵轴线相平行。若柱长小于 12m，为节约模板与场地，两柱可叠浇，排成一行；若柱长大于 12m，则可叠浇，排成两行。在位吊装时，起重机宜停在两柱基的中间，每停机一次可吊装 2 根柱（如图 6-22 所示）。

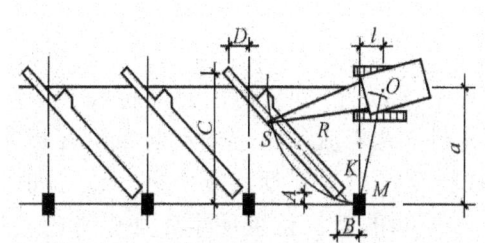

图 6-21 柱子斜向布置示意图

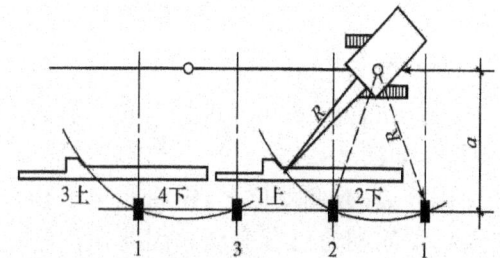

图 6-22 柱子纵向布置示意图

(3) 屋架的预制布置

屋架一般在跨内平卧叠浇预制，每叠 2～3 榀。布置方式有正面斜向、正反斜向及正反纵向布置 3 种（如图 6-23 所示）。其中应优先采用正面斜向布置，以便于屋架扶直就位；只有当场地受限制时，才采用其他方式。

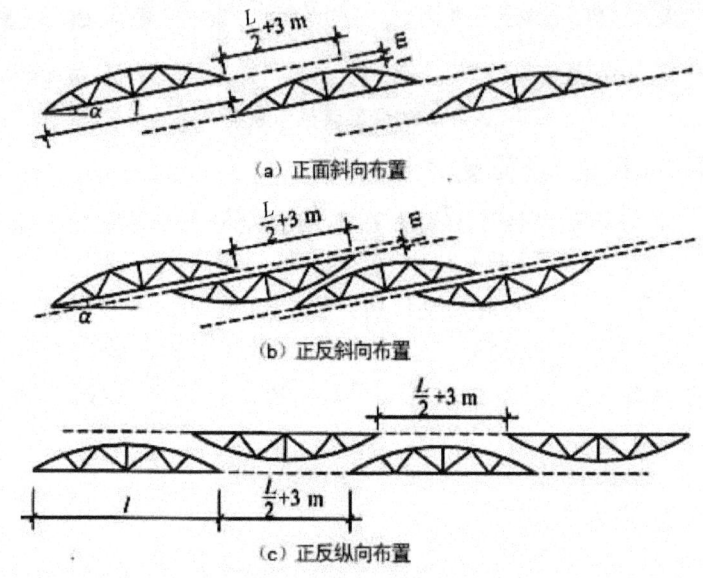

图 6-23 屋架预制布置示意图

屋架正面斜向布置时,下弦与厂房纵轴线的夹角 α 在 $10°\sim20°$;预应力屋架的两端应留出 $L/2+3m$ 的距离(L 为屋架跨度)作为抽管、穿筋的操作场地;如一端抽管,应留出 $L+3m$ 的距离;用胶皮管作预留孔时,可适当缩短。每两榀屋架间要留 1m 左右的空隙,以便支模和浇筑混凝土。

屋架平卧预制时还应考虑屋架扶直就位的要求和扶直的先后次序,先扶直的放在上层并按轴编号。对屋架两端朝向及预埋件位置,也要作出标记。

(4) 吊车梁的预制布置

当吊车梁安排在现场预制时,可靠近柱基顺纵向轴线或略作倾斜布置,也可插在柱子的空当中预制。如具有运输条件,也可在场外集中预制。

(5) 屋架的扶直就位

屋架扶直后应立即进行就位。按就位的位置不同,就位可分为同侧就位和异侧就位两种(如图 6-24 所示)。同侧就位时,屋架的预制位置与就位位置均在起重机开行路线的同一边;异侧就位时,得将屋架由预制的一边转至起重机开行路线的另一边,此时,屋架两端的朝向已有变动。因此在预制屋架时,对屋架的就位位置应事先加以考虑,以便确定屋架两端的朝向及预埋件的位置。

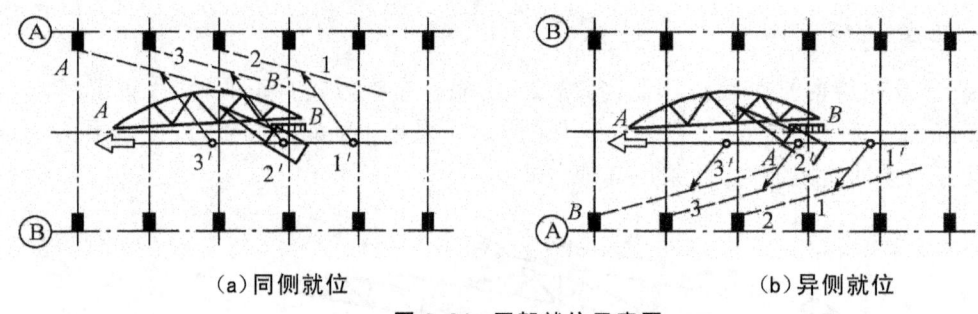

图 6-24 屋架就位示意图

(6) 吊车梁、连系梁、屋面板的就位

单层工业厂房除柱和屋架等大构件在现场预制外,其他如吊车梁、连系梁、屋面板等均在构件厂或附近露天预制场制作,运到现场吊装施工。

构件运到现场后,应按施工组织设计所规定的位置,按编号及构件吊装顺序进行就位或集中堆放。梁式构件的叠放不宜超过 2 层,大型屋面板的叠放不宜超过 8 层。

吊车梁、连系梁的就位位置,一般在其吊装位置的柱列附近,跨内跨外均可,从运输车上直接吊至设计位置。

6.3 了解钢结构安装工程

知识目标:
(1) 了解单层钢结构工程安装的一般规定;
(2) 了解多层及高层钢结构工程中构件的安装要求。

技能目标:
(1) 通过本单元的学习,能够清楚单层、多层及高层钢结构安装的基本内容;
(2) 根据工程实际,能够正确进行单层、多层及高层钢结构工程的安装。

6.3.1 单层钢结构工程安装

单层钢结构工程以单层工业厂房结构安装最为典型。钢结构单层工业厂房一般由柱、柱间支撑、吊车梁、制动梁(桁架)、托架、屋架、天窗架、上下弦支撑、檩条及墙体骨架等构件组成。柱基通常采用钢筋混凝土阶梯或独立基础。

1. 一般规定

① 单层工业厂房安装前,应按变形缝或空间刚度单元等划分成一个或若干个检验批。地下钢结构可按不同地下层划分检验批。

② 钢结构安装检验批应在进场验收和焊接连接、紧固件连接、制作等分项工程验收合格的基础上进行验收。

③ 安装的测量校正、高强度螺栓安装、负温度下施工及焊接工艺等,应在安装前进行工艺试验或评定,并应在此基础上制定相应的施工工艺或方案。

④ 安装偏差的检测,应在结构形成空间刚度单元连接固定后进行。

⑤ 安装时,必须控制屋面、楼面、平台等的施工荷载和冰雪荷载等,严禁超过桁架、楼面板、屋面板、平台铺板等的承载能力。

⑥ 在形成空间刚度单元后,应及时对柱底板和基础顶面的空隙进行细石混凝土、灌浆料等二次浇灌。

⑦ 吊车梁或直接承受动力荷载的梁及其受拉翼缘、吊车桁架或直接承受动力荷载的桁架及其受拉弦杆上不得焊接悬挂物和卡具。

2. 钢柱安装

① 柱子安装前应设置标高观测点和中心线标志,并且与土建工程相一致。标高观测点的设置应以牛腿(肩梁)支承面为基准,设在柱的便于观测处;若无牛腿(肩梁)柱,应以顶端与桁架连接的最后一个安装孔中心为基准。

② 中心线标志的设置应符合下列规定：
a.在柱底板的上表面行线方向设一个中心标志，列线方向两侧各设一个中心标志。
b.在柱身表面的行线和列线方向各设一个中心线，每条中心线在柱底部、中部（牛腿或肩梁部）和顶部各设一处中心标志。
c.双牛腿（肩梁）柱在行线方向的两个柱身表面分别设中心标志。
③ 多节柱安装时，宜将柱组装后再整体吊装。
④ 钢柱安装就位后需要调整时，校正应符合下列规定：
a.应排除阳光侧面照射所引起的偏差。
b.应根据气温（季节）控制柱垂直度偏差：气温接近当地年平均气温时（春、秋季），柱垂直偏差应控制在"0"附近；气温高于或低于当地平均气温时，应以每个伸缩段（两伸缩缝间）设柱间支撑的柱子为基准。垂直度校正接近"0"，行线方向连跨应以与屋架刚性连接的两柱为基准。此时，当气温高于平均气温（夏季）时，其他柱应倾向基准点相反方向；气温低于平均气温（冬期）时，其他柱应倾向基准点方向。柱的倾斜值应根据施工时气温、构件跨度与基准的距离而定。
⑤ 柱子安装的允许偏差应符合相关要求。
⑥ 屋架、吊车梁安装后，要进行总体调整，然后固定连接。固定连接后还应进行复测，超差的应进行调整。
⑦ 对长细比较大的柱子，吊装后应增加临时固定措施。
⑧ 柱子支承的安装应在柱子校正后进行，只有在确保柱子垂直度的情况下，才可安装柱间支承，支承不得弯曲。

3.吊车梁安装

(1)测量准备

用水准仪测出每根钢柱上标高观测点在柱子校正后的标高实际变化值，做好实际测量标记。根据各钢柱上搁置吊车梁的牛腿面的实际标高值，定出全部钢柱上搁置吊车梁的牛腿面的统一标高值。以标高值为基准，得出各钢柱上搁置吊车梁的牛腿面的实际标高差。根据各个标高差值和吊车梁的实际高差加工不同厚度的钢垫板，同一牛腿面上的钢垫板应分成两块加工。吊装吊车梁前，将垫板点焊在牛腿面上。

(2)吊装

钢吊车梁吊装在柱子最后固定、柱间支撑安装完毕后进行。吊装时，一般利用梁上的工具式吊耳作为吊点或捆绑法进行吊装。

在屋盖吊装前安装吊车梁，可采用单机吊、双机抬吊等吊装方法。

在屋盖吊装后安装吊车梁，最佳的吊装方法是利用屋架端头或柱顶拴滑轮组来抬吊，或用短臂起重机或独脚拔杆起重机吊装。

(3) 吊车梁的校正

钢吊车梁的校正包括标高调整、纵横轴线调整和垂直度调整。钢吊车梁的校正必须在结构形成刚度单元以后才能进行。

纵横轴线校正：柱子安装后，及时将柱间支撑安装好形成排架。用经纬仪在柱子纵列端部把柱基正确轴线引到牛腿顶部水平位置，定出正确轴线距吊车梁中心线的距离，在吊车梁顶面中心线拉一通长钢丝（也可用经纬仪），逐根将梁端部调整到位。为方便调整位移，吊车梁下翼缘一端为正圆孔，另一端为椭圆孔，用千斤顶和手拉葫芦进行轴线位移，将铁楔再次调整、垫实。

当两排吊车梁纵横轴线无误时，复查吊车梁跨距。

吊车梁的标高和垂直度的校正可通过对钢垫板的调整来实现。吊车梁的垂直度校正应和吊车梁轴线的校正同时进行。

4.吊车轨道安装

① 吊车轨道的安装应在吊车梁安装符合规定后进行。

② 吊车轨道的规格和技术条件应符合设计要求和国家现行相关标准的规定；如有变形，经矫正后方可安装。

③ 在吊车梁顶面上弹放墨线的安装基准线，也可在吊车梁顶面上拉设钢线，作为轨道安装基准线。

④ 轨道接头采用鱼尾板连接时，要做到：

a.轨道接头应顶紧，间隙不应大于3mm，接头错位不应大于1mm。

b.伸缩缝应符合设计要求，其允许偏差为±3mm。

轨道采用压轨器与吊车梁连接时，要做到：压轨器与吊车梁上翼应密贴，其间隙不得大于0.5mm，有间隙的长度不得大于压轨器长度的1/2；压轨器固定螺栓紧固后，螺纹露长不应少于2倍螺距。

⑤ 轨道端头与车挡之间的间隙应符合设计要求；当设计无要求时，应根据温度留出轨道自由膨胀的间隙。两车挡应与起重机缓冲器同时接触。

5.钢架安装

钢屋架吊装前，必须对柱子横向进行复测和复校。钢屋架的侧向刚度较差，安装前需要加固。单机吊（一点或二、三、四点加铁扁担办法）要加固下弦，双机起吊要加固上弦。

吊装时，要保证屋架下弦处于受拉状态，试吊至地面50cm检查无误后再继续起吊。

屋架的绑扎点必须在屋架节点上，以防构件在吊点处产生弯曲变形。其吊装流程如下：

第一榀钢屋架起吊时，在松开吊钩前，做初步校正，对准屋架基座中心线和定位轴线，进行就位。就位后，在屋架两侧设缆风绳网定。如果端部有挡风柱，校正后可与挡风柱固定,调整屋架的垂直度,检查屋架的侧向弯曲情况。

第二榀钢梁起吊就位后,不要松钩,用绳索临时与第一榀钢屋架固定,安装支撑系统及部分檩条。每坡用一个屋架间调整器,进行屋架垂直度校正。固定两端支座处(螺栓固定或焊接),安装垂直支撑、水平支撑,检查无误,成为样板间,依此类推。

为减少高空作业,提高生产效率,应在地面上将天窗架预先拼装在屋架上,并将吊索两面绑扎,把天窗架夹在中间,以保证整体安装的稳定。

在图 6-25 中将线坠和通长钢丝换成钢丝绳即可。

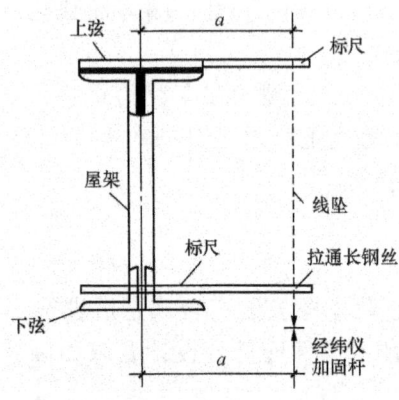

图 6-25　钢屋架垂直校正示意图

6.维护系统结构安装

墙面檩条等构件安装,应在主体结构调整定位后进行,可用拉杆螺栓调整墙面檩条的平直度。

7.平台、梯子及栏杆的安装

安装钢平台、钢梯、栏杆,应符合设计要求及相关规定。

平台钢弧应铺设平整,与支撑梁密贴,要有表面防滑措施,栏杆安装要牢固可靠,扶手转角应光滑。

6.3.2 多层及高层钢结构安装

钢结构用钢最大、造价高、防火要求高。用于多层及高层钢结构建筑的体系有框架体系、框架剪力墙体系、框筒体系、组合筒体系及交错钢桁架体系等。钢结构具有强度高、抗震性能好、施工速度快等优点,因此在高层建筑中得到广泛应用。

1.安装前的准备工作

多层及高层钢结构安装工程,安装前的准备工作主要包括以下内容:
① 检查并标注定位轴线及标高的位置。

② 检查钢柱基础，包括基础的中心线、标高、地脚螺栓等。

③ 确定流水施工的方向，划分流水段。

④ 安排钢构件在现场的堆放位置。

⑤ 选择起重机械。起重机械的选择是多层及高层钢结构工程安装前准备工作的关键。多层及高层钢结构的安装多采用塔式起重机，并要求塔式起重机具有足够的起重能力，臂杆长度具有足够的覆盖面，钢丝绳要满足起吊高度的要求。当需要多机作业时，臂杆要有足够的高差，互不碰撞并安全运转。

⑥ 选择吊装方法。多层及高层钢结构的吊装多采用综合吊装法，其吊装顺序一般为平面内从中间的一个节间开始，以一个节间的柱网为一个吊装单元，先吊装柱、后吊装梁，往四周扩展；垂直方向自下而上，组成稳定结构后，分层次安装次要构件，一节间一节间钢框架、一层一层楼逐步安装完成。这样有利于消除安装误差累积和焊接变形，使误差减少到最低限度。

⑦ 建筑物定位轴线、基础上柱的定位轴线和标高、地脚螺栓（锚栓）的允许偏差应符合有关规定。

2. 安装与校正

(1) 钢柱的吊装与校正

① 钢柱吊装。钢结构高层建筑的柱子，多为 3～4 层一节，节与节之间用坡口焊连接。钢柱吊装前，应预先按施工需要在地面上将操作挂篮、爬梯等固定在柱子相应的部位上。钢柱的吊点在吊耳处，根据钢柱的重量和起重机的起重量，钢柱的吊装可选用双机抬吊或单机吊装（如图 6-26 所示）。单机吊装时，需要在柱根部垫以垫木，用旋转法起吊，防止柱根部拖地和碰撞地脚螺栓，损坏丝扣；双机抬吊时，多用递送法起吊，钢柱在吊离地面后，在空中进行回直。在吊装第一节钢柱时，应在预埋的地脚螺栓上加设保护套，以免钢柱就位时碰坏地脚螺栓的丝牙。

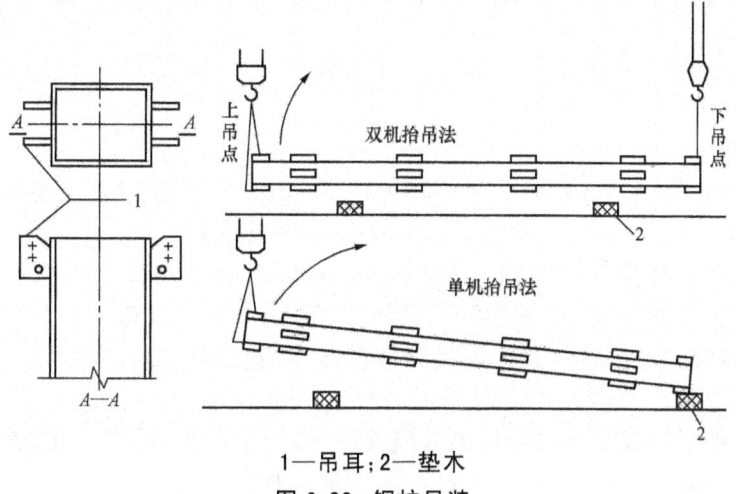

1—吊耳；2—垫木
图 6-26 钢柱吊装

② 钢柱校正。钢柱就位后,立即对垂直度、轴线、牛腿面标高进行初校,安设临时螺栓,卸去吊索。钢柱上下接触面间的间隙一般不得大于1.5mm。如间隙为1.6~6.0mm,可用低碳钢垫片垫实间隙。柱间间距偏差可用液压千斤顶与钢楔,或倒链与钢丝绳、缆风绳进行校正。柱子安装的允许偏差应符合相关要求。

③ 柱底灌浆。在第一节框架安装、校正、螺栓紧固后,即应进行底层钢柱柱底灌浆。灌浆方法是先在柱脚四周立模板,将基础上表面清理干净,清除积水,用高强度聚合砂浆从一侧自由灌入至密实。灌浆后用湿草袋和麻袋覆盖养护。

(2) 钢梁的吊装与校正

钢梁在吊装前,应于柱子牛腿处检查标高和柱子间距,并应在梁上装好扶手杆和扶手绳,以便待主梁吊装就位后,将扶手绳与钢柱系牢,以保证施工人员的安全。钢梁一般可在钢梁的翼缘处开孔作为吊点,其位置取决于钢梁的跨度。为加快吊装速度,对重量较小的次梁和其他小梁,可利用多头吊索一次吊装数根。

梁校正完毕,用高强度螺栓临时固定,再进行柱校正,紧固连接高强度螺栓,焊接柱节点和梁节点,进行超声波检验,应符合相关规定。

3.构件间的连接

钢柱之间的连接常采用坡口焊连接。主梁与钢柱的连接,一般上、下翼缘用坡口焊连接,而腹板用高强度螺栓连接。次梁与主梁的连接基本是在腹板处高强度螺栓连接,少量在上、下翼缘处用坡口焊连接(如图6-27所示)。柱与梁的焊接顺序:先焊接顶部的柱、梁节点,再焊接底部,最后焊接中间部分。

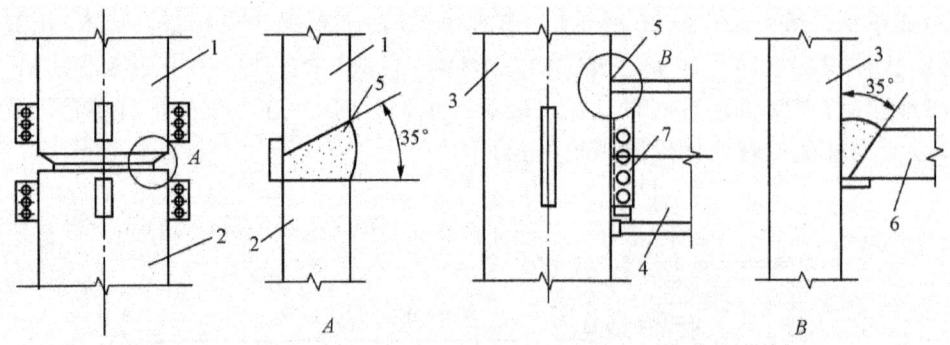

1—上节钢柱;2—下节钢柱;3—柱;4—主梁;5—焊缝;6—主梁翼板;7—高强度螺栓
图6-27 上柱与下柱、柱与梁连接构造

坡口焊连接应先做好准备,包括焊条烘焙,坡口检查,电弧引入板和引出板、钢垫板,点焊固定,清除焊接坡口、周边的防锈漆和杂物,焊接口预热。柱与柱的对接焊接,采用两人同时对称焊接,柱与梁的焊接亦应在柱的两侧同时对称焊接,以减少焊接变形和残余应力。

高强度螺栓连接两个连接构件的紧固顺序是:先主要构件,后次要构件。

工字形构件的紧固顺序是:上翼缘→下翼缘→腹板。

同一节柱上各梁柱节点的紧固顺序是：柱子上部的梁柱节点→柱子下部的梁柱节点→柱子中部的梁柱节点。

每一节点安设紧固高强度螺栓的工序是：摩擦面处理→检查安装连接板（对孔、扩孔）→临时螺栓连接→高强度螺栓紧固→初拧→终拧。

学习案例：

某综合办公楼工程，个体户王某受现场工长私下雇佣，组织人员进行QTZ315型塔吊安装。王某从市场租来一台吊车并找来9名民工，口头向大家分配了任务。在安装完塔身、塔顶、平衡臂后，着手安装起重臂。起重臂作为细长构件，吊装时对吊点位置、吊索的拴系方式、重心所处位置均有严格的技术要求。按规定本应设置3个吊点、6根吊索，而王某等人仅设了2个吊点、4根吊索，并且在吊索未拴牢的情况下，将起重臂吊起。起重臂根铰点销轴安装完毕后，5名工人爬上起重臂，安装拉杆。这时一处吊点的钢丝绳将起重臂2根侧向斜腹杆拉断，起重臂弹起后又瞬间下落，起吊钢丝绳崩断，起重臂砸向地面，起重臂上的5名工人4人死亡、1人重伤。

想一想：

1.请简要分析这起事故发生的主要原因。
2.请简述起重吊装作业专项施工方案应包括哪些主要内容。
3.请简述起重吊装作业预防高处坠落事故的安全技术措施。

案例分析：

1.这起事故发生的主要原因有：
(1)现场工长私自非法雇佣个体户进行塔吊安装作业；
(2)个体户王某非法承接塔吊安装任务，私招乱雇民工，违章指挥作业；
(3)安装人员不熟悉塔吊安装程序和起重吊装作业技术要点，冒险蛮干；
(4)作业人员无证上岗，安全意识不强，自我保护意识差；
(5)现场安全管理失控，对违章指挥、违章作业无人过问。

2.专项施工方案的主要内容有：工程概况、现场环境、施工工艺、起重机械的选型依据、起重扒杆的设计计算、地锚设计、钢丝绳及索具的设计选用、地耐力及道路的要求、构件堆放就位图以及吊装过程中的各种防护措施等。

3.安全技术措施包括：
(1)吊装作业人员必须正确使用安全带。
(2)雨天和雪天进行吊装作业时，必须要采取可靠的防滑、防寒和防冻措施。
(3)当遇有六级及六级以上强风、浓雾等恶劣天气时，不得从事露天高处吊装作业；暴风雪及台风、暴雨后，应对吊装作业安全设施逐一加以检查。
(4)吊装作业登高用的梯子必须牢固，梯脚底部应坚实、防滑，梯子的上端应有固定措施。
(5)所使用的固定式直爬梯应用金属材料制成，埋设与焊接必须牢固。梯子顶端的踏棍应与攀登的顶面齐平，并加设1~1.5m高的扶手。
(6)吊装作业人员在脚手板上通行时思想应集中，在高处使用撬杠时人要站稳。

(7)当安装有预留孔洞的楼板或屋面板时,应及时用木板盖严,或及时设置安全防护栏杆、安全网等防坠落设施。

(8)在从事屋架和梁类构件安装时,必须搭设牢固可靠的操作台。需要在梁上行走时,应设置安全防护栏杆或绳索。

本章小结

本学习情境包括起重机械和设备、单层工业厂房结构安装、单层钢结构安装、多层及高层钢结构安装等内容,主要讲解了结构安装前的准备工作、常见构件的吊装工艺及平面布置、结构安装方案的制定,重点讲解了起重机的选择、起重机的开行路线及构件平面布置的关系。

单层钢结构工程以单层工业厂房结构安装最为典型。钢结构单层工业厂房一般由柱、柱间支撑、吊车梁、制动梁(桁架)、托架、屋架、天窗架、上下弦支撑、檩条及墙体骨架等构件组成。柱基通常采用钢筋混凝土阶梯或独立基础。

钢结构用钢量大、造价高、防火要求高,用于多层及高层钢结构建筑的体系有框架体系、框架剪力墙体系、框筒体系、组合筒体系及交错钢桁架体系等。钢结构具有强度高、抗震性能好、施工速度快等优点,因此在高层建筑中得到广泛应用。

练习题

一、选择题

1.若设计无要求,预制构件在运输时其混凝土强度至少应达到设计强度的( )。
　　A.30%　　　　　　B.45%　　　　　　C.60%　　　　　　D.75%

2.对平面呈板式的六层钢筋混凝土预制结构吊装时,宜使用( )。
　　A.人字拔杆式起重机　　　　　　B.履带式起重机
　　C.附着式塔式起重机　　　　　　D.轨道式起重机

3.吊装中小型单层工业厂房的结构构件时,宜使用( )。
　　A.履带式起重机　　　　　　　　B.附着式起重机
　　C.人字拔杆式起重机　　　　　　D.轨道式起重机

4.某高层钢结构梁与柱的连接方式为,梁腹板高强度螺栓连接、翼缘焊接,则合理的施工顺序是( )。
　　A.初拧腹板上高强度螺栓→焊接翼缘→终拧腹板上高强度螺栓
　　B.初拧腹板上高强度螺栓→终拧腹板上高强度螺栓→焊接翼缘
　　C.焊接翼缘→初拧腹板上高强度螺栓→终拧腹板上高强度螺栓
　　D.焊接翼缘→一次终拧腹板上高强度螺栓

二、填空题

1.结构安装工程常用的起重机械有_____、_____和_____。

2.桅杆式起重机按其构造不同,可分为_____、_____、_____和牵缆式桅杆起重机等。

3.自行式起重机可分为_____、_____和_____。

4.履带式起重机的主要技术性能参数是_____、_____和_____。

5.所谓滑轮组,就是由一定数量的_____和_____组成,并通过绕过它们的绳索联系成为整体。

6.结构吊装方法主要有_____和_____两种。

7.结构吊装工程中起重机的选择包括_____、_____和_____。

8.单层钢结构工程安装时,必须控制屋面、楼面、平台等的施工荷载,施工荷载和_____等严禁超过桁架、楼面板、屋面板、平台铺板等的承载能力。

9 单层钢结构工程中钢吊车梁的校正包括_____、_____和_____。

三、简答题

1.起重机械的种类有哪些?试说明其优缺点及使用范围。

2.履带式起重机的技术性能参数包括哪几项?试述它们之间的关系。

3.结构吊装中常用的钢丝绳有哪几种?

4.屋架的绑扎有哪些要求?

5.单层钢结构工程安装时,如何进行吊车梁的校正?

项目七　建筑防水工程

【情境导入】

某市拟兴建高层商业大楼项目,建筑面积 38769m²,地上 10 层,地下 2 层。主体采用剪刀墙结构,基础采用箱形基础,基坑采用大开挖的施工方法,地下防水采用防水混凝土。工程由某建筑公司总承包,于 2011 年 7 月 18 日开工建设,2013 年 3 月 20 日已竣工。施工中发生如下事件:

事件一:地下室外壁防水混凝土施工缝有多处出现渗漏水。

事件二:屋面在卷材防水层施工过程中,发现有一些直径不等、大小不一的小鼓泡。

【案例导航】

上这案例中,事件一产生的原因是施工缝留的位置不当;在支模和绑钢筋的过程中,锯末、铁钉等杂物掉入缝内没有及时清除,浇筑上层混凝土后,在新旧混凝土之间形成夹层;在浇筑上层混凝土时,没有先在施工缝处铺一层水泥浆或水泥砂浆,上、下层混凝土不能牢固黏结;钢筋过密,内外模板距离狭窄,混凝土浇捣困难,施工质量不易保证;下料方法不当,骨料集中于施工缝处;浇筑地面混凝土时,因工序衔接错乱等原因造成新老接搓部位产生收缩裂缝。

事件二产生的原因是在卷材防水层中黏结不实的部位,窝有水分和气体。当其受到太阳照射或人工热源影响后,体积膨胀,造成鼓泡。

要了解地下防水工程的通病,需要掌握以下相关知识:

(1)屋面卷材防水各种原材料的特性和施工工艺;

(2)屋面涂膜防水各种原材料的特性和施工工艺;

(3)屋面刚性防水各种原材料的特性和施工工艺;

(4)厨房、卫生间地面防水构造与施工要求。

7.1 熟悉建筑屋面防水工程施工

知识目标：
(1) 了解卷材、涂膜和刚性防水屋面各种原材料的特性；
(2) 掌握卷材、涂膜和刚性防水屋面的施工工艺。

技能目标：
(1) 通过本单元的学习，能根据实际情况合理地选择防水材料；
(2) 能合理地进行卷材、刚性防水屋面的施工。

屋面防水工程按其构造可分为柔性防水屋面、刚性防水屋面、上人屋面、架空隔热屋面、蓄水屋面、种植屋面和金属板材屋面等。屋面防水可多道设防，将卷材、涂膜、细石防水混凝土复合使用，也可将卷材叠层施工。国家标准《屋面工程质量验收规范》(GB50207-2012)根据建筑物的性质、重要程度、使用功能要求以及防水层耐用年限等，将屋面防水分为四个等级，不同的防水等级有不同的设防要求（见表7-1）。屋面工程应根据工程特点、地区自然条件等，按照屋面防水等级设防要求，进行防水构造设计。

表 7-1 屋面防水等级和设防要求

项目	屋面防水等级			
	Ⅰ	Ⅱ	Ⅲ	Ⅳ
建筑物类别	特别重要或对放水有特殊要求的建筑	重要建筑和高层建筑	一般建设	非永久性的建设
设防要求	三道或三道以上设防	二道设防	一道设防	一道设防

7.1.1 卷材防水屋面

卷材防水屋面属柔性防水屋面，其优点是重量轻、防水性能较好，尤其是防水层，具有良好的柔韧性，能适应一定程度的结构振动和胀缩变形；缺点是造价高，沥青卷材易老化、起鼓，耐久性差，施工工序多，工效低，维修工作量大，产生渗漏时修补、找漏困难等。

卷材防水屋面一般由结构层、隔汽层、保温层、找平层、防水层和保护层组成（如图7-1所示）。其中，隔汽层和保温层在一定的气温条件和使用条件下可不设。

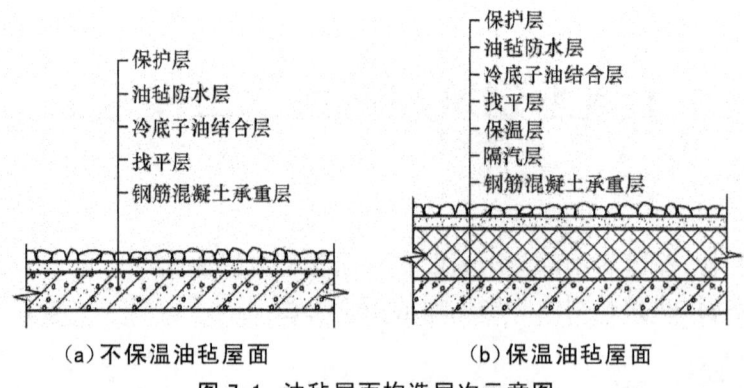

图 7-1 油毡屋面构造层次示意图

1.材料要求

(1)卷材防水屋面的材料

① 沥青。沥青是一种有机胶凝材料。在土木工程中,目前常用的是石油沥青。石油沥青按其用途,可分为建筑石油沥青、道路石油沥青和普通石油沥青三种。建筑石油沥青黏性较高,多用于建筑物的屋面及地下工程防水;道路石油沥青则用于拌制沥青混凝土和沥青砂浆或道路工程;普通石油沥青因其温度稳定性差、黏性较低,在建筑工程中一般不单独使用,而是与建筑石油沥青掺配经氧化处理后使用。

② 卷材。

a.沥青卷材。沥青防水卷材按制造方法不同,可分为浸渍(有胎)和辊压(无胎)两种。石油沥青卷材又称油毡和油纸。油毡是用高软化点的石油沥青涂盖油纸的两面,再撒上一层滑石粉或云母片而成;油纸是用低软化点的石油沥青浸渍原纸而成。建筑工程中常用的有石油沥青油毡和石油沥青油纸两种。油毡和油纸在运输、堆放时应竖直搁置,高度不宜超过两层;应贮存在阴凉通风的室内,避免日晒雨淋及高温、高热。

b.高聚物改性沥青卷材。高聚物改性沥青防水卷材是以合成高分子聚合物改性沥青为涂盖层,纤维织物或纤维毡为胎体,粉状、粒状、片状或薄膜材料为覆盖材料制成的可卷曲的片状材料。

c.合成高分子卷材。合成高分子防水卷材是以合成橡胶、合成树脂或两者的共混体为基料,加入适量的化学助剂和填充料等,经不同工序加工而成的可卷曲的片状防水材料;或把上述材料与合成纤维等复合,形成两层或两层以上的可卷曲的片状防水材料。

③ 冷底子油。冷底子油是用 10 号或 30 号石油沥青加入挥发性溶剂配制而成的溶液。石油沥青与轻柴油或煤油以 4:3 的配合比调制而成的冷底子油为慢挥发性冷底子油,涂喷后 12~48h 干燥;石油沥青与汽油或苯以 3:7 的配合比调制而成的冷底子油为快挥发性冷底子油,涂喷后 5~10h 干燥。调制时先将熬好的沥青倒入料桶中,再加入溶剂,并不停地搅拌至沥青全部溶化为止。冷底子油具有较强的渗透性和憎水性,并可使沥青胶结材料与找平层之间的黏结力增强。

④ 沥青胶结材料。沥青胶结材料是用石油沥青按一定配合比掺入填充料(粉状和纤维状矿物质)混合熬制而成的,用于粘贴油毡做防水层或作为沥青防水涂层以及接头填缝。

(2)进场卷材的抽样复验

① 同一品种、型号和规格的卷材,抽样数量大于1000卷抽取5卷,500～1000卷抽取4卷,100～499卷抽取3卷,少于100卷抽取2卷。

② 将受检的卷材进行规格、尺寸和外观质量检验,全部指标达到标准规定时即为合格。若其中有一项指标达不到要求,允许在受检产品中另取相同数量的卷材进行复检,全部达到标准规定为合格。复检时仍有一项指标不合格,则判定该产品外观质量为不合格。

③ 在外观质量检验合格的卷材中,任取一卷做物理性能检验。若物理性能有一项指标不符合标准规定,应在受检产品中加倍取样进行该项复检;如复检结果仍不合格,则判定该产品为不合格。

(3)卷材胶粘剂、胶粘带

① 改性沥青胶粘剂的剥离强度不应小于8N/10mm。

② 合成高分子胶粘剂的剥离强度不应小于15N/10mm,浸水168h后的保持率不应小于70%。

③ 双面胶粘带的剥离强度不应小于6N/10mm,浸水168h后的保持率不应小于70%。

④ 卷材胶粘剂和胶粘带的贮运、保管。不同品种、规格的卷材胶粘剂和胶粘带,应分别用密封桶或纸箱包装。卷材胶粘剂和胶粘带应贮存在阴凉、通风的室内,严禁靠近火源和热源。

2.卷材防水屋面的施工

(1)卷材防水的一般规定

① 卷材的铺贴方向。屋面坡度小于3%时,卷材宜平行于屋脊铺贴,屋面坡度在3%～16%时,卷材可平行于或垂直于屋脊铺贴;屋面坡度大于16%或屋面受振动时,沥青防水卷材应垂直于屋脊铺贴。高聚物改性沥青防水卷材和合成高分子防水卷材可平行于或垂直于屋脊铺贴,上、下层卷材不得相互垂直铺贴。

② 卷材的铺贴方法。卷材防水层上有重物覆盖或基层变形较大时,应优先采用空铺法、点粘法、条粘法或机械固定法,但屋面周边800mm内以及叠层铺贴的各层卷材之间应满粘。防水层采取满粘法施工时,找平层的分格缝处宜空铺,空铺的宽度宜为100mm。卷材屋面的坡度不宜超过26%;当坡度超过26%时,应采取防止卷材下滑的措施。

③ 卷材铺贴的施工顺序。屋面防水层施工时,应先做好节点、附加层和屋面排水比较集中的部位等部位的处理,然后由屋面最低处向上进行。铺贴天沟、檐沟卷材时,宜

顺天沟、檐沟方向,以减少卷材的搭接。铺贴多跨和有高低跨的屋面时,应按先高后低、先远后近的顺序进行。等高的大面积屋面,先铺贴离上料地点较远的部位,后铺贴较近的部位。划分施工时,其界线宜设在屋脊、天沟、变形缝处。

④ 搭接方法和宽度要求。卷材铺贴应采用搭接法。相邻两幅卷材的接头还应相互错开300mm以上,以免接头处多层卷材因重叠而黏结不实。叠层铺贴时,上、下层两幅卷材的搭接缝也应错开1/3幅宽(如图7-2所示)。当采用高聚物改性沥青防水卷材点粘或空铺时,两头部分必须全粘500mm以上。平行于屋脊的搭接缝,应顺水流方向搭接;垂直于屋脊的搭接缝,应顺年最大频率风向搭接。叠层铺设的各层卷材,在天沟与屋面的连接处应采用交叉接法搭接,搭接缝应错开。搭接缝宜留在屋面或天沟侧面,不宜留在沟底。

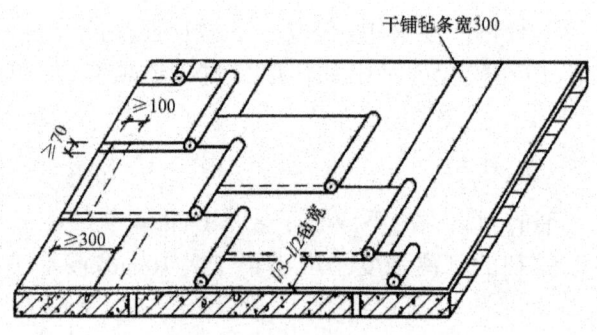

(单位:mm)

图 7-2 卷材水平铺贴搭接要求

各种卷材的搭接宽度应符合表7-2的要求。

表 7-2 卷材搭接宽度

卷材种类 \ 铺贴方法		短边搭接宽度(mm)	短边搭接宽度(mm)	长边搭接宽度(mm)	长边搭接宽度(mm)
		满粘法	空铺法 点粘法	满粘法	空铺法 点粘法
沥青防水卷材		100	150	70	100
高聚物改性沥青防水卷材		80	100	80	100
合成高分子防水卷材	胶粘剂	80	100	80	100
	胶粘带	50	60	50	60
	单焊缝	60,有效焊接宽度不小于25			
	双焊缝	80,有效焊接宽度10×2+空腔宽			

(2)沥青防水卷材施工工艺

① 基层清理。施工前要清理干净基层表面的杂物和尘土,并保证基层干燥。干燥程度的建议检查方法是将 1m 卷材平坦地干铺在找平层上,静置 3～4h 后掀开检查。找平层覆盖部位与卷材上未见水印,即可认为基层干燥。

② 喷涂冷底子油。先将沥青加热熔化,使其脱水至不起泡为止,然后将热沥青倒入桶内,冷却至 110℃,缓慢注入汽油,边注入边搅拌均匀。一般采用的冷底子油配合比(重量比)为 60 号道路石油沥青:汽油=30:70;10 号(30 号)建筑石油沥青:轻柴油=50:50。

冷底子油采用长柄棕刷进行涂刷,一般 1～2 遍成活,要求均匀一致,不得漏刷和出现麻点、气泡等缺陷。第二遍应在第一遍冷底子油干燥后再涂刷。冷底子油亦可采用机械喷涂。

③ 油毡铺贴。油毡铺贴之前首先应拌制玛蹄脂。常用的拌制方法为:按配合比将定量沥青破碎成 80～100mm 的碎块,放在沥青锅里均匀加热,随时搅拌,并用漏勺及时捞清杂物,熬至脱水无泡沫时,缓慢加入预热干燥的填充料,同时不停地搅拌至规定温度。其加热温度不高于 240℃,实用温度不低于 190℃。制作好的热玛蹄脂应在 8h 之内用完。

④ 细部处理。细部处理主要包括以下几点:

a.天沟、檐沟部位。天沟、檐沟部位铺贴卷材应从沟底开始,纵向铺贴。如沟底过宽,纵向搭接缝宜留设在屋面或沟的两侧。卷材应由沟底翻上至沟外檐顶部。卷材收头应用水泥钉固定,并用密封材料封严。沟内卷材附加层在天沟、檐口与屋面交接处宜空铺,空铺的宽度不应小于 200mm。

b.女儿墙泛水部位。当泛水墙体为砖墙时,卷材收头可直接铺压在女儿墙压顶下,压顶应做防水处理。亦可在砖墙上预留凹槽,卷材收头端部应裁齐压入凹槽内,用压条或垫片钉牢固定,最大钉距不大于 900mm。然后用密封材料将凹槽嵌填封严。凹槽上部的墙体亦应抹水泥砂浆层做防水处理。

c.变形缝部位。变形缝的泛水高度不应小于 250mm。卷材应铺贴到变形缝两侧砌体上面,并且缝内应填泡沫塑料,上部填放衬垫材料,并用卷材封盖。变形缝顶部应加扣混凝土盖板或金属盖板,盖板的接缝处要用油膏嵌封严密。

d.落水口部位。落水口杯上口的标高应设置在沟底的最低处。铺贴时,卷材贴入落水口杯内不应小于 50mm,并涂刷防水涂料 1 或 2 遍,且使落水口周围 500mm 的范围坡度不小于 5%,并在基层与落水口接触处留 20mm 宽、20mm 深的凹槽,用密封材料嵌填密实。

e.伸出屋面的管道。将管道根部周围做成圆锥台,管道与找平层相接处留 20mm×20mm 的凹槽,嵌填密封材料,并将卷材收头处用金属箍箍紧,用密封材料封严。

f.无组织排水。排水檐口 800mm 范围内卷材应采取满粘法,卷材收头压入预留的凹槽,采用压条或带垫片钉子固定,最大钉距不应大于 900mm。凹槽内周用密封材料嵌填封严,并应注意在檐口下端抹出鹰嘴和滴水槽。

(3) 高聚物改性沥青防水卷材施工工艺

① 清理基层。基层要保证平整，无空鼓、起砂，阴阳角应呈圆弧形，坡度符合设计要求，尘土、杂物要清理干净，保持干燥。

② 涂刷基层处理剂。基层处理剂是利用汽油等熔液稀释胶粘剂制成的，应搅拌均匀，用长把滚刷均匀涂刷在基层表面上，涂刷时要均匀一致。

③ 高聚物改性沥青防水卷材施工。高聚物改性沥青防水卷材施工，有冷粘法铺贴卷材、热熔法铺贴卷材和自粘法铺贴卷材三种方法（见表7-3）。

(4) 合成高分子防水卷材施工工艺

① 基层处理。基层表面为水泥浆找平层，找平层要求表面平整。当基层表面有凹坑或不平时，可用108胶水水泥砂浆嵌平或抹层缓坡。基层在铺贴前要洁净、干燥。

② 高分子防水卷材的铺贴。高分子防水卷材的铺贴有冷粘法和热焊法两种施工方法，使用最多的是冷粘法。冷粘法施工是以合成高分子卷材为主体材料，配以与卷材同类型的胶粘剂及其他辅助材料，用胶粘剂贴在基层形成防水层的施工方法。

冷粘法施工工序如下：

a.刷底胶。将用高分子防水材料胶粘剂配制成的基层处理剂或胶粘带，均匀地涂刷在基层的表面，在干燥4～12h后再进行后道工序。胶粘剂涂刷应均匀，不露底，不堆积。

b.卷材上胶。先把卷材在干净、平整的面层上展开，用长滚刷蘸满搅拌均匀的胶粘剂，涂刷在卷材的表面，涂胶的厚度要均匀且无漏涂，但在沿搭接部位要留出100mm宽的无胶带。静置10～20min，当胶膜干燥且手指触摸基本不粘手时，用纸筒芯重新装好带胶的卷材。

c.滚铺。卷材的铺贴应从流水口下坡开始。先弹出基准线，然后将已涂刷胶粘剂的卷材一端先粘贴固定在预定部位，再逐渐沿基线滚动展开卷材，将卷材粘贴在基层上。

d.上胶。在铺贴完成的卷材表面再均匀地涂刷一层胶粘剂。

e.复层卷材。根据设计要求可再重复上述施工工序，再铺贴一层或数层的高分子防水卷材，达到屋面防水的效果。

f.上着色剂。在高分子防水卷材铺贴完成、质量验收合格后，可在卷材表面涂刷着色剂，起到保护卷材和美化环境的作用。

表 7-3 高聚物改性沥青防水施工

项次	铺贴方法	基本内容
1	冷粘法	(1)胶粘剂涂刷应均匀,不露胀、不堆积。采用空铺法、自粘法、条粘法时,应按规定的位置及面积涂刷胶粘剂 (2)根据胶粘剂的性能,应控制胶粘剂涂刷与卷材铺贴的间隔时间 (3)铺贴卷材时应排除卷材下面的空气,并辊压粘贴牢固
2	冷粘法	(4)铺贴卷材时应平整顺直,搭接尺寸准确,不得扭曲、折皱。搭接部位的接缝应满涂胶粘剂,辊压粘贴牢固 (5)搭接缝口应用材性相容的密封材料封严
3	热熔法	(1)火焰加热器的喷嘴距卷材面的距离应适中,幅宽内加热应均匀,以卷材表面熔融至光亮黑色为度,不得过分加热卷材。厚度小于3mm的高聚物改性沥青防水卷材,严禁采用热熔法施工 (2)卷材表面热熔后应立即滚铺卷材。滚铺时应排除卷材下面的空气,使之平展并粘贴牢固 (3)搭接缝部位宜以溢出热炼的改性沥青为度,溢出的改性沥青宽度以 2mm 左右并均匀顺直为宜。当接缝处的卷材有铝箔或矿物粒(片)料时,应清除干净后再进行热熔和接缝处理 (4)铺贴卷材时应平整顺直,搭接尺寸准确,不得扭曲 (5)采用条粘法时,每幅卷材与基层黏结面不应少于两条,每条宽度不应小于 150mm
4	自粘法	(1)铺贴卷材前,基层表面应均匀涂刷基层处理剂,干燥后及时铺贴卷材 (2)铺贴卷材时应将自黏胶底面的隔离纸完全撕净 (3)铺贴卷材时应排除卷材下面的空气,并辊压粘贴牢固 (4)铺贴的卷材应平整顺直,搭接尺寸准确,不得扭曲、皱折。低温施工时,立面、大坡面的搭接部位宜采用热风机加热,加热后随即粘贴牢固 (5)搭接缝口应采用材性相容的密封材料封严

7.1.2 涂膜防水屋面

涂膜防水屋面是在屋面基层上涂刷防水涂料,经固化后形成一层有一定厚度和弹性的整体涂膜,从而达到防水目的的一种防水屋面形式。防水涂料的特点:防水性能好,困化后无接缝,施工操作简便,可适应各种复杂的防水基面,与基面黏结强度高,温度适应性强,施工速度快,易于修补等。

涂膜防水屋面构造如图 7-3 所示。

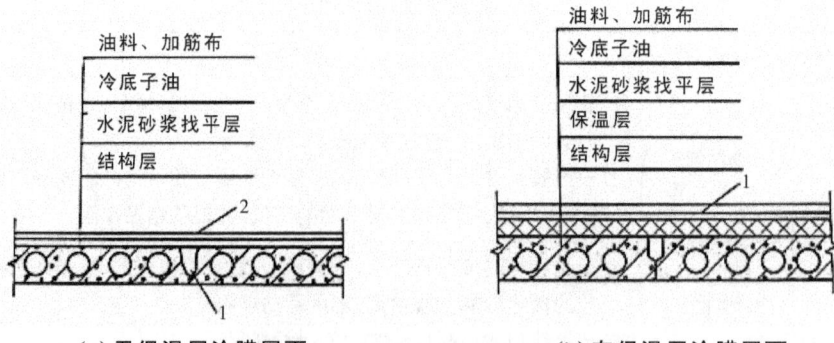

(a) 无保温层涂膜屋面　　　　(b) 有保温层涂膜屋面

1—细石混凝土；2—油膏嵌缝

图 7-3　涂膜防水屋面构造图

1. 材料要求

(1) 进场防水涂料和胎体增强材料的抽样复验

① 同一规格、品种的防水涂料，每 10t 为一批，不足 10t 者按一批进行抽样。胎体增强材料，每 3000m² 为一批，不足 3000m² 者按一批进行抽样。

② 防水涂料和胎体增强材料的物理性能检验，全部指标达到标准规定时，即为合格。若有一项指标达不到要求，允许在受检产品中加倍取样进行该项复检；如复检结果仍不合格，则判定该产品为不合格。

(2) 防水涂料和胎体增强材料的贮运、保管

① 防水涂料包装容器必须密封，容器表面应标明涂料名称、生产厂名、执行标准号、生产日期和产品有效期，并分类存放。

② 反应型和水乳型涂料贮运和保管的环境温度不宜低于 5℃。

③ 溶剂型涂料贮运和保管的环境温度不宜低于 0℃，并不得日晒、碰撞和渗漏；保管环境应干燥、通风，并远离火源；仓库内应有消防设施。

④ 胎体增强材料贮运和保管环境应干燥、通风，并远离火源。

2. 涂膜防水屋面的施工

涂膜防水屋面的施工工艺流程如图 7-4 所示。

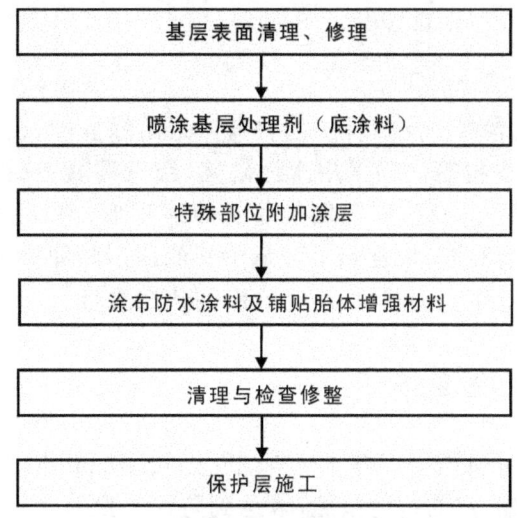

图 7-4 涂膜防水屋面施工工艺流程

(1) 基层清理

涂膜防水层施工前,先将基层表面的杂物、砂浆破块等清扫干净。基层表面要平整,无起砂、起壳、龟裂等现象。

(2) 涂刷基层处理剂

基层处理剂常采用稀释后的涂膜防水材料,其配合比应根据不同防水材料按要求配置。涂刷时应涂刷均匀,覆盖完全。

(3) 附加涂膜层施工

涂膜防水层施工前,在管根部、落水口、阴阳角等部位必须先做附加涂层。附加涂层的做法是:在附加层涂膜中铺设玻璃纤维布,用板刷涂刮驱除气泡,将玻璃纤维布紧密地贴在基层上,不得出现空鼓或折皱,可以多次涂刷涂膜。

(4) 涂膜防水层施工

涂膜防水层应根据防水涂料的品种分层分遍涂布,不得一次涂成,应待先涂的涂层干燥成膜后,方可涂后一遍涂料。需铺设胎体增强材料时,屋面坡度小于15%时可平行于屋脊铺设,屋面坡度大于15%时应垂直于屋脊铺设,胎体长边搭接宽度不应小于50mm,短边搭接宽度不应小于70mm;采用两层胎体增强材料时,上下层不得相互垂直铺设,搭接缝应错开,其间距不应小于幅宽的1/3。

涂膜防水层的厚度:高聚物改性沥青防水涂料,在屋面防水等级为Ⅱ级时不应小于3mm;合成高分子防水涂料,在屋面防水等级为Ⅲ级时不应小于1.5mm。

施工要点:防水涂膜应分层分遍涂布,第一层一般不要刷冷底子油,待先涂的涂层干燥成膜后,方可涂布下一遍涂料。在板端、极缝、檐口与屋面板交接处,先干铺一层宽度为150~300mm的塑料薄膜缓冲层。铺贴玻璃丝布或毡片应采用搭接法,长边搭接宽度不小于70mm,短边搭接宽度不小于100mm,上下两层及相邻两幅的搭接缝应错开1/3

幅宽,但上下两层不得互相垂直铺贴。

(5)保护层施工

涂膜防水屋面应设置保护层。保护层材料可采用绿豆砂、云母、蛭石、浅色涂料、水泥砂浆、细石混凝土或块材等。当采用水泥砂浆、细石混凝土或块材时,应在防水涂膜与保护层之间设置隔离层,以防止因保护层的伸缩变形,将涂膜防水层破坏而造成渗漏;当用绿豆砂、云母、蛭石时,应在最后一遍涂料涂刷后随即撒上,并用扫帚轻扫均匀、轻拍粘牢;当用浅色涂料作保护层时,应在涂膜固化后进行。

7.1.3 刚性防水屋面

刚性防水屋面用细石混凝土、块体材料或补偿收缩混凝土等材料作屋面防水层,依靠混凝土的密实并采取一定的构造措施,以达到防水的目的。

刚性防水屋面的优点是所用材料容易取得、价格低廉、耐久性好、维修方便,但是对地基不均匀沉降、温度变化、结构振动等因素都非常敏感,容易产生变形开裂,且防水层与大气直接接触,表面容易碳化和风化,如果处理不当,极易发生渗漏水现象,所以刚性防水屋面不适用于设有松散材料保温层以及受较大振动或冲击的和坡度大于15%的建筑屋面。

刚性防水屋面构造如图7-5所示。

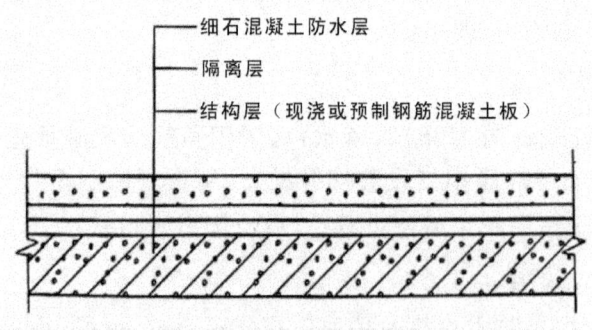

图7-5 刚性防水屋面构造

1.材料要求

① 防水层的细石混凝土宜用普通硅酸盐水泥或硅酸盐水泥,不得使用火山灰质硅酸盐水泥。当采用矿渣硅酸盐水泥时,应采取减少泌水性的措施。

② 防水层内配置的钢筋宜采用冷拔低碳钢丝。

③ 防水层的细石混凝土中,粗集料的最大粒径不宜大于15mm,含泥量不应大于1%;细集料应采用中砂或粗砂,含泥量不应大于2%。

④ 防水层细石混凝土使用的外加剂,应根据不同品种的适用范围、技术要求选择。

⑤ 水泥贮存时应防止受潮,存放期不得超过3个月。当超过存放期限时,应重新

检验确定水泥强度等级。受潮结块的水泥不得使用。

⑥ 外加剂应分类保管，不得混杂，并应存放于阴凉、通风、干燥处。运输时应避免雨淋、日晒和受潮。

2.刚性防水屋面施工

（1）基层要求

刚性防水屋面的结构层宜为整体现浇的钢筋混凝土。当屋面结构层采用装配式钢筋混凝土板时，应用强度等级不小于 C20 的细石混凝土灌缝。灌缝的细石混凝土宜掺膨胀剂。当屋面板板缝宽度大于 40mm 或上窄下宽时，板缝内必须设宜构造钢筋，灌缝高度与板面平齐，极缝应用密封材料进行嵌缝密封处理。

（2）隔离层施工

为了消除结构变形对防水层的不利影响，可将防水层和结构层完全脱离，在结构层和防水层之间增加一层厚度为 10～20mm 的黏土砂浆，或者铺贴卷材隔离层。

① 黏土砂浆隔离层施工。将石灰膏∶砂∶黏土=1∶2.4∶3.6 的材料均匀拌合，铺抹 10～20mm 厚，压平抹光，待砂浆基本干燥后，进行防水层施工。

② 卷材隔离层施工。用 1∶3 的水泥砂浆找平结构层，在干燥的找平层上铺一层干细砂后，再在其上铺一层卷材隔离层，搭接缝用热沥青玛蹄脂密封。

（3）细石混凝土防水层施工

① 混凝土水胶比不应大于 0.55，每立方米混凝土的水泥和掺合料用量不应小于 330kg，砂率宜为 35%～40%，灰浆比宜为 1∶2～1∶2.5。

② 细石混凝土防水层中的钢筋网片，施工时应放置在混凝土的上部。

③ 分格条安装位置应准确，起条时不得损坏分格缝处的混凝土。当采用切割法施工时，分格缝的切割深度宜为防水层厚度的 3/4。

④ 普通细石混凝土中掺入减水剂、防水剂时，应计量准确、投料顺序得当、搅拌均匀。

⑤ 混凝土搅拌时间不应少于 2min。混凝土运输过程中应防止漏浆和离析。每个分格板块的混凝土应一次浇筑完成，不得留施工缝。抹压时不得在表面洒水、加水泥浆或撒干水泥，混凝土收水后应进行二次压光。

⑥ 防水层的节点施工应符合设计要求，预留孔洞和预埋件的位置应准确。安装管件后，其周围应按设计要求嵌填密实。

⑦ 混凝土浇筑后应及时进行养护，养护时间不宜少于 14d。养护初期屋面不得上人。

3.刚性防水屋面质量要求

① 刚性防水屋面不得有渗漏和积水现象。

② 所用的混凝土、砂浆原材料、各种外加剂及配套使用的卷材、涂料、密封材料等

必须符合质量标准和设计要求。进场材料应按规定检验合格。

③ 穿过屋面的管道等与屋面交接处,周围要用柔性材料增强密封,不得渗漏,各节点做法应符合设计要求。

④ 混凝土、砂浆的强度等级、厚度及补偿收缩混凝土的自由膨胀率应符合设计要求。

⑤ 屋面坡度应准确,排水系统应通畅,刚性防水层厚度要符合要求。表面平整度不超过 5mm,不得有起砂、起壳和裂缝现象。防水层内钢筋位置应准确。分格缝应平直、位置正确。密封材料应嵌填密实,盖缝卷材应粘贴牢固。

⑥ 施工过程中做好隐蔽工程的检查和记录。

7.1.4 常见屋面渗漏及其防治方法

造成屋面渗漏的原因是多方面的,包括设计、施工、材料质量、维修管理等。要提高屋面防水工程的质量,应以材料为基础、以设计为前提、以施工为关键,并加强维护,对屋面工程进行综合治理。

1. 屋面渗漏的原因

① 山墙、女儿墙和突出屋面的烟囱等墙体与防水层相交部渗漏雨水。其原因是节点做法过于简单,垂直面卷材与屋面卷材没有很好地分层搭接,或卷材收口处开裂,在冬季不断冻结,夏季炎热熔化,使开口增大,并延伸至屋面基层,造成漏水。此外,卷材转角处未做成圆弧形、钝角或角太小,女儿墙压顶砂浆等级低,滴水线未做或没有做好等原因,也会造成渗漏。

② 天沟漏水。其原因是天沟长度大,纵向坡度小,雨水口少,雨水斗四周卷材粘贴不严,排水不畅,造成漏水。

③ 屋面变形缝(伸缩缝、沉降缝)处漏水。其原因是处理不当,如薄钢板凸棱安反了,薄钢板安装不牢,泛水坡度不当,造成漏水。

④ 挑檐、檐口处漏水。其原因是檐口砂浆未压住卷材,封口处卷材张口,檐口砂浆开裂,下口滴水线未做好,造成漏水。

⑤ 雨水口处漏水。其原因是雨水口处的雨水斗安装过高,泛水坡度不够,使雨水沿雨水斗外侧流入室内,造成渗漏。

⑥ 厕所、厨房的通气管根部漏水。其原因是防水层未盖严,或包管高度不够,在油毡上口未缠麻丝或钢丝,油毡没有做压毡保护层,使雨水沿通气管进入室内造成渗漏。

⑦ 大面积漏水。其原因是屋面防水层找坡不够,表面凹凸不平,造成屋面积水而渗漏。

2. 屋面渗漏的预防及治理办法

遇上女儿墙压顶开裂时,可铲除开裂压顶的砂浆,重抹 1:(2~2.5)的水泥砂浆,并做好滴水线,有条件者可换成预制钢筋混凝土压顶板。突出屋面的烟囱、山墙、管根等与屋面交接处、转角处做成钝角,垂直面与屋面的卷材应分层搭接。对已漏水的部位,可将转角渗漏处的卷材剖开,并分层将旧卷材烤干剥离,清除原有沥青胶。

① 出屋面管道,管根处做成钝角,并建议设计单位加做防雨罩,使油毡在防雨罩下收头。

② 若是檐口漏雨,将檐口处旧卷材掀起,用 24 号镀锌薄钢板将其钉于檐口,将新卷材贴于薄钢板上。

③ 若是雨水口漏雨渗水,将雨水斗四周卷材铲除,检查短管是否紧贴基层板面或铁水盘。如短管浮搁在找平层上,则将找平层凿掉,清除后安装好短管,再用搭搓法重做三毡四油防水层,然后进行雨水斗附近卷材的收口和包贴。

如用铸铁弯头代替雨水斗,则需将弯头凿开取出,清理干净后安装弯头,再铺卷材一层,伸入弯头内的长度应大于 50mm,并与弯头端部搭接顺畅,抹压密实。

7.2 熟悉地下建筑防水工程施工

知识目标:
(1)了解防水混凝土施工、沥青防水卷材施工的施工工艺;
(2)掌握地下防水工程的通病及其治疗方法。

技能目标:
(1)通过本单元的学习,能合理地组织地下防水工程施工。
(2)能够合理地处理防水工程所发生的质量事故。

地下工程常年受到各种地表水、地下水的作用,所以地下工程的防渗漏处理比屋面防水工程要求更高,技术难度更大。地下工程的防水方案,应根据使用要求,全面考虑地质、地貌、水文地质、工程地质、地震烈度、冻结深度、环境条件、结构形式、施工工艺及材料来源等因素合理确定。

7.2.1 地下工程防水混凝土施工

1.地下工程防水混凝土的设计要求

防水混凝土,又称抗渗混凝土,是以改进混凝土配合比、掺加外加剂或采用特种水泥等手段提高混凝土的密实性、憎水性和抗渗性,使其满足抗渗等级大于或等于 P6(抗渗压力为 0.6MPa)要求的不透水性混凝土。

(1)防水混凝土抗渗等级的选择

防水混凝土的设计抗渗等级应符合表7-4的规定。

表7-4 防水混凝土的设计抗渗等级

工程埋置深度(m)	<10	10~20	20~30	30~40
设计抗渗等级	P6	P8	P10	P12

表7-4适用于Ⅳ、Ⅴ级围岩(土层及软弱围岩)。山岭隧道防水混凝土的抗渗等级可按铁道部门的相关规范执行。

(2)防水混凝土的最小抗压强度和结构厚度

① 地下工程防水混凝土结构的混凝土垫层,其抗压强度等级不应低于C15,厚度不应小于100mm。

② 在满足抗渗等级要求的同时,其抗压强度等级一般可控制在C20~C30范围内。

③ 防水混凝土结构厚度须根据计算确定,但其最小厚度应根据部位、配筋情况及施工是否方便等因素,按表7-5选定。

表7-5 防水混凝土的结构厚度

结构类型	最小厚度(mm)	结构类型	最小厚度(mm)
无筋混凝土结构	>150	钢筋混凝土立墙:单排配筋	>200
钢筋混凝土底板	>150	双排配筋	>250

(3)防水混凝土的配筋及保护层

① 设计防水混凝土结构时,应优先采用变形钢筋,配置应细而密,直径宜用$\phi 25$,中距≤200mm,分布应尽可能均匀。

② 钢筋保护层厚度,迎水面应不小于35mm;当直接处于侵蚀性介质中时,保护层厚度不应小于50mm。

③ 在防水混凝土结构设计中,保护层厚度应按照裂缝展开进行验算。一般处于地下水及淡水中的混凝土裂缝的允许厚度,其上限可定为0.2mm;在特殊重要工程、薄壁构件或处于侵蚀性水中,裂缝允许宽度应控制在0.1~0.15mm;当混凝土处于海水中并经受反复冻融循环时,控制应更严格,可参照有关规定执行。

2.**防水混凝土的搅拌**

(1)准确计算、称量用料量

严格按选定的施工配合比,准确计算并称量每种用料。外加剂的掺加方法应遵从所选外加剂的使用要求。水泥、水、外加剂掺合料计量允许偏差不应大于±1%;砂石计量允许偏差不应大于±2%。

(2)控制搅拌时间

防水混凝土应采用机械搅拌,搅拌时间一般不少于 2min;掺入引气型外加剂时,则搅拌时间为 2~3min;掺入其他外加剂时候,应根据相应的技术要求确定搅拌时间。掺 UEA 膨胀剂防水混凝土搅拌的最短时间,按表 7-6 采用。

表 7-6 防水搅拌的最短时间

混凝土坍落度(mm)	搅拌机机型	搅拌机出料量		
		<250L	250~500L	>500L
≤30	强制式	90s	120s	150s
	自落式	150s	180s	210s
>30	强制式	90s	90s	120s
	自落式	150s	150s	180s

3.防水混凝土的浇筑

浇筑前,应将模板内部清理干净,木模要用水湿润。浇筑时,若入模自由高度超过 1.5m,则必须用串筒、溜槽或溜管等辅助工具将混凝土送入,以防离析和石子滚落堆积,影响质量。

在防水混凝土结构中有密集管群穿过处、预埋件或钢筋稠密处,浇筑混凝土有困难时,应采用相同抗渗等级的细石混凝土浇筑;预埋大管径的套管或面积较大的金属板时,应在其底部开设浇筑振捣孔,以利于排气、浇筑和振捣(如图 7-6 所示)。

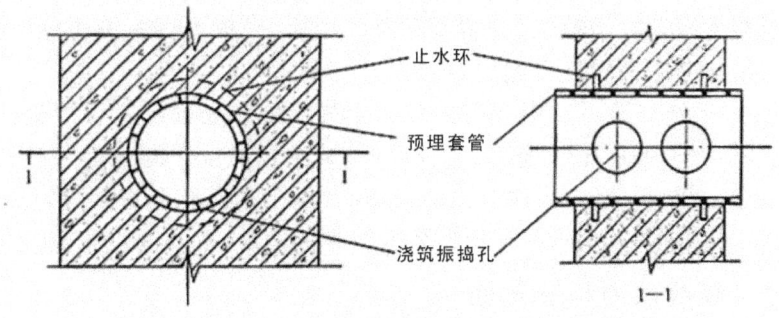

图 7-6 浇筑振捣孔示意图

随着混凝土龄期的延长,水泥继续水化,内部可冻结水大量减少,同时水中溶解盐的浓度增加,因而冰点也会随龄期的增加而降低,使抗渗性能逐渐提高。为了保证早期免遭冻害,不宜在冬期施工,而应选择在气温为15℃以上的环境中施工。因为气温在4℃时,强度增长速度仅为15℃时的50%;而混凝土表面温度降到-4℃时,水泥水化作用停止,强度也停止增长。如果此时混凝土强度低于设计强度的50%,冻胀可使内部结构遭到破坏,造成强度、抗渗性急剧下降。为防止混凝土早期受冻,北方地区对于工季节的选择、安排十分重要。

4.防水混凝土的振捣

防水混凝土应采用混凝土振动器进行振捣。当用插入式混凝土振动器时,插点间距不宜大于振动棒作用半径的1.5倍,振动棒与模板的距离不应大于作用半径的0.5倍。振动棒插入下层混凝土内的深度不应小于50mm。每一振点均应快插慢拔,将振动棒拔出后,混凝土会自然地填满捅孔。当采用表面式混凝土振动器时,其移动间距应保证振动器的平板能覆盖已振实部分的边缘。混凝土必须振捣密实,每一振点的振捣延续时间应使混凝土表面呈现浮浆和不再沉落。

施工时的振捣是保证混凝土密实性的关键,浇筑时必须分层进行,按顺序振捣。采用插入式振捣器时,分层厚度不宜超过30cm;采用平板振捣器时,分层厚度不宜超过20cm。一般应在下层混凝土初凝前接着浇筑上一层混凝土。通常,分层浇筑的时间间隔不超过2h,气温在30℃以上时不超过1h。防水混凝土浇筑高度一般不超过1.5m;超过1.5m时,应用串筒和溜槽或侧壁开孔的办法浇捣。振捣时,不允许用人工振捣,必须采用机械振捣,做到既不漏振、不欠振,又不重振、多振。防水混凝土密实度要求较高,振捣时间宜为10~30s,直到混凝土开始泛浆和不冒气泡为止。掺引气剂、减水剂时应采用高频插入式振捣摞振捣。振捣摞的插入间距不得大于500mm,贯入下层不小于50mm,这对保证防水混凝土的抗渗性和抗冻性更有利。

5.防水混凝土施工缝的处理

(1)施工缝留置要求

防水混凝土应连续浇筑,宜少留施工缝。顶板、底板不宜留施工缝,顶拱、底拱不宜留纵向施工缝。必须留设施工缝时,应遵守下列规定:

① 墙体水平施工缝不宜留在剪力与弯矩最大处或底板与侧墙的交接处,应留在高出底板表面不小于300mm的墙体上。拱(板)墙结合的水平施工缝,宜留在拱(板)墙接缝线以下150~300mm处。墙体有预留孔洞时,施工缝距孔洞边缘不宜小于300mm。

② 垂直施工缝应避开地下水和裂隙水较多的地段,并宜与变形缝相接。

(2)施工缝防水的构造形式

施工缝防水的构造形式如图7-7所示。

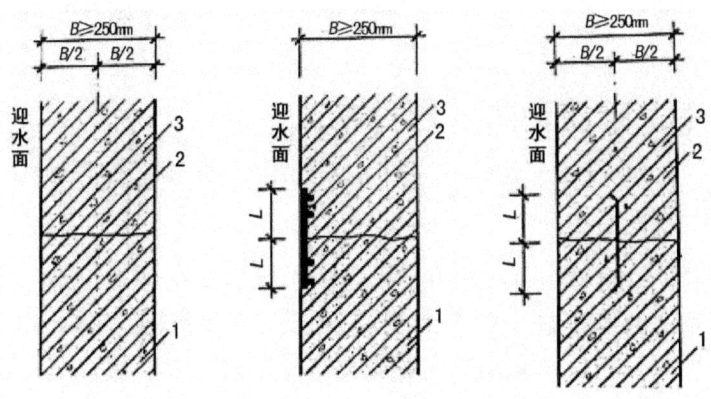

图 7-7 施工缝防水的基本构造形式

(3) 施工缝的施工要求

① 水平施工缝浇筑混凝土前,应将其表面浮浆和杂物清洗,先铺净浆,再铺 30～50mm 厚的 1∶1 水泥砂浆或涂刷混凝土界面处理剂,同时要及时浇筑混凝土。

② 垂直施工缝浇筑混凝土前,应将表面清理干净,并涂刷水泥净浆或混凝土界面处理剂,同时要及时浇筑混凝土。

③ 选用的遇水膨胀止水条应具有缓胀性能,7d 的膨胀率不应大于最终膨胀率的 60%。

④ 遇水膨胀止水条应牢固地安装在缝表面或预留槽内。

⑤ 采用中型止水带时,应确保位置准确、固定牢靠。

6. 防水混凝土的养护

防水混凝土的养护比普通混凝土更为严格,必须充分重视,因为混凝土早期脱水或养护过程中缺水,抗渗性将大幅度降低。特别是前 7d 的养护更为重要。养护期不少于 14d,火山灰质硅酸盐水泥养护期不少于 21d。浇水养护次数应能保持混凝土充分湿润,每天浇水 3～4 次或更多次数,并用湿草袋或薄膜覆盖混凝土的表面,应避免暴晒。冬期施工应有保暖、保温措施。因为防水混凝土的水泥用量较大,相应混凝土的收缩性也大,养护不好极易开裂,降低抗渗能力。因此,当混凝土进入终凝(浇筑后 4～6h)即应覆盖并浇水养护。防水混凝土不宜采用电热法养护。

浇筑成型的混凝土,若表面覆盖养护不及时,尤其在北方地区夏季炎热干燥的情况下,内部水分将迅速蒸发,使水化不能充分进行。而水分蒸发会造成毛细管网相互连通,形成渗水通道;同时,混凝土收缩速度加快,出现龟裂,使抗渗性能下降,丧失抗渗透能力。及时养护可使混凝土在潮湿环境中水化,能使内部游离水分蒸发缓慢,水泥水化充分,堵塞毛细孔隙,形成互不连通的主细孔,大大提高防水抗渗性。

当环境温度达到 10℃时可少浇水,因为在此温度下养护抗渗性能最差。当养护温度从 10℃提高到 25℃时,混凝土抗渗压力从 0.1MPa 提高到 1.5MPa 以上。但养护温度过高,也会使抗渗性能降低。冬期采用蒸汽养护时,最高温度不超过 50℃,养护时间必须达到14d。

7.2.2 地下工程沥青防水卷材施工

1. 材料要求

① 宜采用耐腐蚀油毡。油毡选用要求与防水屋面工程施工相同。

② 沥青胶粘材料和冷底子油的选用、配制方法与石油沥青油毡防水屋面工程施工基本相同。沥青的软化点，应较基层及防水层周围介质可能达到的最高温度高出20℃~25℃，且不低于40℃。

2. 平面铺贴卷材

① 铺贴卷材前，宜使基层表面干燥，先喷冷底子油结合层两道，然后根据卷材规格及搭接要求弹线，按线分层铺设。

② 粘贴卷材的沥青胶粘材料的厚度一般是1.5~2.5mm。

③ 卷材搭接长度，长边不应小于100mm，短边不应小于150mm。上下两层和相邻两幅卷材的接缝应错开，上下层卷材不得相互垂直铺贴。

④ 在平面与立面的转角处，卷材的接缝应留在平面上距立面不小于600mm处。

⑤ 在所有转角处均应铺贴附加层。附加层应按加固处的形状仔细粘贴紧密。

⑥ 粘贴卷材时应展平压实。卷材与基层间以及各层卷材间必须粘结紧密，多余的沥青胶粘材料应挤出。搭接缝必须用沥青胶粘料仔细封严。最后一层卷材贴好后，应在其表面上均匀地涂刷一层厚度为1~1.5mm的热沥青胶粘材料，同时撒拍粗砂，以形成防水保护层的结合层。

⑦ 平面与立面结构施工缝处，防水卷材接缝的处理如图7-8所示。

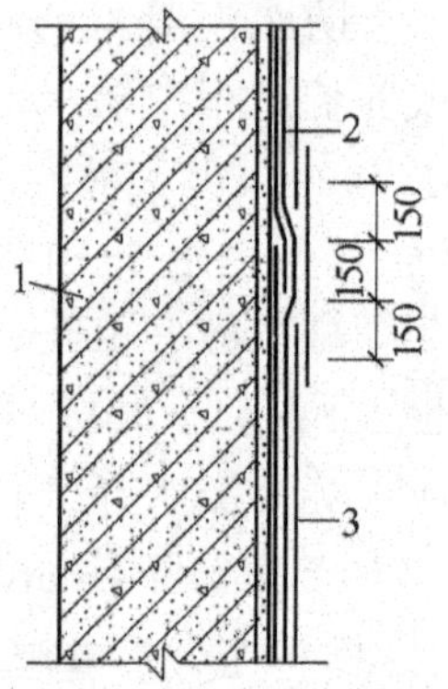

3. 立面铺贴卷材

① 铺贴前宜使基层表面干燥，满喷冷底子油两遍，干燥后即可铺贴。

② 应先铺贴平面，后铺贴立面，平面、立面交接处应加铺附加层。

③ 在结构施工前，应将永久性保护墙砌筑在与需防水结构同一垫层上。

1—需防水结构；2—油毡防水层；3—找平层

图7-8 防水卷材的错槎接缝

保护墙贴防水卷材前应先抹1:3的水泥砂浆找平层，干燥后喷涂冷底子油，干燥后即可铺贴油毡卷材。卷材铺贴必须分层，先铺贴立面，后铺贴平面；铺贴立面时应先铺转角，后铺大面。卷材防水层铺完后，应按规范或设计要求做水泥砂浆或混凝土保护层,一般在立面上应在涂刷防水层最后一层沥青胶粘材料时,粘上干净的粗砂,待冷却后,抹一层 10～20mm 厚的 1:3 的水泥砂浆保护层;在平面上可铺设一层 30～50mm 厚的细石混凝土保护层。外防内贴法保护墙铺设转折处卷材的方法如图 7-9 所示。

④ 油毡与防水层与管道埋设件连接处的做法如图 7-10 所示。

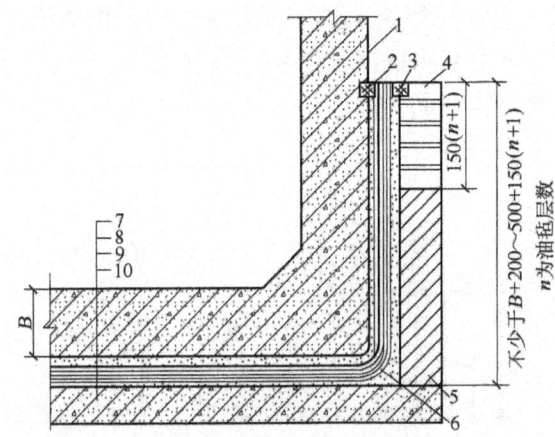

1—需防水结构;2—永久性木条;3—临时性木条;
4—临时保护墙;5—永久性保护墙;6—附加油毡层;
7—保护层;8—油毡防水层;9—找平层;10—钢筋混凝土垫层

图 7-9 保护墙铺设转折处油毡的方法

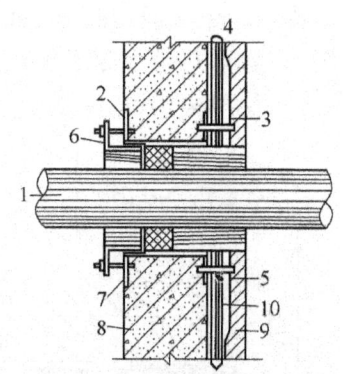

1—管子;2—预埋件;3—夹板;4—油毡防水层;
1—5 压紧螺栓;6—填缝材料的压紧环;7—填缝材料;8—需防水结构;9—保护墙;10—附加油毡层

图 7-10 油毡防水层与管道埋设件连接处的做法示意图

⑤ 采用埋入式橡胶或塑料止水带的变形缝做法如图 7-11 所示。

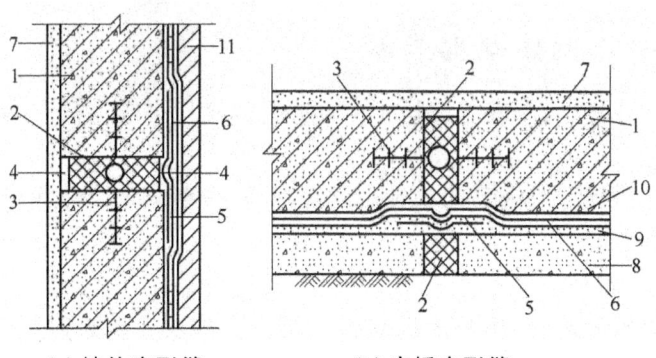

(a)墙体变形缝　　(b)底板变形缝

1—需防水结构;2—填缝材料;3—止水带;4—填缝油膏;5—油毡附加层;6—油毡防水层;
7—水泥砂浆面层;8—混凝土垫层;9—水泥砂浆找平层;10—水泥砂浆保护层;11—保护墙

图 7-11 采用埋入式橡胶或塑料止水带的变形缝做法示意图

4.采用外防外贴法铺贴卷材

① 铺贴卷材应先铺平面、后铺立面,交接处应交叉搭接。

② 临时性保护墙应用石灰砂、浆砌筑,内表面应用石灰砂浆做找平层,并刷石灰浆。如用模板代替临时性保护墙,应在其上涂刷隔离剂。

③ 从底面折向立面的卷材与永久性保护墙的接触部位,应采用空铺法施工。与临时性保护墙或围护结构模板接触的部位,卷材应临时粘附在该墙上或模板上。卷材铺好后,其顶端应临时固定。

④ 当不设保护墙时,从底面折向立面的卷材的接槎部位应采取可靠的保护措施。

⑤ 主体结构完成后,铺贴立面卷材时,应先将接槎部位的各层卷材揭开,并将其表面清理干净。如卷材有局部损伤,应及时进行修补。

卷材防水层甩槎、接槎的做法如图7-12所示。

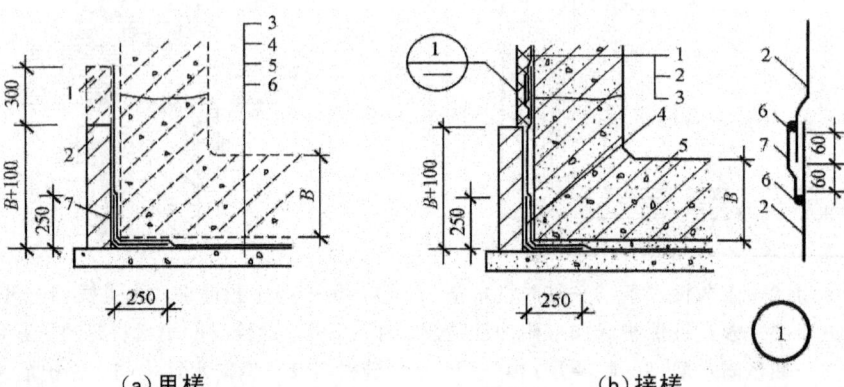

(a)甩槎　　　　　　　　　　　　(b)接槎

1—临时保护墙;2—永久性保护墙;3—细石混凝土保护层;4—卷材防水层;5—水泥砂浆找平层;6—混凝土垫层;7—卷材加强层

1—结构墙体;2—卷材防水层;3—卷材保护层;4—卷材加强层;5—结构底板;6—密封材料;7—盖缝条

图7-12 卷材防水层甩槎,接槎做法示意图

5. 采用外防内贴法铺贴卷材

① 主体结构的保护墙内表面应抹1:3的水泥砂浆找平层,然后铺贴卷材,并根据卷材特性选用保护层。

② 卷材宜先铺立面,后铺平面。铺到立面时,应先铺转角,后铺大面。

6. 保护层

卷材防水层经检查合格后,应及时做保护层。保护层应符合以下规定:

① 顶板卷材防水层上的细石混凝土保护层厚度不应小于70mm。防水层为单层卷材时,在防水层与保护层之间应设置隔离层。

② 底板卷材防水层上的细石混凝土保护层厚度不应小于50mm。

③ 侧墙卷材防水层宜采用软保护或铺抹20mm厚的1:3的水泥砂浆。

7.2.3 水泥砂浆防水施工

水泥砂浆防水施工属刚性防水附加层的施工。尽管地下室工程以混凝土结构自防水为主,但并不意味着其他防水做法不重要。因为大面积的防水混凝土难免会存在一些缺陷。另外,防水混凝土虽然不渗水,但透湿量还是相当大的,故对防水、防湿要求较高的地下室,还必须在混凝土的迎水面或背水面抹防水砂浆附加层。

水泥砂浆防水层所用的材料及配合比应符合规范规定。水泥砂浆防水层是由水泥砂浆层和水泥浆层交替铺抹而成,一般需做 4～5 层,其总厚度为 15～20mm。施工时分层铺抹或喷射,水泥砂浆每层厚度宜为 5～10mm,铺抹后应压实,表面提浆压光;水泥浆每层厚度宜为 2mm。防水层各层间应紧密结合,并宜连续施工。如必须留设施工缝,平面留槎采用阶梯坡形槎,接槎位置一般宜留在地面上,也可留在墙面上,但须离开阴阳角处 200mm。

7.2.4 地下防水工程的通病及其治理

1.防水混凝土蜂窝、麻面、孔洞渗漏水

(1)现象

混凝土表面局部缺浆粗糙,有许多小凹坑,但无露筋;混凝土局部酥松,砂浆少,石子多,石子间形成蜂窝,混凝土内有空腔,没有混凝土。

(2)治理

对蜂窝、麻面、孔洞渗漏水等情况,应查明渗漏水的部位,然后进行堵漏和修补处理。堵漏和修补处理可依次进行或同时穿插进行。可采用促凝灰浆、低凝灌浆、集水井等堵漏法。蜂窝、麻面不严重的,可采用水泥砂浆抹面法;蜂窝、孔洞面积不大但较深,可采用水泥砂浆捻实法;蜂窝、孔洞严重的,可采用水泥压浆和混凝土浇筑方法。

2.防水混凝土施工缝渗漏水

(1)现象

施工缝处混凝土松散,集料集中,接槎明显,沿缝隙处渗漏水。

(2)治理

① 根据渗漏、水压大小情况,采用促凝胶浆或氰凝灌浆堵漏。

② 不渗漏的施工缝,可沿缝剔成八字形凹槽,把松散石子剔除,用水泥素浆打底,抹 1:2.5 的水泥砂浆找平压实。

3.防水混凝土裂缝渗漏水

(1)现象

混凝土表面有不规则的收缩裂缝,且贯通于混凝土结构,有渗漏水现象。

(2)治理

① 采用促凝胶浆或氰凝灌浆堵漏。

② 对不渗漏的裂缝,可用灰浆或水泥压浆法处理。

③ 对于结构所出现的环形裂缝,可采用埋入式橡胶止水带、后埋式止水带、粘贴式氯丁胶片以及涂刷式氯丁胶片等方法。

4.水泥砂浆防水层局部阴湿与渗漏水

(1)现象

防水层上有一块块潮湿痕迹,在通风不良、水分蒸发缓慢的情况下,阴湿面积会徐徐扩展或形成渗漏,地下水从某一漏水点以不同渗水量自墙上流下或由地上冒出。

(2)治理

把渗漏部位擦干,立即均匀地撒上一层干水泥粉,表面出现的湿点为漏水点,然后采用快凝砂浆或胶浆堵漏。

5.水泥砂浆防水层空鼓、裂缝、渗漏水

(1)现象

防水层与基层脱离,甚至隆起,表面出现交叉裂,处于地下水位以下的裂缝处,有不同程度的渗漏。

(2)治理

① 无渗漏水的空鼓裂缝,必须全部剔除,其边缘剔成斜坡,清洗干净后,再分层次重新修补平整。

② 有渗漏水的空鼓裂缝,先剔除,后找出漏水点,并将该处剔成凹槽,清洗干净。再用直接堵塞法或下管引水法堵塞。砖砌基层则应用下管引水法堵漏,并重新抹上防水层。

③ 对于未空鼓、不漏水的防水层收缩裂缝,可沿裂缝剔成八字形边坡沟槽,按防水层做法补平。对于渗漏水的裂缝,先堵漏,经查无漏水后按防水层做法分层补平。

④ 对于结构开裂的防水层裂缝,应先选行结构补强,征得设计者同意,可采用水泥压浆法处理,再抹防水层。

6.地下室墙面漏水

(1)现象

地下室未做防水或防水没做好,内部不密实,有微小孔隙,形成渗水通道,地下水在压力作用下进入这些通道,造成墙面漏水。

(2)治理

将地下水位降低,尽量在无水状态下进行操作。先将漏水墙面刷洗干净,空鼓处去除补平,墙面凿毛,用防水快速止漏材料涂抹墙面,待凝固后,用合适的防水涂料或新型防水材料再涂刷一遍。根据墙面漏水情况,可采用多种方法治漏,如氯化铁防水砂浆抹面处理、喷涂 M1500 水泥密封剂、氰凝剂处理法等。

7.3 了解厨房、卫生间防水工程施工

知识目标:
(1)了解厨房、卫生间地面防水构造与施工要求;
(2)掌握厨房、卫生间地面防水的施工方法。

技能目标:
(1)通过本单元的学习,能够清楚厨房、卫生间地面防水构造。
(2)能够依据厨房、卫生间地面防水的施工要求与方法,合理地进行施工。

住宅和公共建筑中穿过楼地面或地体的上下水管道,供热、燃气管道一般都集中明敷在厨房间或卫生间,使本来就面积较小、空间狭窄的厕浴间和厨房间形状更加复杂。在这种条件下,如仍用卷材做防水层,则很难取得良好的效果。因为卷材在细部构造处需要剪口,形成大量搭接缝,很难封闭严密和粘结牢固,防水层难以连成整体,比较容易发生渗漏事故。因此,根据卫生间和厨房的特点,应用柔性涂膜防水层和刚性防水砂浆防水层,或两者复合的防水层,方能取得理想的防水效果。

7.3.1 厨房、卫生间的地面防水构造与施工要求

厨房、卫生间地面防水构造如图 7-13 所示。

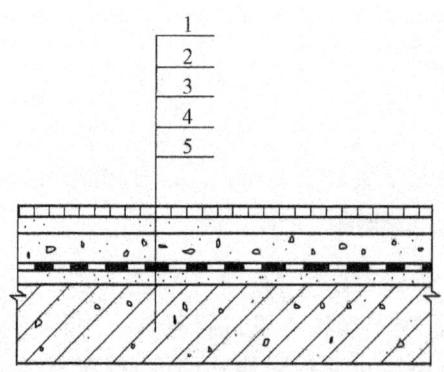

1—地面面层；2—防水层；3—水泥砂浆找平层；4—找坡层；5—结构层

图 7-13 厨房、卫生间地面构造

卫生间的防水构造如图 7-14 所示。

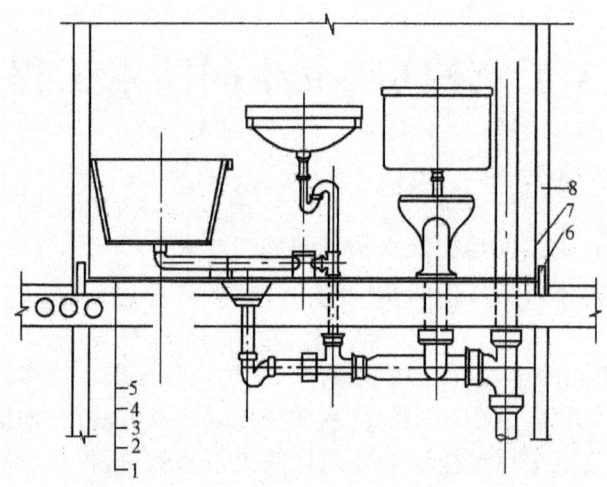

1—结构层；2—垫层；3—找平层；4—防水层；5—面层；6—混凝土防水台高出地面 100mm；
7—防水层（与混凝土防水台同高）；8—轻质隔墙板

图 7-14 卫生间防水构造剖面图

1. 结构层

卫生间地面结构层宜采用整体现浇钢筋混凝土板或预制整块开间钢筋混凝土板。

如设计，则板缝应用防水砂浆堵严，表面 20mm 深处嵌填沥青基密封材料；也可在板缝嵌填防水砂浆并抹平表面后附加涂膜防水层，即铺贴 100mm 宽的玻璃纤维布层，涂刷两道沥青基涂膜防水层，其厚度不小于 2mm。

2. 找坡层

地面坡度应严格按照设计要求施工，做到坡度准确、排水通畅。找坡层厚度小于 30mm 时，可用水泥混合砂浆（水泥：石灰：砂=1:1.5:8）；厚度大于 30mm 时，宜用 1:6

的水泥炉渣材料,此时炉渣粒径宜为5～20mm,要求严格过筛。

3. 找平层

要求采用1:2.5～1:3的水泥砂浆,找平前清理基层并浇水湿润,但不得有积水。找平时边扫水泥浆边抹水泥在砂浆,做到压实、找平、抹光。水泥砂浆宜掺防水剂,以形成一道防水层。

4. 防水层

由于厨房和卫生间管道多、工作面小、基层结构复杂,故一般采用涂膜防水材料较为适宜。常用的涂膜防水材料有聚氨酯防水涂料、氯丁胶乳沥青防水涂料、SBS橡胶改性沥青防水涂料等,应根据工程性质和使用标准选用。

5. 面层

地面装饰层按设计要求施工,一般采用1:2的水泥砂浆、陶瓷锦砖和防滑地砖等。

墙面防水层一般需做到1.8m高,然后甩砂抹水泥砂浆或贴面砖(或贴面砖到顶)装饰层。

7.3.2 厨房、卫生间地面防水层施工

1. 施工准备

(1) 材料准备

① 进场材料复验。供货时必须有生产厂家提供的材料质量检验合格证。材料进场后,使用单位应对进场材料的外观进行检查,并做好记录。材料进场一批,应抽样复验一批。复验项目包括拉伸强度、断裂伸长率、不透水性、低温柔性、耐热度。各地也可根据本地区主管部门的有关规定,适当增减复验项目。各项材料指标复验合格后,该材料方可用于工程施工。

② 防水材料储存。材料进场后,设专人保管和发放。材料不能露天放置,必须分类存放在干燥、通风的室内,并远离火源,严禁烟火。水溶性涂料要在0℃以上储存,受冻后的材料不能用于工程。

(2) 机具准备

一般应备有配料用的电动搅拌器、拌料桶、磅秤,涂刷涂料用的短把棕刷、油漆毛刷、滚动刷,油漆小桶、油漆嵌刀、塑料或橡皮刮板,铺贴胎体增强材料用的剪刀、压碾棍等。

(3) 基层要求

① 卫生间现浇混凝土楼面必须振捣密实,随抹压光,形成一道自身防水层,这是十

分重要的。

② 穿楼板的管道孔洞、套管周围缝隙用掺膨胀剂的绿豆石混凝土浇灌严实并抹平；孔洞较大的，应吊底模浇灌。禁用碎砖、石块封堵。一般单面临墙的管道，离墙应不小于 50mm；双面临墙的管道，一边离墙不小于 50mm，另一边离墙不小于 80mm。

③ 为保证管道穿楼板孔洞位置准确和灌缝质量，可采用手持金刚石平壁钻机钻孔。经应用测算，这种方法的成孔和准缝工效比芯模留孔方法的工效高 1.5 倍。

④ 在结构层上用 1:3 的水泥砂浆做厚 20mm 的找平层，作为防水层基层。

⑤ 基层必须平整坚实，表面平整度用 2m 长直尺检查，基层与直尺间最大间隙不应大于 3mm。若基层有裂缝或凹坑，用 1:3 的水泥砂浆或水泥胶腻子修补平滑。

⑥ 基层所有转角做成半径为 10mm 均匀一致的平滑小圆角。

⑦ 所有管件、地漏或排水口等部位，必须就位正确，安装牢固。

⑧ 基层含水率应符合各种防水材料对含水率的要求。

(4) 劳动组织

为保证质量，应由专业防水施工队伍施工，一般民用住宅厕浴间的防水施工以 2~3 人为一组较合适。操作工人要穿工作服、戴手套、穿软底鞋操作。

2. 聚氨酯防水涂料施工

(1) 施工程序

清理基层→涂刷基层处理剂→涂刷附加增强层防水涂料→涂刮第一遍涂料→涂刮第二遍涂料→涂刮第三遍涂料→第一次蓄水试验→稀撒砂粒→质量验收→饰面层施工→第二次蓄水试验。

(2) 操作要点

① 清理基层。将基层清扫干净。基层应做到找坡正确，排水顺畅，表面平整、坚实，无起灰、起砂、起壳及开裂等现象。涂刷基层处理剂前，基层表面应达到干燥状态。

② 涂刷基层处理剂。将聚氨酯与二甲苯按规定的比例配合搅拌均匀即可使用。先在阴阳角、管道根部用滚动刷或油漆刷均匀涂刷一遍，然后大面积涂刷，材料用量为 $0.15\sim0.2kg/m^2$。涂刷后干燥 4h 以上，才能进行下一道工序施工。

③ 涂刷附加增强层防水涂料。把聚氨酯防水涂料按规定的比例配合，在地漏、管道根、阴阳角和出入口等容易漏水的薄弱部位，均匀涂刮一次，做附加增强层处理。

④ 涂刮第一遍涂料。将聚氨酯防水涂料按规定的比例混合，开动电动搅拌器，搅拌 3~5min，用胶皮刮板均匀涂刮一遍，操作时要厚薄一致，用料量为 $0.8\sim1.0kg/m^2$，立面涂刮高度不应小于 100mm。

⑤ 涂刮第二遍涂料。待第一遍涂料固化干燥后，要按相同方法涂刮第二遍涂料。涂刮方向应与第一遍相垂直，用料量与第一遍相同。

⑥ 涂刮第三遍涂料。待第二遍涂料涂膜固化后，再按上述方法涂刮第三边涂料，用

料量为 0.4～0.5kg/m²。涂刮聚氨酯涂料三遍后,用料量总计为 25kg/m²,防水层厚度不小于 1.5mm。

⑦ 第一次蓄水试验。待涂膜防水层完全固化干燥后即可进行蓄水试验。蓄水试验 24h 后观察,无渗漏为合格。

⑧ 饰面层施工。涂膜防水层蓄水试验不渗漏,质量检查合格后,即可进行抹水泥砂浆或粘贴陶瓷锦砖、防滑地砖等饰面层。施工时应注意保护,不得破坏防水层。

⑨ 第二次蓄水试验。卫生间装饰工程全部完成后,工程竣工前还要进行第二次蓄水试验,以检验防水层完工后是否被水电或其他装饰工程损坏。蓄水试验合格后,厕浴间的防水施工才算圆满完成。

3.氯丁胶乳沥青防水涂料施工

氯丁胶乳沥青防水涂料,根据工程需要,防水层可采用一布四涂、二布六涂或只涂三遍防水涂料三种做法,其用量参考见表 7-7。

表 7-7 氯丁胶乳沥青涂膜防水层用量参考

材　　料	三遍涂料	一布四涂	二布六涂
氯丁胶乳沥青防水涂料(kg/m²)	1.2～1.5	1.5～2.2	2.2～2.8
玻璃纤维布(m²/m²)	—	1.13	2.25

(1)施工程序

以一布四涂为例,其施工程序如下:

清理基层→满刮一遍氯丁胶乳沥青水泥腻子→涂刷第一遍涂料→做附加增强层→铺贴玻璃纤维布同时涂刷第二遍涂料→涂刷第三遍涂料→涂刷第四遍涂料→蓄水试验→饰面层施工→质量验收→第二次蓄水试验。

(2)操作要点

① 清理基层。将基层上的浮灰、杂物清理干净。

② 刮氯丁胶乳沥青水泥腻子。在清理干净的基层上,满刮一遍氯丁胶乳沥青水泥腻子。管道根部和转角处要厚刮,并抹平整。腻子的配制方法是:将氯丁胶乳沥青防水涂料倒入水泥中,边倒边搅拌至稠浆状,即可刮涂于基层表面,腻子厚度约为 2～3mm。

③ 涂刷第一遍涂料。待上述腻子干燥后,再在基层上满刷一遍氯丁胶乳沥青防水涂料(在大桶中搅拌均匀后再倒入小桶中使用)。操作时涂刷不得过厚,但也不能漏刷,以表面均匀、不流淌、不堆积为宜。立面需刷至设计高度。

④ 做附加增强层。在阴阳角、管道根、地漏、大便器等细部构造处分别做一布二涂附加增强层,即将玻璃纤维布(或无纺布)剪成相应部位的形状,铺贴于上述部位,同时刷氯丁胶乳沥青防水涂料,要贴实、刷平,不得有折皱、翘边现象。

⑤ 铺贴玻璃纤维布同时涂刷第二遍涂料。待附加增强层干燥后,先将玻璃纤维布

剪成相应尺寸，铺贴于第一道涂膜上，然后在上面涂刷防水涂料，使涂料浸透布纹网眼并牢固地拍贴于第一道涂膜上。玻璃纤维布搭接宽度不宜小于100mm，并顺流水接槎，从里面往门口铺贴，先做平面后做立面。立面应贴至设计高度，平面与立面的搭接缝留在平面上，距立面边宜大于200mm，收口处要压实贴牢。

⑥涂刷第三遍涂料。待上一遍涂料实干后（一般宜在24h以上），再满刷第三遍防水涂料，涂刷要均匀。

⑦涂刷第四遍涂料。待上一遍涂料干燥后，可满刷第四遍防水涂料，一布四涂防水层施工即告完成。

⑧蓄水试验。防水层实干后，可进行第一次蓄水试验。蓄水24h无渗漏水为合格。

⑨饰面层施工。蓄水试验合格后，可按设计要求及时粉刷水泥砂、浆或铺贴面砖等饰面层。

⑩第二次蓄水试验。方法与目的同聚氨酯防水涂料。

4. 地面刚性防水层施工

厨房、卫生间用刚性材料做防水层的理想材料是具有微膨胀性能的补偿收缩混凝土和补偿收缩水泥砂浆。

下面以U型混凝土膨胀剂（UEA）为例，介绍其砂浆配制和施工方法。

（1）材料及其要求

①水泥：42.5级普通硅酸盐水泥、32.5级或42.5级矿渣硅酸盐水泥。

②UEA：符合《混凝土膨胀剂 HGB23439-2009》的规定。

③砂子：中砂，含泥土量小于2%。

④水：饮用自来水或洁净非污染水。

（2）UEA砂浆的配制

在楼板表面铺抹UEA防水砂浆，应按不同的部位，配制含量不同的UEA防水砂浆。不同部位UEA防水砂浆的配合比参见表7-8。

表7-8 不同防水部位UEA防水砂浆的配合比

防水部位	厚度(mm)	C+UEA(kg)	$\dfrac{UEA}{C+UEA}$ (%)	配合比			水胶比	稠度(cm)
				C	UEA	砂		
垫层	20~30	550	10	0.90	0.10	3.0	0.45~0.50	5~6
防水层(保护层)	15~20	700	10	0.90	0.10	2.0	0.40~0.45	5~6
管件接缝	—	700	15	0.85	0.15	2.0	0.30~0.35	2~3

(3) 防水层施工

① 基层处理。施工前,应对楼面板基层进行清理,除净浮灰、杂物,对凹凸不平处用 10%~12%的 UEA 砂浆(灰砂比为 1:3)补平,并应在基层表面浇水,使基层保持湿润,但不能积水。

② 铺抹垫层。按 1:3 水泥砂浆垫层配合比,配制灰砂比为 1:3 的 UEA 垫层砂浆,将其铺抹在干净、湿润的楼板基层上。铺抹前,按照坐便器的位置,准确地将地脚螺栓预埋在相应的位置上。垫层的厚度为 20~30mm,必须分 2~3 层铺抹,每层应揉浆、拍打密实,垫层厚度应根据标高而定。在抹压的同时,应完成找坡工作,地面向地漏口找坡为 2%,地漏口周围 50mm 范围内向地漏中心找坡为 5%,穿楼板管道根部位向地面找坡为 5%,转角墙部位的穿楼板管道向地面找坡为 5%。分层抹压结束后,在垫层表面用钢丝刷拉毛。

③ 铺抹防水层。待垫层强度达到上人标准时,把地面和墙面清扫干净,并浇水充分湿润,然后铺抹四层防水层,第一、第三层为 10%的 UEA 水泥素浆,第二、第四层为 10%~12%的 UEA(水泥:砂=1:2)水泥砂浆层。

铺抹方法:第一层,先将 UEA 和水泥按 1:9 的配合比准确称量后,充分干拌均匀,再按水胶比加水拌和成稠浆状,然后用滚刷或毛刷涂抹,厚度为 2~3mm。

第二层,灰砂比为 1:2,UEA 掺量为水泥重量的 10%~12%,一般可取 10%。待第一层素灰初凝后即可铺抹,厚度为 5~6mm。凝固 20~24h 后,适当浇水湿润。

第三层,掺 10%的 UEA 水泥素浆层,其拌制要求、涂抹厚度与第一层相同,待其初凝后,即可铺抹第四层。

第四层,UEA 水泥砂浆的配合比、拌制方法、铺抹厚度均与第二层相同。铺抹时应分次用铁抹子压 5~6 遍,使防水层坚固、密实,最后再用力抹压光滑,经硬化 12~24h,即可浇水养护 3d。

以上四层防水层的施工,应按照垫层的坡度要求找坡。铺抹的操作方法与地下工程防水砂浆施工方法相同。

④ 管道接缝防水处理。待防水层达到强度要求后,拆除捆绑在穿楼板部位的模板条,清理干净缝壁的浮渣、碎物,并按节点防水做法的要求涂布素灰浆和填充管件接缝防水砂浆,最后灌水养护 7d。蓄水期间,如不发生渗漏现象,可视为合格;如发生渗漏,要找出渗漏部位,及时修复。

⑤ 铺抹 UEA 砂浆保护层。UEA 的掺量为 10%~12%,灰砂比为 1:(2~2.5),水胶比为 0.4。铺抹前,对要求用膨胀橡胶止水条做防水处理的管道、预埋螺栓的根部及需用密封材料嵌填的部位要及时做防水处理。然后就可分层铺抹厚度为 15~25mm 的 UEA 水泥砂浆保护层,并按坡度要求找坡,待硬化 2~24h 后,浇水养护 3d。最后,根据设计要求铺设装饰面层。

7.3.3 厨房、卫生间渗漏及渗漏措施

厨房、卫生间用水频繁，防水处理不当就会发生渗漏，主要表现在楼板管道滴漏和卫生间的渗漏，必须先查找渗漏的部位和原因，然后采取有效的针对性措施。

1. 板面及墙面渗水

（1）渗水原因

板面及墙面渗水的主要原因是混凝土、砂浆施工的质量不好，在其表面存在微孔渗漏；板面、隔墙出现轻微裂缝；防水涂层施工质量不好或损坏。

（2）处理方法

将厨房、卫生间渗漏部位的饰面材料拆除，在渗漏部位涂刷防水涂料进行处理。但拆除厨房、卫生间饰面材料后，若发现防水层存在开裂现象，则应对裂缝先进行增强防水处理，再涂刷防水涂料。增强处理一般可采用贴缝法、填缝法和填缝加贴缝法。贴缝法主要适用于微小的裂缝，可刷防水涂料并加贴纤维材料或布条，做防水处理。填缝法主要适用于较显著的裂缝，施工时要先进行扩缝处理，将缝扩成15mm×15mm左右的V形槽，清理干净后刮填缝材料。填缝加贴缝法除采用填缝处理外，还应在缝的表面再涂刷防水涂料，并粘纤维材料处理。当渗漏不严重，而且饰面板拆除困难时，也可直接在其表面刮涂透明或彩色聚氨酯防水涂料。

2. 卫生洁具及穿楼板管道、排水管口等部位渗漏

（1）渗漏原因

卫生洁具及穿楼板管道、排水管口等部位发生渗漏的原因主要是：细部处理方法不当，卫生洁具及管口周围填塞不严，管口连接件老化，由于振动及砂浆、混凝土收缩等出现裂缝，卫生洁具及管口周边未用弹性材料处理，或施工时嵌缝材料及防水涂料黏结不牢，嵌缝材料及防水涂层被拉裂或拉离黏结面。

（2）处理方法

先将漏水部位及其周围清理干净，再填塞弹性嵌缝材料，或在渗漏部位涂刷防水涂料并粘贴纤维材料进行增强处理。如渗漏部位在管口连接部位，管口连接件老化现象比较严重，则可直接更换老化管口的连接件。

学习案例：

华北某高校的信息中心工程为框架—剪力墙结构，地下2层，地上18层，建筑面积24600m^2，某建筑公司施工总承包。工程于2013年3月开工建设，地下防水采用卷材防水和防水混凝土两种方式，屋面采用高聚物改性沥青防水卷材。屋面施工完毕后持续

淋水1.5h后进行检查,并进行了蓄水检验,蓄水时间13h。工程于2014年8月28日竣工验收。在使用至第二年发现屋面有渗漏,学校要求施工单位进行维修处理。

想一想:

1.屋面渗漏淋水试验和蓄水检查是否符合要求?请简要说明。

2.学校的要求合理吗?为什么?

3.地下防水隐蔽验收记录应包括哪些主要内容?

4.屋面工程隐蔽验收记录应包括哪些主要内容?

案例分析:

1.屋面淋水和蓄水检验不符合要求。

理由:检查屋面有无渗漏、积水和排水系统是否畅通,应在雨后或持续淋水2h后进行。

作蓄水检验的屋面,其蓄水时间不应少于24h。

2.学校的要求合理。

理由:屋面防水工程国家规定的质量保修期是5年,施工单位应该进行维修处理。

3.地下防水隐蔽工程验收记录应包括的主要内容有:

(1)卷材、涂料防水层的基层;

(2)防水混凝土结构和防水层被掩盖的部位;

(3)变形缝、施工缝等防水构造的做法;

(4)管道设备穿过防水层的封固部位;

(5)渗排水层、盲沟和坑槽;

(6)衬砌前围岩渗漏水处理;

(7)基坑的超挖和回填。

4.屋面工程隐蔽验收记录应包括的主要内容有:

(1)卷材、涂膜防水层的基层;

(2)密封防水处理部位;

(3)天沟、檐沟、泛水和变形缝等细部做法;

(4)卷材、涂膜防水层的搭接宽度和附加层;

(5)刚性保护层与卷材、涂膜防水层之间设置的隔离层。

本章小结

本学习情境介绍了屋面防水工程、地下防水工程和厨房、卫生间防水工程。

建筑屋面防水工程按照采用防水材料和施工方法的不同,分为卷材防水屋面、涂膜防水屋面和刚性防水屋面。卷材防水屋面和涂膜防水屋面是用各种防水卷材和防水涂料,经施工将其铺贴或涂布在防水工程的迎水面,达到防水目的。刚性防水采用的材料主要是细石混凝土,依靠混凝土自身的密实性并配合一定的构造措施,达到防水目的。

地下建筑工程一般采用防水混凝土、沥青防水卷材、水泥砂浆等进行防水施工。厨房、卫生间采用聚氨酯防水涂料或氯丁胶乳沥青防水涂料施工。各种防水工程质量应在施工过程中严格控制，每一道工序经检查合格后，方可进行下一道工序的施工，这样才能达到工程的各部位不漏水、不积水的要求。

练习题

一、选择题

1. 下列各种地下防水工程，应采用一级防水等级设防的是（　　）。
   A. 涵洞　　　　　　B. 计算机房　　　　　C. 食堂　　　　　　D. 停车场
2. 适合高聚物改性沥青防水卷材用的基层处理剂是（　　）。
   A. 冷底子油　　　　B. 氯丁胶沥青乳胶　　C. 二甲苯溶液　　　D. A 和 B
3. 大体积防水混凝土的养护时间不得少于（　　）。
   A. 7d　　　　　　　B. 14d　　　　　　　C. 21d　　　　　　　D. 28d
4. 防水保护层采用下列材料时，须设置分格缝的是（　　）。
   A. 绿豆砂　　　　　B. 云母　　　　　　　C. 碎石　　　　　　D. 水泥砂浆
5. 合成高分子防水涂料不包括（　　）。
   A. 氯丁胶改性沥青涂料　　　　　　　　　B. 聚氨酯防水涂料
   C. 丙烯胶防水涂料　　　　　　　　　　　D. 有机硅防水涂料
6. 当屋面防水坡度（　　）时，沥青防水卷材应垂直于屋脊铺贴且必须采取一定措施。
   A. 小于 3%　　　　　　　　　　　　　　B. 3%～15%
   C. 大于 15%　　　　　　　　　　　　　 D. 大于 25%
7. 防水卷材的铺贴应采用（　　）。
   A. 平接法　　　　　B. 搭接法　　　　　　C. 顺接法　　　　　D. 层叠法

二、填空题

1. 屋面防水工程按其构造，可分为_____、_____、屋面、种植屋面和金属板材屋面等。
2. 桅杆式起重机按其构造不同，可分为_____、_____、_____。
3. 房屋工程应根据建筑物的性质、重要程度、_____、_____等，将屋面防水分为_____个等级进行设防。
4. 卷材防水屋面一般由_____、_____、_____、_____和_____组成。
5. 卷材防水屋面中，_____和_____在一定的气温条件和使用条件下可不设。
6. 卷材铺贴采用搭接法时，相邻两幅卷材的接头应相互错开_____以上，以免接头处多层卷材因重叠而黏结不实。
7. 涂膜防水层施工前基层表面不应有_____、_____、_____、_____、等现象。

  8.涂膜防水屋面不得有_____和_____现象。

  9.刚性防水屋面适用于_____级的屋面防水,不适用于设有松散材料保温层以及受较大振动或冲击的和坡度_____15%的建筑屋面。

  10.地下工程防水混凝土结构的混凝土垫层,其抗压强度等级不应低于_____,厚度不应小于_____。

  11.防水混凝土钢筋保护层厚度,处在迎水面应不小于_____;当直接处于侵蚀性介质中时,保护层厚度不应小于_____。

三、简答题

1.卷材的铺贴方向和顺序如何确定?
2.卷材防水屋面施工时,卷材搭接方法和宽度要求有哪些?
3.简述涂膜防水屋面的施工工艺流程。
4.常见的屋面渗漏原因及防治方法有哪些?
5.地下防水混凝土施工缝留置要求有哪些?
6.简述地下防水工程的通病及其治理。
7.地下防水混凝土施工缝的施工要求有哪些?
8.厨房、卫生间渗漏原因及堵漏措施有哪些?

项目八　装饰装修工程施工

【情境导入】

某学校教学大楼,建筑面积 1000m²,共 12 层。首层为教职工办公用房,其余各层均为教室。现主体已验收合格,正进行装饰装修工程作业。按设计要求,本工程外墙采用石材和饰面砖;外墙门窗采用夹层玻璃,以满足节能和隔声的要求;首层地面采用 900mm×900mm 的花岗石;墙面采用木饰面;教室及走廊地面采用塑胶地板。

【案例导航】

该工程装饰装修工程材料的选用有不合理之处,考虑到节能和隔声的要求,外墙门窗应采用中空玻璃。本例中:首层至 6 层可选用普通中空玻璃;7 层以上固定窗采用普通中空玻璃;7 层以上有开启要求的门窗应采用钢化中空玻璃;凡单块面积大于 1.5m² 的玻璃,无论其高度及开启方式,均采用钢化中空玻璃。

要了解装饰装修工程材料的选用,需要掌握以下相关知识:
(1)抹灰工程的组成、分类和施工方法;
(2)饰面工程、门窗工程的施工工艺;
(3)楼地面工程的分类、组成和施工方法;
(4)涂饰工程材料质量要求和基础处理要求。

8.1 抹灰工程和饰面工程

知识目标
(1)了解抹灰工程的组成和分类;
(2)掌握一般抹灰和装饰抹的施工方法;
(3)了解饰面板和饰面砖的施工工艺。

技能目标
(1)通过本单元的学习,能够清楚抹灰和饰面工程的施工工艺;
(2)具有组织抹灰和饰面工程施工的能力。

抹灰工程和饰面工程是建筑物必需的装饰工程。抹灰工程的好坏直接影响饰面工程的外观和好坏。而建筑物的外观是十分醒目和重要的。因此,控制好抹灰工程和饰面工程是十分重要的。

8.1.1 抹灰工程的分类和组成

1. 抹灰工程分类

抹灰工程按使用的材料及其装饰效果,可分为一般抹灰和装饰抹灰。

(1) 一般抹灰

一般抹灰为采用石灰砂浆、水泥混合砂浆、水泥砂浆、聚合物水泥砂浆、麻刀灰、纸筋石灰和石膏灰等抹灰材料进行的抹灰工程施工。按建筑物标准和质量要求,一般抹灰分为以下两级:

① 高级抹灰。高级抹灰由一层底层、数层中层和一层面层组成。抹灰要求阴阳角找方,设置标筋,分层赶平、修整。表面压光,要求表面光滑、洁净,颜色均匀,线角平直,清晰美观,无抹纹。高级抹灰用于大型公共建筑物、纪念性建筑物和有特殊要求的高级建筑物等。

② 普通抹灰。普通抹灰由一层底层、一层中层和一层面层(或一层底层、一层面层)组成。抹灰要求阳角找方,设置标筋,分层赶平、修整。表面压光,要求表面洁净,线角顺直、清晰,接槎平整。普通抹灰用于一般居住、公用和工业建筑以及建筑物中的附属用房,如汽车库、仓库、锅炉房、地下室、储藏室等。

(2) 装饰抹灰

装饰抹灰是指通过操作工艺及选用材料等方面的改进,使抹灰更富于装饰效果,其装饰材料主要有水刷石、斩假石、干粘石和假面砖等。

2. 抹灰层组成

为了使抹灰层与基层黏结牢固,防止起鼓、开裂,并使抹灰层的表面平整,保证工程质量,抹灰层应分层涂抹。一般抹灰层的组成如图 8-1 所示。

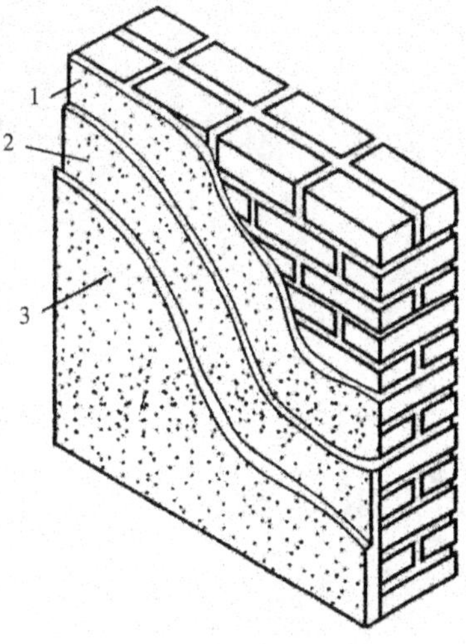

(1) 底层

底层主要起与基层黏结的作用,厚度一般为 5~9mm。

1—底层;2—中层;3—面层
图 8-1 抹灰层的组成

(2) 中层

中层起找平作用,砂浆的种类基本与底层相同,只是稠度较小,每层厚度应控制在

5～9mm。

(3) 面层

面层主要起装饰作用,要求面层表面平整、无裂痕、颜色均匀。

3. 抹灰层的总厚度

抹灰层的平均总厚度要根据具体部位及基层材料而定。钢筋混凝土顶棚抹灰厚度不大于 15mm,内墙普通抹灰厚度不大于 20mm,高级抹灰厚度不大于 25mm,外墙抹灰厚度不大于 20mm,勒脚及突出墙面部分抹灰厚度不大于 25mm。

8.1.2 一般抹灰施工

1. 基层处理

抹灰前应对基层进行必要的处理,对于凹凸不平的部位应剔平、补齐,填平孔洞沟槽;表面太光的要凿毛,或用 1:1 的水泥浆掺 10% 的环保胶薄抹一层,使之易于刮灰。不同材料交接处应铺设金属网,搭缝宽度从缝边起每边不得小于 100mm(如图 8-2 所示)。

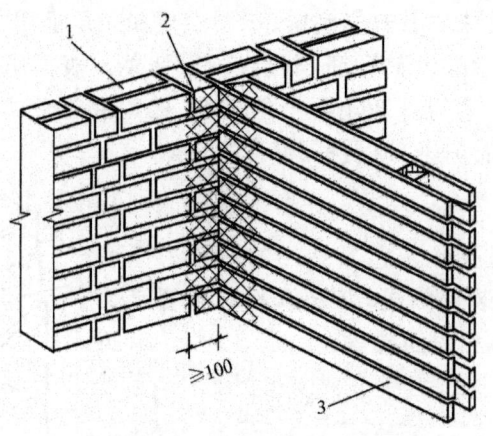

1—砖墙;2—金属网;3—板条墙
图 8-2 不同材料交接处铺设金属网

2. 施工方法

(1) 墙面抹灰

① 找规矩,弹准线。对普通抹灰,先用拖线板全面检查墙面的垂直平整程度,根据检查的实际情况及抹灰等级和抹灰总厚度,决定墙面的抹灰厚度(最薄处一般不小于 7mm)。对高级抹灰,先将房间规方,小房间可以一面墙做基线,用方尺规方即可;如果房间面积较大,要在地面上先弹出十字线,作为墙角抹灰的准线,在距离墙角约 10mm 处,

用线坠吊直,在墙面弹一立线,再按房间规方地线(十字线)及墙面平整程度,向里反弹出墙角抹灰准线,并在准线上下两端挂通线,作为抹灰饼、冲筋的依据。

② 贴灰饼。首先,用与抹灰层灰相同的砂浆做两个墙体上部的灰饼,其位置距顶棚约 200mm,灰饼大小一般为 50mm×50mm,厚度由墙面平整垂直的情况而定。其次,根据这两个灰饼用托线板或线坠挂垂直,做两个墙面下角的标准灰饼(高低位置一般在踢脚线上方 200～250mm 处),厚度以垂直为准,再在灰饼附近墙缝内钉上钉子,拴上小线挂好通线,并根据通线位置加设中间灰饼,间距为 1.2～1.5m(如图 8-3 所示)。

③ 设置标筋(冲筋)。待灰饼砂浆基本进入终凝后,用抹底层灰的砂浆在上、下两个灰饼之间抹一条宽约 100mm 的灰梗,用刮尺刮平,厚度与灰饼一致,用来作为墙面抹灰的标准,这就是冲筋(如图 8-3 所示)。同时,还应将标筋两边用刮尺修成斜面,使其与抹灰层接槎平顺。

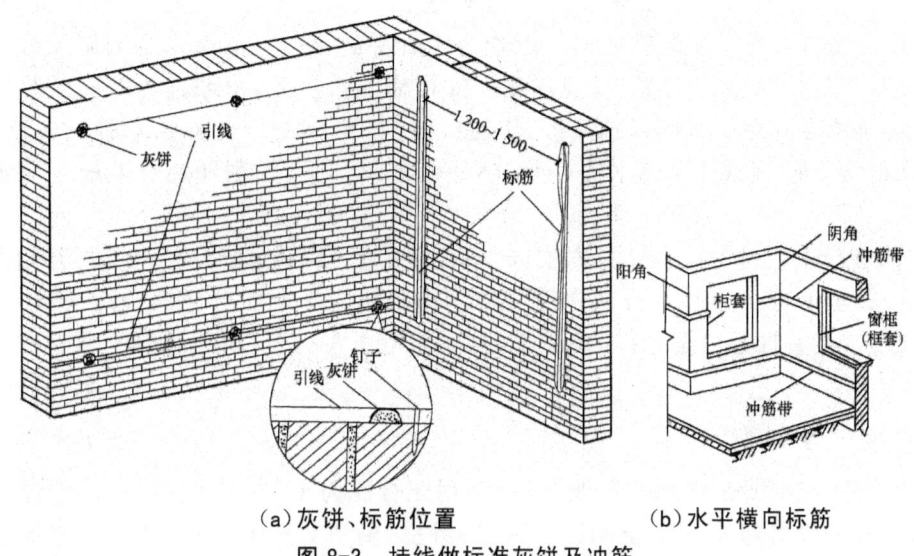

(a)灰饼、标筋位置　　(b)水平横向标筋

图 8-3　挂线做标准灰饼及冲筋

④ 阴阳角找方。普通抹灰要求阳角找方,对于除门窗外还有阳角的房间,则应首先将房间规方。其方法是:先在阳角一侧做基线,用方尺将阳角先规方,然后在墙角弹出抹灰准线,并在准线上下两端挂通线做灰饼。高级抹灰要求阴阳角都要找方,阴阳角两边都要弹出基线。为了便于做角和保证角方正,必须在阴阳角两边做灰饼和标筋。

⑤ 做护角。室内墙面、柱面的阳角和门窗洞的阳角,当设计对护角线无规定时,一般可用 1:2 的水泥砂浆抹出护角。护角高度不应低于 2m,每侧宽度不小于 50mm。

⑥ 抹底层灰。当标筋稍干后,用刮尺操作不致损坏时,即可抹底层灰。抹底层灰前,应先对基体表面进行处理。其做法是:自上而下地在标筋间抹满底灰,随抹随用,刮尺对齐标筋刮平。刮尺操作用力要均匀,不准将标筋刮坏或使抹灰层出现不平的现象。待基本刮平后,再用木抹子修补、压实、搓平、搓毛。

⑦ 抹中层灰。待底层灰凝结,达七八成干后(用手指按压不软,但有指印和潮湿感),就可以抹中层灰,按冲筋厚度以抹满砂浆为准,随抹随用刮尺刮平、压实,再用木抹

子搓平。中层灰抹完后,对墙的阳角用阴角抹子上下抽动抹平。中层砂浆凝固前,也可以在层面上交叉划出斜痕,以增强与面层的黏结。

⑧ 抹面层灰(也称罩面)。中层灰干至七八成后,即可抹面层灰。如果中层灰已经干透发白,应先适度洒水湿润后,再抹罩面灰。用于罩面的灰一般为麻刀灰、纸筋灰。抹灰时,用铁抹子抹平,并两遍压光,使面层灰平整、光滑、厚度一致。

(2) 顶棚抹灰

① 找规矩。顶棚抹灰通常不做灰饼和标筋,而是用目测的方法控制其平整度,以无明显高低不平及无接槎痕迹为准。先根据顶棚的水平面,确定抹灰厚度,然后在墙面的四周与顶棚交接处弹出水平线,作为抹灰的水平标准。弹出的水平线只能从结构中的"50线"向上量测,不允许直接从顶棚向下量测。

② 底层、中层抹灰。顶棚抹灰时,由于砂浆自重力的影响,一般在底层抹灰施工前,先用水胶比为0.4的素水泥砂浆刷一遍作为结合层。该结合层所采用的施工方法宜为甩浆法,即用扫帚蘸上水泥浆,甩于顶棚。如顶棚非常平整,甩浆前可对其进行凿毛处理。待其结合层凝结后就可以抹底层、中层砂浆,其配合比一般采用水泥:石灰膏:砂=1:3:9的水泥混合砂浆或1:3的水泥砂浆,然后用刮尺刮平,随刮随用长毛刷子蘸水刷一遍。

③ 面层抹灰。待中层灰达到六七成干后,即用手按不软但有指印时,再开始面层抹灰。面层抹灰的施工方法及抹灰厚度与内墙抹灰相同。一般分两遍成活:第一遍抹得越薄越好;紧接着抹第二遍,抹子要稍平,抹平后待灰浆稍干,再用铁抹子顺着抹纹压实压光。

(3) 楼地面抹灰

楼地面抹灰主要是做水泥砂浆面层,常用配合比为1:2的水泥砂浆,面层厚度不应小于20mm,强度等级不应小于M15。厨房、浴室、厕所等房间的地面,必须将流水坡度找好;有地漏的房间,要在地漏四周找出不小于5%的泛水,以利于流水畅通。

面层施工前,先将基层清理干净,浇水湿润,刷一道水胶比为0.4~0.5的结合层,随即进行面层的铺抹,随抹随用木抹子拍实,并做好面层的抹平和压光工作。压光一般分三遍成活:第一遍宜轻压,以压光后表面不出现水纹为宜;第二遍压光在砂浆开始凝结、人踩上去有脚印但不下陷时进行,并要求用钢皮抹子将表面的气泡和空隙清除,把凹坑、砂眼和脚印都压平;第三遍压光在砂浆终凝前进行,此时人踩上去有细微脚印,抹子抹上去不再有抹子纹,并要求用力稍大,把第二遍压光留下的抹子纹、毛细孔等压平、压实、压光。

地面面积较大时,可以按设计要求进行分格。水泥砂浆面层如果遇管线等出现局部面层厚度减薄处(在10mm以下时),必须采取防止开裂措施,一般沿管线走向放置钢筋网片。符合设计要求后方可铺设面层。

踢脚板底层砂浆和面层砂浆分两次抹成,可以参照墙面抹灰工艺操作。

水泥砂浆面层按要求抹压后,应进行养护,养护时间不少于7d。还应该注意对成品的保护,水泥砂浆面层强度未达到 5MPa 以前,不得在其上行走或进行其他作业。对地漏、出水口等部位要保护好,以免灌入杂物,造成堵塞。

8.1.3 装饰抹灰施工

1. 水刷石

水刷石主要用于室外的装饰抹灰,具有外观稳重、立体感强、无新旧之分、能使墙面达到天然美观的艺术效果的优点。

底层和中层抹灰操作要点与一般抹灰相同,抹好的中层表面要划毛。中层砂浆抹好后,弹线分格,粘分隔条。中层砂浆六成干时(终凝之后),先浇水湿润,紧接着薄刮水胶比为 0.4~0.7 的水泥浆一遍作为结合层,随即抹水泥石粒浆或水泥石灰膏石粒浆。抹水泥石粒浆时,应边抹边用铁抹子压实压平,待稍收水后再用铁抹子整面,将露出的石粒尖棱轻轻拍平使表面平整密实。待面层凝固尚未硬化(用手指按上无压痕)时,用刷子蘸清水自上而下刷掉面层水泥浆,使石粒露出灰浆面 1~7mm 高度。最后用喷水壶由上往下将表面水泥浆洗掉,使外观石粒清晰,分布均匀,紧密平整,色泽一致,不得有掉粒和接槎痕迹。水刷石施工完成第二天起要经常洒水养护,养护时间不少于 7d。

2. 干粘石

干粘石是将干石粒直接粘在砂浆上的一种装饰抹灰工艺。其装饰效果与水刷石相似,但湿作业量少,既可节约原材料,又能明显提高工效。其具体做法是:在中层水泥浆上洒水湿润,粘分格条后刷一道水胶比为 0.4~0.5 的水泥浆结合层,在其上抹一层 4~5cm 厚的聚合物水泥砂浆黏结层[水泥:石灰膏:砂:108 胶=100:50:200:(5~15)],随即将小八厘彩色石粒甩上黏结层,先甩四周易干部位,然后甩中间。要做到大面均匀,边角和分格条两侧不露粘,由上而下快速进行。石粒使用前应用水冲洗干净并晾干,甩时要用托盘盛装和盛接,托盘底部钉上窗纱,以便筛净石粒中的残留粉末。黏结上的石粒随即要用铁抹子拍入黏结层 1/2 深度,要求拍实、拍平,但不得将石浆拍出而影响美观。干粘石墙面达到表面平整、石粒饱满,即可将分格条取出,并用小溜子和水泥浆将分格条修补好,达到顺直清晰。

3. 斩假石

斩假石又称剁斧石,是仿制天然石料的一种建筑饰料,但由于其造价高、工效低,一般用于小面积的外装饰工程。

施工时底层和中层表面应划毛,涂抹面层砂浆前,要认真浇水湿润中层抹灰,并满刮水胶比 0.37~0.40 的纯水泥浆一道,按设计要求弹线分格,粘分格条。罩面时一般分两次进行:先薄抹一层砂浆,稍收水后再抹一遍砂浆,用刮尺与分格条赶平,待收水后再用木抹子打磨压实。面层抹灰完成后,不得受烈日暴晒或遭冰冻,常温下养护 2~

3d,其强度应控制在 5MPa。然后开始试斩,以石子不脱落为准。斩剁前,应先弹顺线,顺线间距约 100mm,按线操作,以免剁纹跑斜。斩剁时应由上而下进行,先仔细剁好四周边缘和棱角,再斩中间墙面。在墙角、柱子等处,宜横向剁出边条或留出 15～20mm 宽的窄小条不剁。斩假石装饰抹灰要求剁纹均匀顺直、深浅一致、质感典雅。阳角处横剁和留出不剁的边条,应宽窄一致,棱角不得有损坏。

8.1.4 饰面板安装

饰面工程是在墙、柱表面镶贴或安装具有保护和装饰功能的块料而形成的饰面层。块料的种类可分为饰面板和饰面砖两大类。

饰面板工程是把天然石材、人造石材、金属饰面板等安装到基层上,以形成装饰面的一种施工方法。建筑装饰用的天然石材主要有大理石和花岗石两大类,人造石材一般有人造大理石(花岗石)和预制水磨石饰面板。金属饰面板主要有铝合金板、塑铝板、彩色涂层钢板、彩色不锈钢板、镜面不锈钢面板等。

1. 大理石、花岗石、预制水磨石饰面板施工

大理石、花岗石、预制水磨石板等安装工艺基本相同,以大理石为例,其安装工艺流程为:材料准备与验收→基层处理→板材钻孔→饰面板固定→灌浆→清理→嵌缝→打蜡。

(1) 材料准备与验收

大理石拆除包装后,应按设计要求挑选规格、品种、颜色一致,无裂纹、无缺边、无掉角及无局部污染变色的块料,分别对方。按设计尺寸要求在平地上进行试拼,校正尺寸,使宽度符合要求,缝平直均匀,并调整颜色、花纹,力求色调一致,上下左右纹理通顺,不得有花纹横、竖突变现象。试拼后分部位逐块按安装顺序予以编号,以便安装时对号入座。对轻微破裂的石材,可用环氧树脂胶粘剂粘贴;表面有洼坑、麻点或缺棱掉角的石材,可用环氧树脂腻子修补。

(2) 基层处理

安装前检查基层的实际偏差,墙面还应检查垂直度、平整度情况,偏差较大者应剔凿、修补。对表面光滑的基层要进行凿毛处理,然后将基层表面清理干净,并浇水湿润,抹水泥砂浆找平层。找平层干燥后,在基层上分块弹出水平线和垂直线,并在地面上顺墙(柱)弹出大理石外廓尺寸线,在外廓尺寸线上再弹出每块大理石板的就位线,板缝应符合有关规定。

(3) 饰面板湿挂法铺贴工艺

湿挂法铺贴工艺适用于板材厚为 20～30mm 的大理石、花岗石或预制水磨石板,墙体为砖墙或混凝土墙。

湿挂法铺贴工艺是传统的铺贴方法,就是在竖向基体上预挂钢筋网,用铜丝或镀锌钢丝绑扎板材并灌水泥砂浆粘牢。这种方法的优点是牢固可靠;缺点是工序烦琐、卡箍多样、板材上钻孔易损坏,特别是灌注砂浆时易污染板面和使板材移位。

采用湿挂法铺贴工艺,墙体应设置锚固体。砖墙体应在灰缝中预埋φ6钢筋钩,钢筋钩中距为500mm或按板材尺寸。若挂贴高度大于3m,钢筋钩改用φ10钢筋。钢筋钩埋入墙体内的深度应不小于120mm,伸出墙面30mm。混凝墙体可射入φ3.7×62的射钉,中距亦为500 mm或按板材尺寸,射钉打入墙体内30mm,伸出墙面32mm。

挂贴饰面板之前,将φ6钢筋网焊接或绑扎于锚固件上。钢筋网双向中距为500mm或按板材尺寸。

在饰面板上、下边各钻不少于两个φ5的孔,孔深为15mm,并清理饰面板的背面。用双股18号铜丝穿过钻孔,把饰面板绑牢于钢筋网上。饰面板的背面距墙面应不小于50mm。

饰面板的接缝宽度可通过垫木楔调整,应确保饰面板外表面平整、垂直及板的上沿平顺。

每安装好一行横向饰面板后,即进行灌浆。灌浆前,应浇水将饰面板背面及墙体表面湿润,在饰面板的竖向接缝内塞填15~20mm深的麻丝或泡沫塑料条以防漏浆(光面、镜面和水磨石饰面板的竖缝,可用石灰膏临时封闭,并在封内填塞泡沫塑料条)。

拌和好1:2.5的水泥砂浆,将砂浆分层灌注到饰面板背面与墙面之间的空隙内,每层灌注高度为150~200mm,且不大于板高的1/3,并插捣密实。待砂浆初凝后,应检查板面位置,如有移动错位应拆除重新安装;若无移位,可安装上一行板。施工缝应留在饰面板水平接缝以下50~100mm处。突出墙面的勒脚饰面板安装,应待墙面饰面板安装完工后进行。待水泥砂浆硬化后,将填缝材料清除,饰面板表面要清洗干净。光面和镜面的饰面经清洗晾干后,方可打蜡擦亮。

(4)饰面板干挂法铺贴工艺

干挂工艺是利用高强度螺栓和耐腐蚀、强度高的柔性连接件,将石材挂在建筑结构的外表面,石材与结构之间留出40~50mm的空隙。此工艺多用于30mm以下的钢筋混凝土结构,不适于砖墙或加气混凝土墙(如图8-4所示)。其施工工艺如下:

① 石材准备。根据设计图纸要求在现场进行板材切割并磨边,要求板块边角挺直、

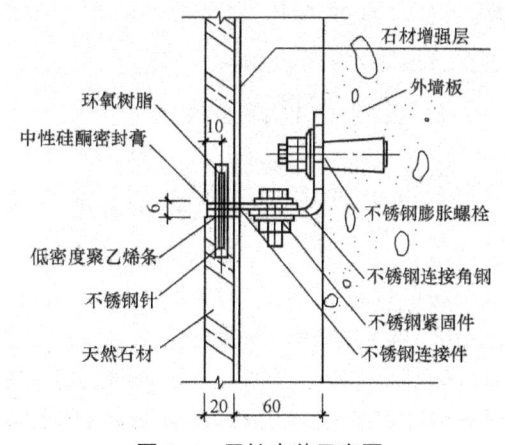

图8-4 干挂安装示意图

光滑。然后在石材侧面钻孔,用于穿插不锈钢销钉连接固定相邻板块。在板材背面涂刷防水材料,以增强其防水性能。

② 基体处理。清理结构表面,弹出安装石材的水平控制线和垂直控制线。

③ 固定锚固体。在结构上定位钻孔，埋置膨胀螺栓，以便支底层饰面板托架，安装连接件。

④ 安装固定石材。先安装底层石板，把连接件上的不锈钢针插入板材的预留接孔中，调整面板。当确定位置准确无误后，即可紧固螺栓，然后用环氧树脂或密封膏堵塞连接孔。底层石板安装完毕，经过检查合格后可依次循环安装上层面板，应注意每层要上口水平、板面垂直。

⑤ 嵌缝。嵌缝前，先在缝隙内嵌入泡沫塑料条，然后用胶枪注入密封胶。为防止污染板面，注胶前应沿面板边缘贴胶纸带覆盖缝两边板面，注胶后将胶带揭去。

2.金属饰面板安装

(1)彩色涂层钢板饰面安装

① 施工顺序。彩色涂层钢板饰面安装施工顺序：预埋连接件→立墙筋→安装墙板→板缝处理。

② 施工要点：

a.安装墙板要按照设计节点详图进行，安装前要检查墙筋位置，计算板材及缝隙宽度，进行排板、划线定位。

b.要特别注意异形板的使用。在窗口和墙转角处使用异形板可以简化施工，增加防水效果。

c.墙板与墙筋用铁钉、螺钉及木卡条连接。安装板的原则是按节点连接做法，沿一个方向顺序安装，方向相反则不易施工。如墙筋或墙板过长，可用切割机切割。

d.板缝处理。尽管彩色涂层钢板在加工时其形状已考虑了防水性能，但若材料弯曲、接缝处高低不平，其防水功能会失去作用，在边角部位这种情况尤为明显。因此，一些板缝填防水材料也是必要的。

(2)铝合金板饰面安装

铝合金饰面安装施工要点如下：

① 放线。铝合金板墙面的骨架由横竖杆件拼成，可以是铝合金型材，也可以是型钢。为了保证骨架的施工质量和准确性，首先要将骨架的位置弹到基层上。放线时，应以土建单位提供的中心线为依据。

② 固定骨架的连接件。骨架的横竖杆件通过连接与结构固定。连接件与结构之间，可以用结构预埋件焊牢，也可在墙上打膨胀螺栓。无论用哪一种固定法，都要尽量减少骨架杆件尺寸的误差，保证其位置的准确性。

③ 固定骨架。骨架在安装前应进行防腐处理，固定位置要准确，骨架安装要牢固。

④ 骨架安装检查。骨架安装质量决定铝合金板的安装质量，因此安装完毕，应对中心线、表面标高等影响板安装的因素做全面检查；有些高层建筑的大面积外墙板，甚至要用经纬仪对横竖杆进行贯通，从而进一步保证板的安装精度。要特别注意变形缝、沉降缝、变截面的处理，使之满足使用要求。

⑤ 安装铝合金板。根据板的截面类型,可以将螺钉拧到骨架上,也可将板卡在特制的龙骨上。安装时要认真,保证安全牢固。板与板之间,一般留出一段距离,常用的间隙为 10~20mm。至于缝的处理,有的用橡皮条锁住,有的注入硅密封胶。

铝合金板安装完毕,在易于污染或易于碰撞的部位应加强保护。对于污染问题,多用塑料薄膜进行覆盖;而易于划破、碰撞的部位,则设一些安全保护栏杆。

⑥ 收口处理。各种材料的饰面,都有一个如何收口的问题,如水平部位的压顶,端部的收口,伸缩缝、沉降缝的处理,两种不同材料的交接处理等。对于铝合金墙板,多用特制的铝合金压型板,对上述这些部位进行处理。

8.1.5 饰面砖安装

1. 内墙釉面砖安装施工

(1) 镶贴前找规矩

用水平尺找平,校核方正。计算好纵横皮数和镶贴块数,画出皮数杆,定出水平标准,进行排序,特别是阳角必须垂直。

(2) 连接处理

① 对有脸盆镜箱的墙面,应按脸盆下水管部位分中,往两边排砖。肥皂盒、电器开关插座等,可按预定尺寸和砖数排砖,尽量保证外表美观。

② 根据已弹好的水平线,稳好水平尺板,作为镶贴第一层瓷砖的依据,一般由下往上逐层镶贴。为了保证间隙均匀美观,可用塑料十字架保证每块砖的方正,镶贴后在半干时再取出十字架,进行嵌缝。

③ 一般采用掺 108 胶素水泥砂浆做黏结层,温度在 15℃以上(不可使用防冻剂),随调随用。将其铺满在瓷砖背面,中间鼓、四周低,逐块进行镶贴,随时用塑料十字架找正,全部工作应在 3h 内完成。一面墙不能一次贴到顶,以防塌落。随时用干布或面纱将缝隙中挤出的浆液擦干净。

④ 镶贴后的每块瓷砖,可用小铲轻轻敲打牢固。工程完工后,应加强养护。同时,可用稀盐酸刷洗表面,并随时用水冲洗干净。

⑤ 粘贴 48h 后,用同色素水泥擦缝。

⑥ 工程全部完成后,应根据不同的污染程度用稀盐酸刷洗,并随即再用清水冲洗。

(3) 基层凿毛甩浆

对于坚硬光滑的基层,如混凝土墙面,必须对基层先进行凿毛、甩浆处理。凿毛的深度为 5~10mm,间距为 30mm。毛面要求均匀,并用钢丝刷子刷干净,用水冲洗。然后在凿毛面上甩水泥砂浆,水泥砂浆的配合比为水泥:中砂:胶粘剂=1:1.5:0.2。甩浆厚度为 5mm 左右。甩浆前先润湿基层面,甩浆后注意养护。

(4) 贴结牢固检查

若敲打瓷砖面发出空声,证明贴结不牢或缺灰,应取下瓷砖重贴。

2. 外墙面砖安装施工

(1) 基层为混凝土墙的外墙面砖安装

① 吊垂直、找方、找规矩、贴灰饼。若建筑物为高层,应在四大角和门窗口用经纬仪打垂直找直;如果建筑物为多层,可从顶层开始用特制的大线坠绷铁丝吊垂直,然后根据面砖的规格尺寸分层设点、做灰饼。横线则以楼层为水平基线交圈控制,竖向则以四周大角和通天柱、垛子为基线控制,应全部是整砖。每层打底时则以此灰饼作为基准点进行冲筋,使其底层灰横平竖直。同时要注意找好凸出檐口、腰线、窗台、雨篷等饰面的流水坡度。

② 抹底层砂浆。先刷一遍水泥素浆,紧接着分遍抹底层砂浆(常温时采用配合比为1:0.5:4 的水泥白灰膏混合砂浆,也可用 1:3 的水泥砂浆)。第一遍厚度宜为 5mm,抹后用扫帚扫毛;待第一遍六七成干时,即可抹第二遍,厚度为 8~12mm,随即用木杠刮平,用木抹搓毛,终凝后浇水养护。

③ 弹线分格。待基层灰六七成干时,即可按图纸要求进行分格弹线,同时进行面层贴标准点的工作,以控制面层出墙尺寸及墙面垂直、平整。

④ 排砖。根据大样图及墙面尺寸进行横竖排砖,以保证面砖缝隙均匀,符合设计图纸的要求,注意大面和通天柱、垛子要排砖,以及在同一墙面上的横竖排列均不得有一行以上的非整砖。非整砖行应排在次要部位,如窗间墙或阴角处等,但亦要注意一致和对称。如遇凸出的卡件,应用整砖套割吻合,不得用非整砖拼凑镶贴。

⑤ 浸砖。外墙面砖镶贴前,首先要将面砖清扫干净,放入净水中浸泡 2h 以上,取出待表面晾干或擦干净后方可使用。

⑥ 镶贴面砖。在每一分段或分块内的面砖,均应自下而上镶贴。从最下一层砖下皮的位置线稳好靠尺,以此托住第一皮面砖。在面砖外皮上口拉水平通线,作为镶贴的标准。在面砖背面宜采用 1:2 的水泥砂浆或水泥:白灰膏:砂=1:0.2:2 的混合砂浆镶贴,砂浆厚度为 6~10mm。贴上后用灰铲柄轻轻敲打,使之附线,再用钢片开刀调整竖缝,并用小杠通过标准点调整平面垂直度。

另一种做法:用 1:1 的水泥砂浆加含水率 20% 的胶粘剂,在砖背面抹 3~4mm 厚,黏结即可。要注意,采用这种做法,基层灰必须抹得平整,而且砂子必须过筛后使用。

⑦ 面砖勾缝与擦缝。宽缝一般在 8mm 以上,用 1:1 的水泥砂浆勾缝,先勾水平缝,再勾竖缝,勾好后要求凹进面砖外表面 2~3mm。若横竖分为干挤缝,或缝宽小于 3mm,应用白水泥配颜料进行擦缝处理。面砖缝勾完后用布或棉丝蘸稀盐酸擦洗干净。

(2) 基层为砖墙的外墙面砖安装

基层为砖墙的外墙面砖安装施工要点如下:

① 墙面处理。抹灰前墙面必须清扫干净,浇水湿润。

② 基层操作。大墙面和四角、门窗口边弹线找规矩,必须由顶层到底层一次进行,弹出垂直线,并确定面砖出墙尺寸,分层设点、做灰饼,横线则以楼层为水平基线交圈控制,竖向线则以四周大角和通天柱、垛子为基线控制,每层打底时则以此灰饼作为基准点进行冲筋,使其底层灰横平竖直。同时要注意找好凸出檐口、腰线、窗台、雨篷等饰面的流水坡度。

③ 抹底层砂浆。先将墙面浇水湿润,然后用 1:3 的水泥砂浆刮一遍,厚约 6mm,紧接着用同强度等级的灰与所冲筋找平,随即用木杠刮平,用木抹子搓毛,终凝后浇水养护;其他施工工艺与要点同基层为混凝土的墙面。

3 玻璃锦砖安装施工

玻璃锦砖与陶瓷锦砖的差别在于,前者坯料中掺入了石英材料,故烧成后呈半透明玻璃质状。玻璃锦砖的规格为 20mm×20mm,厚度为 4～6mm,反贴在纸板上,每张纸板的标准尺寸为 325mm×325mm(即每张纸板上粘贴有 225 块玻璃锦砖)。玻璃锦砖安装施工工艺及要点如下:

① 中层表面的平整度,阴阳角垂直度和方正偏差宜控制在 2mm 以内,以保证面层的铺贴质量。中层做好后,要根据玻璃锦砖的整张规格尺寸弹出水平线和垂直线。如要求分格,应根据设计要求定出留缝宽度,制备分格条。

② 注意选择黏结灰浆的颜色和配合比。用白水泥浆粘贴白色和淡色玻璃锦砖,用加颜料的深色水泥浆粘贴深色玻璃锦砖。白色水泥浆配合比为水泥:石灰膏=1:(0.15～0.20)。

③ 抹黏结灰浆时要注意使其填满玻璃锦砖之间的缝隙。铺贴玻璃锦砖时,先在中层上涂抹黏结灰浆一层,厚为 2～3mm。再在玻璃锦砖底面薄薄地涂抹一层黏结灰浆,涂抹时要确保缝隙中(即粒与粒之间)灰浆饱满;否则,用水洗刷玻璃锦砖表面时,易产生砂眼洞。

④ 铺贴时要力求一次铺准,稍做校正,即可达到缝格对齐、横平竖直的要求。铺贴后,应将玻璃锦砖拍平拍实,使其缝中挤满黏结灰浆,以保证其黏结牢固。

⑤ 要掌握好揭纸和洗刷余浆时间,过早会影响黏结强度,易产生掉粒和小砂眼洞现象;过晚则难洗净余浆,从而影响表面清洁度和色泽。一般要求上午铺贴的要在上午完成,下午铺贴的要在下午完成。

⑥ 擦缝刮浆时,不能在表面满涂满刮;否则,水泥浆会将玻璃毛面填满而失去光泽。擦缝时应及时用棉丝将污染玻璃锦砖表面的水泥浆擦洗干净。

8.2 楼地面工程和涂饰工程

知识目标：
(1)了解楼地面工程的分类和组成；
(2)了解块料地面和涂饰工程的施工方法；
(3)了解涂饰工程基础处理的要求。

技能目标：
(1)通过本单元的学习，能够清楚楼地面和涂饰工程的施工工艺；
(2)具有组织楼地面和涂饰工程施工的能力。

楼地面工程是人们工作和生活中接触最多的一种分部工程。反映楼地面工程的档次和质量水平的指标有地面的承载能力、耐磨性、耐腐蚀性、抗渗透能力、隔声性能、弹性、光洁程度、平整度等指标以及色泽、图案等艺术效果。

8.2.1 楼地面工程组成和分类

1.楼地面的组成

楼地面是房屋建筑底层地坪与楼层地坪的总称，由面层、垫层和基层等部分构成。

2.楼地面的分类

① 按面层材料分，楼地面有土、灰土、三合土、菱苦土、水泥砂浆混凝土、水磨石、陶瓷锦砖、木、砖和塑料地面等。

② 按面层结构分，楼地面有整体面层(如灰土、菱苦土、三合土、水泥砂浆、混凝土、现浇水磨石、沥青砂浆和沥青混凝土等)、块料面层(如缸砖、塑料地板、拼花木地板、陶瓷锦砖、水泥花砖、预制水磨石块、大理石板材、花岗石板材等)和涂布地面等。

8.2.2 整体地面

现浇整体地面一般包括水泥砂浆地面和水磨石地面。下面以水泥砂浆地面为例，简述整体地面的施工技术要求和方法。

1.施工准备

① 材料。

a.水泥。优先采用硅酸盐水泥、普通硅酸盐水泥，强度等级不低于42.5级，严禁不同品种、不同强度等级的水泥混用。

b.砂。采用中砂、粗砂,含泥量不大于7%,过8mm孔径筛子;如采用细沙,砂浆强度偏低,易产生裂缝;采用石屑代砂,粒径宜为6～7mm,含泥量不大于7%,可拌制成水泥石屑浆。

② 地面垫层中各种预埋管线已完成,穿过楼面的方管已安装完毕,管洞已落实,有地漏的房间已找泛水。

③ 施工前应在四周墙身弹好50cm的水平墨线。

④ 门框已立好,再一次检查找正,对于有室内外高差的门口位,如果是安装有下槛的铁门,尚应顾及室内、外面能各在下槛两侧收口。

⑤ 墙、顶抹灰已完,屋面防水已做。

2.施工方法

(1)基层处理

水泥砂浆面层是铺抹在楼面、地面的混凝土、水泥炉渣、碎砖三合土等垫层上,垫层处理是防止水泥砂浆面层空鼓、裂纹、起砂等质量通病的关键工序。因此,要求垫层应具有粗糙、洁净和潮湿的表面,一切浮灰、油渍、杂质必须清除,否则会形成一层隔离层,使面层结合不牢。

基层处理方法:将基层上的灰尘扫掉,用钢丝刷和錾子刷净,剔掉灰浆皮和灰渣层,用10%的火碱水溶液刷掉基层上的油污,并用清水及时将碱液冲净。表面比较光滑的基层,应进行凿毛,并用清水冲洗干净。冲洗后的基层,最好不要上人。

(2)抹灰饼和标筋(或称冲筋)

根据水平基准线把楼地面层上皮的水平基准线弹出。面积不大的房间,可根据水平基准线直接用长木杠标筋,施工中进行几次复尺即可。面积较大的房间,应根据水平基准线,在四周墙角处每隔1.5～2.0m用1:2的水泥砂浆抹标志块,标志块大小一般是8～10cm见方。待标志块结硬后,再以标志块的高度做出纵横方向通长的标筋,以控制面层的厚度。标筋用1:2的水泥砂浆,宽度一般为8～10cm。做标筋时,要注意控制面层厚度,面层的厚度应与门框的锯口线吻合。

(3)设置分隔条

为防止水泥砂浆在凝结硬化时体积收缩产生裂缝,应根据设计要求设置分格缝。先根据设计要求再找平层上弹线确定分格缝的位置,完成后在分格线位置粘贴分格条,分格条应黏结牢固。若无设计要求,可在室内与走道邻接的门窗下设置;当开间较大时,在结构易变形处设置。分格缝顶面应与水泥砂浆面层顶面相平。

(4)铺设砂浆

铺设砂浆要点如下:

① 水泥砂浆的强度等级不应小于M15,水泥与砂的体积比宜为1:2,其稠度不宜大

于 35mm,并应根据取样要求留设试块。

② 水泥砂浆铺设前,应提前一天浇水湿润。铺设时,在湿润的基层上涂刷一道水胶比为 0.4～0.5 的水泥素浆作为加黏结,随即铺设水泥砂浆。水泥砂浆的标高应略高于标筋,以便刮平。

③ 凝结到六七成干时,用木刮杠沿标筋刮平,并用靠尺检查平整度。

(5) 面层压光

① 第一遍压光。砂浆收水后,即可用铁抹子进行第一遍压光,压光至出浆。如砂浆局部过干,可在其上洒水湿润后再进行压光;如局部砂浆过稀,可在其上均匀撒一层体积比为 1:2 的干水泥砂吸水。

② 第二遍压光。砂浆初凝后,当人站上去有脚印但不下陷时,即可进行第二遍压光,用铁抹子边抹边压,使表面平整,要求不漏压,平面出光。

③ 第三遍压光。砂浆终凝前,即人踩上去稍有脚印,用抹子压光无抹痕时,即可进行第三遍压光。抹压时用力要大且均匀,将整个面层全部压实、压光,使表面密实光滑。

(6) 养护

水泥砂浆面层抹压后,应在常温湿润条件下养护。养护要适时,浇水过早易起皮,浇水过晚则会使面层强度降低而加剧其干缩和开裂倾向。一般夏季应在 24h 后养护,春秋季节应在 48h 后养护,养护一般不少于 7d。最好是在铺上锯末屑(或以草垫覆盖)后再浇水养护。浇水时宜用喷壶喷洒,使锯末屑(或草垫等)保持湿润即可。

如果采用矿渣水泥,养护时间应延长到 14d。在水泥砂浆面层强度达到 5MPa 之前,不准在上面行走或进行其他作业,以免损坏地面。

8.2.3 块料地面

1. 陶瓷地砖地面

(1) 铺找平层

基层清理干净后提前浇水湿润。铺找平层时应先刷素水泥浆一道,随刷随铺砂浆。

(2) 排砖弹线

根据+50cm 水平线在墙面上弹出地面标高线。根据地面的平面几何形状和尺寸及砖的大小进行计算排砖。排砖时要统筹兼顾以下几点:一是尽可能对称;二是房间与通道的砖缝应相通;三是不割或少割砖,可利用砖缝宽窄、镶边来调节;四是若房间与通道为不同颜色的砖,分色线应留置于门扇处。排后直接在找平层上弹纵、横控制线(小砖可每隔四块弹一控制线),并严格控制好方正。

(3) 选砖

由于砖的大小及颜色有差异,铺砖前一定要选砖分类。将尺寸及颜色相近的砖铺在同一房间内。同时保证砖缝均匀顺直、砖的颜色一致。

(4) 铺砖

纵向先铺几行砖,找好位置和标高,并以此为准,拉线铺砖。铺砖时应从里向外退向门口的方向逐排铺设,每块砖应跟线。铺砖的操作方法是:在找平层上刷水泥浆(随刷随铺),将预先浸水晾干的砖的背面朝上,抹1:2的水泥砂浆黏结层,厚度不小于10mm,将抹好砂浆的砖铺砌到找平层上,砖上楞应跟线找正找直,用橡皮锤敲实。

(5) 拨缝修整

拉线拨缝修整,将缝找直,并用靠尺板检查平整度,将缝内多余的砂浆扫出,将砖拍实。

(6) 勾缝

铺好的地面砖,应养护48h才能勾缝。勾缝用1:1的水泥砂浆,要求勾缝密实、灰缝平整光洁、深浅一致,一般灰缝低于地面3~4mm;若设计要求不留缝,则需要灌缝擦缝,可用撒干水泥并喷水的方法灌缝。

2. 大理石及花岗石地面

(1) 弹线

根据墙面0.5m标高线,在墙上做出面层顶面标高标志,室内与楼道面层顶面标高要一致。当大面积铺设时,用水准仪向地面中部引测标高,并做出标志。

(2) 试拼和试排

在正式铺设前,对每一个房间使用板材的图案、颜色、花纹应按照图样要求进行试拼。试拼后按两个方向排列编号,然后按编号排放整齐。板材试拼时,应注意与相通房间和楼道的协调关系。

试排时,在房间两个垂直的方向,铺两条干砂带,其宽度大于板宽,厚度不小于30mm。根据图样要求把板材排好,核对板材与墙面、柱、洞口等的相对位置。板材间的缝隙宽度,当设计无要求时,不应大于1mm。

(3) 铺结合层

将找平层上试排时用过的干砂和板材移开,清扫干净,将找平层湿润,刷一道水胶比为0.4~0.5的水泥浆,但面积不要刷得过大,应随刷随铺砂浆。结合层采用1:2或1:3的水泥砂浆,稠度为25~35mm,用砂浆搅拌机拌制均匀。应严格控制加水量,拌好的砂浆以手握成团、手捏或手颠即散为宜。砂浆厚度,控制在放上板材时高出地面顶面标高1~3mm即可。铺好后用刮尺刮平,再用抹子拍实、抹平。铺摊面积不得过大。

(4) 铺贴板材

所采用的板材应先用清水浸湿，但包装纸不得一同浸泡，待擦干或晾干后铺贴。铺贴时应根据试拼时的编号及试排时确定的缝隙，从十字控制线的交点开始拉线铺贴。铺贴纵横行后，可分区按行列控制线依次铺贴，一般房间宜由里向外，逐步退至门口。铺贴时为了保证铺贴质量，应进行试铺。试铺时，搬起板材对好横纵控制线，水平下落在已铺好的干硬性砂浆结合层上，用橡胶锤敲击板材顶面，振实砂浆至铺贴高度后，将板材掀起移至一旁。然后检查砂浆表面与板材之间是否吻合，如发现有空虚之处，应用砂浆填补，然后正式铺贴。正式铺贴时，先在水泥砂浆结合层上均匀浇一层水胶比为 0.5 的水泥浆，再铺板材。安放时四角同时在原位下落，用橡胶锤轻敲板材，使板材平实，根据水平线用水平尺检查板材平整度。

(5) 擦缝

在板材铺贴完成 1~2d 后进行灌浆擦缝。根据板材颜色，选用相同颜色的矿物颜料和水泥拌和均匀，调成 1:1 的稀水泥浆，将其徐徐灌入板材之间的缝隙内，至基本灌满为止。灌浆 1~2h 后，用棉纱蘸原稀水泥浆擦缝并与板面擦平，同时将板面上的稀水泥浆擦除干净。接缝应保证平整、密实。完成后，面层加以覆盖，养护时间不应少于 7d。

(6) 打蜡

当水泥砂浆结合层抗压强度达到 11.2MPa 后，各工序均完成，将面层表面用草酸溶液清洗干净并晾干后，将成品蜡放于布中薄薄地涂在板材表面。待蜡干后，用木块代替油石进行磨光，直至板材表面光滑洁亮为止。

8.2.4 涂饰工程材料

把涂料敷于建筑物表面并与基体材料很好地黏结，干结成膜后，既对建筑物表面起到一定的保护作用，又具有建筑装饰的效果。

1. 涂料质量要求

① 涂料工程所用的涂料和半成品（包括施涂现场配置的），均应有品名、种类、颜色、制作时间、储存有效期、使用说明和产品合格证书、性能检测报告及进场验收记录。
② 内墙涂料要求耐碱性、耐水性、耐粉化性良好，并有一定的透气性。
③ 外墙涂料要求耐水性、耐污染性和耐候性良好。

2. 腻子质量要求

涂料工程使用的腻子的塑形和易涂性应满足施工要求，干燥后应坚固，无粉化、起皮和开裂，并按基层、底涂料和面涂料的性能配套使用。另外，处于潮湿环境的腻子应具有耐水性。

8.2.5 涂饰工程基层处理要求

① 混凝土和抹灰表面涂刷溶剂型涂料时,基体或基层的含水率不得大于8%;涂刷乳液型涂料时,含水率不得大于10%;木料制品含水率不得不大于12%。

② 新建建筑物的混凝土或抹灰基层在涂饰涂料前应涂刷抗碱封闭底漆;旧墙面在涂刷涂料前应清除疏松的旧装修层,并涂刷界面剂。

③ 涂饰工程墙面基层,表面应平整洁净,并有足够的强度,不得酥松、脱皮、起砂、粉化等。

8.2.6 涂饰工程施工方法

1. 涂刷

涂刷宜采用细料状或云母片状涂料。刷涂时,用刷子蘸上涂料直接涂刷于被涂饰基层表面,其涂刷方向和行程长短应一致。涂刷层次,一般不少于两度。在前一度涂层表面干燥后再进行后一度涂刷。两度涂刷间隔时间与施工现场的温度、湿度有关,一般不少于 2~4h。

2. 喷涂

喷涂宜采用含粗填料或云母片的涂料。喷涂是借助喷涂机具将涂料呈雾状或粒状喷出,分散沉积在物体表面上。喷射距离一般为 40~60cm,施工压力为 0.4~0.8MPa。喷枪运行中喷嘴中心线必须与墙面垂直,喷枪沿墙面平行移动,运行速度保持一致。

① 室内喷涂一般先喷顶后喷墙,两遍成活,两遍间隔时间约为 2h。

② 外墙喷涂一般为两遍,较好的饰面为三遍。

3. 滚涂

滚涂宜采用细料状或云母片状涂料。滚涂是利用涂料辊子蘸匀适量涂料,在待涂物体表面施加轻微压力,上下垂直来回滚动,避免歪扭呈蛇形,以保证涂层厚度一致、色泽一致、质感一致。

4. 弹涂

弹涂宜采用细料状或云母片状涂料。先在基层涂刷 1 或 2 道底层涂层,待其干燥后进行弹涂。弹涂时,弹涂器的出口应垂直对正墙面,距离 300~500mm,按一定速度自上而下、自左至右地弹涂。注意弹点密度要均匀适当,上下左右接头不明显。

8.3 门窗工程和吊顶工程

知识目标：
(1) 了解木门窗、铝合金门窗、塑料门窗安装的施工工艺；
(2) 了解木龙骨、轻钢龙骨、铝合金龙骨吊顶的施工方法。

技能目标：
(1) 通过本单元的学习，能够清楚门窗和吊顶工程的施工工艺；
(2) 具有组织门窗和吊顶工程施工的能力。

常见的门窗类型有木门窗、铝合金门窗、塑料门窗、钢门窗、彩板门窗和特种门窗等。门窗工程的施工可分为两大类：一类是由工厂预先加工拼装成型，在现场安装；另一类是在现场根据设计要求加工、制作，即时安装。

8.3.1 门木窗安装

1. 放线找规矩

以顶层门窗位置为准，从窗中心线向两侧量出边线，用线锤或经纬仪将顶层门窗控制线逐层引下，分别确定各层门窗的安装位置；再根据室内墙面上已确定的"50线"，确定门窗安装标高；然后根据墙身大样图及窗台板的宽度，确定门窗安装的平面位置，在侧面墙上弹出竖向控制线。

2. 洞口修复

门窗框安装前，应检查洞口的尺寸大小、平面位置是否准确；如有缺陷，应及时进行剔凿处理。

检查预埋木砖的数量及固定方法并应符合以下要求：

① 高 1.2m 的洞口，每边预埋 2 块木砖；高 1.2～2m 的洞口，每边预埋 3 块木砖；高 2～3m 的洞口，每边预埋 4 块木砖。

② 当墙体为轻质隔墙和 120mm 厚隔墙时，应采用预埋木砖的混凝土预制块，混凝土强度等级不低于 C15。

3. 门窗框安装

门窗框安装时，应根据门窗扇的开启方向，确定门窗框安装的裁口方向；有窗台板的窗，应根据窗台板的宽度确定窗框位置；有贴脸的门窗，立框应与抹灰面齐平；中立的外窗以遮盖住砖墙立缝为宜。门窗框安装标高以室内"50线"为准，用木楔将框临时固定于门窗洞口内，并立即使用线锤检查，达到要求后塞紧固定。

4. 嵌缝处理

门窗框安装完经自检合格后,在抹灰前应进行塞缝处理。塞缝材料应符合设计要求,无特殊要求者用掺有纤维的水泥砂浆嵌实缝隙。经检验无漏嵌和空嵌现象后,方可进行抹灰作业。

5. 门窗扇安装

安装前,按图样要求确定门窗的开启方向及装锁位置,并检查门窗口尺寸是否正确。将门扇靠在框上,画出第一次修刨线。如门扇小,应在下口和装合页的一面绑粘木条,然后修刨合适。第一次修刨后的门窗扇,应以能塞入口内为宜。第二次修刨门窗扇后,缝隙尺寸要合适,同时在框、扇上标出合页位置,定出合页安装边线。

8.3.2 铝合金门窗安装

铝合金门窗框一般是用后塞口方法安装。门窗框加工的尺寸应比洞口尺寸略小。门窗框与结构之间的间隙,应视不同的饰面材料而定。

安装前,应逐个检查门窗洞口的尺寸与铝合金门窗框的规格是否相适应;对于尺寸偏差较大的部位,应进行剔槽或填补处理。然后按室内地面弹线的"50线"和垂直线,标出门窗框安装的基准线。要求同一立面的门窗在水平与垂直方向应整齐一致。按在洞口弹出的门窗位置线,将门窗框立于墙体中心线部位或内侧,并用木楔临时固定,待检查立面垂直度、左右间隙、上下位置等符合要求后,将镀锌锚固板固定在门窗洞口内。锚固板是铝合金门窗框与墙体固定的连接件,锚固板的一端固定在门窗框的外侧,另一端固定在密实的洞口墙内。锚固板形状如图8-5所示。锚固板与结构的固定方法有射钉固定法、膨胀螺丝固定法和燕尾铁脚固定法。

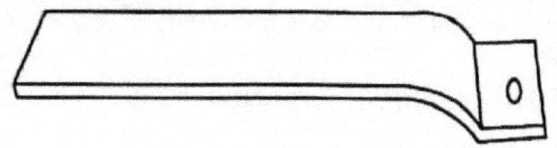

图 8-5 锚固板形状示意图

铝合金门窗框安装固定后,应按设计要求及时处理门窗框和墙体的缝隙。若设计未规定具体堵塞材料,应采用矿棉或玻璃棉毡分层填塞缝隙,外表面留 5~8mm 深的槽口,槽内填嵌密封材料。

门窗扇的安装,需在室内外装修基本完成后进行。框装上扇后应保证框和扇的立面在同一平面内,窗扇要就位准确、起闭灵活。平开窗的窗扇安装前应先将合页固定在窗框上,再将窗扇固定在合页上;推拉式门窗扇,应先安装室内侧门窗扇,后安装外侧门窗扇;固定扇应装在室外侧,并固定牢固,确保使用安全。

玻璃安装是铝合金门窗安装的最后一道工序,包括玻璃裁割、玻璃就位、玻璃密封与固定。玻璃裁割时,应根据门窗的尺寸来计算下料尺寸。玻璃单块尺寸较小时,可用双手夹住就位;若单块玻璃尺寸较大,可用玻璃吸盘就位。玻璃就位后,及时用橡胶条固定。玻璃应放在凹槽的中间,内、外侧间距不应小于2mm,也不宜大于5mm。同时为防止因玻璃的涨缩而造成型材的变形,型材下凹槽可放置3mm厚的氯丁橡胶垫块将玻璃垫起。

铝合金门窗交工前,应将型材表面的保护胶纸撕掉。如有痕迹,可用香蕉水清理干净。玻璃应用清水擦洗干净。

8.3.3 塑料门窗安装

1. 工艺流程

弹线找规矩→门窗洞口处理→安装连接件的检查→塑料门窗外观检查→按要求运到安装地点→塑料门窗安装→门窗四周嵌缝→安装五金配件→清理。

2. 工艺要点

① 塑料门窗安装应采用后塞口施工,不得先立口再进行结构施工。
② 检查门窗洞口尺寸是否比门窗框尺寸大30mm;若不合要求,应先进行剔凿处理。
③ 按图样尺寸放好门窗框的安装位置线及立口的标高控制线。
④ 安装门窗框上的铁脚。
⑤ 安装门窗框,并按线就位找好垂直度及标高,用木楔临时固定,检查正、侧面垂直线及对角线,合格后用膨胀螺栓将铁脚与结构牢固好。
⑥ 嵌缝。门窗框与墙体的缝隙应按设计要求的材料嵌缝。如设计无要求,可用沥青麻丝或泡沫塑料填实,表面用厚度为5~8mm的密封胶封闭。
⑦ 门窗附件安装。安装时应先用电钻钻孔,再用自攻螺钉拧入。严禁用铁锤或硬物敲打,以免损坏框料。
⑧ 安装后注意成品保护,要防污染、防焊接火花烧伤。

8.3.4 吊顶的构造

吊顶是室内装饰工程的一个重要组成部分,具有保温、隔热、隔声、吸声等作用,也是安装照明、暖卫、通风空调、通信和防火、报警管线设备的隐蔽层。

吊顶从形式上分,有直接式和悬吊式两种。其中,悬吊式吊顶是目前采用最广泛的技术。悬吊装配式顶棚的构造主要由基层、悬吊件、龙骨和面层组成。

1. 基层

基层为建筑物结构件,主要为混凝土楼(顶)板或屋架。

2.悬吊件

悬吊件是悬吊式顶棚与基层连接的构件,一般埋在基层内,属于悬吊式顶棚的支撑部分。其材料有镀锌铁丝、钢筋、型钢吊杆(包括伸缩式吊杆)等,可以根据顶棚的类型选用。

3.龙骨

龙骨是固定顶棚面层的构件,并将所承受的面层的重量传递给支撑部分。

4.面层

面层是顶棚的装饰层,它既可使顶棚具有吸声、隔热、保温、防水等功能,又具有美化环境的作用。

8.3.5 木龙骨吊顶施工

1.弹水平线

将楼地面基准线弹在墙上,并以此为起点,弹出吊顶高度水平线。

2.主龙骨的安装

主龙骨与屋顶结构或楼板结构连接主要有3种方式:用屋面结构或楼板内预埋铁件固定吊杆;用射钉将角铁等固定于楼地面固定吊杆;用金属膨胀螺栓固定铁件,再与吊杆连接。

主龙骨安装后,沿吊顶标高线固定沿墙木龙骨,木龙骨的底边与吊顶标高线齐平。一般是用冲击电钻在标高线以上10mm处的墙面上打孔,孔内塞入木楔,将沿墙龙骨钉固于墙内木楔上。然后将拼接组合好的木龙骨架托到吊顶标高位置,整片调整调平后,将其与沿墙龙骨和吊杆连接。

3.罩面板的安装

罩面板多采用人造板,应按设计要求切成正方形、长方形等。板材安装前,按分块尺寸弹线,安装时由中间向四周呈对称排列,顶棚的接缝与墙面交圈应保持一致。面板应安装牢固且不得出现折裂、翘曲、缺棱掉角和脱层等缺陷。

8.3.6 轻钢龙骨吊顶施工

利用薄壁镀锌钢板带经机械冲压而成的轻钢龙骨即为吊顶的骨架型材。施工前,先按龙骨的标高在房间四周的墙上弹出水平线,再根据龙骨的要求按一定间距弹出龙骨的中心线,找出吊点中心,将吊杆固定在预埋件上。吊顶结构未设预埋件时,要按确定的节点中心用射钉固定螺钉或吊杆。吊杆长度计算好后,在一端套丝,丝口的长度要考虑紧固的余量,并分别配好紧固用的螺母。

主龙骨的吊顶挂件连在吊杆上校平调正后,拧紧固定螺母,然后根据设计和饰面板尺寸要求确定的间距,用吊挂件将次龙骨固定在主龙骨上,调平调正后安装饰面板。

U 形轻钢龙骨吊顶构造组成如图 8-6 所示。

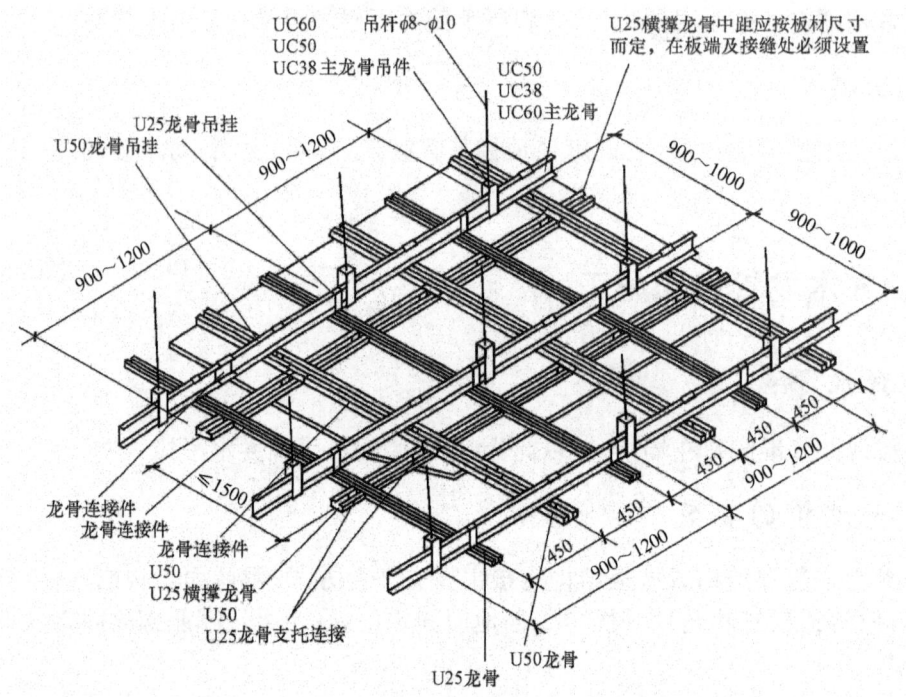

图 8-6 U 形轻钢龙骨吊顶构造组成

饰面板的安装方法有以下几种:

① 搁置法。将饰面板直接放在 T 形龙骨组成的格框内。考虑到有些轻质饰面板,在刮风时会被掀起(包括空调口、通风口附近),可用木条、卡子固定。

② 嵌入法。将饰面板事先加工成企口暗缝,安装时将 T 形龙骨两肢插入企口缝内。

③ 粘贴法。将饰面板用胶粘剂直接粘贴在龙骨上。

④ 钉固法。将饰面板用钉、螺丝、自攻螺丝等固定在龙骨上。

⑤ 卡固法。板材与龙骨直接卡接固定。这种方法多用于铝合金吊顶。

8.3.7 铝合金龙骨吊顶

铝合金龙骨吊顶按罩面板的要求不同,分为龙骨地面不外露和龙骨地面外露两种形式(如图 8-7 所示)。

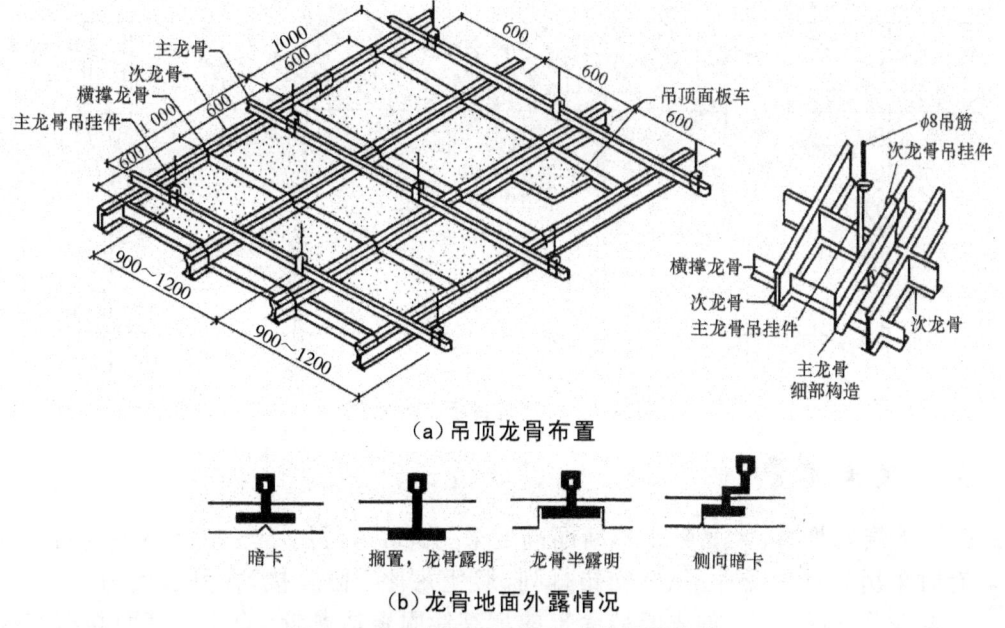

(a) 吊顶龙骨布置

(b) 龙骨地面外露情况

图 8-7 龙骨地面不外露和龙骨地面外露

铝合金龙骨吊顶的施工工艺如下：

1. 弹线

根据设计要求在顶棚及四周墙面上弹出顶棚高线、造型位置线、吊挂点位置、灯位线等。如采用单层吊顶龙骨骨架，吊点间距为 800～1500mm；如采用双层吊顶龙骨骨架，吊点间距≤1200mm。

2. 安装吊点紧固件

按照设计要求，将吊杆与顶棚之上的预埋铁件进行连接。连接应稳固，并使安装龙骨的标高一致（如图 8-8 和图 8-9 所示）。

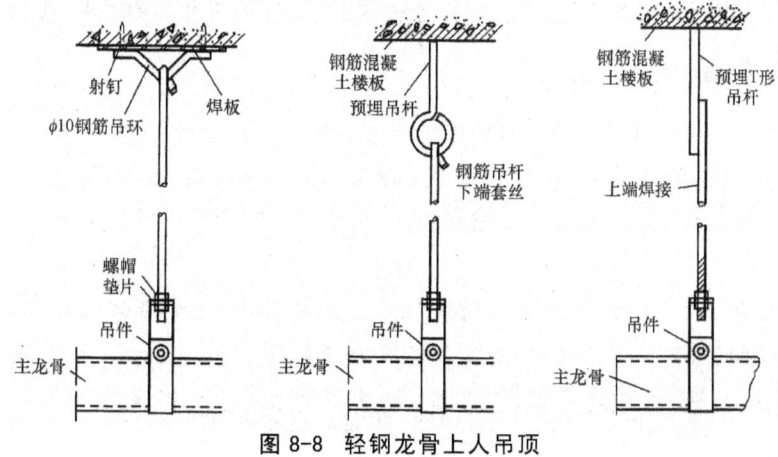

图 8-8 轻钢龙骨上人吊顶

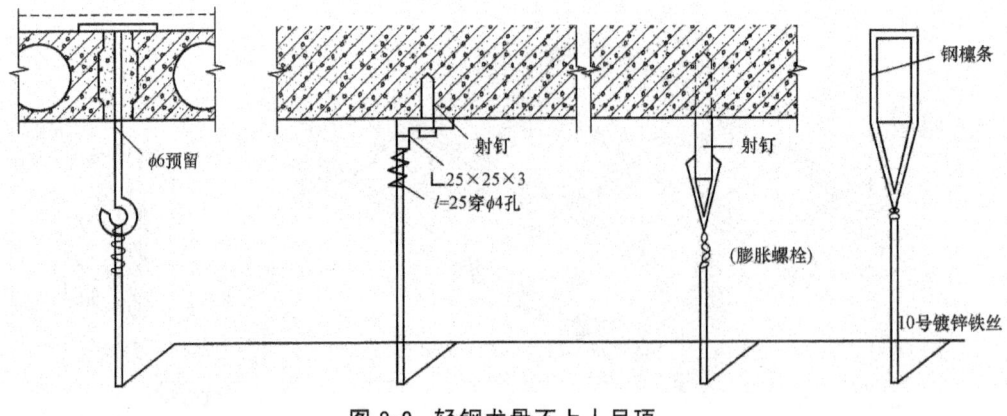

图 8-9 轻钢龙骨不上人吊顶

3.安装大龙骨

采用单层龙骨时,大龙骨 T 形断面高度采用38mm,适用于轻型级不上人明龙骨吊顶。有时采用一种中龙骨,纵横交错排列,避免龙骨纵向连接,龙骨长度为 2~3 个方格。单层龙骨安装方法,首先沿墙面上的标高线固定边龙骨,边龙骨底面与标高线齐平,在墙上用 φ20 钻头钻孔,间距 500mm,将木楔子打入孔内,边龙骨钻孔,用木螺钉将龙骨固定于木楔上。也可以 φ6 塑料膨胀管木螺钉固定,然后再安装其他龙骨。吊挂时要吊紧龙骨,吊点采用 900mm×900mm 或 900mm×1000mm,最后调平、调直、调方格尺寸。

4.安装中、小龙骨

首先安装边龙骨,边龙骨底面与沿墙面标高线齐平固定于墙上,并和大龙骨挂接,然后安装中龙骨。中、小龙骨需要接长时,用纵向连接件,将特制插头插入插孔即可。插件为单向插头,不能拉出。在安装中、小龙骨时,为保证龙骨间距的准确性,应制作一个标准尺杆,用来控制龙骨间距。由于中、小龙骨露于板外,因此,龙骨的表面要保证平直一致。横撑龙骨端部用插接件插入龙骨插孔即可固定。插件为单向插接,安装要牢固。要随时检查龙骨方格尺寸。当整个房间安装完工后,进行检查,调直、调平龙骨。

5.安装罩面板

当采用明龙骨时,龙骨方格调整平直后,将罩面板直接摆放在方格中,由龙骨翼缘承托饰面板四边。为了便于安装饰面板,龙骨方格内侧净距一般应大于饰面板尺寸2mm。当采用暗龙骨时,用卡子将罩面板暗挂在龙骨上即可。

学习案例:

某商业大厦2至10层室内走廊净高2.8m,走廊净高范围墙面面积800m²层,采用天然大理石饰面。施工单位拟订的施工方案为传统湿作业法施工,施工流向为从上往下,以楼层为施工段,每一施工段的计划工期4d,每一楼层一次安装到顶。该施工方案已经批准。2009 年 3 月 12 日大理石饰面板进场检验记录如下:

天然大理石建筑板材,规格:600mm×450mm,厚度18mm,一等品。

2009年3月12日石材进场后专业班组就从第10层开始安装。为便于灌浆操作,操作人员将结合层的砂浆厚度控制在18mm,每层板材安装后分两次灌浆。结果实际工期与计划工期一致。操作人员完成10层后,立即进行封闭保护,并转入下一层施工。

2009年3月27日专业班组请项目专职质检员检验10层走廊墙面石材饰面,结果发现局部大理石饰面产生不规则的花斑,沿墙高的中下部位空鼓板块较多。

想一想:

1.分析大理石饰面板产生不规则的花斑的原因。担任项目经理的建筑工程专业建造师应如何纠正10层出现的"花斑"缺陷?如何采取预防措施?

2.大理石饰面板是否允许板块局部空鼓?试分析本工程大理石饰面板产生空鼓的原因。

案例分析:

1.大理石饰面板差生的不规则花斑,俗称泛碱现象。

(1)原因分析:

采用传统的湿作业法安装天然石材,施工时由于水泥砂浆在水化时析出大量的氧化钙泛到石材表面,就会产生不规则的花斑,即泛碱。泛碱现象严重影响建筑物室内外石材饰面的观感效果。

本案例背景中石材进场验收时记录为"天然大理石建筑板材",按照《天然花岗石建筑板材》(GB/T18601-2001)标准,说明石材饰面板进场时没有进行防碱背涂处理。2009年3月12日石材进场后专业班组就开始从第10层进行粘贴施工,说明施工班组施工前也没有做石材饰面板防碱、背涂处理的技术准备工作。防碱、背涂处理是需要技术间歇的,本案背景材料中没有这样的背景条件或时间差。

(2)纠正措施:

针对第10层出现的"泛碱"缺陷,项目专业质量检查员应拟订返工处理意见。担任该工程项目经理的建造师应采纳项目专业质量检查员的处理意见,并按预防措施进行返工,同时针对第2~9层的施工组织制定预防措施。

(3)预防措施:

进行施工技术交底,确保在天然石材安装前,应对石材饰面板采用"防碱背涂剂"进行背涂处理,并选用碱含量低的水泥作为结合层的拌和料。

2.传统湿作业法施工大理石饰面板不允许板块局部空鼓。本工程大理石饰面板产生空鼓的原因有四个方面:

(1)施工顺序不合理:走廊净高2.8m,大理石饰面板安装采用传统湿作业法施工时,不宜一次安装到顶。

(2)结合层砂浆厚度太厚:结合层砂浆一般宜为7~10mm厚。

(3)灌浆分层超高:规格600mm×450mm的板材,每层板材安装后宜分3次灌浆。灌注时每层灌注高度宜为150~200mm,且不超过板高的1/3,插捣应密实,待其初凝后方可灌注上层水泥砂浆。

(4)没有进行养护:操作人员完成10层后,立即进行封闭保护,转入下一层施工。

本章小结

本学习情境内容繁多,但重点是装饰工程中各种工程的施工工艺。

装饰工程包括抹灰、饰面、楼地面、涂抹、门窗、吊顶工程等内容。装饰工程可以保护建筑的主体结构,完善建筑物的使用性能,美化建筑物。

墙面、顶棚、楼地面一般抹灰的施工工艺是装饰工程的基础,必须熟练掌握。

饰面板安装和饰面砖安装的施工工艺是装饰工程的重点和难点,学习时应结合工程实际理解领会。

楼地面工程是装饰工程中的重点内容,通过整体地面和块料地面的学习掌握施工方法。

门窗、吊顶、涂饰工程部分,应掌握施工工艺。

练习题

一、选择题

1.在抹灰工程中,下列各层中起找平作用的是（　　）。
　A.基层　　　　　　　B.中层　　　　　　　C.底层　　　　　　　D.面层
2.某现浇混凝土结构住宅,施工时采用大模板作为墙体模板,其内墙宜（　　）。
　A.抹水泥砂浆　　　　　　　　　B.抹麻刀灰
　C.刮腻子后做涂饰　　　　　　　D.抹水泥混合砂浆
3.以下不属于装饰抹灰的是（　　）。
　A.水磨石　　　　　　B.干挂石　　　　　　C.斩假石　　　　　　D.水刷石
4.在下列各种抹灰中,属于一般抹灰的是（　　）。
　A.拉毛灰　　　　　　B.防水砂浆抹灰　　　C.磨刀灰　　　　　　D.水磨石
5.墙面抹灰用的砂最好是（　　）。
　A.细砂　　　　　　　B.粗砂　　　　　　　C.中砂　　　　　　　D.特细砂
6.一般抹灰中,内墙高级抹灰的总厚度不得大于（　　）。
　A.18mm　　　　　　　B.20mm　　　　　　　C.25mm　　　　　　　D.30mm
7.一般抹灰中,外墙高级抹灰的总厚度不得大于（　　）。
　A.18mm　　　　　　　B.20mm　　　　　　　C.25mm　　　　　　　D.30mm
8.装饰抹灰与一般抹灰的区别在于（　　）。
　A.面层不同　　　　　B.基层不同　　　　　C.底层不同　　　　　D.中层不同
9.在水泥砂浆楼地面施工中,不正确的做法是（　　）。
　A.基层应密实、平整、不积水、不起砂
　B.铺抹水泥砂浆前,先涂刷水泥砂浆黏结层

C.水泥砂浆初凝前完成抹平和压光
D.地漏周围做出不小于5%的泛水坡度

10.水泥砂浆楼地面抹完后,养护时间不得少于( )。
A.3d B.5d C.7d D.10d

11.水刷石面层施工应在中层抹灰( )。
A.抹完后立即进行 B.初凝后进行
C.终凝后进行 D.达到设计强度后进行

12.下列材料中,不适用于粘贴面砖的是( )。
A.石灰膏 B.水泥砂浆
C.掺胶的水泥浆 D.掺石灰膏的水泥混合砂浆

13.适用于室内墙面安装小规格饰面石材的方法是( )。
A.粘粘法 B.干挂法 C.挂钩法 D.挂装灌浆法

14.墙面石材直接干挂法所用的挂件,其制作材料宜为( )。
A.钢材 B.塑料 C.铝合金 D.不锈钢

二、填空题

1.装饰工程包括_____、_____、_____、_____、_____等内容。

2.抹灰工程按使用的材料及其装饰效果可分为_____和_____。

3.一般抹灰的施工,按部位可分为_____、_____和_____。

4.墙面抹灰时为了便于做角和保护阳角方正,必须在阴阳角两边做_____和_____。

5.抹灰工程应进行_____。当抹灰总厚度大于或等于_____时,应采取加强措施。

6.水刷石表面应石粒清晰、_____、_____,无掉粒和接槎痕迹。

7.湿挂法铺贴工艺适用于板材厚为_____的大理石、花岗石或预制水磨石板,墙体为_____或_____。

8.饰面板的接缝宽度可通过垫木楔调整,应确保饰面板_____、_____及板的上沿平顺。

9.楼地面由_____、_____和_____等部分构成。

10.按面层结构分,楼地面有_____、_____和涂布地面等。

11.涂料工程施工法有_____、_____、_____、_____。

12.旧墙面在涂饰涂料前应清除疏松的旧装修层,并涂刷_____。

13.常见的门窗类型有_____、_____、_____、钢门窗、彩钢门窗和特种门窗等。

14.木门窗框和厚度大于_____的门窗扇应用双楔连接。

15.吊顶从形式上分,有_____和_____两种。

三、简答题

1. 抹灰工程分为哪几层？各有什么作用？
2. 试述墙面抹灰的施工工艺。
3. 试述大理石（花岗石、预制水磨石）、石棉板施工工艺。
4. 试述水泥砂浆楼地面的施工工艺。
5. 简述塑料门窗的安装工艺要点。
6. 简述木龙骨吊顶的施工工艺。

参考文献

[1]王建收,谭孟云.建筑施工技术[M].广州:华南理工大学出版社,2014.
[2]初艳鲲,苏晓华.建筑施工技术[M].长沙:国防科技大学出版社,2013.
[3]姚谨英.建筑施工技术[M].北京:中国建筑工业出版社,2014.
[4]朱正国,徐猛勇,宋文学.建筑工程施工技术与组织[M].北京:中国水利出版社,2011.
[5]徐斌.建筑施工技术[M].北京:教育科学出版社,2015.
[6]GB50300-2013.建筑工程质量验收统一标准[S].北京:中国建筑工业出版社,2014.
[7]GB50202-2002.建筑地基基础工程施工质量验收规范[S].北京:中国建筑工业出版社,2002.
[8]GB50208-2011.地下防水工程质量验收规范[S].北京:中国建筑工业出版社,2002.
[9]GB50204-2002.混凝土结构工程施工质量验收规范[S].北京:中国建筑工业出版社,2002.
[10]GB50203-2011.砌体结构工程施工质量验收规范[S].北京:中国建筑工业出版社,2012.
[11]GB50209-2010.建筑地面工程施工质量验收规范[S].北京:中国建筑工业出版社,2010.
[12]GB50209-2010.建筑地面工程施工质量验收规范[S].北京:中国建筑工业出版社,2010.
[13]GB50202-2002.屋面工程施工质量验收规范[S].北京:中国建筑工业出版社,2002.
[14]GJ/T304-2013.住宅室内装饰装修工程质量验收规范[S].北京:中国建筑工业出版社,2013.
[15]GB50011-2010.建筑抗震设计规范[S].北京:中国建筑工业出版社,2010.
[16]GB50327-2001.住宅装饰装修工程施工规范(S).北京:中国建筑工业出版社,2001.
[17]GJG130-2001.建筑施工扣件式钢管脚手架安全技术规范(S).北京:中国建筑工业出版社,2008.
[18]JGJ166-2008.建筑施工碗扣式脚手架安全技术规范[S].北京:中国建筑工业出版社,2008.
[19]JGJ128-2000.建筑施工门式脚手架安全技术规范[S].北京:中国建筑工业出

版社,2000.

[20]GB5020-2002.地下防水工程施工质量验收规范[S].北京:中国建筑工业出版社,2002.

[21]《建筑施工手册》编写组.建筑施工手册(第4版)[M].北京:中国建筑工业出版社,2003.